Dysphoria mundi

Paul B. Preciado

Dysphoria mundi

O som do mundo desmoronando

Tradução:
Eliana Aguiar

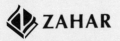

Copyright © 2022 by Paul B. Preciado

Publicado mediante acordo com Casanovas & Lynch Literary Agency S.L.

Grafia atualizada segundo o Acordo Ortográfico da Língua Portuguesa de 1990, que entrou em vigor no Brasil em 2009.

Título original
Dysphoria mundi: El sonido del mundo derrumbándose

Capa
Celso Longo + Daniel Trench

Ilustração de capa e miolo
Paul B. Preciado

Preparação
Diogo Henriques

Revisão
Adriana Bairrada
Nestor Turano Jr.

Dados Internacionais de Catalogação na Publicação (CIP)
(Câmara Brasileira do Livro, SP, Brasil)

Preciado, Paul B.
   Dysphoria mundi : O som do mundo desmoronando / Paul B. Preciado ; tradução Eliana Aguiar. — 1ª ed. — Rio de Janeiro : Zahar, 2023.

   Título original : Dysphoria mundi : El sonido del mundo derrumbándose.
   ISBN 978-65-5979-141-5

   1. Gênero e sexualidade 2. Literatura e sociedade 3. Pandemia – Aspectos sociais I. Título.

23-163307   CDD-801.9

Índice para catálogo sistemático:
1. Literatura e sociedade   801.9

Tábata Alves da Silva — Bibliotecária — CRB-8/9253

Todos os direitos desta edição reservados à
EDITORA SCHWARCZ S.A.
Praça Floriano, 19, sala 3001 — Cinelândia
20031-050 — Rio de Janeiro — RJ
Telefone: (21) 3993-7510
www.companhiadasletras.com.br
www.blogdacompanhia.com.br
facebook.com/editorazahar
instagram.com/editorazahar
twitter.com/editorazahar

Para
Amelia e Desi,
Annie Sprinkle e Beth Stephens,
María Galindo,
Rilke
e Clara

Ouviram? É o som do seu mundo desmoronando.
E do nosso ressurgindo.

Exército Zapatista de Libertação Nacional,
comunicado de 21 de dezembro de 2012

Sumário

1. Dysphoria mon amour   13

2. Hipótese revolução   37

3. Heroína eletrônica   65

4. Notre-Dame das Ruínas: Prelúdio   77

5. Dysphoria mundi   85

6. Mutação intencional e rebelião somatopolítica   501

7. Carta aes noves ativistes: Posfácio   527

Agradecimentos   547

Notas   549

1. Dysphoria mon amour

ANTECEDENTES

O paciente teve uma meningite meningocócica aos dezoito meses de idade. Vários vírus sintomáticos (catapora, sarampo, hepatite A, infecção por EBV com fadiga prolongada). Não há alergias pessoais ou familiares nem doença autoimune. Cirurgia de mandíbula por deslocamento genético aos dezoito anos, em consequência da qual utiliza uma prótese maxilar de titânio. Colecistectomia por litíase há três anos.

O paciente é escritor e filósofo, professor. Ativo, viaja muito, estando por isso exposto a diferentes terrenos virais. Está solteiro e é trans FM com um tratamento de testosterona a longo prazo de duzentos miligramas a cada 21-27 dias.

O paciente é beneficiário de um protocolo ALD 31 na França, por uma afecção "fora da lista" ("afecção não incluída na lista, mas que constitui uma forma progressiva ou incapacitante de uma afecção grave, que requer cuidados prolongados") por disforia de gênero.

Critérios de diagnóstico e plano previsto:

Disforia de gênero desde a adolescência, viveu como homem durante vários anos, enfoque estruturado, avaliação e gestão multiprofissional: endocrinologista, psiquiatra, dermatologista, ginecologista, cirurgião, IDE,[1] MKDE,[2] foniatra.

Tratamento: terapia hormonal substitutiva vitalícia (testosterona) e acompanhamento orgânico, cuidados pós-operatórios, acompanhamento ginecológico, acompanhamento psicológico e possível tratamento.

Protocolo válido até 29/11/2024.

TIVE QUE ME DECLARAR LOUCO. Afetado por um tipo de loucura bem particular que chamam de disforia. Tive que declarar que minha mente estava em guerra com meu corpo, que minha mente era masculina e meu corpo feminino. A bem da verdade, não sentia distância alguma entre o que chamavam de mente e o que identificavam como corpo. Queria mudar, isso é tudo. E o desejo de mudança não diferenciava entre a mente e o corpo. Eu estava louco, talvez, mas, se era assim, minha loucura consistia em rejeitar a antinomia entre esses dois polos, feminino e masculino, que para mim não tinham mais consistência que uma combinação sempre variável de cadeias cromossômicas, secreções hormonais, invocações linguísticas. Eu estava louco, talvez, mas, se era assim, minha loucura era tão espiritual quanto orgânica. Essa disforia era a dona de minha alma e de minhas células. Sentia atração por outra coisa, por outro gênero ou, melhor ainda, por outra modalidade de existência. E esse novo gênero mostrou-se tão ansiado e excessivo como uma chuva de verão que chega para apagar um incêndio. O fogo da História.

Quando penso nessa loucura, se não me deixo distrair pelos diagnósticos psiquiátricos ou pela pressão das administrações do Estado e tento captar o sentimento que domina indiscutivelmente os meus dias, é de uma rara felicidade política que devo falar primeiro. E essa felicidade, que se construiu como um túnel sob a realidade normativa dos últimos vinte anos, parece ter virado um formigueiro, pois hoje me vejo cercado de crianças que declaram que querem viver como eu queria viver quando me consideravam louco. As páginas que se seguem são um relato de como se construiu — às vezes de maneira ruidosa, às vezes silenciosamente — este formigueiro e como o mundo moderno, que havia estabelecido a diferença entre nossa loucura e sua razão, começou a desmoronar.

NÃO VEMOS NEM ENTENDEMOS o mundo, nós o percebemos destroçando-o por meio das estreitas categorias que nos habitam. A dor que sentimos tantas vezes ao estar vivos é a dor desta negação do mundo e de seu sentido. A rede bioeletrônica, que constitui o que antes se chamava "alma humana" (e que teve ao longo da história muitos nomes, como "anima", "psyché", "mente", "consciência", "inconsciente", "sistema de computação"... nenhum deles designando uma realidade, mas apenas descrevendo um processo), está em parte dentro de algo que até agora foi considerado como corpo anatômico e em parte dispersa em aparatos e instituições; é assim, utilizando como suporte o som e a luz, as arquiteturas e os cabos, as máquinas e os algoritmos, as moléculas e as composições bioquímicas, que nossa alma consegue atravessar as cidades e os oceanos e, afastando-se do solo, viajar até os satélites que hoje rodeiam a Terra. O corpo político vivo é tão vasto, sutil e maleável quanto a alma. Não estou falando aqui do corpo como objeto anatômico ou como propriedade privada do sujeito individual (ambos igualmente derivados do paradigma petrossexorracial moderno), mas daquilo que chamo, precisamente para diferenciá-la do corpo da modernidade, de *somateca*. Nossa alma inumana e imensa, geológica e cósmica percorre e satura o mundo sem que nos demos conta disso.

Nas sociedades modernas, a alma instala-se primeiro como um implante vivo na carne, e, em seguida, à medida que cresce, é esculpida como um bonsai, através de treinamento e castigo repetitivos, invocações linguísticas e rituais institucionais, que visam reduzi-la a uma determinada identidade. Algumas almas desdobram-se mais que outras, mas não há almas no jardim dos vivos que não sejam efeito de implante e poda. Entre todos os corpos, alguns parecem ter existido sem alma durante muito tempo. Foram considerados pura anatomia, carne comestível, músculos que trabalham, úteros reprodutivos, pele dentro da qual ejacular. Esses foram e ainda são os que são chamados de "animais", os corpos colonizados, escravizados e racializados, mas também, de outro modo, as mulheres, aqueles que são considerados doentes ou incapacitados, as crianças, os homossexuais e aqueles cuja alma, dizia a medicina do século XIX, pretendia se mudar para um corpo de sexo diferente. Os corpos das almas migrantes foram chamados primeiro de transexuais e depois de transgênero. Em seguida, elus mesmes se intitularam trans. Aprisionadas numa epistemologia binária (humano/animal, alma/corpo, masculino/feminino, hetero/homo, normal/patológico, são/doente...), as pessoas trans construíram-se culturalmente como almas em exílio e corpos em mutação.

Eu sou, dizem meus contemporâneos, uma alma doente ou um corpo equivocado do qual a alma tenta escapar — não conseguem chegar a um acordo. Sou uma ruptura sideral entre o corpo que me impõem e a alma que constroem, um racha cultural, uma categoria paradoxal, uma brecha na história natural da humanidade, um buraco epistêmico, uma fissura política, um abismo religioso, um negócio psicológico,

Dysphoria mon amour

uma excentricidade anatômica, um gabinete de curiosidades, uma dissonância cognitiva, um museu de teratologia comparada, uma coleção de desajustes, um ataque ao senso comum, uma mina midiática, um projeto de cirurgia plástica reconstrutiva, um terreno antropológico, um campo de batalha sociológico, um estudo de caso sobre o qual os governos e os organismos científicos, as igrejas e as escolas, os psiquiatras e os advogados, a profissão médica e a indústria farmacêutica, e evidentemente os fascistas, mas também as feministas conservadoras e os socialistas, os marxistas, os racistas e os humanistas, todos estes novos déspotas ilustrados do século xxi, sempre têm algo a dizer, embora ninguém tenha pedido sua opinião.

Saturado pelo ruído do falatório incessante, digo a mim mesmo, como fez Günther Anders para decifrar o funcionamento do fascismo, que a única maneira de sair deste recinto hegemônico é dar a volta nas categorias com as quais nos alterizam para poder compreender o próprio sistema que produz as diferenças e as hierarquiza. Minha condição vital de sujeito mutante e meu desejo de viver fora das prescrições normativas da sociedade binária heteropatriarcal foram diagnosticados como uma patologia clínica denominada "disforia de gênero". Sou apenas um dos seres que teimam obstinadamente em recusar a agenda política que lhes foi imposta desde a infância. Diante da arrogância das disciplinas e técnicas de governo que emitem este diagnóstico, tento um *zap* filosófico: deslocar e ressignificar esta noção de disforia para compreender a situação do mundo contemporâneo em seu conjunto, a brecha epistemológica e política, a tensão entre as forças emancipadoras e as resistências conservadoras que caracterizam nosso presente. E se a "disforia de gênero" não fosse um transtorno mental, mas uma inadequação política e estética de nossas formas de subjetivação em relação ao regime normativo da diferença sexual e de gênero? A condição planetária epistêmico-política contemporânea é uma disforia generalizada. *Dysphoria mundi*: a resistência de uma grande parte dos corpos vivos do planeta à subalternização dentro de um regime de conhecimento e poder petrossexorracial; a resistência do planeta vivo a ser reificado como mercadoria capitalista.

Com a noção de *dysphoria mundi*, não pretendo de modo algum fixar a disforia como um lugar naturalista, nem como condição psiquiátrica que descreve o presente. Muito pelo contrário: tento entender as condições descritas como disfóricas não como patologias psiquiátricas, mas como formas de vida que anunciam um novo regime de saber e uma nova ordem político-visual a partir das quais pensar a transição planetária. As disciplinas modernas, como a psicologia ou a psiquiatria e a farmacologia normativas, que trabalham com a dor psíquica e a comerciam, devem ser substituídas por práticas coletivas experimentais capazes de elaborar e reduzir a dor epistêmica. A arte, o ativismo e a filosofia possuem essa capacidade.

O conceito de "disforia" apareceu pela primeira vez no início do século xx, nos textos dos psiquiatras alemães Emil Kraepelin e Eugen Bleuler para descrever estados de ânimo e mudanças de comportamento em pacientes com epilepsia. Kraepelin e Bleuler afirmaram que a disforia era predominante naquilo que eles denominaram pela primeira vez "transtornos psiquiátricos", cujos sintomas incluíam a de-

Dysphoria mon amour 23

pressão mesclada à irritabilidade, ao medo, à ansiedade e aos estados de ânimo eufóricos, assim como à insônia e à dor generalizada.[3]

A palavra *dysphoria* surge da hibridação do prefixo grego *dys* — que retira, nega ou indica dificuldade — com o adjetivo *phoros*, derivado do verbo *pherein* — levar, acarretar, suportar, trasladar; encontramos o mesmo verbo na palavra *metáfora*. Mas enquanto a metáfora transporta algo (a significação, o sentido, uma imagem) de um lugar a outro, a disforia tem dificuldade de transportar: suporta mal. Próxima da linguagem da física dos materiais, a noção de *dysphoria* indica um problema de carga, uma dificuldade de resistência, a impossibilidade de suportar o peso e transportá-lo. Por analogia, para a psiquiatria, a disforia indica um transtorno do humor que torna a vida cotidiana insuportável.

A categoria da "disforia" voltou a aparecer como instrumento clínico a partir dos anos 1960, substituindo outras "patologias" cujo diagnóstico e definição haviam caído em desuso por falta de um marco institucional e por sua escassa eficácia retórica para compreender as condições que deveriam nomear; ou porque as antigas categorias haviam sido contestadas pelos próprios "doentes" como formas de opressão e dominação cultural. A histeria e a melancolia correspondem ao primeiro caso; a transexualidade, ao segundo. No caso da histeria ou da melancolia, ambas são substituídas pela "disforia" como um transtorno caracterizado por emoções desagradáveis e tristes, ansiedade, estresse, dissociação, irritabilidade ou inquietude, todas elas diretamente relacionadas à violência voltada contra si mesmo, ao desejo de morte e à tentativa de suicídio.

A disforia mostrou ser uma "entidade" instável e imprevisível, um conceito elástico e mutante que permeia qualquer outra sintomatologia, fazendo do transtorno mental um arquipélago disfórico. A confusão atual em relação ao conceito de disforia é explícita na incoerência das definições dos diversos transtornos nos diagnósticos psiquiátricos. Na quinta edição do *Manual diagnóstico e estatístico de transtornos mentais* (Diagnostic and Statistical Manual of Mental Disorders — DSM), atualizada em 2013, a noção de disforia parece ter se transformado, ela mesma, num conceito disfórico que corrói e contamina qualquer outra psicopatologia. A disforia aparece nas descrições do "transtorno depressivo maior" e do "transtorno bipolar", assim como em quase todos os transtornos da personalidade, desde os mais insólitos, como a "disforia histeroide" ou a "disforia da síndrome pré-menstrual", até duas das noções centrais do nosso tempo: o "transtorno de estresse pós-traumático" e a "disforia de gênero".

O conceito de disforia de identidade de gênero foi progressivamente desalojando a noção de transexualidade, inventada pelo dr. Harry Benjamin em 1953 e classificada anteriormente como "psicose sexual" e "travestismo fetichista".[4] Introduzida no discurso médico em 1973 por Norman Fisk e transformada em prática clínica pelo dr. Harry Benjamin, a noção de disforia de gênero herda o modelo ontológico binário que estabelece distinções convencionais e socialmente normativas entre masculino e feminino, heterossexualidade e homossexualidade, às quais acrescenta a diferença entre a anatomia e a psicologia, entre o sexo como fato orgânico e o gênero como construção social. Mas, para Norman Fisk e John Money, a noção de disforia implicava sobretudo a possibilidade de en-

Dysphoria mon amour

contrar e administrar um tratamento químico e cirúrgico para reduzir o suposto mal-estar que ela causava — e, com isso, a possibilidade de industrializar uma cura para o que chamavam de "aberração de gênero" e limitar as expressões de inadequação e dissidência em relação à norma.[5]

Na história da psiquiatria, a extensão da noção de disforia coincide com a reforma neoliberal do sistema de saúde pública e com a privatização dos regimes de seguro de saúde nos Estados Unidos e na Inglaterra. A modernidade disciplinar era histérica; o fordismo, herdeiro das sequelas da violência das duas guerras mundiais sobre o psiquismo, era, como demonstraram Deleuze e Guattari, esquizofrênico; o neoliberalismo cibernético e farmacopornográfico é disfórico. A chegada ao poder de Ronald Reagan e de Margaret Thatcher, respectivamente, representou um corte de verbas para o tratamento institucional de "transtornos mentais" considerados crônicos e favoreceu as terapias químicas e comportamentais em relação às terapias da palavra, de grupo e todas aquelas práticas nas quais o suposto doente e sua voz (mas também sua reclusão e brutalização) estavam implicados de forma direta. Como aponta o historiador da psiquiatria Jacques Hochmann,

com o objetivo de realizar as avaliações que as companhias de seguros e os laboratórios farmacêuticos reclamavam, os psiquiatras americanos estabeleceram, depois de longas negociações, um novo sistema de diagnóstico conhecido como DSM (*Diagnostic and Statistical Manual of Mental Disorders*). Este manual, de inspiração kraepeliana,[6] impõe-se no mundo inteiro pela facilidade de utilização e inspira a classificação internacional de doenças da OMS (Organização Mundial da Saúde).[7]

O DSM privilegia duas novas variáveis: as categorias de neurose e psicose são progressivamente eliminadas e substituídas pelas de "transtorno" e "disforia". Assim, a antiga neurose obsessiva transforma-se em transtorno obsessivo-compulsivo; a neurose infantil se converte em hiperatividade e transtorno da atenção, e a psicose infantil cristaliza-se num novo transtorno do espectro autista. Ao mesmo tempo, aparece uma pletora de condições disfóricas ditas "somatoformes"[8] (que tomam forma através do corpo) e que se pretende tratar farmacologicamente com antidepressivos e antipsicóticos de nova geração. Em 2013, a categoria da transexualidade é definitivamente substituída, no DSM, pela disforia de gênero. O mutante está sempre em tratamento. A adição sob controle.

Enquanto a psiquiatria aproxima-se cada vez mais da neuropsicologia e da farmacologia, os psicanalistas retiram-se da prática psiquiátrica para converter-se em novos gestores da subjetividade das classes médias e altas brancas e urbanas em crise. A psicanálise, obsoleta como prática clínica, transforma-se na mitologia pop que alimenta a crença nos relatos patriarcais e coloniais do século XX com seus rudimentos recalcitrantes: o complexo de Édipo, o superego, o fetichismo, a libido, a catarse... Pelo lado da psiquiatria médica, "doentes" que não conseguem se adequar aos tratamentos farmacológicos transformam-se progressivamente numa pequena multidão de sem-teto multiadictos de drogas ilegais que se tornam visíveis nas ruas das cidades, junto com imigrantes e "jovens" racializades, homossexuais e pessoas trans, como "restos" excrementais do sistema de saúde neoliberal: *dysphoria mundi*.

Depressão clínica, fobia social, síndrome pré-menstrual, transtorno bipolar, transtorno de ansiedade generalizada,

Dysphoria mon amour 27

transtorno da personalidade, transtorno borderline, transtorno pós-traumático, síndrome de adição, síndrome de abstinência, síndrome de Asperger, transtorno dismórfico corporal, transtorno obsessivo-compulsivo, ortorexia, vigorexia, bulimia, anorexia, agorafobia, hipocondria, dermatilomania, síndrome de referência olfativa, esquizofrenia, disforia de gênero... As síndromes ou estados registrados na atual edição do *Manual diagnóstico e estatístico de transtornos mentais* como disforia e transtorno permitem fazer um arquivo da fabricação/destruição necropolítica da alma na modernidade, mas também desenhar uma cartografia de práticas possíveis de emancipação.

A disforia não existe como doença individual. Ao contrário, é preciso entender a *dysphoria mundi* como efeito de uma defasagem, de uma brecha, de uma falha entre dois regimes epistemológicos: entre o regime petrossexorracial herdado da modernidade ocidental e um novo regime ainda balbuciante que se forja através de atos de crítica e desobediência política. É preciso entender a *dysphoria mundi* como uma condição somatopolítica geral, como a dor produzida pela gestão necropolítica da subjetividade ao mesmo tempo que assinala a *potência* (não o *poder*) dos corpos vivos do planeta (incluído o próprio planeta como corpo vivo) para extrair-se da genealogia capitalista, patriarcal e colonial através de práticas de inadequação, de dissidência e de desidentificação.

Revolução ou repressão, destruição ou cuidado, emancipação ou opressão são agora forças que atravessam todos os continentes, sem que as divisões nacionais ou identitárias possam servir como linhas de segmentação. *Dysphoria mundi.*

Covid-19 e generalização da disforia

Em poucos meses a pandemia de covid transformou-se na nova aids dos normais, os branquinhos heterossexuais. A máscara é a camisinha das massas. A covid é para o neoliberalismo autoritário e digital da era Facebook-Trump-Bolsonaro-Putin o que a aids foi para o neoliberalismo pré-cibernético da era petro-Thatcher britânica e das juntas militares na América Latina. Desde o aparecimento da aids em 1983, mesmo depois da invenção dos antirretrovirais, 700 mil pessoas morrem a cada ano no mundo por causas relacionadas ao HIV. Em menos de quarenta anos, 32 milhões de pessoas morreram sem nenhuma mobilização governamental ou social importante. Entre 1983 e 2020, a passagem da aids à covid anuncia a generalização (alguns diriam a "normalização") da vida precária, da vulnerabilidade corporal e da morte, assim como da vigilância e do controle farmacopornográfico sobre o corpo individual e sobre todas as formas de relação social.

Na era da aids, as condições de gestão necropolítica, ou seja, de gestão de corpos através da violência, exclusão e morte, estavam reservadas às bichas, às lésbicas, aos ex-colonizados, às pessoas racializadas, às pessoas trans, às trabalhadoras e trabalhadores do sexo, às pessoas com deficiência, às pessoas com transtorno mental, aos junkies... Hoje, com a covid-19 e uma guerra na Europa (cujas consequências, digam o que disserem, são as de uma guerra mundial, como foram antes as das guerras aparentemente locais no Oriente Médio), estas condições de precariedade e controle estenderam-se (com fortes segmentações de classe, gênero, raça, sexualidade e diversidade funcional) para toda a população

Dysphoria mon amour

mundial por meio das tecnologias digitais e da biovigilância. A comoção provocada pela gestão global da covid-19 causou impacto num contexto já debilitado pelo extrativismo capitalista, pela destruição ecológica e pela violência sexual e racial, pela imigração forçada e sua criminalização, pelo envenenamento plástico e radioativo, pela precariedade das condições de vida que acompanha a crise climática e política; num contexto em plena mutação, no qual as tecnologias de produção e reprodução da vida estão mudando radicalmente: monopólio da internet, desenvolvimento da inteligência artificial, biotecnologia, modificação da estrutura genética dos seres vivos, viagem extraterrestre, robotização do trabalho, gestão do big data, extensão de tecnologias nucleares, controle químico da subjetividade, multiplicação das técnicas de reprodução assistida... Por um lado, enfrentamos um recrudescimento das formas de controle, do capitalismo cibernético e da guerra. Por outro, e é aqui que a incerteza se torna produtiva, as instituições e formas de legitimação patriarcal, sexual e racial do antigo regime desmoronam ao mesmo tempo que aparecem novas formas de contestação e luta: Ni Una Menos, Me Too, Black Lives Matter, o movimento trans, intersexual e não binário, o movimento de vida independente de pessoas antes consideradas incapacitadas, as lutas contra a violência policial, a ecologia política, a rebelião digital...

O livro disfórico

Este livro tenta descrever as modalidades deste presente disfórico e revolucionário. Não algo que aconteceu num passado mítico ou acontecerá num futuro messiânico, mas algo que já está acontecendo. *Conosco.* Algo em que estamos ativamente implicados. Por isso, reúne intencionalmente uma série de textos que não podem ser identificados por seu pertencimento a um gênero literário preciso. Assim como o corpo que fala utiliza a linguagem para desfazer a presunção de uma posição política feminina ou masculina, o que é dito e a forma na qual se expressa buscam escapar da designação a um gênero literário ou ensaístico. Trata-se de um livro disfórico, ou melhor, não binário: evita as diferenças convencionais entre teoria e prática, entre filosofia e literatura, entre ciência e poesia, entre política e arte, entre anatômico e psicológico, entre a sociologia e a pele, entre o banal e o incompreensível, entre o lixo e o sentido. Há entre esses textos fragmentos de um diário, elocubrações teóricas, medições dos pequenos tremores provocados pelo movimento de complexos sistemas de conhecimento, relatos das flutuações de dor e de prazer de um corpo, mas também rituais linguísticos, hinos, cantos líricos e cartas cujes destinatáries não pediram a ninguém que as escrevesse. A primeira versão foi escrita como um mosaico de três línguas (francês, espanhol e inglês) que, longe de estabelecer fronteiras entre si, se misturavam como as águas de um estuário. O livro está, como o planeta, em transição. Esta publicação capta um momento (e uma língua) desse processo de mutação. Essa instabilidade não é em absoluto uma restrição de sua intenção como máquina de produção de verdade e desejo. Muito pelo contrário, eu quis restituir a desordem da linguagem que ocorre durante uma mudança de paradigma. Ao assumir esta forma mutante, o livro, em seu aparente caos, tenta se aproximar, ainda que somente de forma assin-

Dysphoria mon amour

tótica, dos processos de transição que estão ocorrendo desde a escala subjetiva até a planetária.

Nos anos de 2020 e 2021, doente de covid e encerrado em meu apartamento como muitas outras pessoas, deixei de lado outros projetos e dediquei-me unicamente a relatar o que estava e está sucedendo. Neste sentido, poderíamos dizer que este é um livro de filosofia documental. Em todo documentário, porém, o relato não é resultado de uma tarefa descritiva. "O que estava e está sucedendo" não é óbvio. Por isso, durante todo esse tempo, insisti em me fazer incessantemente a seguinte pergunta: o que está ocorrendo quando se olha a partir da perspectiva que minhas referências feministas, queer, trans e antirracistas me ensinaram a olhar?

Este livro constitui-se, portanto, através de um diálogo ativo com os escritos daqueles que, embora não estejam mais entre nós, são imprescindíveis para elaborar um projeto de desmantelamento da infraestrutura somatopolítica do capitalismo contemporâneo — William Burroughs, Pier Paolo Pasolini, Michel Foucault, Gilles Deleuze e Félix Guattari, Gloria Anzaldúa, Audre Lorde, Frantz Fanon, Carla Lonzi, Monique Wittig, Aimé Césaire, Édouard Glissant, Jacques Derrida, Mark Fisher, David Graeber... — e daquelas vozes que estão construindo, agora mesmo, uma nova epistemologia que permita esta transformação planetária: Angela Davis, Judith Butler, Achile Mbembe, Donna Haraway, Giorgio Agamben, Antonio Negri, Bruno Latour, Andreas Malm, Roberto Esposito, Saidiya Hartman, Anna Tsing, Silvia Federici, María Galindo, os escritores zapatistas, Franco "Bifo" Berardi, Virginie Despentes, Annie Sprinkle e Beth Stephens, Vinciane Despret, Jack Halberstam, Yuk Hui, Nick Land, C. Riley Snorton... O resultado é um caderno filosófico-somático de um processo de mutação planetária em curso, uma cartografia móvel, um esboço de uma série de micromutações que levarão, cedo ou tarde, e esta é a aposta, à transformação do regime sexual, racial e produtivo da modernidade numa nova configuração das relações históricas entre poder, saber e vida. Entre nós, as máquinas brandas, como William Burroughs nos chamava, e os vírus (linguísticos, ribonucleicos, cibernéticos).

Este livro poderia confundir-se com um diário, só que, ao contrário do ano e do século, este diário não começa em 1º de janeiro nem acaba em 31 de dezembro. Ele é feito de intensidades e não de dias de 24 horas: há datas inexistentes, meses vazios e textos que voltam do passado para cravar-se no presente como um bumerangue. O relato começa com um prelúdio: o narrador pensa ver no fogo da catedral de Notre-Dame de Paris, que contempla de sua janela em 15 de abril de 2019, o prenúncio do fim de um tempo ou a chegada de uma nova era. Esta intuição, porém, não depende de uma clarividência espiritual ou de uma premonição apocalítica, mas de uma revelação estética. A intensidade visual do fogo e a beleza das ruínas ficam gravadas em cada memória apesar da pressa dos poderes públicos em ocultá-las. A nuvem tóxica que o incêndio gera não é maior que a nuvem digital cuja expansão já não é mais possível conter. Derrubamos o bosque planetário, construímos com suas árvores um monumento dedicado a um deus inexistente — que não era mais que o traslado semiótico dos distintos poderes sociais de seus construtores. A catedral poderia chamar-se teocracia, capitalismo, patriarcado, reprodução nacional, ordem econômica mundial... E agora tudo arde.

E as ruínas, apesar de tudo, são melhores que o capitalismo, melhores que a família heteronormativa, melhores que a ordem social e econômica mundial. Melhores que qualquer deus. Porque são nossa condição presente: nosso único lar. Este livro mesmo é uma ruína: um relato fragmentário, uma voz ouvida de longe, um corpo ou um fogo visto através de uma tela, uma tela dentro de outra tela. A oração fúnebre a Nossa Senhora das Ruínas começa como irônica e repetitiva lamentação para tornar-se depois uma ode à possibilidade de mudança. O livro acaba com uma carta para es noves ativistes escrita em algum momento de 2022. Entre estes dois extremos, são descritos os eventos somatopolíticos do ano da mutação, não em série, mas captados por um sismógrafo de intensidades revolucionárias e contrarrevolucionárias: uma mudança, o surgimento do vírus, a doença, as diversas rebeliões antipatriarcais e antirracistas, o ataque contra as estátuas da história do colonialismo, a manifestação de práticas culturais neofascistas nas sociedades ocidentais antes caracterizadas como democráticas... O centro do livro é uma fuga filosófica cantada ao ritmo do pensador Günther Anders e de seu apelo, em 1957, a fim de parar a história e mudar de regime de produção da realidade — como um outro diria mudar de sexo ou de gênero.

Deleuze afirmava que pensar é sempre começar a pensar e que não há nada mais complexo que encontrar as condições que possibilitem a emergência do pensamento.[9] A construção destas condições começou, no meu caso, com o sentimento de fazer parte do lúmpen sexopolítico da história, colocando em marcha um processo intencional de mutação de gênero, com meu desejo de fabricar um lugar fora do sistema binário masculinidade/feminilidade, heterossexualidade/homossexualidade e com a transformação cotidiana dessa experiência (que tradicionalmente nos ensinou a não pensar) em escritura. Mas logo percebi que essa mutação aparentemente pessoal não era senão um eco de outra mutação política e epistemológica mais profunda. A partir de 2020, a gestão planetária da covid-19, o levante dos corpos submetidos, a transformação das políticas autoritárias em guerras, o recrudescimento dos processos migratórios ou da mudança climática funcionaram como laboratórios que intensificavam as condições que possibilitam pensar esta mutação. Senti-me como uma formiga que pensa estar surfando na crista da onda quando na verdade está sendo arrastada por um tsunami. Não fizemos mais que começar a pensar.

Estamos atravessando um deslocamento epistemológico, tecnológico e político sem precedentes, que afeta tanto a representação do mundo quanto as tecnologias sociais com as quais produzimos valor e sentido, assim como a definição da soberania energética e somática de alguns corpos vivos sobre outros. Esse deslocamento é ainda mais relevante porque, pela primeira vez na história, a escala em que ocorre é planetária, e porque as tecnologias cibernéticas (apesar dos muitos controles governamentais ou corporativos) permitem compartilhar relatos e representações de forma simultânea e quase instantânea em escala global.

Poderíamos comparar esta reviravolta epistêmica com outros momentos de profunda transformação histórica, com a substituição do Império romano pelo cristianismo ou com a transição do feudalismo para o regime econômico e político do capitalismo e sua expansão colonial. Mas nenhum des-

Dysphoria mon amour

ses processos afetou a totalidade do planeta e foi sentido ao mesmo tempo por todos os habitantes da Terra. Então, pela primeira vez, os muitos mundos que o planeta contém compartilham as consequências desta transformação e, portanto, deveriam participar dela. Os diferentes relógios do mundo sincronizaram-se... ao ritmo do racismo, do feminicídio, do aquecimento climático, da guerra. Mas também ao ritmo da rebelião e da metamorfose.

Durante todo esse tempo de crise, doença e confinamento, eu mesmo pude sentir a exaltação que se manifesta não como poder sobre o corpo ou sobre os outros, mas como potência vital. Surpreendo-me a cada dia por seguir vivendo enquanto outros sucumbem à doença, à guerra, à violência, ao afogamento, à fome, ao aprisionamento ou ao assassinato, mas também por ter a possibilidade de ser um corpo consciente, uma máquina vulnerável de carbono autoescrevendo-se, atravessando aquela que talvez seja a mais bela (ou mais devastadora) aventura coletiva em que já embarcamos.

2. Hipótese revolução

ELES DIZEM: O presente tornou-se estranho. O passado está sendo contestado. O futuro é incerto.

Mas de que presente falam? A quem pertence "seu" passado? Para quem tinham reservado o futuro?

A ordem de todos os valores oscila. O eixo da Terra inclina-se. Os polos deslocam-se.

O polo Norte está em fuga para o leste: parou de rumar para a baía de Hudson, no Canadá, e agora se desloca lentamente para o meridiano de Greenwich, em direção a Londres.

O gelo derrete-se. As marés sobem. Os bosques ardem. As bombas, longe ou perto, não param de cair. Nossa forma de existência social, mais ou menos brutal, é a guerra.

Mais nada é simples, nem o ar que você respira nem o tempo que passa nem o solo que pisa nem o nome que usa.

Nosso presente, o presente dos corpos das minorias oprimidas, o presente dos povos outrora colonizados, o presente dos corpos aos quais se designou o gênero feminino no nascimento, dos corpos racializados, o presente dos corpos indígenas, des trabalhadores pobres, dos corpos considerados anormais, sexualmente desviados, homossexuais, trans, doentes mentais ou incapacitados, o presente des idoses e crianças, o presente dos animais não humanos, das minorias étnicas ou religiosas, o presente des imigrantes e refugiades..., este presente sempre foi estranho, e nosso futuro nunca foi mais que uma série de perguntas sem resposta. A diferença agora é que nossa condição de precariedade e expropriação, de encarceramento ou exílio, de submissão e desamparo, está generalizada. Falam de feminização do trabalho, da soropositividade das massas, da devastação ecológica, do devir negro do mundo. Nós falamos de alcançar a massa crítica da opressão. Basta!

Não somos simples testemunhas do que acontece. Somos os corpos através dos quais a mutação chega para ficar.

A pergunta já não é quem somos, mas em que nos transformaremos.

O fim do (ir)realismo capitalista

Depois da perestroika e da queda do Muro de Berlim, o capitalismo deixou de apresentar-se como um simples sistema de governo entre outros ou como uma ideologia política ou econômica para ser a "pura realidade", diante da qual já não havia alternativa. Esta situação é o que o lamentavelmente falecido crítico cultural Mark Fisher[1] chamava de "realismo capitalista". O que caracterizava o realismo capitalista não era só o fato de que a totalidade sistêmica e produtiva do capitalismo, em sua fase neoliberal, estendia-se do trabalho à educação, passando pela reprodução sexual ou pela regulação dos afetos sociais, mas, e sobretudo, o fato de que sua continuidade semiótica operava uma clausura da imaginação: não havia horizonte de sentido fora do capitalismo mundial. Para Fisher, o capitalismo em sua fase mais globalizada (inclusive,

Hipótese revolução

claro, nos contextos políticos chineses e russos) induziu uma intensificação das formas de despolitização e de subjetivação cínica: a psicologia e o marketing converteram-se pouco a pouco nas disciplinas encarregadas de gerir os processos de mal-estar no capitalismo, de reduzir a resistência política à "resiliência" individual, dissolvendo a luta de classes. Ao mesmo tempo, como a ação política ficou submetida aos imperativos econômicos, os eleitores democráticos debatem-se entre a desconfiança em relação aos políticos e a demanda de figuras de autoridade populistas que enalteçam ficções de "nação" ou de "identidade", fantasmas simbólicos capazes de criar coesão social.

A hipótese com a qual trabalhei neste livro é de que os eventos que tiveram e têm lugar em meio à crise da covid-19 em escala global assinalam o princípio do fim do realismo capitalista. Por trás da suposta guerra sanitária contra o vírus e de todas as guerras, há pouco a da Síria, agora a da Ucrânia, uma outra guerra, mais silenciosa, tem lugar entre os distintos regimes de produção e reprodução da vida sobre o planeta Terra. Visto da perspectiva do custo ecológico, social e político da opressão racial, sexual, somática e de classe, o capitalismo é um irrealismo. O antagonismo capitalismo-comunismo e a oposição dos blocos da guerra fria foram deslocados, abrindo espaço para uma fratura interna dentro do (ir)realismo capitalista: aquela que opõe as formas de governo e de produção petrossexorracial (das quais os governos de Trump e de Putin são exemplos paradigmáticos) às práticas que defendem uma transição ecológica, feminista, queer, trans e antirracista.

A estética petrossexorracial

Denomino "petrossexorracial" o modo de organização social e o conjunto de tecnologias de governo e de representação que surgiram a partir do século XVI com a expansão do capitalismo colonial e das epistemologias raciais e sexuais desde a Europa para a totalidade do planeta.[2] Em termos energéticos, o modo de produção petrossexorracial depende da combustão de energias fósseis altamente contaminantes e geradoras de aquecimento climático.[3] A infraestrutura epistêmica dessas tecnologias de governo é a classificação social dos seres vivos de acordo com as taxonomias científicas modernas de espécie, raça, sexo e sexualidade. Essas categorias binárias serviram para legitimar a destruição do ecossistema e a dominação de certos corpos sobre outros. Sem uma grande massa de corpos subalternos submetidos a segmentações de espécie, sexo, gênero, classe e raça, nem o extrativismo fóssil nem a organização da economia mundial capitalista teriam sido possíveis. Neste regime, o corpo reconhecido como humano, ao qual foi designado o sexo ou gênero masculino ao nascer e que foi marcado como branco, válido e nacional, tem o monopólio do uso das técnicas de violência. A especificidade dessa violência é que ela se manifesta ao mesmo tempo como poder e prazer, como força (*Gewalt*) e desejo (*Wunt*) sobre o corpo do outro. Extração, combustão, penetração, apropriação, possessão: destruição. O patriarcado e a colonialidade não são épocas históricas que deixamos para trás, mas epistemologias, infraestruturas cognitivas, regimes de representação, técnicas do corpo, tecnologias do poder, discursos e aparatos de verificação, narrativas e imagens que seguem operando no presente.

Hipótese revolução

O capitalismo petrossexorracial construiu no curso dos últimos cinco séculos uma estética: um regime de saturação sensorial e cognitiva de captura total do tempo e de ocupação expansiva do espaço, uma habituação ao ruído mecânico, ao cheiro de poluição, à plastificação do mundo, à superprodução e à abundância consumista, ao fim de semana no supermercado, à carne moída, ao suplemento de açúcar, a um acompanhamento rítmico da temporada de moda e uma exaltação religiosa da marca, uma insolente satisfação ao separar-se daquilo que foi concebido para a obsolescência programada e que pode ser imediatamente substituído por outra coisa, um fascínio pelo kitsch heterossexual, uma romantização da violência sexual como base da erótica da diferença entre a masculinidade e a feminilidade, uma mistura de rejeição e exotização dos corpos antes colonizados, de terror e de erotização das populações racializadas que são expulsas para as periferias pauperizadas das cidades ou para as fronteiras dos Estados-nação. Definitivamente, um gosto pelo tóxico e um prazer inerente à destruição.

Quando falo de "estética petrossexorracial" não me refiro ao sentido estrito que a palavra *estética* assume no mundo da arte. Por estética entendo a articulação entre a organização social da vida, a estrutura da percepção e a configuração de uma experiência sensível compartilhada. A estética depende sempre de uma regulação política dos aparatos sensoriais do corpo vivo em sociedade. Ela é, no dizer de Jacques Rancière, um modo específico de habitar o mundo sensível, uma regulação social e política dos sentidos:[4] da visão, da audição, do tato, do olfato, do paladar e da percepção sensório-motriz, se pensarmos no recorte do sensível que rege as sociedades ocidentais, mas também de outros sentidos que aparecem como "supranaturais" de acordo com a classificação científica ocidental, mas que estão plenamente presentes em outros regimes sensoriais indígenas ou não ocidentais. Também entendo por estética, com Félix Guattari[5] e Eduardo Viveiros de Castro,[6] uma tecnologia de produção de consciência culturalmente construída por uma comunidade humana e não humana. Uma estética, portanto, é um mundo sensorial compartilhado, mas também uma consciência subjetiva capaz de decodificá-lo e entendê-lo.

Esta estética patriarcal, colonial e fóssil poderia ser resumida na conhecida frase de J. G. Ballard: "Um posto de gasolina abandonado é mais belo que o Taj Mahal".[7] Assim como em uma frase (mais ou menos apócrifa) de Rocco Siffredi, talvez menos conhecida no âmbito literário, mas igualmente relevante para a concepção do corpo e da subjetividade na estética do capitalismo petrossexorracial: "Um pau vale mais que mil bocetas". Nós, uma pequena parcela hegemônica da população mundial do Norte industrializado, vivemos num regime sensorial dominado pela virilidade e pelo carvão. Somos sustentados por uma economia libidinal masculinista, heterossexual, binária, racialmente hierárquica e com uma dieta carnívora. Estas são as bases sensíveis do capitalismo petrossexorracial: destruição do ecossistema, violência sexual e racial, consumo de energias fósseis e carnivorismo industrial.

Tim di Muzio chamou de "capitalismo do carvão" a civilização que se expandiu a partir da Europa desde o Renascimento e que agora está em questão.[8] O capitalismo do carvão é um modo conflitivo de dominação baseado em extração, acumulação, distribuição, capitalização e consumo de com-

Hipótese revolução 45

bustíveis fósseis. Trata-se de uma forma de organização social cuja fonte de energia básica são os hidrocarbonetos (como o carvão, o petróleo, a turfa, o gás natural etc.) derivados da biometanização de seres vivos mortos e enterrados no solo durante vários milhões de anos; compostos que são consumidos por combustão, emitindo uma grande quantidade de dióxido de carbono, e que não são renováveis, pois levam milhões de anos para se acumular e se esgotam com rapidez muito maior do que o tempo necessário para refazer as reservas. Na década de 1970, a crise climática já se camuflava por trás de uma primeira crise do petróleo: quase todas as guerras do final do milênio e do novo século foram e seguem sendo guerras pelos combustíveis fósseis. Desde o golfo Pérsico até a Ucrânia, cada oleoduto, cada gasoduto é um canal carregado de morte.

Substâncias eternas e zonas de sacrifício

O Programa das Nações Unidas para o Meio Ambiente (que está longe de ser uma associação de ecologistas radicais) tornou público, em 2022, um informe que qualifica como "envenenamento, tanto do planeta quanto de nossa própria espécie",[9] o processo de poluição e destruição da biosfera causado pela atividade industrial e pelo consumo humanos. Segundo o pesquisador David R. Boyd, da Universidade da Colúmbia Britânica, no Canadá, à produção industrial de substâncias tóxicas se soma a poluição atmosférica causada pela combustão fóssil. Os especialistas em bioquímica experimental chamam de "químicos eternos" aqueles cuja toxicidade é tão duradoura que não podem ser eliminados no curso da vida de um indivíduo, ou até de uma geração inteira, e cuja desintegração exige um ciclo geológico que supera a escala biológica da espécie. Trata-se de substâncias bioacumulativas, como a radioatividade ou os compostos químicos perfluoroalquilados e polifluoroalquilados, como as espumas para sufocar incêndios e os revestimentos hidrófugos e lipófobos utilizados em têxteis, no papel e em materiais bélicos e de telecomunicações. Para David R. Boyd, a acumulação de produtos químicos eternos é tão consubstancial ao funcionamento do capitalismo fóssil que, dentro deste regime de produção, é impossível evitar a criação das já chamadas "zonas de sacrifício": territórios em que a água e o solo são depósitos residuais contaminantes, e onde as comunidades estão expostas a níveis extremos de envenenamento. Assim como em certas culturas existiram práticas sacrificiais destinadas a manter e construir uma hierarquia metafísica (a diferença entre deuses e humanos ou entre humanos e animais, entre corpos pertencentes à comunidade e estrangeiros etc.), o capitalismo é uma espécie de religião petrossexorracial que exige o sacrifício de certos corpos (animais, femininos, infantis, estrangeiros, racializados etc.) e a destruição de certos espaços (a colônia, a periferia, o Sul etc.) em benefício da manutenção de uma hierarquia mítico-erótico-mercantil. A presença dos químicos eternos no ar, no solo e na água destes espaços permite falar não somente de extrativismo e colonização industrial de determinado território, mas, mais radicalmente, de construção de necroespaços, espaços de morte onde a vida, se não é impossível, é pelo menos tóxica. Sem a naturalização do veneno e a estetização da contaminação, este regime de dominação e destruição não poderia funcionar.

Roland Barthes, que escreveu suas *Mitologias* no final dos anos 1950, percebeu que, durante o século XX, o automóvel havia se transformado no objeto mítico central da modernidade industrial. A seu ver, o automóvel era para a sociedade do pós-guerra o que a catedral gótica havia sido para a sociedade medieval.[10] A relação estética do sujeito medieval com o mundo passava pela inscrição do corpo no espaço arquitetônico da catedral, assim como o sujeito fordista se definia por sua relação ao mesmo tempo banal e intensamente carnal com o automóvel. A catedral também era uma espécie de veículo vertical e coletivo que permitia o transporte da alma do crente medieval para um universo teológico, conectando-o com a luz através dos vitrais. O automóvel, horizontal e individual, objeto trivial, profano, "ao rés do chão", como diz Barthes, transportava, queimando petróleo, o corpo do consumidor do trabalho para casa, da casa para os espaços designados para o ócio. De um ponto de vista transfeminista, o automóvel apresenta-se hoje (junto com as armas de fogo, que visam alcançar um alvo a longa distância com projéteis que utilizam gases produzidos pela combustão rápida e confinada de um composto químico detonante) como a prótese central do que poderíamos denominar, segundo Cara Dagget, "petromasculinidade": um corpo masculino cuja soberania se baseava no uso da violência e na acumulação e consumo de combustíveis fósseis.[11] A masculinidade moderna não é feita de testosterona, mas de petróleo e pólvora. A heterossexualidade foi para a história da sexualidade o que o fordismo do carvão foi para a história da tecnologia: o encaixe normativo biopênis-biovagina com fins reprodutivos era o equivalente sexual do encaixe normativo homem-automóvel-arma de fogo com fins produtivos/destrutivos. Esta industrialização do corpo sexualizado não pode ser confundida com a realidade do desejo: o fordismo heterossexual é só a redução da *potentia gaudendi* da somateca (alma ou corpo vivo) à sua força reprodutiva, mas jamais esgotará a totalidade do desejo. Em termos estéticos, como criação de uma paisagem que satura a sensibilidade e ao contrário do que expressam as retóricas higienistas que caracterizaram o século passado e ressurgem agora com a pandemia, o capitalismo do carvão é espesso, pegajoso, sujo, gorduroso, sufocante, quente e tóxico. As democracias capitalistas que se alimentam hoje e sempre de energias fósseis estão cobertas por uma pátina de graxa, são manchas de óleo sobre o mapa. Esta estética apresenta-se diante do corpo vivo em forma de nuvem cinza de dióxido de carbono, ruído de motor, cheiro de gasolina queimada saindo de um cano de descarga, da densa camada de petróleo misturado com cascalho que, em forma de asfalto, cobriu pouco a pouco a quase totalidade do solo do mundo, afastando para sempre a terra de nossos pés. Nossas pegadas são linhas negras de pneumáticos queimados pela velocidade sobre o asfalto. Nosso legado mede-se em quilos de CO_2 e em porcentagens de radioatividade. Um dia nos daremos conta de que a estética do capitalismo do carvão é a estética do fedor e do fogo. Muito antes da chegada do vírus, o ar de Wuhan já era irrespirável. *Dysphoria mundi*.

Se os combustíveis fósseis são o que o físico Alfred Crosby chamou de "raios de sol empacotados",[12] a modernidade foi, em detrimento da fotossíntese e do desenvolvimento de energias renováveis, uma absurda fogueira na qual queimamos milhões de séculos de história geológica. Esta enorme combustão

Hipótese revolução 49

de energias fósseis foi acompanhada, durante o capitalismo tardio, pela transformação dos hábitos alimentares das sociedades do Norte industrializado, com a generalização de uma dieta rica em glicose e em proteína animal. Nós, os animais humanos, nos tornamos especialistas em empacotar e desempacotar energia fóssil. Não traficamos apenas com raios de sol empacotados, mas aprendemos rapidamente que poderia ser rentável empacotar macromoléculas e traficar também com elas: soubemos ver em cada animal vivo uma reserva futura de proteínas, compostos polimerizados formados por aminoácidos nitrogenados altamente energéticos — um grama de proteína proporciona 4,1 quilocalorias para um organismo.

Em *A política sexual da carne*, a teórica feminista Carol J. Adams descreve o carnivorismo fordista não apenas como uma cultura gastronômica, mas como uma tecnologia do corpo e da consciência, uma especialização do paladar e uma transformação do olhar, uma estética que não reconhece o animal não humano como um ser sensível, o que permite transformá-lo, através da matança e do esquartejamento industrializado, em "carne". Recordemos que a cadeia de montagem fordista foi inventada inicialmente para industrializar o processo de abater, esfolar e despedaçar o corpo dos animais no primeiro matadouro industrial do mundo, em Union Stock Yards, Chicago, em 1864. Só entre 1865 e 1900, 400 milhões de animais foram sacrificados com o aperfeiçoamento de uma técnica de morte (e consumo) que se globalizaria rapidamente em seguida. Alguns anos mais tarde, Henry Ford utilizará as técnicas de divisão do trabalho em cadeia, que conheceu ainda adolescente no matadouro de Yards, para a fabricação de carros. O capitalismo petrossexorracial implica a industrialização de certas formas de opressão, despossessão e morte: despedaçar corpos, montar máquinas, mecanizar tempo. O hambúrguer — entre cem e quinhentos gramas de carne empacotada desenhada para adequar-se a um pãozinho e ser transportável — é a forma-objeto que resulta dessa estética carnívora. O hambúrguer é para a nutrição o que o automóvel foi para a economia fordista: o objeto mítico do carnivorismo. Para Carol Adams, "gosto de carne" é a expressão que melhor define esta estética, onde o substantivo *carne* serve ao mesmo tempo para indicar a proteína animal morta e o corpo feminizado — digo "feminizado" e não "feminino", e aí me distancio de Adams, porque outros corpos, infantis, homossexuais, trans, racializados, também são "construídos" e consumidos como mera carne empacotada.[13]

Foi isso que caracterizou a modernidade industrial: arrebentamos a terra para extrair pacotes de raios de sol fossilizados, que queimamos sem parar; transformamos os animais não humanos em pacotes proteicos digeríveis e o corpo humano subalterno num pacote energético do qual extrair força de trabalho, de reprodução e *potentia gaudendi* — mas recordemos que não é possível reduzir a *potentia gaudendi* ao prazer nem à mera força reprodutiva ou produtiva, porque se trata da força de gozar, de criar com todos os viventes.

Tudo isso exigiu e exige um processo intenso de transformação tecnológica. A ficção estética romântica que a modernidade europeia chamou de "natureza" já é resultado desse processo de tecnificação e de empacotamento. A política normalizadora do corpo no capitalismo petrossexorracial cria uma ilusão de realismo da percepção. Nem a gasolina nem a carne nem a heterossexualidade são naturais, mas resultado

Hipótese revolução 51

de longos processos de perfuração, extração, domesticação, morte, transformação, estandardização e estilização. A estética dominante naturaliza o complexo ato de perceber, de tal modo que a especificidade com que as formas se oferecem aos sentidos na sociedade capitalista (a fumaça, o ruído, a poluição, o plástico, a carne, o ato sexual concebido como penetração biopênis-biovagina, o estupro, a reprodução heterossexual entendida como atividade obrigatória, o ritmo repetitivo do trabalho e do consumo etc.) parece ser simplesmente o estado "natural" da "realidade".

Revolução como transição epistêmica

O corpo político não é somente o lugar de inserção ou inscrição violenta do poder *petrossexorracial*, mas tem mostrado que pode ser também aquele através do qual uma mutação coletiva poderia operar deslocamentos capazes, talvez, de introduzir rupturas na história repetitiva e letal do capitalismo global. Na disforia, enquanto resistência à normalização e dor sensorial ou estética, reside também a possibilidade de uma mutação sistêmica.

Ao contrário do que poderíamos imaginar, a atual guerra na Ucrânia não nos leva de volta à guerra fria, mas representa uma nova guerra quente: a que opõe as tecnologias farmacopornográficas de governo petrossexorracial às políticas de transição para um novo regime de produção e reprodução da vida. Se por um lado as instâncias de poder petrossexorracial recorrem aos mitos nacionalistas e identitários e abraçam as tecnologias digitais, bioquímicas e militares como formas primeiras de produção de valor e de controle dos corpos vivos, por outro, estes mesmos corpos subalternos supostamente disfóricos, para os quais o poder só preconiza trabalho, consumo e morte, inventam formas dissidentes de subjetivação e novos agenciamentos coletivos com outros corpos humanos e não humanos e com as máquinas energéticas: o celular, o computador, as tecnologias biomoleculares.

No seio do (ir)realismo capitalista acontece o impensável. Ou talvez o impensável já estivesse acontecendo desde sempre.

Ainda que o processo de digitalização das relações sociais induzido pelo confinamento pudesse ser visto unicamente como uma aceleração das dinâmicas do capitalismo cibernético, a conexão informática generalizada levou também a consequências que nem os governos dos diversos Estados-nação nem as multinacionais cibernéticas poderiam prever. Em meio a um aparente silêncio sanitário, a gravação da morte de George Floyd pela polícia de Minneapolis, feita pela jovem Darnella Frazier com a câmera de seu celular, e a difusão viral do vídeo nas redes sociais geraram uma tomada de consciência planetária e propiciaram a emergência de um movimento internacional de protestos contra a brutalidade policial e o racismo institucional. Como se fosse um filme *snuff* racista dirigido pelas forças policiais do Estado, o vídeo converteu-se no insuportável significante de uma guerra institucional contra os corpos racializados e sexualizados. Mas, finalmente, nessa guerra que ocorre depois de anos de expropriações, destruições, patologizações, encarceramentos e extermínios, surge uma nova frente antagonista: o movimento Black (and Trans) Lives Matter foi capaz de dar uma resposta global pacífica à necropolítica.

Ao mesmo tempo, desde o aparecimento do Me Too e do Me Too Incest, os movimentos feministas, queer, trans, intersexuais e da diversidade funcional começaram a se expressar e se coordenar através do intercâmbio de mensagens nas diversas redes sociais, tornando-se, em seguida, visíveis no espaço público das manifestações multitudinárias, performances e campanhas de ressignificação da cidade. A aliança dos movimentos Black Lives Matter e Black Trans Lives Matter e também dos diversos coletivos ecológicos, feministas, queer, trans e intersexuais que, da América Latina à Índia, lutam contra as distintas formas de violência extrativista, racial, sexual e de gênero, assim como os vários processos de crítica dos emblemas patriarcais e coloniais no espaço público constituem o mais importante processo de insurreição de minorias raciais e de gênero desde as rebeliões feministas, decoloniais e afro-americanas dos anos 1950 e 1960. A mensagem audiovisual viral e o vírus aparecem como instâncias conflitivas capazes de induzir mutações no devir capitalista do mundo.

O negacionismo como epistemologia da contrarrevolução

Em seu livro *Onde aterrar?*, Bruno Latour sustenta que não é possível compreender as posições políticas dos últimos cinquenta anos "se não dermos um lugar central à questão do clima e à sua negação".[14] Com a palavra *clima*, Latour não está se referindo à meteorologia, mas à "relação que os humanos estabelecem com as condições materiais de sua existência".[15] Para o filósofo francês, o que caracteriza grande parte do problema em que estamos mergulhados é precisamente a sua negação: em termos epistemológicos, as forças reacionárias articulam-se em torno de um discurso "climatonegacionista", diz Latour, que nega, entre outras coisas, o aquecimento global e sua relação com o uso histórico de energias fósseis.

Só é possível aceitar o diagnóstico de Latour se e somente se falarmos não apenas de "clima", mas da questão "climático-somática" e de sua negação. Até agora, a ecologia política, incapaz de fazer uma crítica transversal de seus pressupostos heteropatriarcais e racistas, não considerou a história política dos corpos, assim como o lugar crucial da política sexual e reprodutiva na modificação do meio ambiente. Com demasiada frequência, a ecologia política naturaliza o gênero e a sexualidade, retirando-os do âmbito da crítica e fazendo da reprodução sexual uma variável simplesmente biológica. Como se deduz das reformas em curso na Rússia, nos Estados Unidos, na Polônia e na Hungria, não é possível compreender a guinada neoconservadora mundial sem considerar a posição crucial das políticas de gênero, sexo e sexualidade e das formas institucionais de racismo nas novas configurações políticas do capitalismo contemporâneo. Não entramos apenas num "novo regime climático", como afirma Latour,[16] mas também num *novo regime somatopolítico* que afeta todos os corpos vivos (incluindo o próprio planeta) e as instituições sociais de produção e reprodução, assim como as tradicionais segmentações de sexo, gênero, sexualidade, raça, saúde e deficiência. "A nova universalidade" não é somente, como pretende Latour, "perceber que o solo está cedendo sob nossos pés", mas, e sobretudo, sentir que o corpo vivo está prestes a explodir. *Dysphoria mundi.*

Hipótese revolução 55

Trata-se agora de situar o corpo vivo e desejante e sua gestão política no centro da ecologia política. Seguindo a argumentação de Bruno Latour e estendendo o alcance de sua crítica ao campo somatopolítico, poderíamos dizer, à luz das políticas em vigor na Turquia e na Guatemala, mas também no Brasil e em Uganda, que, assim como os negacionistas do clima negam a mudança climática e a crise ecológica e sua relação com o sistema de produção capitalista fóssil, os "negacionistas do gênero" negam a dimensão cultural e politicamente construída das diferenças de gênero, sexo e sexualidade, e também a relação estrutural da opressão de gênero e sexual com o regime reprodutivo heteropatriarcal. Aqui o termo *gênero* nomeia, como o termo *clima* na luta ecológica, não uma dimensão natural, mas uma condição social e politicamente construída. A palavra gênero é aquela em torno da qual se cristalizaram todos os ataques nos discursos dos masculinistas e heterobinários, através da demonização da chamada "teoria de gênero", que não existe enquanto teoria unificada, mas apenas nas fantasias daqueles que desconhecem a heterogeneidade dos discursos e práticas feministas, queer, trans e não binárias. Para os neoconservadores, o gênero está para a gestão heteropatriarcal da reprodução nacional assim como o clima está para a gestão capitalista da produção: a palavra que encarna uma consciência crítica e uma possível desconstrução da norma. Assim como os negacionistas do clima negam, diante de todas as evidências, que a temperatura aumentou, que os polos estão derretendo ou que a camada de ozônio foi permanentemente danificada, os negacionistas do gênero negam a existência de bebês intersexuais (um em cada seiscentos a 2 mil nascimentos), a realidade social e psíquica das pessoas trans e não binárias, a violência inerente à instituição da família patriarcal, as cifras de feminicídios, "transcídios" e "putocídios", consideram a homossexualidade, as práticas trans e de redesignação de gênero como transtornos mentais (ou mesmo crimes e pecados nos discursos teológico-políticos) e as estruturas familiares homoparentais ou não binárias como desordem e disfunção social.

Por outro lado, assim como os negacionistas do gênero, os negacionistas coloniais negam a relação entre a ascensão do capitalismo europeu e o saque colonial, a violência inerente aos processos de colonização e expansão imperial da Europa entre o século xv e meados do século xx, assim como a persistência de formas de racismo institucional nos Estados democráticos contemporâneos, e defendem a supremacia branca implicitamente (através de instituições e da lei) ou explicitamente (através do discurso e da representação neonacionalista e fascista). Aqui, o termo *colonial* não define um período histórico passado, mas uma racionalidade (Gayatri Spivak),[17] um "regime de conhecimento" (Walter Mignolo),[18] que subsiste nas sociedades pós-coloniais.

Para a hipótese revolução, é crucial entender que os negacionistas do clima são também, e com frequência, negacionistas do gênero e negacionistas coloniais. Além disso, as formas de extração ecológica e de dominação somatopolítica não são implementadas apenas através das tecnologias industriais que caracterizaram a expansão do capitalismo colonial desde o século xv, mas através de biotecnologias e tecnologias cibernéticas e farmacopornográficas. A hipótese revolução postula que somente quando se articulam estas três dimensões (climática,

Hipótese revolução 57

somatopolítica e cibernética) é possível fazer um diagnóstico da crise que estamos atravessando e imaginar a amplitude e a profundidade das mudanças que serão necessárias. Por isso, a hipótese revolução mobiliza conjuntamente as forças da ecologia política, do feminismo, das políticas queer e trans, do antirracismo e da luta cibernética imaginando um novo agenciamento crítico capaz de ultrapassar ao mesmo tempo as políticas de identidade, o Estado-nação e as retóricas do individualismo neoliberal.

Uma ação pelo clima que não seja ao mesmo tempo um projeto de despatriarcalização e de decolonização institucional e social só pode aumentar a fratura de classe, sexo, gênero e raça. As reformas neoliberais verdes podem conviver com a violência sexual doméstica, com a política neonacionalista da fronteira, com a reclusão institucional das minorias racializadas e com as agressões homofóbicas. Quando é ecológico, o machismo parece mais defensável. O racismo também pode ser verde.

Supercordas micropolíticas

A hipótese revolução reúne um conjunto de ideias, ficções e práticas surgidas dos pensamentos contrapatriarcais e contracoloniais com o objetivo de partir para outra epistemologia terrestre. Aqui, a palavra *revolução* não é um slogan ideológico ou um ditame partidário, mas uma conjectura, um exercício de emancipação cognitiva, de "fabulação especulativa", para usar as palavras da zoóloga estadunidense Donna Haraway:[19] uma contranarrativa que busca modificar a perspectiva do que está ocorrendo, mudar as perguntas para propor novas respostas. Imaginar já é agir: reivindicar a imaginação como força de transformação política já é começar a mudar.

O que está acontecendo não pode ser descrito com as linguagens econômicas, psicológicas ou de marketing do neoliberalismo. A possibilidade de postular a hipótese revolução depende da nossa capacidade coletiva de inventar uma nova gramática, uma nova linguagem, para entender a mutação social, a transformação da sensibilidade e da consciência que está ocorrendo. Precisamos, para usar as palavras de Spinoza e Deleuze, produzir outros perceptos, outros afetos e outro desejo. Perceber, sentir e nomear de outro modo. Conhecer de outro modo. Amar de outro modo.

Não basta analisar a condição neoliberal, é necessário mudar todos os nomes de todas as coisas.

A hipótese revolução é uma contraficção, um ponto de fuga entre as ficções normativas. Para imaginar juntos o que vamos ser, precisamos de outra história política do corpo vivo e de uma narrativa diferente sobre os processos de sujeição e subjetivação animal, sexual, de gênero, classe e raça... O que proponho é desalojar a noção de *sujeito político*, ficção dominante da modernidade patriarcal e colonial, que supõe uma teoria da soberania, uma representação vertical do poder, um relato individualista acerca da sujeição e da autonomia, para, diante disso, começar a pensar nos diferentes processos através dos quais um corpo vivo pode transformar-se em *simbionte político* e nos agenciamentos que podem fazer com que este processo fracasse ou seja negado. Em biologia, um "simbionte" é um dos sócios de uma relação simbiótica: uma associação na qual um organismo se relaciona com outro ou

Hipótese revolução

outros organismos para sobreviver, como os lactobacilos e o corpo humano ou a zooxantela e os corais.

Em seu livro *Ficar com o problema*, Donna Haraway imagina como será a vida na Terra daqui a quatrocentos anos, quando o Antropoceno chegar ao fim e já tiver começado o que ela chama de "Chthuluceno": uma era marcada pela cooperação entre as espécies sobreviventes. Haraway imagina um bebê humano (de gênero não binário, eu acrescentaria à sua especulação) com três progenitores "desemparelhados" que estabelece relações simbióticas com outras espécies em perigo de extinção.[20] Esta ficção de Haraway, que baseia a vida na cooperação e na relacionalidade no lugar da reprodução heterossexual e da política de identidade, é um bom modelo para pensar a hipótese revolução. Esta é a pergunta: diante de uma reorganização das formas de poder e submissão, de modalidades de exploração inéditas, como inventar novas simbioses políticas, como estabelecer novas relações que permitam, como diz Anna L. Tsing, "viver nas ruínas do capitalismo"?[21]

Assim como existia, no discurso científico do século xx, uma brecha epistêmica (alguns diriam que se trata de uma incompatibilidade de modelos) entre a relatividade geral e a física quântica, resultante da dificuldade de pensar a luz ao mesmo tempo como onda e como partícula,[22] poderíamos dizer que a grande dificuldade para postular a hipótese revolução é que, nas linguagens contemporâneas da filosofia política, ainda marcadas pela metafísica da modernidade petrossexorracial, existe uma brecha cognitiva (que às vezes se manifesta como segmentação das lutas, às vezes até como incompatibilidade e antagonismo) entre a teoria e as práticas da esquerda radical e aquelas provenientes da ecologia política, da gramática e das práticas de resistência e de emancipação das minorias sexuais, de gênero e raciais. Estas tensões, que na década de 1990 assumiram a forma de uma confrontação entre as demandas de *justiça* e de *reconhecimento* (representadas pelas posições de Nancy Fraser e Judith Butler, respectivamente),[23] veem-se agora exacerbadas pela essencialização das identidades. Os conflitos de identidade estão presentes na territorialização naturalista das políticas feministas, na exclusão das mulheres trans e na criminalização das trabalhadoras e trabalhadores sexuais, na visão da heterossexualidade como natureza e qualquer outra forma de sexualidade como desvio, na exclusão de certos corpos das políticas reprodutivas, na criação de narrativas nacionais xenófobas, na definição histórica ou cultural de fronteiras diante do deslocamento e da imigração. A ecologia torna-se naturalista, nacionalista e patriarcal; os movimentos operários privilegiam a manutenção dos postos de trabalho na economia do carvão, diante da transição ecológica; o fechamento das fronteiras aos refugiados e exilados de origem muçulmana é feito em nome de um suposto "feminismo" ou da intenção de preservar a pureza "da civilização", fazendo surgir assim novas e inimagináveis alianças entre feminismo e extrema direita; a homofobia e a transfobia escondem-se atrás da defesa de supostos direitos da infância (supondo sempre que se trata de uma infância heterossexual e cis); o feminismo TERF,[24] ou feminismo antitrans, legitima a exclusão e a violência contra as mulheres trans diante da suposta necessidade de preservar uma verdadeira natureza feminina; os avanços legais dos movimentos homossexuais integracionistas que não questionam

Hipótese revolução

a ordem patriarcal ou colonial dão lugar, paradoxalmente, a uma normalização da instituição da família monogâmica de classe média e branca; as minorias religiosas radicalizam-se diante dos planos de normalização e controle do Estado... As noções de identidade, as diferenças entre normalidade e patologia, as tensões entre maioria e minoria, entre centro e periferia, entre hegemonia e margem: todos estes conceitos, suas sínteses e disjunções também entraram em crise — ou em afirmação hiperbólica.

Os chamados "sujeitos" (proletariado, mulheres, minorias raciais, migrantes, pessoas com deficiência, homossexuais, trans...) que poderiam funcionar como motores da mudança política transformam-se em identidades naturalizadas que o capitalismo cibernético utiliza como big data e como fontes de informação numa batalha midiática. Diante dessas contradições aparentemente insolúveis, este livro afirma que não há sujeitos (naturais ou essenciais, marcados por uma identidade) da revolução, mas simbiontes políticos capazes de atuar juntos (ou não).

Os simbiontes políticos não são identidades, são mutantes relacionais.

A hipótese revolução entende que as formas de exploração ecológica e de dominação somatopolítica (dos corpos vivos, segmentados em termos de gênero, sexo, sexualidade, raça, deficiência etc.) não são exercidas unicamente através das tecnologias estatais ou industriais que caracterizaram a expansão do capitalismo patriarcal e colonial desde o século xvi. Doravante, a internet é o novo marco político mundial, no qual operam e se reativam todas as formas de exploração. Esteja onde estiver, enquanto lê este livro você está conectado a um ou vários serviços de uma dessas cinco cibermultinacionais: Google, Microsoft, Facebook, Apple ou Amazon. Pode até ser que o livro tenha sido obtido através delas ou que você o esteja lendo num de seus suportes técnicos. A internet e as redes sociais não são apenas um espaço virtual: transformaram-se nas tecnologias centrais de governo e sujeição.

Assim como a teoria das supercordas na física, chegou a hora de elaborar uma teoria das "supercordas micropolíticas" que vincule e amplifique as lutas do transfeminismo e da ecologia política e seja capaz de articular os projetos de antirracismo e emancipação do lumpemproletariado eletrônico do capitalismo global. Tomando como referência os processos de transição de gênero, as práticas não binárias e as políticas de transição energética e ecológica, a teoria das supercordas micropolíticas, ao mesmo tempo transfeminista, anticolonial, ecológica e radicalmente desidentitária, poderia se chamar "TRANS".

A teoria das supercordas micropolíticas segue duas linhas de investigação: uma tem a ver com as transformações nas tecnologias biopolíticas e necropolíticas em curso no capitalismo farmacopornográfico; a outra, com as mutações que estão ocorrendo na modalidade de existência que até agora se convencionou chamar de "subjetividade" e com as técnicas sociais através das quais os "simbiontes" têm acesso à representação política.

O relato fragmentário deste livro retraça dois movimentos antagônicos: de um lado, o colapso epistêmico (em certo sentido, já irreversível) do paradigma petrossexorracial e de suas noções centrais, impulsionado pelas práticas de destituição do imaginário colonial e pelos processos de despatologização da homossexualidade e da transexualidade, e a luta contra

Hipótese revolução

o feminicídio, o estupro e o incesto vistos como formas de governo constitutivas do regime patriarcal e heterossexual; de outro, a formação de novas configurações tecnopatriarcais e tecnocoloniais através de alianças inéditas entre formas arcaicas de poder soberano masculinista, supremacista branco e as novas tecnologias genéticas, bioquímicas, da comunicação, cibernéticas e da inteligência artificial.

As duas linhas de investigação confluem naquilo que chamo de "somateca": o corpo vivo como lugar da ação política e do pensamento filosófico. A somateca não é uma propriedade privada nem um objeto anatômico, mas um arquivo político vivo no qual se instituem e destituem formas de poder e de soberania. A redução da somateca ao corpo anatômico com suas inscrições genitais sexualizantes ou a redução da cor da pele à diferença racial são alguns dos nós górdios inerentes à epistemologia petrossexorracial da modernidade. O gênero, o sexo, a sexualidade, a raça, a deficiência... não são simplesmente conceitos ou ideologias. São tecnologias de poder que produzem a somateca que somos. Em parte, aquilo que às vezes chamamos de capacidade de sobrevivência da espécie tem mais a ver com nossa habilidade coletiva de produzir a nova somateca fora das taxonomias políticas binárias — natureza/cultura, animal/humano, feminino/masculino, homossexual/heterossexual, reprodutivo/produtivo, Sul/Norte, Leste/Oeste — que serviram para governar a vida e a morte na modernidade. O desafio agora não consiste apenas em desmontar as formas de opressão petrossexorraciais instaladas durante a modernidade capitalista, mas também em inventar coletivamente tecnologias sociais simbióticas (e não extrativistas ou hierárquicas) de distribuição de energia.

Eis o dilema: ou aceitamos a nova aliança do neoliberalismo digital e dos poderes petrossexorraciais, e com ela a explosão das formas de desigualdade econômica, de violência racial, sexual e de gênero e a destruição da biosfera, ou decidimos iniciar coletivamente um profundo processo de descarbonização, despatriarcalização e decolonização. Não somos meras testemunhas do que ocorre. Somos o corpo através do qual a mutação chega e se instala. A questão já não é quem somos, mas em que queremos nos transformar.

Talvez vivamos, hoje mais do que nunca, a tensão própria da filosofia entre saber e fazer: entre saber tudo e não poder fazer nada para mudar o curso das coisas ou, ao contrário, continuar fazendo tudo assim mesmo, mas sentindo que nada mais tem sentido. A primeira dessas opções ganha forma nas paranoias conspiracionistas. A segunda, na depressão individualista. Ou aceitamos as narrativas opostas, mas complementares, do progresso infinito do capitalismo e do fim do mundo, com suas versões pós-humanistas de aumento tecnológico de certos corpos e de colonização exoplanetária, como pretende Elon Musk, com sua proposta ilusória e tecnoaristocrática de fuga cósmica, que nos empurra alternativamente para a imobilidade e para a aceleração, ou bem transformamos a narrativa a respeito do que está ocorrendo. Não será possível sobreviver sem contar nossa própria história de outro modo. Sem sonhar de outro modo.

E se, no meio dessa depressão planetária, dessa guerra mundial, no meio da debacle do Antropoceno, estivéssemos vivendo a maior revolução da história?

3. Heroína eletrônica

Num contexto de mutação epistêmica, política e econômica, as noções clássicas de poder e resistência e seus correlatos — soberania e opressão — tornaram-se insuficientes para explicar o funcionamento das tecnologias contemporâneas de governo. A soberania dos Estados-nação cambaleia, embora as políticas de fronteira ou de repressão militar e policial não parem de aumentar. Como a difusão do vírus demonstrou, nenhuma fronteira é capaz de constituir uma barreira para algo que se anuncia como um destino comum. Os Estados Unidos deixaram de ser o centro de um projeto de soberania econômica e militar global. Enquanto isso, emergem novas formas de soberania culturais, econômicas e cibernéticas supranacionais. Mas como funciona o poder nestas novas tecnologias de controle?

Nos últimos quinze anos, o governo chinês especializou-se em criar uma série de campos de reeducação para "reabilitar" um grupo cada vez mais numeroso do que eles denominam "web junkies", ou "viciados em internet". Trata-se em sua maioria de adolescentes acusados pelos pais de abandono das tarefas escolares e dos deveres familiares, que passam entre oito e vinte horas consecutivas conectados à internet, seja através do celular ou do computador — oito horas diárias é a média de tempo de conexão à internet e às redes sociais de um adolescente europeu ou americano. Xu Xiangyang, diretor do centro de educação e formação em Huainan, cidade situada 450 quilômetros ao norte de Shanghai, afirma que a internet funciona como uma espécie de "heroína eletrônica",[1] que produz no cérebro um efeito químico altamente aditivo, semelhante ao que é produzido pelo consumo de uma droga. Assim como os adictos químicos, aponta o instrutor, os adictos eletrônicos não conseguem abandonar o "vínculo com a substância" sem um duro processo de reabilitação que, como no caso de uma droga, supõe a privação mais ou menos forçada. Se as declarações de Xiangyang são interessantes é porque reconhecem que a matéria que constitui a internet não é algo externo e inerte, mas um fluxo que nos atravessa, uma "substância eletrônica" que o cérebro contemporâneo consome, da mesma forma que, no século XVII, com a extensão da educação à leitura, passou a consumir "textos"; a partir do século XX, imagens fixas e em movimento; e, durante os séculos do colonialismo industrial, açúcar, carne, tabaco e ópio. A poucos quilômetros do centro de reabilitação de Huainan encontram-se as maiores fábricas de produção de microchips do mundo. Os que nos reabilitam são os mesmos que nos fisgam.

Em 1970, William Burroughs escreveu um manual de instruções de sabotagem no qual incitava os cidadãos do mundo inteiro, de Nova York à Cidade do México, passando por Paris, a utilizar gravadores e câmeras de vídeo contra os poderes políticos, militares e culturais em vigor. Embora o poeta John Giorno se esforce para descrever Burroughs como um santo laico e psicodélico, é difícil não desconfiar de uma bicha homofóbica e misógina, amante das armas de fogo e assassino acidental.[2] Num desafio de tiro ao estilo Guilherme Tell, Bur-

Heroína eletrônica 69

roughs matou — se não com premeditação, pelo menos por estupidez ou descuido — Joan Vollmer Adams, mulher com quem se casou e teve um filho. Mas apesar desses traços que, por mais graves que sejam, não deixam de ser convencionais para um homem branco cis na cultura do pós-guerra (misoginia, homofobia, estetização das armas e exaltação da violência etc.), o consumo de peiote e de heroína transformaram seu cérebro numa fábrica experimental que produziu algumas das invenções literárias e políticas mais prodigiosas do século. Como se fosse um Nietzsche heroinômano na era da reprodução mecânica, Burroughs imaginou um exército de jovens com câmeras ocultas sob os casacos, infiltrando-se nos dormitórios e banheiros dos políticos para filmar inconfessáveis cenas sexuais, mas também para registrar seus arrotos e peidos, e sobretudo suas mentiras, para depois divulgá-las decupadas (*cut-up*), moídas e misturadas com os gritos dos porcos nos matadouros, formando um magma tão indigesto quanto libertador, capaz de fazer o fluxo repetitivo e falso da comunicação cultural entrar em curto-circuito. Para Burroughs, esses atos de sabotagem tinham um objetivo terapêutico, quase orgânico; eram destinados a curar o corpo social: a comunicação de massas havia gerado uma forma de contaminação contra a qual só era possível lutar através de um *détournement* intencional das máquinas de inscrição. A guerrilha eletrônica era a única que poderia, segundo o autor de *Almoço nu*, "liberar o vírus contido na palavra, promovendo assim o caos social".[3]

Em "Feedback de Watergate ao Jardim do Éden", um dos textos incluídos em *A revolução eletrônica*, Burroughs formula uma insólita teoria da linguagem que talvez possamos entender melhor hoje, em tempos de coronavírus. De onde procede a linguagem?, pergunta-se Burroughs. Por que não somos capazes de parar de falar conosco mesmos nem sequer quando estamos em silêncio? Burroughs começa por inverter a ordem, ou melhor, por nos lembrar de que onde há ordem há impostura, hierarquia: alguém querendo eludir o fato de que tudo é relação. Se admitimos geralmente que a palavra falada precede a escrita, Burroughs, ao contrário, como faria Derrida na filosofia quase ao mesmo tempo, mas ainda sem tê-lo lido,[4] afirma que a escrita veio primeiro e que só depois começamos a falar como humanos. A diferença entre a linguagem animal e a humana não está, para Burroughs, na fala: todos falamos, cada um a seu modo, alguns com gritos guturais, outros com belos cantos; a diferença está na escrita.

A escrita é, segundo Burroughs, tempo articulado. Pare um momento e experimente a estranheza do que acontece quando você lê. As palavras escritas, como estas que estão diante dos seus olhos, são imagens (desenhos, inscrições) que seu olhar transforma em sequências móveis. Cinema antes do cinema retroprojetado pela retina para o cérebro. Mas como começamos a escrever? Ou melhor: de onde veio a escrita? Por que somos os únicos animais que escrevem? A resposta de nosso Nietzsche psicodélico é que a escrita é um vírus extraterrestre que infectou o corpo e, se não foi reconhecido como um vírus, foi "porque alcançou um estado de simbiose com o hóspede".[5] Como o vírus, a escrita é uma entidade que desafia os limites entre o vivo e o morto, o orgânico e o inorgânico: nem bactéria nem puramente organismo, a linguagem penetra no corpo e usurpa as características da vida. O vírus da escrita é, para Burroughs, uma pequena unidade de

Heroína eletrônica

palavra e imagem ativada biologicamente para atuar como uma entidade viral comunicável.

Não pretendo avalizar a ideia de que fomos contaminados por um agente extraterrestre (embora, diga-se de passagem, esta suposição não seja mais absurda que a afirmação de um deus ou uma força espiritual que teria feito de nós animais dotados de palavra), mas recuperar a potência política de pensar a linguagem como um parasita que coloniza nosso sistema nervoso. Ao encarar a linguagem como uma matéria plástica e orgânica capaz de circular do corpo humano para as máquinas e vice-versa, Burroughs, pela mão do artista conceitual Brion Gysin, formula duas intuições centrais para a filosofia contemporânea, para pensar em tempos de covid, mas também de revolução. A primeira é que a comunicação é contágio. A teoria da performatividade da linguagem de Burroughs é viral: escrever ou falar não é transmitir informação, mas contaminar. A escrita é sempre infecção. Por isso é tão difícil calar a voz interior que, como um febril burocrata kafkiano, não para de escrever num invisível teclado bioquímico dentro de nossas cabeças. O corpo humano é para Burroughs uma máquina branda (soft machine)[6] constantemente ameaçada pelos parasitas da linguagem, sendo por isso importante recorrer a práticas meditativas e à ingestão de peiote ou ayahuasca como estratégias para "deter a máquina" de escrever instalada em nosso sistema neuronal.

A segunda intuição deriva precisamente de sua experiência de mais de cinquenta anos como heroinômano: a adição é o modelo orgânico que Burroughs propõe para pensar a relação do corpo contemporâneo com o poder. Não entramos numa relação de submissão ou de obediência com o poder, mas numa adição.[7] Segundo o direito romano arcaico, o *addictus* era o devedor insolvente que, por falta de pagamento, era entregue como escravo a seu credor, que tanto podia encarcerá-lo quanto vendê-lo ou inclusive matá-lo. O *addictus* pagava suas dívidas através de sua *adição* ao credor e, paradoxalmente, conservava o estatuto de cidadão, embora perdesse a liberdade. Dívida e adição, em lugar de necessidade e desejo, são as forças que constituem a subjetividade contemporânea.[8]

Nossa dificuldade para abandonar o capitalismo petrossexorracial não deriva de estarmos, como alguns afirmam levianamente, numa relação fascista de privação de liberdade e de terror político cotidiano — ao menos no momento e na maioria dos países europeus. Estamos, na verdade, numa relação de adição com o poder e o capital. A dívida transforma o cidadão em adicto, no sentido legal do termo romano; ao mesmo tempo, a adição opera dentro do seu organismo como uma espécie de dívida metabólica. Somos corpos perpetuamente endividados e adictos das formas de consumo e distribuição de energia específicas do capitalismo colonial da reprodução heteropatriarcal (petróleo, carvão, gás, glicose, álcool, café, fármacos, tabaco etc.) e cibernética: códigos semióticos, informação, linguagem e imagens em movimento que se difundem e entram em nosso corpo através de circuitos eletroquímicos... Mais, mais, mais. Sempre demais. Nunca suficiente.

Estas definições de comunicação como contágio e de poder como adição são fundamentais para entender a mutação das tecnologias de governo no capitalismo farmacopornográfico, bem como as novas formas de dissidência e antagonismo. Depois da Segunda Guerra Mundial, assistimos à transformação

Heroína eletrônica 73

das tecnologias da guerra em técnicas de gestão do corpo e da comunicação.[9] A Arpanet, uma rede de computadores criada para descentralizar a comunicação em caso de ataque nuclear aos Estados Unidos, transformou-se pouco a pouco na internet: um novo mercado global e, ao mesmo tempo, uma ágora virtual de comunicação. Por outro lado, os avanços médicos, bioquímicos e genéticos proporcionados pela pesquisa realizada durante o período das duas grandes guerras voltam-se agora, pela mão da indústria, para o corpo individual e para a produção da subjetividade: modificação dos afetos, do desejo, da sexualidade, da capacidade de produzir e reproduzir. A comercialização em grande escala da pílula (este composto hormonal destinado a separar heterossexualidade e reprodução é o produto farmacológico mais produzido e consumido no mundo desde 1960), a miniaturização do computador e sua transformação em tecnologia digital conectada e portátil, a invenção da noção de gênero e de tecnologias de reprodução assistida fora do útero e a transformação da pornografia em cultura digital de massas são alguns dos indicadores desta mutação farmacopornográfica ainda em curso e da qual — essa será uma das hipóteses centrais deste livro — a gestão da covid-19 não é mais que um novo e determinante passo.

Se a obra de Burroughs é crucial para compreender as mutações contemporâneas não é apenas por seus diagnósticos, mas sobretudo por suas propostas de participação no presente mutante. A tarefa do escritor e do ativista é, para Burroughs, trabalhar a linguagem como inoculação, como vacina. Derrida teria dito *phármakon*. Estamos doentes de linguagem e só podemos sarar através de um *détournement* intencional das máquinas semióticas com as quais nos construímos e aprendemos a dizer "eu". Num mundo dominado pela infecção linguística não pode haver diferença entre o poeta e o filósofo, entre o revolucionário e o experimentador conceitual; todos são, ou somos, contaminadores ou artistas diante da linguagem. A proposta de Burroughs é que nos vacinemos, que sejamos inoculados com fragmentos de linguagem: trata-se de fortalecer a subjetividade contra as formas mais nocivas da linguagem — as palavras dos políticos, dos meios de comunicação, dos militares, dos psiquiatras, dos publicitários. Tendo isso em vista, Burroughs convidava seus concidadãos a reapropriar-se criticamente das máquinas de inscrição (em sua época, gravadores e primeiras câmeras portáteis de vídeo) e a virar as máquinas semióticas do poder contra si mesmas.

Pouco depois de colocar seu texto em circulação, no final dos anos 1970, Burroughs, que era tão genial quanto podiam ser paranoicas as suas fantasias, concluiu que seu apelo à insurreição eletrônica havia fracassado, e que os agentes da CIA talvez tivessem sido os únicos ávidos leitores de seu manual.

Mas agora a revolução eletrônica anunciada por William Burroughs está finalmente acontecendo.

Já não são os jovens brancos que escondem câmeras sob os impermeáveis.

Os impermeáveis caíram, e as indústrias de telecomunicação e teleconsumo, ávidas por ampliar e globalizar sua clientela (aumentar o número de "adictos"), disseminaram câmeras novas e mais potentes, moedoras e distribuidoras de linguagens entre aqueles corpos que até então não haviam tido o direito de utilizar essas máquinas de instrução: mulheres, crianças, pessoas racializadas, imigrantes, homossexuais, pessoas com deficiência, trans, trabalhadores pobres...

Heroína eletrônica 75

A miniaturização das funções informáticas permitiu a invenção, na segunda década do novo milênio, de um novo simbionte associado a um pequeno e relativamente acessível dispositivo de consumo de massas: agregando ao telefone as funções de gravador e câmera portátil de vídeo, mas sobretudo conectado ao espaço cibernético da internet, o smartphone transformou-se na "arma de longo alcance para misturar e anular linhas associativas estabelecidas pelos meios de comunicação de massas"[10] com que sonhava Burroughs. O corpo individual era um objeto anatômico do século xv. A internet, um espaço virtual característico de fins do século xx. Até então, existia entre eles um abismo ontológico. Eram duas modalidades de existência: analógica contra digital, orgânica contra inorgânica, carbono contra silício, metabolismo da glicose contra consumo de energia elétrica. O smartphone é a ponte eletrônica que permite uni-las, criando uma nova forma de existência ciborgue. O telecorpo.

Uma insurreição transciborgue já está em curso.

O que as ativistas do coletivo artístico vns Matrix chamaram de "vírus da nova desordem mundial" não era o sars-cov-2, mas sua própria imaginação insurrecional propulsada pela rede cibernética e anunciada nos textos de Monique Wittig e Ursula K. Le Guin, na ciberficção de Pat Cadigan e Octavia E. Butler, alimentada ao mesmo tempo pelo tecno e pelo rap, pela voz e pela eletricidade.

O *cut-up* de Darnella Frazier, a jovem que filmou e postou na internet o assassinato de George Floyd pela polícia de Minneapolis, ultrapassa todas as conjecturas lisérgicas de Burroughs.

Em Hong Kong, enquanto celulares se tornavam câmeras portáteis de autovigilância por meio de aplicativos de reconhecimento facial, rastreamento e geolocalização, os próprios usuários começaram a hackear os aplicativos de reconhecimento facial para filmar os rostos dos agentes que os agrediam e expor suas identidades publicamente.[11]

E então, em ondas agitadas, o mundo inteiro começou a gritar: milhares de adictos digitais, corpos disfóricos armados apenas com celulares, deixaram a escuridão brilhante da internet, saíram de suas jaulas cibernéticas urbanas e se arrastaram pelas ruas, alucinando com sua história não contada e apagada, com sonhos, com pesadelos, expulsos das academias dos futuros desempregados, andando em direção a fazendas verticais solitárias, sabendo que não terão aposentadoria, sem buscar nada daquilo que lhes foi prometido pelos mais velhos, furiosos, tremendo, pacificamente, viraram seus telefones e filmaram a polícia que os encurralava.

Agora, as máquinas brandas, corpos adictos em agenciamento com as tecnologias farmacológicas e cibernéticas, rebelam-se e gritam. O *cut-up* global está em marcha.

4. Notre-Dame das Ruínas: Prelúdio

"É UMA NAVE ESPACIAL. Uma tecnologia astronômica para medir o poder da luz e da escuridão. Uma máquina arquitetônica feita para voar e levar nossas almas e nossos sonhos mais além da Terra", disse-me um dia o artista Alejandro Jodorowsky, falando, ensimesmado, sobre a catedral de Notre--Dame em Paris. Olhando a construção de trás, Jodorowsky comparou os contrafortes aos braços de uma plataforma de lançamento, que se abririam um dia para deixar a nave ganhar o céu. Na época, tive dificuldade para entender sua teoria. Mas de repente estávamos ali, junto com outras centenas de pessoas boquiabertas sobre a ponte do Archevêque. Era como se a ilha de Saint-Louis tivesse se transformado em Cabo Canaveral, e víamos como a nave Notre-Dame se erguia do solo, utilizando as próprias vigas de madeira como motor de combustão e a "agulha" como tubo de propulsão através do qual os últimos vestígios da alma humana eram lançados à atmosfera exterior. Então a multidão soltou um grito e a torre veio abaixo, como um Challenger caindo outra vez sobre a Terra apenas 73 segundos após ser lançado.

Rapidamente, em todas as telas, sucederam-se mil e uma imagens diferentes, como se a catedral estivesse mudando sob o efeito da fusão do chumbo e da madeira. As duas torres de Notre-Dame metamorfosearam-se em versões medievais das torres gêmeas, e a própria catedral foi vista como um novo World Trade Center mariano. Chegaram a dizer que a civilização europeia estava sendo devorada pelo fogo. A cruzada tinha alcançado o coração do reino. As massas cristãs ajoelhavam-se nas ruas parisienses olhando a radiação rubra que crescia diante delas como uma transfiguração do corpo da Virgem. Como a sarça ardeu diante de Moisés no deserto, a mãe de Cristo ardia para devolver à Europa a fé perdida. Os beatos tuitavam com uma mão e com a outra rezavam o rosário. O Facebook explodia com emojis de rosto azul e boca aberta ao estilo Munch. A faísca que acendeu o fogo, disseram, vinha de Maio de 1968. Alguns ajoelhavam e cantavam: "Je vous salue Marie". Outros diziam, ao contrário, que o fogo era o castigo divino que caía sobre a Igreja por ter encoberto centenas de milhares de agressões sexuais durante anos. Alguns, inclusive, viram o próprio Satanás fodendo a Madre Igreja, e o pior é que ela estava gostando. Disseram que era a própria Virgem, ardente como uma brasa e farta de ser violentada pela Igreja, que queimava de desejo de acabar com seus opressores. Outros viram na queda da agulha um signo de crítica ao falocentrismo eclesiástico. Afirmaram que a agulha era um dildo ardente cravando-se no mesmíssimo ânus da Igreja. Houve inclusive quem visse a Virgem em chamas e os bombeiros ejaculando sobre seu corpo. Os beatos persignavam-se e faziam selfies com a catedral ao fundo. Alguns, ao fotografar a imagem da catedral ardendo, viram nela um resplendor idêntico ao de um buraco negro. Outros disseram que era o Olho de Sauron. Os mais utópicos afirmaram que Notre-Dame quis se apresentar diante do mundo vestida de amarelo incandescente.

Notre-Dame das Ruínas: Prelúdio

O fogo ainda não tinha se apagado quando, em meio a uma chuva de tuítes, apareceram os poderes eclesiásticos e políticos para comentar o churrasco. O arcebispo de Paris afirmou que aquela que queimava era a casa de todos. Não sabíamos que era a casa de todos, pois toda noite há milhares de vagabundos que dormem nas ruas e de refugiados que são expulsos permanentemente da cidade. Pensávamos que era a casa do Opus Dei e do turismo. Os representantes políticos declararam que a catedral era o lugar mais visitado de Paris. A joia da indústria turística parisiense estava sendo transformada em cinzas. E então, como numa cena de ópera em que o cenário se tornou real, surgiu a figura do chefe de Estado, já aliviado da preocupação de falar dos pequenos resultados do Grande Debate. É uma pena que o chefe de Estado não saiba cantar tão bem quanto os devotos, pois as suas palavras pareceram um hino nacional-católico. Ali, bem na frente de uma catedral ainda envolta em chamas, ele afirmou e todos o ouvimos: "Vamos reconstruí-la".

O fogo era ainda tão intenso sobre sua cabeça que poderia ter queimado alguns dos seus fios de cabelo. Antes que se apagasse, o chefe de Estado já havia decretado a reconstrução, anunciado um apelo nacional à doação e uma isenção fiscal para os ricos doadores. A queima e a reconstrução de Notre-Dame era a melhor das medidas políticas jamais anunciadas pelo jovem rei. Sua primeira medida verdadeiramente convergente e nacional. Os euros não tardaram a chegar como escravos de Cristo e soldados patrióticos para refazer o corpo da mãe: o último fogo ainda não tinha se apagado e as arcas do Estado já contabilizavam quase 850 milhões de euros. Uma única destas doações teria bastado para construir um teto seguro para os vagabundos de Paris ou para erguer uma cidade na selva de Calais para acolher os refugiados. Bastaria uma única destas doações para deter o massacre do Mediterrâneo ou acabar com a sangria das classes trabalhadoras. Mas não, é melhor reconstruir Notre-Dame, afirma o presidente, se possível em cinco anos, como os Jogos Olímpicos; e se os artesãos locais não forem suficientes, que se lance um apelo internacional para que as corporações de arquitetos venham e façam uma brilhante pira financeira de euros.

No dia seguinte, ainda fumegante, a catedral amanhecia mais bela que nunca. A nave aberta e repleta de cinzas constituía um monumento iconoclasta à história cultural do Ocidente. Uma obra de arte não é obra de arte se não pode ser destruída e, portanto, desejada, imaginada, fantasiada. Se não pode existir na memória e no desejo coletivos. Acaso aqueles que falaram de reconstrução antes de apagar o fogo não podem esperar nem um segundo para fazer o luto? Destruidores do planeta e aniquiladores da vida, nós construímos sobre nossas próprias ruínas ecológicas. Por isso temos tanto medo de olhar Notre-Dame em ruínas. É preciso, contra a Frente de Restauração, criar uma Frente para Defender Notre--Dame das Ruínas.

Não reconstruamos Notre-Dame.

Honremos o bosque queimado e a pedra escura. Façamos de suas ruínas um monumento punk, o último de um século que acaba e o primeiro de um outro que começa.

ORAÇÃO FÚNEBRE

Nossa Senhora das Ruínas, rogai por nós.

Nossa Senhora dos Ricos, rogai por nós.

Nossa Senhora da Violação, rogai por nós.

Nossa Senhora do Antropoceno, rogai por nós.

Nossa Senhora do Capitalismo, rogai por nós.

Nossa Senhora do Patriarcado, rogai por nós.

Nossa Senhora do Masculinismo, rogai por nós.

Nossa Senhora do Heterossexualismo, rogai por nós.

Nossa Senhora da Reprodução Sexual Obrigatória, rogai por nós.

Nossa Senhora do Machismo, rogai por nós.

Nossa Senhora do Binarismo Sexual Normativo, rogai por nós.

Nossa Senhora da Normalização de Gênero, rogai por nós.

Nossa Senhora da Mutilação Genital, rogai por nós.

Nossa Senhora do Incesto, rogai por nós.

Nossa Senhora da Pedocriminalidade, rogai por nós.

Nossa Senhora da Violação Conjugal, rogai por nós.

Nossa Senhora do Abuso Sexual, rogai por nós.

Nossa Senhora do Feminicídio, rogai por nós.

Nossa Senhora do Intersexualicídio, rogai por nós.

Nossa Senhora do Transcídio, rogai por nós.

Nossa Senhora do Bullying, rogai por nós.

Nossa Senhora da Revolução Industrial, rogai por nós.

Nossa Senhora da Colonização, rogai por nós.

Nossa Senhora da Globalização do Mercado Financeiro, rogai por nós.

Nossa Senhora do Ibex 35, rogai por nós.

Nossa Senhora dos Acionários, rogai por nós.

Nossa Senhora da Evasão Fiscal, rogai por nós.

Nossa Senhora da Corrupção Política, rogai por nós.

Nossa Senhora do Extrativismo, rogai por nós.

Nossa Senhora do Turismo, rogai por nós.

Nossa Senhora da Automatização, rogai por nós.

Nossa Senhora das Centrais Nucleares, rogai por nós.

Nossa Senhora da Dívida, rogai por nós.

Nossa Senhora do Despejo, rogai por nós.

Nossa Senhora do Nacionalismo, rogai por nós.

Nossa Senhora do Fanatismo Religioso, rogai por nós.

Nossa Senhora da Fifa, rogai por nós.

Nossa Senhora dos Jogos Olímpicos, rogai por nós.

Nossa Senhora da Otan, rogai por nós.

Nossa Senhora da Indústria da Carne, rogai por nós.

Nossa Senhora da Experimentação Animal, rogai por nós.

Nossa Senhora da Agricultura Industrial, rogai por nós.

Nossa Senhora da Robótica, rogai por nós.

Nossa Senhora da Engenharia Genética, rogai por nós.

Nossa Senhora da Viagem Espacial, rogai por nós.

Nossa Senhora da Sexta Extinção, rogai por nós.

Nossa Senhora da Sétima Extinção, rogai por nós.

Nossa Senhora do Fascismo,
que velais por nossa segurança, tende piedade de nós.

5. Dysphoria mundi

Considerando como é comum a doença, a tremenda transformação espiritual que provoca, os assombrosos territórios desconhecidos que se revelam quando as luzes da saúde estão fracas, [...] parece realmente estranho que a doença não tenha conquistado seu lugar, ao lado do amor, da batalha e do ciúme, entre os principais temas da literatura. Seria de esperar que romances fossem dedicados à gripe; poemas épicos à febre tifoide; odes à pneumonia; elegias à dor de dentes. Mas não.

VIRGINIA WOOLF, "Sobre estar doente" (1925)

Os FILÓSOFOS NÃO COMPARECEM à cena do crime. Limitam-se, quando tanto, a comentá-la de longe. Kant não saiu de casa enquanto a guilhotina subia e descia sem parar durante a Revolução Francesa, a menos de oitocentos quilômetros de Königsberg. O máximo que Hegel fez foi sair para receber as tropas bonapartistas em 1806, quando entraram triunfalmente em Jena. Ludwig Wittgenstein, filho de uma abastada família austríaca que estudava em Cambridge, alistou-se por vontade própria nas tropas alemãs durante a Primeira Guerra Mundial. No meio do conflito, rabiscou um diário que escondeu cuidadosamente (e que não foi publicado até depois de sua morte), no qual conta que flerta com a ideia da morte e encontra refúgio no misticismo. Ainda nas trincheiras, acabará escrevendo o *Tractatus logico-philosophicus*, único livro que publicou em vida, no qual conclui que "daquilo que não se pode falar, é melhor calar". Os filósofos não vão à cena do crime, e, quando vão, não contam.

Em 1959, o filósofo Günther Anders viajou a Hiroshima e Nagasaki para participar do primeiro congresso internacional contra as bombas atômica e de hidrogênio. Quem é Günther Anders? Trata-se do único filósofo homem heterossexual — se ainda é possível utilizar estas antigas categorias novecentistas que talvez tenham definido sua vida — que é lembrado antes por ter sido o primeiro "marido" de Hannah Arendt do que por sua própria obra.

Anders não era como os outros filósofos. Anders era um ser vivo estranho, que viajava muito e tinha curiosidade demais pelo mundo que o rodeava para ser apenas um historiador da filosofia; um sujeito apaixonado e veemente demais para conseguir se dedicar a uma atividade acadêmica, e demasiado pouco viril para eclipsar a carreira de sua brilhante mulher. Nascido na família Stern, de intelectuais judeus alemães, Günther abdica do sobrenome familiar e dá a si mesmo, não muito distante do que havia feito Fernando Pessoa, o sobrenome Anders (que em alemão significa simplesmente "outro"), um sobrenome anônimo, sem genealogia, ou melhor, cuja única genealogia é a alteridade. Estudante sob a orientação de Husserl (com quem fará sua tese de doutorado) e depois de Heidegger (nos cursos do qual conhecerá sua futura esposa, Arendt, na época amante secreta do velho lobo fascista, professor dos dois), Anders foge da Alemanha para a Espanha em 1933 e, com mais sorte que Walter Benjamin, consegue escapar em 1936 para os Estados Unidos, onde residirá praticamente até o fim da vida.

Para Günther Anders, depois da Segunda Guerra Mundial — acontecimento no qual ele inclui tanto o experimento político do Holocausto quanto a utilização de armas nucleares para acabar com ele — a questão já não é a impossibilidade de fazer filosofia, como queria seu amigo Theodor Adorno; é que a tarefa da filosofia mudou radicalmente: o filósofo não pode se limitar a descrever o funcionamento da consciência e sua forma de apreender o mundo. Tampouco se trata de transformá-los de maneira voluntarista em benefício de um

Dysphoria mundi

futuro melhor e afirmativo, como pretendia Marx. A tarefa do filósofo, pensava Anders, é alertar acerca das consequências do tipo de consciência que a espécie humana desenvolveu através da especialização tecnológica para a dominação, a destruição e a morte. Nem descrever, nem transformar com um ideal de progresso. Simplesmente deter a máquina da violência. A filosofia é sobretudo a introdução de uma moratória.

Durante sua viagem ao Japão, Anders escreveu um diário tão lúcido quanto suas conclusões são devastadoras.

Este diário deve ser lido hoje como um mapa para navegar o presente.

Anders foi, junto com críticas e críticos da colonização, um dos primeiros pensadores a perceber que a globalização era a "mundialização das indústrias da morte":[1] a extensão sem limites da produção de armas, a depredação capitalista, a radiação nuclear e a destruição do ecossistema. Uma das conclusões que Anders tirou de sua viagem ao horror nuclear é que Hiroshima não é uma ilha do Pacífico, um lugar do qual se possa dizer simplesmente "foi ali que caiu a bomba", nem um acontecimento que possa ser isolado no espaço e no tempo. Hiroshima, diz Anders, não designa uma cidade, mas o estado do mundo. Depois de 1945, todos vivemos em Hiroshima. Não apenas porque "a política tem lugar no seio da situação atômica",[2] mas também porque, como aponta novamente a guerra da Ucrânia, qualquer decisão acontece no horizonte de um apocalipse planetário, pelo qual nós mesmos somos os únicos responsáveis. "O maior avanço de nosso tempo", diz Anders, "reside precisamente no fato de ter sido anulado o conceito de *distante*. Não! Não apenas o conceito, mas a *distância* em si."[3] Esta transformação de uma situação geográfica local numa condição planetária compartilhada e numa temporaneidade comum, que Anders diagnosticou ao confrontar-se com a devastação atômica, permite descrever também o funcionamento característico da pandemia de covid e qualificar aquilo que antes era chamado com orgulho neoliberal de "globalização" como o penúltimo e mais perigoso ciclo necropolítico do capitalismo petrossexorracial. "Já não somos contemporâneos só no tempo, mas também no espaço."[4] Assim como depois de 1945 Hiroshima deixou de ser uma cidade para se transformar num atributo do mundo sob ameaça nuclear, hoje Wuhan deixou de ser a cidade chinesa na qual supostamente começou a pandemia para se transformar numa condição do capitalismo cibernético contemporâneo. Wuhan está em toda parte.

Por isso, em meio a esse tempo disfórico, vou cantar, com Günther Anders, a fuga da covid, pois quem canta o poder espanta. Na linguagem musical, denomina-se "fuga" uma composição orquestral na qual uma breve frase musical chamada tema é repetida por cada uma das vozes, alternada com um conjunto de variações chamadas mutações. Aqui a fuga funciona como uma série de exercícios para teclado filosófico que podem vir a refletir as transformações em curso. Esta fuga diz assim: Dentro, fora. Cheio, vazio. Seguro, tóxico. Masculino, feminino. Branco, negro. Nacional, estrangeiro. Cultura, natureza. Humano, animal. Público, privado. Orgânico, mecânico. Centro, periferia. Aqui, ali. Analógico, digital. Vivo, morto. Os conceitos com os quais fabricamos o mundo até agora puseram-se em movimento. O vírus atua como um potenciador da mutação epistêmica global, assim como a sífilis introduziu as variáveis que poriam em movi-

Dysphoria mundi

mento as noções centrais da episteme medieval e de suas políticas corporais, provocando uma nova ordem nas práticas de produção e reprodução da vida no começo da colonização. Agora, o vírus desatou uma dança epistêmica na qual se alteram todos os termos binários através dos quais o capitalismo petrossexorracial se estruturou: alguns mudam, outros voltam, mas, como uma melodia de Clara 3000 mixada em computador, fazem isso através de sequências, transformações e batidas rítmicas. Enquanto alguns verão o signo da disforia no desajuste dos termos hierárquicos dos binarismos que dominaram a modernidade, outros entenderão, graças a esse desajuste, que a transição para um novo regime de produção de verdade e de valor já começou.

Na quinta cena do primeiro ato da peça mais conhecida de William Shakespeare, Hamlet fala com o fantasma do pai e descobre que ele foi assassinado pelo próprio irmão. Mas Hamlet não sabe se deve acreditar, se realmente falou com ele ou se está ficando louco. Aterrorizado, diz: *"Time is out of joint"*. Esta frase intraduzível foi objeto de mil traduções distintas e disparatadas. Confrontado com a temporalidade espectral, dizia Jacques Derrida, o próprio tradutor *is out of joint*, ficou biruta. *"Le temps est hors de ses gonds"* ("O tempo saiu dos gonzos", Yves Bonnefoy). *"Le temps est détraqué"* ("O tempo está doente", Jean Malaparte). *"Le monde est à l'envers"* ("O mundo está de cabeça para baixo", Jules Derocquigny). *"Cette époque est déshonorée"* ("São tempos de desonra", André Gide). O tempo saiu dos gonzos, mas também, na leitura de Derrida, desajustou-se, ou, mais ainda, tornou-se injusto. Ocorre com Hamlet algo parecido com o que ocorreu com Claude Eatherly, comandante do avião meteorológico responsável pelo lançamento da bomba sobre a ilha de Hiroshima, com quem Günther Anders estabeleceu uma longa correspondência. Depois de voltar aos Estados Unidos e de realizar as consequências de seu "trabalho como piloto", Eatherly recusa-se a ser considerado herói de guerra e pede para ser julgado por seus crimes. Incapaz de enfrentar a "responsabilidade" de Eatherly, o governo americano resolve declará-lo louco e encarcerá-lo numa instituição psiquiátrica. Anders dirá que Eatherly foi o único que não perdeu a cabeça depois de Hiroshima. E que todos os demais é que ficaram loucos.

Anders, como Eatherly, treme diante das ruínas radiantes de Hiroshima, ao entender que saímos de Auschwitz por meio da bomba nuclear, mas não pusemos fim ao horror, apenas demos continuidade a ele por outros meios, e que essa destruição, essa serialidade da destruição sem fim, foi obra *nossa. Time is out of joint.* Uma das características centrais da disforia é a percepção distorcida do tempo, seja em forma de crise de ansiedade, de estresse ou de ataraxia. O tempo partiu-se em dois, desviou-se, torceu-se, perdeu o norte, destrambelhou-se. Em espanhol, poderíamos dizer literalmente que "o tempo saiu da mãe" (com o sentido de que "exagerou"). Ou, numa tradução mais livre, e mais feminista, "o tempo saiu do pai", foi despatriado, despatriarcalizado. Deixou de ser o que era, ou, numa tradução mais pornopunk, despirocou, caiu na gandaia, botou pra quebrar, ou melhor, gozou feito uma cadela. O tempo se travestiu e até mudou de sexo. O tempo está exilado. O tempo arranhou-se, caiu de bunda, partiu no meio, ficou troncho ou foi simplesmente pro caralho, pra porra do inferno. *Gone!* O tempo já não é o que era. O tempo está em transição. Hamlet sente-se amaldiçoado por ser herdeiro de

Dysphoria mundi

uma morte: embora não tenha participado do assassinato, seu silêncio, sua inação fazem dele um cúmplice. Em *Espectros de Marx*, Derrida recorda que somos, como Hamlet, herdeiros da história política do século xx.[5] Günther Anders vai ainda mais longe e pergunta se não seríamos, talvez, os filhos de Eichmann.[6] Nosso tempo, este futuro que achamos que íamos herdar, está ardendo, está maluco, estropeou-se, deslocou-se, está fodido, vai rachar. *Time is out of joint.*

Agora.

Exatamente agora.

Time is out of joint

> O futuro é sempre de segunda mão.
> SVETLANA ALEKSIÉVITCH

O TEMPO ESTÁ TROCANDO DE PELE. E, com o tempo, todos os significantes sociais e políticos que segmentavam a ordem da modernidade. Dentro, fora. Cheio, vazio. Seguro, tóxico. Masculino, feminino. Branco, negro. Humano, animal. Nacional, estrangeiro. Cultura, natureza. Público, privado. Orgânico, mecânico. Centro, periferia. Aqui, ali. Analógico, digital. Vivo, morto. O tempo desordenou-se, ficou disfórico. A grande maioria dos anos costuma começar em 1º de janeiro e terminar em 31 de dezembro. Mas 2020 não foi um deles. Não só 2020 foi um ano bissexto, mas um ano canibal que, devorando o tempo de outros anos, estendeu-se para o passado e para o futuro, impondo seu próprio calendário.

Durante uma mudança de paradigma, por mais longo que seja o processo, em algum momento o tempo se torce, virando no ar como uma omelete sobre a frigideira. Não sabemos exatamente quando 2020 começou tampouco quando acabará. Cedo demais ou tarde demais. Antes ou depois, mas nunca em tempo. A cronologia da pandemia não bate. São tantas hipóteses quantas as contas no Instagram. O ano pode ter começado um dia antes do final de 2019. No dia 31 de

Dysphoria mundi

dezembro, as autoridades tawainesas informaram à oms a ocorrência de uma primeira morte devida a uma pneumonia grave causada por um coronavírus de origem desconhecida, transmissível de humano para humano. Mas talvez 2020 tenha começado muito antes: meses mais tarde, as autoridades chinesas reconheceram que já existia um primeiro paciente em 17 de novembro de 2019; outras fontes afirmam que já havia casos no final e até em meados de outubro. Não há como saber quando 2020 começou. Os amantes da alegoria política dizem que talvez 2020 tenha começado em 15 de abril de 2019, dia do incêndio de Notre-Dame: o fogo teria sido o sinal anunciador do caos, como se Notre-Dame fosse a coadjuvante de um concerto em que a cantora principal seria a covid.

Em 30 de dezembro, o médico oftalmologista de 33 anos Li Wenliang, que, através do aplicativo WeChat, alertou os colegas sobre a periculosidade da doença, é objeto de represálias por parte do governo chinês. Em suas postagens, Li Wenliang comparava a doença às pneumonias mortais causadas pelo sars e pedia que fossem tomadas medidas diante do risco de uma pandemia, mas suas mensagens só serviram para que fosse duramente reprovado pela polícia de Wuhan. Ele conclui que sua opinião não será ouvida e, temendo mais represálias, pede desculpas e desmente a informação que havia dado. As autoridades reconhecem uma segunda morte em 14 de janeiro. Dirão, em seguida, que os primeiros casos foram detectados em 17 de novembro de 2019. Mais tarde teremos notícia de casos muito anteriores. Como é possível que tanto tempo tenha se passado entre o primeiro alerta e a primeira morte? Em 6 de fevereiro, Li Wenliang morre num hospital de Wuhan. Suas palavras já tinham morrido muito antes.

Em todo caso, o ano, como a criação, não começou com o calendário, mas com o verbo. O ano de 2020 começou em finais de janeiro, quando a palavra *vírus*, tão contaminante quanto o próprio vírus, estendeu-se por todo o mundo, gerando ondas de pânico e de incredulidade, de controle político e de caos organizativo, sempre em partes iguais. Em 7 de janeiro de 2020, o vírus causador da doença é sequenciado e identificado: recebe inicialmente o nome 2019-nCOV e depois SARS-COV-2. Em 11 de fevereiro, a OMS nomeia a doença oficialmente como covid-19, para evitar o terror que poderia resultar da associação com o SARS, síndrome respiratória aguda grave que surgiu na China em 2002, causada pelo vírus SARS-COV-1. O ato da nomeação já é um processo de construção: o importante era evitar o prefixo SARS que fazia o mundo tremer. Em 17 de janeiro, a OMS publica o protocolo do teste de diagnóstico do vírus, realizado na Alemanha. A China diz, na época, que conta com seiscentos casos. A máscara fora de casa torna-se obrigatória, mas não há máscaras suficientes para toda a população. Em 11 de março, o diretor-geral da OMS pronuncia pela primeira vez a palavra *pandemia*.

Um novo tempo começa quando a linguagem, que é um ser vivo, se reproduz, iluminando palavras que não tínhamos ouvido nem pronunciado antes. O ano de 2020 é aquele em que aprendemos a dizer, no meio de qualquer conversa, as palavras *Wuhan*, *pangolim*, *RNA*, *carga viral*, *proteína spike*, *citocinas*, *anosmia*, *rastreamento de contatos*, *assintomático*, *período de incubação*, *respirador artificial*, *gesto de barreira*, *teletrabalho*, *passaporte imunológico*… O ano de 2020 é aquele em que a palavra *soropositivo* deixa de ser associada à aids. É aquele em que aprendemos a dizer essas palavras, assim como apren-

Dysphoria mundi

demos em outros séculos a dizer transexualidade, bactéria, vírus, DNA... Fomos transformados por estas palavras, nos convertemos em outros. Se Burroughs dizia que a linguagem é um vírus, agora sabemos que um vírus também é uma linguagem. Fomos inoculados.

O ano de 2020 foi aquele em que os dias, como pérolas quebradas, saíram do colar do tempo.

Em 22 de janeiro, a cidade de Wuhan decretava o confinamento da totalidade da população de 11 milhões de habitantes, para evitar uma transmissão viral rápida. Três meses depois, o mundo inteiro tinha entrado em crise. O vírus é uma bomba de tempo: as contaminações, as mortes e os processos de confinamento estendem-se pouco a pouco à totalidade do planeta. Em 24 de janeiro, são declarados os primeiros três casos de infecção na França — mas não demoramos a saber que houve infecções muito antes. Em 21 de fevereiro são tomadas as primeiras medidas de confinamento na Itália, onde o confinamento total se impõe em 10 de março. A Espanha entra em confinamento em 14 de março, a França no dia 17, a Bélgica, 18, Nova York, 22, Reino Unido, 23, Índia, 24... No final de março, centenas de milhões de pessoas estão confinadas em suas casas em todo o mundo.

Por isso, 2020 não para de recomeçar, repetidas vezes. O relato partiu-se em dois. A realidade anterior ao confinamento e a realidade confinada. Encerrados em nossas casas, justificando nossas saídas com atestados de deslocamento como se estivéssemos em período de ocupação ou vivêssemos num regime fascista, mantendo o distanciamento social, teletrabalhando e privados de qualquer ritual em sociedade e das práticas corporais do debate e do intercâmbio social e cultural...

deixamos de saber se era dia ou era noite, se os dias eram de trabalho ou feriados, se era março ou abril, Semana Santa ou verão. Trocamos os jantares e os encontros pelo toque de recolher. Perdemos a pele e perdemos o rosto, adotando a máscara. Fomos nos acostumando ao inimaginável. Fomos transformados, nos transformamos em outros.

Nunca antes em toda a história da humanidade um confinamento havia sido decretado de forma maciça, afetando quase por igual e ao mesmo tempo todos os habitantes do planeta. A extensão geográfica e temporal do confinamento cria uma experiência global compartilhada sem precedentes. Embora o confinamento seja uma restrição espacial, a segmentação estrita do dentro e fora provoca um deslocamento de todos os ritmos da vida. Os primeiros dias do confinamento são os dias da surpresa, do choque e do assombro. As rotinas habituais são perturbadas. Sem poder sair, todos os espaços-tempos da vida colapsam e são reduzidos ao aqui--agora. Em poucos dias, já não há como saber a diferença entre segunda e domingo. A primavera e o verão ficaram fora de casa. O tempo ficou fora de casa. No apartamento reina um perpétuo presente. O passado que conhecemos já não existe. O futuro é uma previsão estatística de disponibilidade de leitos de hospital e queda do PIB. O tempo explodiu.

Depois de sua visita a Hiroshima, Günther Anders entende que não só o espaço foi deslocado, mas também o tempo. Em certo sentido, depois de 1945, o apocalipse teve lugar e "o passado e o futuro confundem-se num eterno presente. Como Hiroshima está em todo lado, Hiroshima é sempre".[7] O confinamento é como uma nêmesis, um evento planetário que permite recordar, tomar consciência desse presente apocalítico.

Dysphoria mundi

Pouco importa quanto vai durar a pandemia. Wuhan, como uma condição de vulnerabilidade imunológica, já é sempre.

O ano de 2020 também foi aquele em que os dias, como vagões à deriva, soltaram-se do trem do capitalismo produtivo e ficaram encalhados dentro de nossas casas. Rapidamente, os vagões foram engatados a nossos computadores e celulares e postos para circular sobre os novos e invisíveis trilhos da economia digital. A precariedade e a fome espreitavam aqueles que não puderam embarcar na decolagem digital. Ou você se digitaliza ou já era. As ruas, antigos trilhos do capitalismo, ficaram vazias de vida social e converteram-se em corredores logísticos para o comércio eletrônico. Em 2020, todas as cidades transformaram-se em Google City e todas as ruas em Amazon Street.

E sem que ninguém esperasse, em 2020, no seio de Google City ergueu-se a revolta, e os corpos que haviam sido construídos como monstros no capitalismo petrossexorracial tomaram as ruas. E as ruas continuavam lá. Esperando por eles.

Como apontou o historiador da arte norte-americano Hal Foster, duas práticas sociais diametralmente opostas caracterizaram a relação política entre o corpo e a cidade durante 2020: o confinamento doméstico global e as manifestações maciças nas ruas das cidades.[8] As duas práticas refletem também duas tendências do regime que começou em 2020: de um lado, a informática da dominação, a era do teletrabalho e da vigilância digital; de outro, o despertar dos monstros, a rebelião dos corpos que são objeto de violentas formas de governo heteropatriarcais e racistas. Esse antagonismo entre liberalismo-macho-fascista e revolução trans-eco-feminista--antirracista define as lutas do tempo que começou em 2020 e nossas possibilidades de emancipação e sobrevivência planetária para o novo século que se anuncia.

Os levantes mundiais que estão ocorrendo em todo o mundo, de Santiago do Chile a Hong Kong, são protagonizados pela fração mais jovem daquilo que Fred Moten e Stefano Harney denominaram *"undercommons"*: aquele conjunto de corpos (sexualizados, racializados, indígenas, queer, trans, trabalhadores etc.) minorizados pela estrutura histórica de poder do capitalismo petrossexorracial.[9] Os *undercommons* não são um simples algoritmo interseccional ou uma categoria abstrata da sociologia da dominação. O ano de 2020 talvez tenha começado em 25 de novembro de 2019, quando as feministas chilenas cantaram "El violador eres tú/ Son los pacos, los jueces, el Estado, el presidente/ El Estado opresor es un macho violador"* para denunciar a cumplicidade do sistema jurídico, da polícia e do Estado com os feminicídios e as agressões sexuais. A canção corre o mundo, transformando-se num dos hinos de 2020. Ao mesmo tempo, milhares de denúncias de estupro e abuso sexual perpetrados dentro das instituições domésticas, eclesiásticas, políticas, desportivas, culturais etc. tornam-se públicas. Em 8 de março, como se soubéssemos o que nos esperava, ocorrem em centenas de cidades de todo o mundo as mais importantes manifestações feministas desde os anos 1970.

O ano volta a começar em 26 de maio de 2020, quando o movimento Black Lives Matter organiza uma série de protestos para denunciar o assassinato de George Floyd. As manifestações estendem-se por todo o mundo e dão lugar ao mais

---

* "O estuprador é você/ São os policiais, os juízes, o Estado, o presidente/ O Estado opressor é um macho estuprador." (N. T.)

Dysphoria mundi

importante processo de crítica à violência racista desde os movimentos de decolonização e de luta pelos direitos civis em meados do século xx. A elas, juntam-se, na França, manifestações para pedir justiça para Adama Traoré e imediatamente depois contra a lei de "segurança global" e a favor do direito de usar meios de comunicação leves (câmeras e celulares) diante da violência policial.

O ano de 2020 voltou a começar em 4 de agosto, quando 2750 toneladas de nitrato de amônio explodiram no hangar 12 do porto de Beirute, deixando duzentos mortos, milhares de feridos e mergulhando o Líbano numa crise econômica e política sem precedentes. O nitrato de amônio condensa o nonsense metafísico, a estupidez política, a estridência religiosa, a aproximação escatológica (no duplo sentido de final dos tempos e de culto da merda) à ecologia do capitalismo global. O século xxi explode e começa 2020 para sempre. Beirute é outra Wuhan. O hangar 12, onde eram depositados os compostos químicos, é um condensado geopolítico que permite entender os riscos inerentes aos regimes de poder e produção contemporâneos: transformamos o planeta Terra num enorme e incontrolável hangar 12. Em Wuhan, a repressão política e a exploração industrial do meio ambiente transformaram-se em vírus. Em Beirute, a opressão e a corrupção política transformaram-se em bomba. Nossas relações de produção e consumo, de governo e de conhecimento são tóxicas.

A escritora libanesa Rasha Salti destacou que para os funcionários eleitos, para os políticos responsáveis pela segurança nacional, para os exércitos, para a polícia, para os diplomatas, para as multinacionais bancárias e para os líderes dos negócios globais, os cidadãos afetados pela explosão são simplesmente "um dano colateral no caminho de sua busca de poder e controle". Depois da "comuna", depois do "povo", do "partidário", dos "eleitores", dos "grupos de pressão" e do "comum", os politólogos deveriam reconhecer esta nova categoria em seu dicionário contemporâneo: os danos colaterais.[10] Já não somos, afirma Rasha Salti, nem o "povo", nem a "comuna", nem o "partido", nem os "eleitores", nem sequer um "grupo de pressão", somos simplesmente "danos colaterais". Efeitos secundários que aceitamos quando votamos, quando tuitamos, quando consumimos. O ano de 2020 foi também isso: o ano em que deixamos de ser cidadãos e nos transformamos em danos colaterais das tecnologias de governo do capitalismo global.

Do outro lado da Europa, o ano começa de novo em 22 de outubro, quando o governo nacionalista polonês torna o aborto ilegal e 34 países de todo o mundo firmam uma declaração visando proteger a família heterossexual e restringir o direito ao aborto. O ano é interrompido quando feministas polonesas de todas as gerações protestam sem trégua, forçando o governo a adiar a implementação da lei. O ano volta a começar em 11 de dezembro, quando a Câmara dos Deputados aprova a lei do aborto na Argentina. Os católicos dizem que legalizar o aborto às vésperas do nascimento do Messias é uma blasfêmia. As feministas anarcoqueer qualificam a gravidez da Virgem Maria como um estupro teológico-político. Dizem que Maria foi estuprada pelo Espírito Santo, que utilizou a graça como um estuprador qualquer usaria hoje uma droga imobilizante ou soporífera. Dizem que os católicos chamam a impossibilidade de decidir de "graça", e o estupro de "imaculada concepção". Dizem que teríamos

Dysphoria mundi

evitado um bom número de problemas históricos (cruzadas, Inquisição, queima de bruxas, evangelização colonial dos territórios americanos etc.) se o aborto fosse legal na época de Maria. Escreveram: "Aborto legal na Judeia, ano zero". Dizem: "Abort Jesus".

Logo chegou dezembro, e mesmo assim 2020 não parecia ir embora. De fato, o ano parecia ter acabado quando recomeçou em 6 de janeiro de 2021, dia em que uma pequena multidão armada invadiu o Capitólio dos Estados Unidos durante a sessão de confirmação da vitória do novo presidente eleito, Joe Biden, do Partido Democrata. O fascismo tirava a máscara e mostrava-se de rosto descoberto. Meses depois, enquanto alguns afirmavam que a pandemia tinha acabado e a China confinava 19 milhões de pessoas para prevenir um novo surto, a Rússia enviou tropas armadas à Ucrânia e ameaçou o mundo com uma guerra nuclear. O ano de 2020 recusava-se a terminar. E o século XXI mal havia começado.

O tempo arde.

Biopolitics are out of joint

DENTRO, FORA. Cheio, vazio. Seguro, tóxico. Masculino, feminino. Branco, negro. Nacional, estrangeiro. Cultura, natureza. Humano, animal. Público, privado. Orgânico, mecânico. Centro, periferia. Aqui, ali. Analógico, digital. Vivo, morto. A biopolítica dá mais uma volta no torniquete. Embora Michel Foucault não fosse menos insolente que Günther Anders, talvez fosse menos dramaticamente apaixonado. Se tivesse sobrevivido aos açoites da vida e resistido até a invenção de triterapia, ele teria 95 anos quando foi decretado o confinamento: será que aceitaria de bom grado ficar trancado em seu apartamento na Rue de Vaugirard? O primeiro filósofo da história a morrer de complicações causadas pelo vírus da imunodeficiência adquirida legou-nos algumas das noções mais eficazes para pensar a gestão política da pandemia, que se tornam, em meio ao pânico e à desinformação, tão úteis quanto uma boa máscara cognitiva.

O mais importante que aprendemos com Foucault é que o corpo vivo (e portanto mortal), a *máquina branda* conectada, para acompanhar Burroughs, ou a *somateca* (que não é simples anatomia), é o objeto central de toda política. *Il n'y a pas de politique qui ne soit pas une politique des corps.* Não existe política que não seja uma política dos corpos. Mas o corpo não é, para Foucault, um organismo biológico dado, sobre o qual o

Dysphoria mundi 107

poder atua posteriormente. A tarefa mesma da ação política é fabricar um corpo, pô-lo para trabalhar, definir seus modos de reprodução, prefigurar as modalidades do discurso através das quais esse corpo se ficcionaliza até ser capaz de dizer "eu". Todo o trabalho de Foucault poderia ser entendido como uma análise histórica das distintas técnicas por meio das quais o poder administra a vida e a morte dos corpos. Em 1975 e 1976, anos em que publicou *Vigiar e punir* e o primeiro volume da *História da sexualidade*, Foucault usou a noção de *biopolítica* para falar da relação entre o poder e o corpo social na modernidade. Descreveu a transição daquilo que chamava de "sociedade soberana" para uma "sociedade disciplinar" como a passagem de uma sociedade em que o poder decide e ritualiza a morte para uma em que ele regula e maximiza a vida das populações em termos de interesse nacional.[11] Para Foucault, as técnicas governamentais biopolíticas estendiam-se como uma rede de poder que superava o âmbito legal ou a esfera punitiva, convertendo-se numa força "somatopolítica", uma forma de poder espacializado que atravessava a totalidade do território até penetrar em cada corpo individual.

Durante e depois da crise da aids, numerosos autores ampliaram e radicalizaram as hipóteses de Foucault e suas relações com as políticas imunitárias. Talvez o filósofo italiano do direito Roberto Esposito seja quem melhor detectou o modo como a imunologia transformou-se, a partir dos anos 1980, no modelo comum que permitia explicar um novo conjunto de práticas sociais e políticas:

Num dia qualquer dos últimos anos, os jornais publicaram, por acaso nas mesmas páginas, notícias aparentemente heterogêneas. O que têm em comum fenômenos como a luta contra um novo surto epidêmico, a oposição ao pedido de extradição de um chefe de Estado estrangeiro acusado de violações dos direitos humanos, o reforço das barreiras contra a imigração clandestina e as estratégias para neutralizar o último vírus informático? Nada, contanto que sejam lidos em separado, no interior de seus respectivos âmbitos: medicina, direito, política social, tecnologia informática. Contudo, as coisas mudam de figura quando eles são relacionadas a uma categoria interpretativa que encontra a própria especificidade justamente na capacidade de cortar de forma transversal estas linguagens particulares, remetendo-as a um mesmo horizonte de sentido.[12]

É neste marco que Esposito analisa as relações entre a noção política de *comunidade* e a noção biomédica e epidemiológica de *imunidade*. Comunidade e imunidade partilham, diz Esposito, uma mesma raiz, *munus*: em latim, *munus* era o tributo que cada um devia pagar para viver ou fazer parte da comunidade. A comunidade é *cum* (com) *munus* (dever, lei, obrigação, mas também oferenda): um grupo humano ligado por uma lei e por obrigações comuns, mas também por um presente, por uma oferenda.[13] O substantivo *inmunitas* é um vocábulo privativo que deriva da negação do *munus*. No direito romano, a *inmunitas* era uma dispensa ou um privilégio que isentava alguém dos deveres societários que são comuns a todos. Quem tinha sido dispensado era imune; quem tinha sido privado de todos os privilégios da vida em comunidade estava desmunido.

Roberto Esposito ensina que toda biopolítica é imunológica: supõe a definição da comunidade e o estabelecimento de uma hierarquia entre os corpos que estão isentos de tributos

Dysphoria mundi

(considerados imunes) e aqueles que a comunidade percebe como potencialmente perigosos (os desmunidos) e que serão excluídos num ato de proteção imunológica. Este é o paradoxo da biopolítica: todo ato de proteção implica uma definição imunitária da comunidade segundo a qual esta última dará a si mesma a autoridade de sacrificar outras vidas em benefício de uma ideia própria de soberania. O estado de exceção é a normalização deste insuportável paradoxo.

A partir do século XIX, com a descoberta da primeira vacina antivariólica e os experimentos de Pasteur e Koch, a noção de imunidade migra do âmbito do direito para adquirir uma significação médica. As democracias liberais e petrossexorraciais europeias do século XIX constroem o ideal do indivíduo moderno não só como agente (masculino, branco, heterossexual) econômico livre, mas também como corpo imune, radicalmente separado, que nada deve à comunidade. Para Esposito, o modo como a Alemanha nazista caracterizou uma parte de sua própria população (os judeus, mas também os ciganos, os homossexuais, as pessoas com deficiência, as pessoas com transtorno mental...) como corpos que ameaçavam a soberania da comunidade ariana é um exemplo paradigmático dos perigos da gestão imunitária. Esta compreensão imunológica da sociedade não acabou com o nazismo, mas, ao contrário, perdurou em toda a Europa, nos Estados Unidos, na Rússia, na Turquia, em Israel, legitimando as políticas de gestão das minorias sexuais, racializadas e populações imigrantes. Foi esta compreensão imunológica que forjou a Comunidade Econômica Europeia, o mito de Schengen e as técnicas da Frontex (Agência Europeia da Guarda de Fronteiras e Costeira) nos últimos anos.

Em 1994, em *Flexible Bodies*, a antropóloga Emily Martin, da Universidade de Princeton, analisou a relação entre imunidade e política na cultura americana durante as crises da pólio e da aids e chegou a algumas conclusões pertinentes para a análise da crise atual.[14] A imunidade corporal, argumenta Martin, não é um mero fato biológico independente de variáveis culturais e políticas. Muito ao contrário, o que entendemos por imunidade é coletivamente construído por meio de critérios sociais e políticos que produzem alternadamente soberania ou exclusão, proteção ou estigma, vida ou morte.

Se voltarmos a pensar a história de algumas das epidemias mundiais dos últimos cinco séculos sob o prisma oferecido por Michel Foucault, Roberto Esposito e Emily Martin, é possível elaborar uma hipótese que poderia assumir a forma de uma equação: diga-me como sua comunidade constrói sua soberania política e lhe direi que formas assumirão suas epidemias e como você as enfrentará.

As diversas epidemias materializam no corpo individual e coletivo (na somateca) as obsessões que dominam a gestão política da vida e da morte das populações num determinado período. Para usar os termos de Foucault, uma epidemia radicaliza e desloca as técnicas biopolíticas que se aplicam ao território nacional para o nível da anatomia política, inscrevendo-as no corpo individual. Ao mesmo tempo, uma epidemia permite estender a toda a população as medidas de "imunização" política que até então haviam sido aplicadas de maneira violenta contra aqueles que eram considerados "outros" ou "estrangeiros", tanto dentro quanto nas fronteiras do território nacional.

Dysphoria mundi

O século xx poderia ser narrado em termos virais. 1918: gripe espanhola; 1957: gripe asiática; 1968: gripe de Hong Kong; 1976: febre hemorrágica ebola; 1981: vírus de imuno-deficiência humana adquirida. Nomes e lugares incertos para processos de reprodução viral que só foram conhecidos com precisão muito depois de terem sido nomeados. Em seguida virá a gripe aviária: 1997 e 2003. O século xxi não é mais que uma aceleração do processo de proliferação viral. 2002-3: sars; 2009: gripe A; 2012: mers; 2015: zika; 2014, 2016: ebola; 2019: sars-cov-2; 2022: varíola dos macacos e retorno da pólio.

A gestão política das epidemias coloca em cena a utopia da comunidade e as fantasias imunitárias de uma sociedade, revelando os sonhos de onipotência (e os fracassos estrondosos) de sua soberania política. As hipóteses de Michel Foucault, Roberto Esposito e Emily Martin nada têm a ver com uma teoria da conspiração. Não se trata de dizer que o vírus é uma invenção de laboratório ou um plano maquiavélico para ampliar políticas ainda mais autoritárias. Ao contrário — ou mesmo que fosse —, o vírus atua à nossa imagem e semelhança, não faz mais que replicar, materializar, intensificar e estender a toda a população as formas dominantes de exploração econômica e de gestão biopolítica que já estavam trabalhando sobre o território nacional e suas fronteiras. Cada sociedade pode, portanto, definir-se por meio da epidemia que a ameaça e de seu modo de organizar-se diante dela.

Pensemos, por exemplo, na sífilis. A epidemia atingiu pela primeira vez a cidade de Nápoles em 1494. A empresa colonial europeia acabava de começar. A sífilis foi o tiro que deu partida à destruição colonial e às políticas raciais que chegariam junto com ela. Para os ingleses era a "doença francesa", para os franceses "o mal napolitano", e para os napolitanos ela vinha da América: os colonizadores teriam sido infectados pelos indígenas... O vírus, como ensinou Derrida, é o estrangeiro, o outro, o estranho, não só para o corpo, mas também para a comunidade e mesmo para a linguagem da biologia.[15] Infecção sexualmente transmissível, a sífilis materializou nos corpos, entre os séculos XVI e XIX, as formas de repressão e exclusão social que dominavam a modernidade petrossexorracial: a obsessão pela pureza racial, a proibição dos ditos "casamentos mistos" entre pessoas de classes e "raças" distintas e as múltiplas restrições que pesavam sobre as relações sexuais e extraconjugais. A utopia de comunidade e o modelo de imunidade da sífilis são coisas do corpo branco burguês sexualmente confinado na vida matrimonial como núcleo de reprodução do corpo nacional. Por isso o corpo da mulher trabalhadora sexual acabou condensando todos os significantes políticos abjetos durante a pandemia: mulher operária, pobre e muitas vezes racializada, corpo externo às regulações domésticas e ao casamento, que fazia da sexualidade seu meio de produção, a prostituta foi visibilizada, controlada e estigmatizada como vetor principal da propagação do vírus. Mas não foram a repressão à prostituição ou a reclusão das prostitutas em bordéis nacionais (como imaginou Restif de la Bretonne) que curaram a sífilis. Muito pelo contrário, a reclusão das prostitutas só fez torná-las mais vulneráveis à doença. O que permitiu erradicar quase completamente a sífilis foi a descoberta dos antibióticos, sobretudo a penicilina, em 1928, precisamente num momento de profundas transformações da política sexual na Europa — com os primeiros movimentos de decolonização, o acesso das mulheres brancas ao voto, as

Dysphoria mundi

primeiras descriminalizações da homossexualidade e uma relativa liberalização da ética matrimonial heterossexual.

Meio século depois, a aids seria para a sociedade neoliberal heteronormativa do século xx o que a sífilis havia sido para a sociedade industrial e colonial. No início dos anos 1980, a primeira fase da epidemia afetou de maneira prioritária o que foi chamado então de cinco Hs: haitianos, homossexuais, *hookers* (trabalhadoras e trabalhadores do sexo), hemofílicos e *heroin users* — consumidores de heroína e, por extensão, de drogas. O sangue, o esperma, a saliva, a pele, a boca, o pênis, o ânus adquiriram um protagonismo inédito nos programas de gestão da saúde pública e nas representações da cultura popular. Na época, aventaram-se muitas hipóteses absurdas sobre a origem da doença e sobre o paciente zero, assim como vai acontecer depois com o SARS-COV-2: a figura mítica — no sentido barthesiano do termo, como naturalização de uma mensagem repetida — de um comissário de bordo homossexual particularmente promíscuo transformou-se no pangolim gay da aids, e o poppers, um excitante sexual utilizado na cultura gay, tornou-se uma espécie de sopa queer de Wuhan:[16] um amontoado de pistas falsas carregadas de preconceitos e portadoras de estigmas. A doença foi primeiro chamada de GRID, síndrome de imunodeficiência relacionada aos gays, e depois aids, síndrome de imunodeficiência adquirida, até que a identificação do vírus em 1982 por uma equipe do Instituto Pasteur permitiu ampliar o espectro de infiltração à totalidade da humanidade, acrescentando o sexto e definitivo H ao vírus da imunodeficiência humana (HIV).

Em que pese a universalidade deste último H, as linguagens da contaminação viral e da prevenção continuaram sobrepondo-se aos discursos acerca da identidade sexual e racial que prevaleceram durante a modernidade petrossexorracial. Em 1984, o próprio Michel Foucault, que só tinha falado publicamente de sua homossexualidade nas entrevistas concedidas nos Estados Unidos e que defendia que a aids não passava de uma invenção, morria no hospital da Salpêtrière, em Paris, em consequência daquilo que os meios de comunicação preferiram definir como um "tumor cerebral". Entretanto, a noção de *biopolítica*, que Foucault extraiu dos discursos do ordoliberalismo alemão dos anos 1930 e reativou em 1975, para entender os processos de gestão da vida e de "governo dos corpos livres" próprios dos regimes disciplinares do século XIX, assumiu um novo significado ao ser confrontada pela primeira vez a novas práticas, mas também a novos agenciamentos críticos que colocavam seu funcionamento em questão.[17]

Depois da morte de Foucault e já num contexto distinto, o pensador camaronense Achille Mbembe ativou a noção de *necropolítica* para dar conta da compreensão da maneira como as tecnologias de poder da modernidade colonial funcionaram como autênticas tecnologias de morte.[18] Se a biopolítica era a gestão da vida das populações com o objetivo de maximizar o lucro capitalista e a pureza nacional, a necropolítica era seu funcionamento negativo: os processos de captura, extração e destruição levados a cabo durante a modernidade sobre corpos considerados subalternos (mulheres, corpos colonizados, minorias étnicas, religiosas, minorias sexuais, de gênero, corpos considerados incapacitados, animais etc.) já não tinham como objetivo a maximização da vida, mas, na verdade, produzindo hierarquias na ordem da vida, buscavam extrair o máximo de mais-valia, poder e prazer, até a morte. Com a

Dysphoria mundi 115

gestão governamental, midiática e farmacológica do vírus da aids, as tecnologias necropolíticas encontrariam uma nova forma de penetrar no tecido social pós-colonial, produzindo novas categorias e propiciando outras formas de morrer. Depois do capitalismo petrossexorracial e suas formas mutantes contemporâneas (tecnopatriarcado racial, capitalismo farmacopornográfico e cibernético), não há tecnologia biopolítica de poder que não funcione ao mesmo tempo como tecnologia de morte: por isso, não falaremos mais de biopolítica, mas de *necrobiopolítica*.

The narrator is out of joint

DENTRO, FORA. CHEIO, vazio. Seguro, tóxico. Masculino, feminino. Branco, negro. Nacional, estrangeiro. Cultura, natureza. Humano, animal. Público, privado. Orgânico, mecânico. Centro, periferia. Aqui, ali. Analógico, digital. Vivo, morto. O narrador descentra-se. Perde o norte. Não dá uma dentro. Não sabe quem fala nem de quem é sua voz.

Depois de ter vivido oito anos como nômade, com base em Nova York, Barcelona e Atenas, mas viajando por meio mundo, resolvi, agora com meu passaporte masculino e meu certificado de bom disfórico, voltar a Paris. Estou diante da porta de um apartamento com três pares de chaves idênticas, mas não sei como abri-la. "Esta porta tem seus segredos", havia dito o antigo proprietário, tem que girar a chave, tirar da fechadura suavemente e ao mesmo tempo bater na moldura de maneira firme e seca. Tento várias vezes, machuco o dedo ao girar a chave e bater na moldura ao mesmo tempo e só quando estou quase me dando por vencido a porta cede.

Em virologia, denomina-se "porta" a via que permite o aceso do vírus às células do organismo hóspede para levar a cabo o processo de inoculação. Da célula que atua como porta diz-se que é "suscetível e permissiva". A relação entre o vírus e seu hospedeiro é específica e determinada pela união entre proteínas virais e receptores da membrana celular

Dysphoria mundi

"permissiva". As fases de absorção e de multiplicação viral começam depois dessa entrada inicial no organismo. Durante a absorção, os receptores da membrana da célula hospedeira "reconhecem" de algum modo as proteínas da cobertura externa do vírus. Em algumas afecções virais, como a raiva, a porta é a pele; em outras, como a gripe e o sarampo, é o trato respiratório; no caso do papiloma ou do HIV, a porta é o sistema urogenital ou o ânus; nos enterovírus, como o EV70, a porta é a via ocular. Do ponto de vista viral, um corpo não é mais que um conjunto de portas mais ou menos fechadas. Mais ou menos abertas.

O apartamento está completamente vazio. Nunca gosto tanto dos espaços como quando estão nus. Só antes da chegada das convenções e dos móveis é possível ter um corpo a corpo com a arquitetura. Os móveis são dispositivos de captura que codificam o corpo no espaço e determinam seu movimento, propondo um plano de ação no tempo: a cama, a mesa, o sofá, a cadeira do escritório introduzem disciplinas e usos específicos do corpo. Mobiliar um apartamento é prever uma vida.

Percorro o apartamento vazio tocando em suas paredes, como se cumprimenta um cavalo ou um cão acariciando sua pele. E resolvo passar a primeira noite ali, antes que chegue o caminhão da mudança. Ainda não sei que vou passar meses sem sair desse espaço. O tempo vai se contrair e parar naquele lugar. Acendo a única lâmpada que pende do teto da sala e observo a vibração quase imperceptível das auréolas da luz no teto: estou a ponto de deixar-me enredar pelo imperativo da sedentarização. Um apartamento é ao mesmo tempo um privilégio e uma forma de controle social, uma tecnologia de governo que estabelece um vínculo entre um corpo humano e um espaço; algo tão socialmente construído quanto a diferença sexual ou a designação racial. Uma instituição, uma pulsão de morte, um fardo. Uma segunda pele ou um exoesqueleto. Uma órtese. Uma prisão e um refúgio. O nicho no qual se incuba a norma social. O jardim artificial no qual se cultiva a alma. Saio para jantar uma sopa com soba no restaurante japonês da esquina com desejo de escapar e, ao mesmo tempo, com medo de esquecer o truque que permite abrir a porta.

Mudança e enclausuramento.

Expansão e confinamento.

Essa alternativa ditará a lei de tudo o que viria depois.

Transição e regressão.

Mudança de paradigma e retroversão.

Revolução e contrarrevolução.

A porta havia sido aberta para fechar-se brutalmente em seguida.

Antes que cheguem os caixotes da mudança, passo longas horas sozinho no apartamento vazio, que investigo, sondo. Meço o chão fazendo o corpo rodar de um extremo a outro da sala e do quarto. Reviso uma a uma as paredes pintadas, não para comprovar a qualidade da pintura, mas para ter certeza de que não há nada "dentro" delas. Busco uma ranhura que seja invisível à primeira vista, mas que possa ser detectada pelo tato. Uma porta oculta, um fundo duplo. Porque sei que dentro em breve este lugar agora anônimo vai se converter em minha geografia mental.

Através da janela do apartamento vejo cair a neve com a mesma fascinação com que a via cair em Burgos quando

Dysphoria mundi

ainda era ume menine com nome de menina e vestido de menina, ou com que, anos depois, vi nevar em Nova York, e todo mundo ainda me chamava por um belo e dantesco nome que nunca me pareceu nem masculino nem feminino. Embora ainda não haja nada físico no apartamento, a conexão com a internet já está funcionando, o que significa que, aparentemente vazio, na verdade ele está cheio. Seu vazio é a possibilidade de um espaço digitalmente saturado. Sento-me no chão da sala, ligo o tablet na tomada, conecto à internet e vejo o documentário de Raoul Peck sobre James Baldwin. Por que Peck omitiu o fato de que Baldwin não era só um ativista antirracista, mas também gay, e que a relação entre ambas as formas de dissidência era constitutiva de sua literatura e de sua prática artística? Por que separar as lutas, como se ser bicha manchasse o currículo de ativista antirracista, ou se ser negro manchasse o título de bom homossexual? Os dois vazios da esquerda tradicional, diz o subcomandante Marcos, são

> os grupos indígenas e as minorias sexuais e de gênero. Estes setores não só são esquecidos pelos discursos da esquerda latino-americana destas décadas, que ainda fazem carreira no presente, como também foram submetidos ao marco do que era então o marxismo-leninismo: descartados e vistos como parte do processo que deve ser eliminado.[19]

Essas duas formas de opressão estão conectadas porque dependem de uma mesma epistemologia petrossexorracial. Não há racismo que não implique um processo de sexualização, nem sexualização que não derive em racismo.

A biblioteca em ruínas

A mudança está sendo pior que um tsunami, pior que um divórcio, pior que uma doença, pior que uma morte. Melhor dizendo, a mudança está se transformando pouco a pouco em tudo isso, rostos sucessivos de um mesmo evento: um tsunami, um divórcio, uma doença, uma morte. Pouco a pouco, vão chegando ao novo apartamento, como em ondas sucessivas, as caixas de Nova York, de Kassel, de Atenas, e as que vêm de Barcelona, da casa de Alison... Abrir pacotes que estiveram fechados durante meses ou até anos é como ser atingido por um meteorito que vem do meu próprio passado. Tenho medo de ser enterrado pelo arquivo.

A lista do conteúdo destas caixas, que eu mesmo organizei para as diversas empresas de transportes, permite que eu faça um breve balanço de minha vida. Atenas: 48 caixas de livros, cinco caixas de roupa, quatro caixas de utensílios de cozinha, uma caixa de coisas de banho, uma mesa, oito cadeiras e seis tamboretes; Nova York: 56 caixas de livros, cinco caixas de roupa, uma cadeira de escritório; Barcelona: 23 caixas de livros e três caixas de roupas; Kassel: 28 caixas de livros e um rolo de cartazes.

As caixas da mudança são como cápsulas do tempo enviadas de outras cidades e de outras vidas, nas quais eu tinha outro nome, outro passaporte, outro rosto, outro corpo. De Nova York e Princeton chegam as caixas de 1993-2004, meus livros de estudante de filosofia, de arquitetura, de história da tecnologia, de estudos de gênero, dezenas de pastas de documentos e fotocópias que serviram para escrever minha tese de doutorado, além de minha roupa dessa época. Nunca me vesti como

Dysphoria mundi

uma mulher cis heterossexual, mas os códigos da estética *butch* na Nova York de finais de século não equivaliam, apesar do que se possa pensar, aos da roupa masculina. Nestas caixas estão as calças *dickies*, a roupa setentista de segunda mão que comprávamos a peso num armazém no norte do Harlem, as camisas acrílicas com colarinhos longos estilo Casino, as camisetas apertadas de cores fluorescentes, os tamancos galegos com sola de madeira e as botas militares. Há também dezenas de vídeos: *Born in Flames, The Zero Patient, Flaming Ears, Dandy Dust, Paris is Burning, Supermasochist,* sobre Bob Flanagan, *Ladies of the Night, Gendernauts, The Cocketes...* As fotos de Del LaGrace Volcano, os pôsteres de Zoe Leonard, os convites para performances de Laurie Anderson, David Wojnarowicz, Rion Athey e Annie Sprinkle. Durante esses anos, construí meu corpo lésbico mirando estas imagens. De Barcelona, chegam as caixas da transição, uma mescla de calças apertadas e camisetas largas, de biquínis e roupas de homem. As caixas de Atenas e de Kassel, de 2014-8, já são caixas de Paul. Olho para elas com o alívio de quem vê um rosto conhecido numa festa de velhos amigos do colégio, na qual todos mudaram.

Mas essas caixas contêm sobretudo livros. O novo apartamento de Paris é pequeno, e sei que apenas alguns encontrarão lugar na nova biblioteca, na mesinha de cabeceira e até em minha cama. Não preciso abrir as caixas para saber que estão ansiosos, ronronando como gatos que esperam ser acariciados. Só que os livros não são animais, são vírus, entidades intermediárias entre o objeto e o ser vivo, que só se animam em contato com um corpo leitor.

Essas caixas contendo minha biblioteca constituem minha biografia. Há muitas maneiras de narrar uma vida. É possível citar, como se costuma fazer, data de nascimento, nacionalidade, estado civil, profissão... Mas, em muitos casos, seria mais pertinente fazer uma lista de livros: *Carta ao pai*, de Kafka, *Proud Man*, de Katharine Burdekin, *O beijo da mulher-aranha*, de Manuel Puig, *Campo Santo*, de W. G. Sebald... Uma biblioteca é uma biografia escrita com palavras de outros, feita da acumulação e da ordem dos diferentes livros que alguém leu durante a vida, um quebra-cabeça textual que permite reconstruir a vida do leitor. Além disso, embora possa parecer paradoxal ou enfadonho para aqueles que se dedicam profissionalmente à escrita e, ao mesmo tempo, alegrar os livreiros, seria necessário, para constituir uma biblioteca como biografia, acrescentar aos livros lidos aqueles que possuímos sem tê-los lido, aqueles que repousam nas estantes ou esperam sobre as mesas, mas nunca foram abertos e percorridos com o olhar, nem total, nem parcialmente. Numa biografia, os livros não lidos são um indicador de anseios frustrados, desejos passageiros, amizades rompidas, vocações não realizadas, depressões secretas que se escondem sob a aparência de sobrecarga de trabalho ou falta de tempo; são, às vezes, máscaras que o falso leitor usa para emitir sinais literários a fim de suscitar a simpatia ou a cumplicidade de outres leitores. Outras vezes num livro, como numa página do Instagram, só importa a capa, o nome do autor ou até o título. Por vezes, os livros não lidos são uma reserva de futuro, pedaços de tempo concentrado, indicam uma direção que a vida poderia tomar a qualquer momento. Feita desse cúmulo de palavras lidas, recordadas, esquecidas e não lidas, uma biblioteca é uma prótese textual dos leitores, um corpo de ficção externalizado e público.

Dysphoria mundi 123

Cada relação amorosa deixa atrás de si uma bibliografia, como uma espécie de vestígio ou herança onde se contam os livros que cada amante trouxe para o outro. Do mesmo modo, poderíamos dizer também que cada relação tem a sua bíblia, seu livro sagrado, o livro através do qual o amor e o desamor são contados.

A intensidade ou o grau de realização de um amor poderia ser medido pelo impacto que a relação amorosa teve ou tem em nossa biblioteca pessoal. As transas de uma noite ou as histórias breves podem ter uma bibliografia mais longa que uma relação que durou anos. Aisha, por exemplo, disse que me desejava presenteando-me com *O século primeiro depois de Beatriz*, de Amin Maalouf, justamente quando eu me dispunha a mudar de nome, como se um século fosse começar justo naquele momento. Nossa história de amor foi curta, mas a bibliografia densa: deixou-me todos os livros de Mahmoud Darwish, alguns em inglês, outros em francês, que constituem em si mesmo a impossível, como nosso amor, biblioteca da Palestina.

A existência dos dois tomos da *Fenomenologia do espírito* em alemão guardados nas caixas vindas de Nova York, por exemplo, explica-se unicamente por minha relação com Deirdre. Só nos víamos para sessões de sexo acertadas em contrato, depois das quais ela lia para mim parágrafos de Hegel em alemão, que destrinchava em seguida em inglês. Sem ela, eu não poderia ter lido este livro.

Uma das relações que mais problemas geraram em minha vida, a que estabeleci com Jeanne durante um tempo, acrescentou à minha biblioteca a obra, hoje inestimável para mim, de Pierre Guyotat. Pergunto-me se as partes mais violentas de

Éden, Éden, Éden, que Jeanne venerava, já não eram o protocolo passional da forma que tomaria no futuro sua obsessão, sua ânsia de posse e sua cólera contra mim. O resto dos livros de Guyotat continuam em minha estante, acompanhando-me muitas vezes em minhas viagens, mas a versão de *Éden, Éden, Éden* que Jeanne me deu passou anos no congelador em Paris, por prescrição de uma bruxa que me tratou contra suas agressões. Quando me mudei de apartamento, deixei-o lá. Talvez o inquilino seguinte tenha concluído que eu comia livros conservados em baixas temperaturas. Nunca saberei se algum dia o descongelou para ler ou simplesmente para limpar o congelador, ou se aquele horrível Éden ainda continua gelado.

Algumas relações deixam atrás de si um único livro congelado, que nunca voltaremos a ler. Outras fundam uma nova biblioteca. Com Gloria, a amante com quem vivi mais tempo, chegamos a formar, juntando nossos livros e acrescentando novos títulos a cada dia, uma biblioteca de mais de 5 mil exemplares. Mesmo passados oito anos de nossa separação como casal romântico (segundo as convenções burguesas e patriarcais que continuam regendo o que se entende socialmente como casal), ainda não tínhamos conseguido separar nossos livros. Gloria e eu vínhamos de mundos distintos, ou, para ser mais preciso, tínhamos, antes de começarmos a nos amar, duas bibliotecas radicalmente heterogêneas. A dela era feita de mil livros de cultura musical e punk-rock, muitos deles em inglês, misturados com literatura norte-americana e uma coleção seleta de literatura policial em francês. A minha havia sido formada na passagem pelas instituições universitárias de três países distintos, dos jesuítas à New School for

Dysphoria mundi 125

Social Research, passando por Princeton, pela École d'Hautes Études en Sciences Sociales: uma biblioteca acadêmica e bastante aborrecida que reunia clássicos gregos e latinos, história da arquitetura, da tecnologia e da filosofia francesa, na qual só uns mil títulos de feminismo, teoria queer e anticolonial seriam capazes de abalar a paz acadêmica geral que emanava do cânone do pensamento ocidental. No início, nosso amor supôs o intercâmbio de alguns livros entre nossas respectivas bibliotecas. Talvez tudo tenha começado com a migração de *O corpo lésbico*, de Monique Wittig, da minha biblioteca para um lugar ideal na dela, entre Albertine Sarrazin e Goliarda Sapienza. Ou talvez tenha sido o contrabando de seus Ellroy e Calaferte, que tiveram que afiar as arestas para abrir espaço entre Hobbes e Leibniz. Em seguida, veio o encontro glorioso de sua Lydia Lunch com minha Valerie Solanas. A fuga de seu Baldwin para a minha estante de Angela Davis e bell hooks. Era como se as fronteiras políticas que cada biblioteca estabelece para se constituir caíssem diante do encanto dos livros do outro.

Depois, quando nos mudamos para viver juntos, veio a fusão das bibliotecas, a reorganização de todas as séries, a ruptura do cânone, a chacoalhada no repertório, a perversão do alfabeto. Derrida soava melhor na companhia de Philippe Garnier e Laurent Chalumeau. Mais tarde, deu-se a metamorfose: a biblioteca começou a crescer, exigindo novos títulos que surgiam da inseminação mútua. Assim, apareceram estantes inteiras de Pasolini e Joan Didion, de June Jordan, Claudia Rankine e Susan Sontag. Gloria logo aprendeu a falar espanhol, e, como novos órgãos, cresceram as prateleiras comuns cheias de Roberto Bolaño, Osvaldo Lamborghini,

Pedro Lemebel, Diamela Eltit e Juan Villoro. A biblioteca estava se transformando num monstro diante do qual podíamos passar horas brincando como crianças, acrescentando um Achille Mbembe aqui, uma Emma Goldman ali, observando a anatomia mutante daquele corpo de ficção. A biblioteca comum ganhava vida e crescia conosco.

A reprodução que quase poderíamos chamar de sexual de nossas bibliotecas tornou impossível separar seus livros quando nos separamos e fui morar em Atenas. Deduzo, portanto, que nossa biblioteca comum era muito mais sólida que nosso casal. Nosso amor era um amor de livro. Não porque correspondesse a alguma narração livresca, nem porque sua qualidade fosse mais fictícia que real, mas porque uniu de forma mais durável e definitiva nossos livros que nossos corpos. Ainda hoje, nossa biblioteca comum vive e se transforma, mas sei que algum dia terei que ir desfazê-la.

Em outros casos, os problemas da relação amorosa são, desde o início, problemas de biblioteca.

As caixas que chegam de Barcelona estão cheias de lembranças de Alison, uma mulher dinamarquesa estabelecida há anos na Catalunha pela qual estive apaixonado, e cuja resistência a meu amor se manifestou imediatamente em sua reticência a permitir que eu usasse livremente sua biblioteca. Alison tinha uma biblioteca bipolar. Por um lado, era tão clássica quanto refinadamente seleta. Constituída durante seus anos de estudante e pelo legado de seus pais, ambos escritores hispanistas, não tinha nenhum livro publicado depois de 1985. O segundo hemisfério da biblioteca bipolar era formado por um conjunto dos mais heteróclitos e desiguais de títulos de poesia, teatro, arquitetura, novelas curtas e ensaios em

Dysphoria mundi

inglês, castelhano e catalão, todos publicados depois de 1985 e presenteados pelos próprios autores, muitas vezes em troca de apresentações em livrarias que Alison fazia habitualmente: conversas amistosas regadas com vinho do Priorat e acompanhadas por rodelinhas de *fuet*.*

Nada me dava mais prazer, ao chegar à casa dela depois de uma longa viagem de Atenas ou de Nova York, que cair na cama e esperar por ela lendo ao acaso um daqueles livros publicados antes de 1985. Assim, li os poemas de Stevenson, as *Greguerías* de Ramón Gómez de la Serna e a primeira tradução em castelhano de *Moby Dick*. No contexto culturalmente tedioso e politicamente hostil de Barcelona, aqueles livros eram como um bando de amigos fiéis, sempre dispostos a dar uma volta comigo. Iam à praia comigo, perdiam-se em minhas mochilas e acabavam muitas vezes cheios de grãos de areia, nas prateleiras do banheiro ou da cozinha. Alison detestava que eu desorganizasse e espalhasse sua biblioteca. E a produção sistemática dessa desordem era minha atividade fundamental quando visitava a cidade, além de fazer amor com ela. Sinto falta daquelas tardes de domingo entre duas viagens, em que Alison reorganizava meu corpo e eu desorganizava sua biblioteca. Creio que isso resume o que entendo por tempo livre: sexo e leitura. Amor e escrita. Nem esporte, nem culturismo, nem ciclismo, nem turismo, nem qualquer outro ismo.

Nossas discrepâncias em termos de biblioteca manifestaram-se abertamente quando ela me deu de presente de Natal

---

* Salame típico da Catalunha, muito fino, quase sem gordura, feito com lombo suíno temperado com sal e pimenta. (N. T.)

um livro de Michel Onfray, o que desencadeou algo que poderíamos chamar em linguagem técnica de conflito bibliográfico. Talvez porque não lesse meus livros, ela não havia entendido que Michel Onfray estava tão distante de minha biblioteca quanto Karl Ove Knausgård da de Chimamanda Ngozi Adichie ou Philip Roth da de Maggie Nelson. Eu não disse nada. Não falamos do assunto. Houve tentativas de consertar a situação. Um dia, Alison me deu de presente uma belíssima versão ilustrada do *Pharmako/Gnosis* de Dale Pendell, tornando possível uma reconciliação que durou meses. Contudo, de um modo geral, eu adorava sua biblioteca, enquanto ela não tinha nenhum interesse pela minha. E chegou o dia em que tive que enfrentar a pergunta: pode alguém amar um escritor — refiro-me aqui à pessoa, ao corpo do escritor e ao leitor — sem lê-lo? Pode alguém amar alguém sem conhecer e abraçar sua biblioteca?

Eu pensava nessas coisas enquanto tirava de uma das caixas chegadas de Barcelona o último livro que ela me deu, em 23 de abril de 2017, *Esta bruma insensata*, de Enrique Vila-Matas. Talvez 23 de abril seja o dia mais bonito do ano em Barcelona. A cidade celebra a festa nacional do livro e todas as livrarias, tanto as maiores quanto as menores, botam suas mesas na calçada com os best-sellers que salvam seus negócios, mas também os livros invendíveis e as coleções totalmente desconhecidas de editoras de pouco êxito comercial. Na primeira página de *Esta bruma insensata* estava a dedicatória que Alison escreveu para mim: "Neste dia dos livros onde está também o teu e onde Barcelona e eu te acompanhamos felizes. Te amo, Alison". O que me chamou atenção na dedicatória não foi só o "te amo", que agora me parecia dilacerante, mas a presença

Dysphoria mundi 129

de um "e" entre as palavras "Barcelona" e "eu", como se ela pensasse a si mesma como uma cidade, ou se referisse a Barcelona como uma pessoa, como se houvesse entre as duas uma aliança secreta. O que isso significava? Que quando ela parasse de me acompanhar ou de me amar, a cidade faria o mesmo? Hoje sei que havia algo de premonitório naquela dedicatória. Quando comecei a ler o livro, estávamos juntos. Quando acabei, já estávamos separados.

Esta bruma insensata bem poderia ser o livro negro do nosso amor. No romance, Simon Schneider, o narrador, irmão de um grande escritor para quem ele trabalha coletando citações de outros autores, usa a palavra bruma para nomear a densa nuvem de confusão política que os movimentos catalunista e espanholista criaram nos últimos anos e que parecia pairar sobre Barcelona. Havia certas coisas que tinham, para Simon, algo que o historiador da arte Souriau chamava de "existência menor", uma existência semelhante à de uma bruma, um halo ou uma brisa. Em nosso caso, a bruma poderia nomear a confusão que alguns livros equivocados criaram em nossa relação, até fazer com que a biblioteca do nosso amor ficasse, por assim dizer, embrumada.

Um dia, quase no final da nossa relação, durante uma conversa, perguntei por uma caixa de levedura El Tigre, que alguém tinha lhe dado e que dizia "Fermento para confeiteira. Da vida inteira!".

"Por que você quer saber?", perguntou ela.

"Porque a pessoa que te deu isso estava dizendo que você tem pinta de lésbica embora pense que é hétero. É fermento para 'confeiteira', que em espanhol é um termo usado para se referir às lésbicas", falei.

"Sabe, Paul, o mundo não é um *Manifesto contrassexual*", disse ela, incomodada, referindo-se ao meu primeiro livro, do qual nunca tinha me falado antes.

O que eu imaginava ser uma brincadeira transformou-se num ajuste de contas de bibliotecas. Ao ouvir suas palavras, senti como se ela tivesse pegado o próprio livro e jogado na minha cara, como se tivesse destruído minha frágil biblioteca. Soube então, como poderia ter percebido na primeira vez em que fui repreendido por desarrumar seus livros, que jamais poderíamos ter uma biblioteca comum. Poucos dias depois, enchi uma dúzia de caixas com livros trazidos de minhas viagens que estavam em sua casa e fui embora, sem que ela insistisse que eu ficasse. Alison costumava desenhar nossos encontros e nossas brigas em histórias em quadrinhos. Eu era uma caixa sorridente — pois na época já deixava caixas de livros por todo lado — com longas pernas e braços, e ela desenhava-se a si mesma — mais utopicamente que eu — como um coração carnudo e brincalhão. Hoje, quando abro as caixas de Barcelona, sinto a nostalgia que as relações fracassadas provocam, como quem olha um naufrágio e só vê os bons momentos aflorarem na superfície do mar.

Os tempos de depressão ou de profundo desamor são aqueles em que a biblioteca se transforma simplesmente num móvel e os livros em simples objetos. Nós os vemos como formas e volumes que decoram uma parede, que nos separam do mundo exterior, um estorvo que nos incomoda, que medimos em centímetros cúbicos e pesamos em quilos. Deixamos de vê-los como portas de papel que nos levam a mundos paralelos. Assim, quando a biblioteca ganhar vida de novo, saberemos que o amor voltou. Foi por isso que resolvi juntar meus livros novamente.

Dysphoria mundi

A mudança também é uma sentença definitiva de divórcio. Para poder reconstruir minha biblioteca no apartamento de Paris, alugo uma caminhonete e vou até a casa de Gloria, a menos de dois quilômetros da minha, para recolher várias centenas de livros. Ao entrar nesse apartamento onde vivi com ela durante anos, fui atacado pela vertigem da reversibilidade. Durante umas poucas horas, tenho a impressão de que estou em minha própria casa e Gloria é quem veio buscar suas coisas. Faço um café, pego uma edição em inglês de *Um homem no jardim zoológico*, de David Garnett, começo a ler na espreguiçadeira do terraço com a cadela aos meus pés e esqueço a mudança até que Gloria, sem dúvida incomodada por esse excêntrico ato de apropriação, avisa que não posso deixar todas aquelas caixas no meio do corredor.

A necessidade da mudança faz de mim um verdugo de bibliotecas, um Salomão de livros. Não é fácil cortar na carne. Sinto que a separação de nossos livros é a última etapa de nossa própria separação. Procuro meus livros com os olhos e, identificando-os, trato de arrancá-los da estante. Enquanto preparo os pacotes, tenho breves visões que poderiam parecer alucinações, mas são simples imagens de minha própria vida passada que não têm mais contexto, como meias desemparelhadas que surgem de um tempo no qual meu corpo ainda era identificado socialmente como feminino, um tempo em que nos amávamos loucamente. Encho umas vinte caixas e depois digo a mim mesmo: chega, basta, já é suficiente, não posso separar mais livros, como se fosse um soldado enviado para exterminar todo um povo que decide poupar a vida de uma parte dos habitantes, depois de ter atirado nos outros fechando os olhos e apertando os dentes.

A mudança também é um ato forense, a certificação de uma morte, na qual o defunto não vai embora, mas é comido pelos vivos e integrado neles. Ao ver as caixas chegarem, uma atrás da outra, sinto como se me chamassem para identificar e recolher os pertences de um morto que sou eu mesmo. Não é, como as pessoas cis costumam pensar, que meu suposto eu feminino tenha morrido e quem está recolhendo as caixas agora é meu eu masculino. Nunca houve um eu feminino, assim como não há agora uma identidade simplesmente masculina. O que morreu foi uma ficção política, para dar lugar a outra. Houve uma existência lésbica que foi substituída por uma vida trans. Creio na ressurreição dos mortos, mas só se essa ressurreição tiver lugar *aqui e agora*. Creio na reencarnação, mas só se ela se produzir no corpo ainda vivo. Cabe a mim, portanto, comer meu próprio arquivo: engolir uma parte de minha história para fabricar um presente com ela. Autoantropofagia. E com o deleite de quem come e a dificuldade de quem digere, disponho-me a abrir, uma por uma, as caixas dessa pessoa que conheci tão bem, que amei, de quem às vezes senti vergonha e às vezes orgulho, uma pessoa que me caía bem e que agora deixou de existir, deixando para mim tudo o que tinha e encarnando-se ou ressuscitando de novo em meu próprio corpo trans.

No novo apartamento, jogado num colchão no chão e cercado por dezenas de caixas, é difícil dormir. Quando fecho os olhos, minhas pálpebras ardem. Mesmo em Paris, esse velho bunker do capitalismo financeiro europeu, é impossível não ouvir o eco do naufrágio do mundo construído coletivamente pela espécie humana durante os últimos quinhentos anos: a repressão das classes trabalhadoras no Chile; o fascismo

Dysphoria mundi 133

neoliberal aproveitando para dar mais uma vez o golpe na Bolívia; os feminicídios do México à Alsácia; os *dreamers* transformados em criminosos pelo governo norte-americano e perseguidos como animais selvagens; os imigrantes menores de idade deportados pelo governo espanhol para o norte da África ou à espera no estreito; um caminhão frigorífico cheio de imigrantes que morreram tentando atravessar a fronteira inglesa; os bastidores do cinema como cenário, mal e mal dissimulado, de estupro; as mulheres trans expulsas das assembleias feministas por ativistas que acham que a mulher designada do gênero feminino no nascimento vale mais do que a que se define como tal, enquanto as trans continuam a ser assassinadas impunemente nas ruas. Ontem um estudante de Lyon de 22 anos pôs fogo em si mesmo para denunciar a precariedade em que as políticas liberais lançam os filhos das famílias sem recursos. O jovem ardeu sem que todos os pais da França, sem que todos os estudantes da França, sem que todos os habitantes da França saíssem para defender sua causa, como uma mecha que se consome durante o noticiário das oito, do qual ninguém nunca mais voltará a falar.

Não consigo dormir mais de quatro horas seguidas, acordado constantemente por mensagens que chegam de todo lado. Há meses, um grupo de mulheres indígenas de territórios em conflito ocupavam pacificamente o Ministério do Interior da República Argentina, em Buenos Aires. "A luta", dizia a *weychafe* (guerreira) mapuche Moira Millán,

> não deve ser contra a mudança climática, deve ser contra o terricídio... Na definição de mudança climática, existe um reducionismo intencional do sistema para ocultar a origem e as

consequências do modelo civilizatório. Não se trata somente da relação entre produção e consumo, mas da visão antropocêntrica imposta pela cultura dominante, desligada da ordem cósmica.

O problema é situar o humano no topo da pirâmide natural. Para os povos indígenas, não há pirâmide, mas um círculo sagrado de vida, inviolável e perpétuo. O feminismo não basta, diz Millán, porque o feminismo argentino é racista, é cúmplice tanto do extermínio indígena quanto do terricídio. Quem poderia ser o guardião da memória de quinhentos anos de genocídio? E como mudar sem apelar a esta memória?

Ao mesmo tempo e diante da destituição de Evo Morales, do novo caciquismo indigenista, mas também das máfias locais e do neofascismo que toma o poder na Bolívia, a ativista María Galindo organiza em La Paz o primeiro Parlamento de Mulheres para estruturar a resistência a partir das necessidades das mulheres indígenas e das trabalhadoras pobres, das lésbicas, das putas e das mulheres trans. Também em Taipei, Istambul, Beirute, Santiago do Chile, Valência, Nantes, coletivos feministas e queer se juntam para imaginar formas de organização da vida fora do patriarcado e da colonialidade. Uma cadeia subterrânea micropolítica revolucionária está entrando em erupção.

Um par de semanas depois, as famílias celebram a chegada de 2020 — não vai demorar para nos darmos conta de que não havia muito que celebrar. Deixo o apartamento de Paris com dezenas de caixas fechadas ou meio abertas e viajo a Toronto para instalar a exposição da artista Lorenza Böttner no museu universitário. Hospedaram-me no apartamento 2020 do Ava-

Dysphoria mundi

lon, um formigueiro vertical no centro da cidade: é um andar tão alto que de lá tenho a impressão de ver o sol se pôr como os astronautas da Estação Espacial Internacional, em órbita terrestre baixa a quatrocentos quilômetros do chão: uma orla de fogo laranja se escondendo por trás do perfil do planeta azul. E se 2020 não fosse um ano, mas um apartamento pendurado em algum lugar da história do cosmos?

Estou cansado. Sentindo-me doente. Tentando não ser visto por ninguém, busco um lugar onde me deitar, nem que seja por alguns minutos. Existe uma inadequação entre minha vida orgânica e minha vida intelectual, que se manifesta em forma de dor, mas não sei se essa inadequação é efeito ou causa disso que o meu corpo percebe como uma doença crescendo dentro de mim ou se isso que parece uma doença é simplesmente a reação de um organismo vivo e consciente ao capitalismo tardio, minha inadequação à norma, minha resistência à opressão. Sinto que o solo discursivo do mundo se move e que o lugar que eu mesmo ocupo na realidade e onde posso atuar está mudando. Penso pela primeira vez: merda de *dysphoria mundi*.

Saio todo dia do Avalon e vou pelo caminho dos filósofos até a Biblioteca Robarts, um conglomerado de triângulos brutalistas com arestas de cem metros de concreto, entre as quais Umberto Eco escreveu *O nome da rosa*. Eco imaginou a biblioteca medieval na qual o *Livro do riso*, de Aristóteles, teria se perdido trabalhando na mais futurista das bibliotecas do século xx, cercado por 4 milhões de livros. Projetamos o presente no passado e alucinamos o futuro enquanto pensamos olhar o presente. Nunca estamos onde aparentemente estamos.

De tarde, enquanto as equipes do museu instalam a exposição, uso os recursos fenomenais da Biblioteca Robarts para trabalhar numa reescrita contemporânea de *Assim falou Zaratustra*, de Nietzsche, que chamo de *Édipo Trans*. Ali só tomo notas, que ordeno e reescrevo ao chegar ao apartamento. Ao contrário da imagem que alguns podem ter da filosofia, não reflito enquanto escrevo. Tampouco escrevo numa escrivaninha ou vestido. Aproveitando a excessiva calefação canadense, sento-me completamente nu em frente à janela com um computador, deixo minha mente em branco, como se meditasse, e ponho os dedos a serviço de uma voz que não sabe como se expressar, mas deseja sair. Nesses momentos deixo de existir como indivíduo e existo, nu, numa torre de concreto, como um imperfeito processador de textos que teima em produzir sentido. Nos jardins dos telhados dos edifícios de Toronto, as árvores envoltas em plásticos coloridos parecem avós espanholas com mantilhas agitadas pelo vento, tomando sol e dançando a sevilhana. Do apartamento 2020 do Avalon é possível imaginar o futuro do capitalismo: as cristas de concreto da Biblioteca Robarts transformadas em pirâmides de um deserto nuclear, e os livros em novos hieróglifos que ninguém saberá decifrar.

Esquento a *chorba* — sopa que aprendi a fazer há anos com uma amante árabe — que preparei ontem e ligo a rádio francesa no Canadá: um epidemiologista chinês afirma que apareceu um novo vírus do SARS, que produz uma forma grave e contagiosa de pneumonia.[20] Ele diz que catorze pessoas foram contaminadas, mas que está tudo sob controle. Lembro-me do dia em que ouvi pela primeira vez a palavra *vírus* na televisão espanhola, aos doze anos, enquanto comia.

Dysphoria mundi

Minha mãe tinha estendido uma toalha xadrez vermelha e branca na mesa redonda de vidro fumê, e meu pai, sentado, dedicava-se a puxar as bordas da toalha, como se pegasse no ar um paraquedas caído do céu. Eu era sempre o último a sentar (um narrador normativo teria dito "a última", pois na época eu ainda tinha um nome de menina e estava vestido conforme dizem que as meninas devem se vestir), quando a sopa já começava a esfriar nos pratos. Víamos o telejornal enquanto comíamos. A televisão ligada me tranquilizava, pois assim eu não precisava conversar com meus pais. E então, de repente, enquanto comíamos, pronunciaram aquela palavra no noticiário. Disseram que os ho-mos-se-xu-ais, palavra que me pareceu interminável, padeciam de um vírus que causava uma forma de sarcoma de Kaposi que eles chamavam de "câncer gay". Pelo menos *gay* era uma palavra inglesa e mais curta que *homossexual*. Esta foi a primeira vez que meu pai, minha mãe e eu ouvimos juntos a palavra *homossexualidade* — a palavra inteira, tão longa e tão contagiosa em si mesma. Na época, procurei a palavra no dicionário. Já tinha ouvido meu pai dizer as palavras *bicha* e *sapata*, mas nunca tínhamos sido, todos juntos, espectadores de um discurso no qual a palavra homossexualidade havia sido não só pronunciada, mas encarnada, representada pelo vírus. O telejornal diário mostrou imagens de jovens esqueléticos e prostrados, com os lábios escuros e secos como uvas-passas, e manchas vermelhas como Saturnos com anéis na pele. Essa foi a primeira imagem da ho-mos-se-xu-a-li-da-de que partilhamos coletivamente.

Um vírus, o vírus era isso: a morte que ameaçava os homossexuais e comia sua pele. "Isso acontece com eles porque são bichas", disse meu pai. Tive medo, não é fácil saber se do meu pai, do vírus ou de ambos. A descrição televisiva da doença representou uma sessão de destruição da minha infância. Ali mesmo, ao ouvir a reportagem enquanto comia a sopa, converti-me num adulto (um narrador normativo diria "adulta"). Assim que consegui voltar para o quarto, inspecionei minha pele. Naquela tarde, muito antes de ter feito amor com uma pessoa que se supunha que fosse do mesmo sexo que eu (embora meu sexo não fosse o que se supunha que fosse, tampouco o outro), eu soube que minha pele era a pele da aids.

Não há nada mais sinistro na pré-história da minha sexualidade que essa relação entre amor e violência, entre prazer e pecado, entre o vírus e o desejo de morte que meu pai manifestava contra os veados, entre a curiosidade ainda infantil de tocar outra pele que não fosse a minha e aquelas úlceras rubras que, como pequenas crateras delatoras, anunciavam a morte iminente de quem as possuía. A primeira porta da doença era o ânus. A bicha penetrava os cus. O vírus penetrava nas células. O pai gritava. O doente perdia a capacidade de falar. A pele se abria. A segunda porta da doença era a televisão. Era assim que as imagens e o medo entravam nas casas. Os olhos eram penetrados pela luz. A homossexualidade e o vírus comiam a pele dos amantes contranatura. O vírus era um fósforo lançado por meu pai no peito inflamável do veado, que queimava dentro dele até sair pela pele em forma de ferida. Menine com vestido de menina e nome de menina, eu tremia. Meu nome futuro ardia. O doente calava-se para sempre. E o olhar de minha mãe perdia-se no horizonte: pretendia ser a personificação do assombro, mas na realidade personificava o oráculo.

Dysphoria mundi

Naquele apartamento pendurado no céu, enganchado ao futuro, com este nome que carrego agora, ouvindo o rádio, volto a ser o menino (o narrador normativo diria "a menina") que fui: pergunto-me qual é o vírus que bate agora à porta dos corpos humanos. Por onde e como entrará. Já começaram os gritos e as marteladas, os silêncios e os fogos. Dentro e fora da minha cabeça.

A porta tinha se aberto.

Uma cultura é uma arquitetura social na qual determinadas práticas, rituais ou substâncias servem como "portas" que dão acesso ao que naquele contexto é considerado "verdadeiro" ou permitem a passagem entre diferentes níveis de realidade. Para algumas culturas, as portas são as plantas ou os fungos. O ayahuasca era a porta por excelência para as culturas da Amazônia, como foi o ópio para as culturas asiáticas, alguns tipos de fungos para a cultura maia e o peiote para a cultura wixárika. Uma porta é uma tecnologia biossocial de produção ou modificação de consciência, ativada por uma forma específica de energia. Uma fruta que se deixa fermentar com levedura até que seus açúcares se transformem em etanol. Uma planta que precisa ser oxidada ou queimada pelo fogo para produzir uma fumaça — uma mescla de dióxido de carbono e de diversos compostos químicos que dependem dos materiais em combustão — que afeta certas zonas do sistema nervoso. E tudo isso deve ser feito no contexto de um ritual social específico: com jejuns, cantos, danças, massagens, invocações ou cuidados.

Depois de abrir as primeiras portas microvegetais, os animais humanos não pararam de inventar outras. A linguagem articulada foi, sem dúvida, a metaporta que abriu os processos evolutivos da humanidade. As portas do álcool e do tabaco não tardariam a ser multiplicadas, graças a outras portas técnicas como o teatro, a literatura, a pintura, a fotografia. As primeiras formas de energia ativaram essas portas: glicose, carvão, petróleo, pólvora, dinheiro... Tudo mudaria depois com a chegada da eletricidade. As portas inventadas pela modernidade petrossexorracial e pelo capitalismo industrial serão uma combinação de antigas portas químicas e de novas portas eletrônicas. Assim se abririam progressivamente, a partir do início do século xx, as portas do rádio, do cinema, do telefone, da televisão, da internet. Todas funcionam com o princípio da heroína eletrônica: são fortemente aditivas e modificam o simbionte que faz uso delas. O vírus entrará por aqui também.

Agora as portas do capitalismo industrial estão começando a se fechar, enquanto outras estão sendo abertas. As novas portas que começaram a se abrir depois da Segunda Guerra Mundial eram cibernéticas e bioquímicas: as mais sofisticadas e ao mesmo tempo mais difundidas eram as drogas sintéticas legais (fármacos) ou não (narcóticos) e os assim chamados meios de comunicação. Essas portas também precisavam de novas conexões e novos combustíveis: a eletrificação total do mundo, sua transformação num laboratório biocibernético de grande escala, a energia nuclear, a conexão a cabo submarina mundial, o estabelecimento de uma rede de satélites capazes de centralizar e redistribuir sinais... E produziam novos fluidos antes desconhecidos: o tecnossêmen, o tecnoleite, o tecnossangue, os tecno-óvulos... O capitalismo farmacopornográfico era isso: um regime econômico e político no qual a produção e a reprodução da vida (e da morte) e do valor se realizam através das tecnologias bioquímicas e midiático-digitais. Nesse início prematuro do século XXI, a internet transformou-se na porta das portas. A relação entre o real e o virtual está se invertendo. Se, até o início da primeira década do século XXI, o virtual era o que existia na internet e o real era o que existia fora dela, agora o autenticamente real é o que tem mais presença na internet. E é assim que está surgindo a *i-realidade*: um espaço de sentido construído cibernética e bioquimicamente no qual é possível viver — e morrer.

O vírus por vir seria o grande abridor e fechador de portas.

Minha viagem ao Canadá e o fechamento de Wuhan ocorrem com a simultaneidade de uma erupção que começa na boca do vulcão enquanto um grupo de amigos faz piquenique na encosta da montanha sem ver nem a fumaça nem a lava. Ainda em Toronto, vejo pela primeira vez as imagens da cidade chinesa de Wuhan em quarentena para conter a expansão daquilo que dizem ser um coronavírus parecido com o SARS. "Todas as portas devem permanecer fechadas", dizem. Poucos dias depois, o governo chinês acrescenta à proibição da livre circulação de pessoas a de qualquer veículo na cidade de Wuhan. Se alguém precisar se deslocar para algum lugar por motivo de força maior, terá que fazê-lo a pé. Agora, somente as ambulâncias, e talvez os mortos, circulam em Wuhan. Penso que uma cidade de 10 milhões de habitantes com as ruas completamente vazias, às vezes com um único corpo caminhando em meio ao nada, poderia parecer a encenação de uma performance conceitual em escala urbana. Como se Marina Abramović tivesse liberado sua veia fascistoide e assinado um contrato com o prefeito de Wuhan para que todos os cidadãos participassem de uma performance megalomaníaca. Não seria impossível, conhecendo suas ambições. Enquanto meu espírito sorri estupidamente pensando nos delírios de Abramović, descubro que, na verdade, já tinha visto aquelas imagens antes. Wuhan é uma Tchernóbil desabitada depois de uma explosão viral.

E, pela primeira vez desde que comecei a fazer a mudança para o apartamento em Paris, desejo voltar para casa.

ORAÇÃO FÚNEBRE

Nossa Senhora das Pandemias, rogai por nós.

Nossa Senhora da Praga de Atenas, rogai por nós.

Nossa Senhora da Peste Antonina, rogai por nós.

Nossa Senhora da Praga de Justiniano, rogai por nós.

Nossa Senhora da Peste Bubônica, rogai por nós.

Nossa Senhora da Peste Negra, rogai por nós.

Nossa Senhora do Tifo, rogai por nós.

Nossa Senhora da Sífilis, rogai por nós.

Nossa Senhora da Varíola, rogai por nós.

Nossa Senhora da Catapora, rogai por nós.

Nossa Senhora do Sarampo, rogai por nós.

Nossa Senhora do Cólera, rogai por nós.

Nossa Senhora do El Tor, rogai por nós.

Nossa Senhora da Tuberculose, rogai por nós.

Nossa Senhora da Malária, rogai por nós.

Nossa Senhora da Gripe Russa, rogai por nós.

Nossa Senhora da Gripe Espanhola, rogai por nós.

Nossa Senhora da Gripe A, rogai por nós.

Nossa Senhora da Gripe de Hong Kong, rogai por nós.

Nossa Senhora da Pólio, rogai por nós.

Nossa Senhora da Aids, rogai por nós.

Nossa Senhora da Febre Hemorrágica da Crimeia e do Congo,
rogai por nós.

Nossa Senhora da Febre de Lassa, rogai por nós.

Nossa Senhora do Vírus de Nipah, rogai por nós.

Nossa Senhora da Febre do Vale do Rift, rogai por nós.

Nossa Senhora do Ebola, rogai por nós.

Nossa Senhora da Síndrome Respiratória Aguda Grave, rogai por nós.

Nossa Senhora da Gripe Suína, rogai por nós.
Nossa Senhora da Síndrome Respiratória do Oriente Médio,
rogai por nós.
Nossa Senhora da Covid-19, rogai por nós.
Nossa Senhora do Vírus de Marburg, rogai por nós.
Nossa Senhora do Zika, rogai por nós.
Nossa Senhora do Chikungunya, rogai por nós.
Nossa Senhora da Dengue, rogai por nós.
Nossa Senhora da Varíola dos Macacos, rogai por nós.

Vós que recordais que não estamos sós e que somos mortais,
tende piedade de nós.

Malditos anos 1980: A aids como mutação epidêmico-política

UMA ONDA NEOCONSERVADORA estava sendo gestada desde meados dos anos 1970 como um "golpe democrático" com o objetivo de reduzir ou conter o impacto da contestação micropolítica surgida depois da Segunda Guerra Mundial. Nos discursos inventados por estas políticas contrarrevolucionárias, mas também nas palavras da esquerda desencantada, que logo viriam alimentar o novo neoliberalismo autoritário, os anos 1980 foram definidos como o fim de uma revolução falida: o ocaso dos movimentos de emancipação social teria dado lugar a um consenso democrático neoliberal, onde o crescimento econômico substituiria a oposição ideológica. O tempo dos movimentos anticoloniais, antirracistas, feministas e homossexuais, das revoltas de travestis e trans, dos Panteras Negras, de Woodstock e de Stonewall teria dado lugar à era de Reagan e Thatcher. No contexto do Estado espanhol, essa onda neoconservadora foi ainda mais complexa, pois marcou a passagem da repressão franquista para uma suposta transição democrática, um processo que acabaria sendo engolido pelas narrativas de progresso social e econômico e pela entrada da Espanha na Otan, e cujas formas de dissidência foram contidas e folclorizadas no mito da Movida madrilenha.

Contudo, essa narrativa de despolitização social não esgota os anos 1980. Para poder pensar a revolução e a contrarrevolução que estão ocorrendo agora, durante ou depois da crise da covid, é necessário lutar contra aquilo que a ativista e antropóloga Cindy Patton chamou, falando da aids, de "amnésia organizada".[21] Digamos o quanto antes: os malditos anos 1980 não foram só os anos do boom neoliberal e do fim da utopia marxista, mas também a década da aids, da internet e da revolução biotecnológica que levaria à decodificação do genoma humano, um momento sem precedentes de reorganização das tecnologias de gestão política do corpo e da sexualidade, que antecipa e prefigura a mutação das tecnologias farmaco-pornográficas e cibernéticas de governo que vão se desdobrar com mais força ainda durante a crise do SARS-COV-2.

1981, ano umbral: este poderia ser o ano da disforia, no qual começa o desajuste epistêmico relativo às linguagens e às taxonomias da modernidade. Trata-se do ano em que se produz a midiatização dos primeiros casos de aids, daquele em que tem início uma nova ordem somatopolítica global cujas técnicas de gestão social e estratégias de vigilância e controle são pensadas pela primeira vez em termos imunológicos e viróticos. Foi também um período extraordinário de invenção de novas estratégias de luta e de resistência, com o qual também podemos aprender agora. Qual foi a relação entre o surgimento da aids nos anos 1980 e a expansão do neoliberalismo posterior à crise do petróleo, à globalização, à queda do Muro e à passagem do capitalismo industrial para este que decidiram chamar de capitalismo imaterial? Como aprendemos a sobreviver a estas mutações do capitalismo ou a nos adaptar fatalmente a elas? Tudo que aprendemos, mas

Dysphoria mundi

também o que esquecemos sobre a aids há de fornecer algumas pistas para nos situarmos diante das novas mutações induzidas pela crise da covid.

Explorar a construção da aids como doença nos anos 1980 vai permitir que nos aproximemos do complexo funcionamento das entidades necrobiopolíticas e das possíveis estratégias de luta e resistência diante de seus modos específicos de produzir as condições de vida e morte, sobrevivência e exclusão. Susan Sontag, doente de câncer — embora nunca tenha falado disso em primeira pessoa — e fina observadora da cultura do pós-guerra, afirmava que a aids como doença "foi construída nos anos 1980 para fins de pesquisa e de tabulação e controle por parte do sistema médico"[22] — e das indústrias farmacêuticas, poderíamos acrescentar hoje.[23] Esta condição não é exclusiva da aids. As entidades necrobiopolíticas (nosso próprio corpo é uma delas) são ficções políticas tecnossomáticas, híbridos de biologia e cultura (Donna Haraway os chama de "naturculturais") que não poderiam existir sem a mediação de contratos sociais, narrativas midiáticas, ensaios clínicos, técnicas farmacológicas, práticas de diagnóstico, arcabouços discursivos, representações visuais e práticas sociais e políticas de identificação, registro e controle. Isto não quer dizer que nosso próprio corpo, ou o HIV, por exemplo, tenham sido criados em laboratório, que não estejam "vivos" ou não existam, mas poderíamos dizer que, de um ponto de vista filosófico, sua consistência ontológica é estritamente necrobiopolítica e performativa, ou seja, eles existem através do conjunto de práticas políticas, culturais, epistemológicas, científicas, farmacológicas, econômicas e midiáticas que os nomeiam e os representam. Quando nos referimos à dimensão performativa da aids ou da covid, trata-se de entender que os discursos médicos, políticos e midiáticos que representam o vírus *produzem a pandemia que pretendem descrever.*

A teoria da conspiração que circulou nos anos 1980 a respeito da aids e que se repetiu também para explicar a origem do SARS-COV-2, segundo a qual ambos os vírus haviam sido criados num laboratório e inoculados em seguida num segmento preciso da população com fins eugênicos ou de guerra econômica ou cultural (no caso do SARS-COV-2, a pretensa guerra chinesa contra a economia norte-americana),[24] nada mais é que a redução unilateral, maniqueísta e naïf da complexa construção necrobiopolítica de uma pandemia. Antes de se deixar obnubilar pela simplicidade das teorias da conspiração, é preciso considerar que a doença, sua construção retórica, científica e farmacológica, responde a um contexto tecnopolítico concreto e que é neste contexto que a doença ganha forma, se transforma em realidade e define seus modos específicos de matar e segregar a população. Daí que lutar contra a aids ou contra a pandemia de covid é também intervir na rede de saberes e representações que constroem a doença, produzindo contranarrativas e contrarrepresentações que façam do corpo soropositivo um sujeito político capaz de sobreviver. Mas voltemos à aids para entender este processo de construção necrobiopolítica.

Em primeiro lugar, em termos científicos, a aids não é uma doença, mas uma síndrome. As siglas aids/sida (síndrome de imunodeficiência adquirida), adotadas pelo Center for Disease Control norte-americano em 1982, nomeiam uma categoria epidemiológica que corresponde a um espectro de doenças. "Isto não é uma simples distinção semântica", aponta fina-

Dysphoria mundi

mente a crítica cultural Jan Zita Grover. "Uma doença pode ser transmitida; uma síndrome, não."[25] Portanto, num sentido estrito, a aids não é transmissível. Pode-se falar em transmissão viral, mas não em transmissão da doença. Em segundo lugar, a aids marca o deslocamento retórico e científico de um modelo bacteriológico (presidido pela tuberculose como doença através da qual se pensava o corpo na primeira parte do século xx) para um modelo virológico e imunológico, o que terá, como veremos mais tarde, importantes consequências políticas na era da covid.[26] A noção de *aids* nomeia uma série de sintomas relacionados com a ruptura ou falha do sistema imunológico (que fazem com que o corpo possa sucumbir diante do que se conhece como "doenças oportunistas" causadas por bactérias, fungos ou por outros vírus, que não se manifestariam se o sistema imunológico funcionasse plenamente, como por exemplo o sarcoma de Kaposi, a pneumonia, a herpes, a histoplasmose, o linfoma etc.). Nenhuma destas doenças é a aids, mas pode se manifestar como consequência de uma falha imunitária. Do mesmo modo, quando se fala de covid não se nomeia uma doença, mas um quadro clínico variável e diverso causado pela disseminação do vírus sars-cov-2 no corpo humano.

O modelo virológico que serve para pensar o hiv aparece em 1983, quando primeiro Luc Montegnier, do Instituto Pasteur, e quase em seguida uma equipe norte-americana dirigida por Robert Gallo isolam o vírus e põem em marcha um teste (conhecido como Elisa) que permite detectar a presença de anticorpos ao vírus. Ser um corpo soropositivo implica apenas que existem anticorpos contra o vírus no sangue e, portanto, isso não pode ser entendido como uma doença, nem um estado contaminante em si mesmo. Esta diferença será mais importante, porém, a partir de 1996, com o aparecimento dos antirretrovirais, e mais ainda a partir de 2017, com a comercialização dos fármacos preventivos (PrEP), o que permitirá a transformação da síndrome em condição crônica e a supressão total do risco de contágio.[27] Com o vírus aparece a diferença entre o doente, o portador e o corpo altamente exposto (nome transformado na categoria necropolítica de "grupo de risco"). Todavia, essas categorias serão amalgamadas durante a gestão das chamadas crises da aids e da covid.[28]

O deslocamento da noção novecentista de doença para a de vírus supõe também a passagem de um modelo de política doméstica (no qual se busca reforçar o sistema imunológico, proteger o potencial doente) para um modelo de política (viral) externa (que busca controlar o acesso de elementos estranhos ou estrangeiros à comunidade) e para uma gestão estrita do dentro e do fora através da fronteira. Esta gestão é levada a seu ápice como dispositivo necropolítico nas prisões-morredouros de pessoas soropositivas não apenas em Cuba, Chile, Peru ou Rússia, mas também na Espanha durante os anos 1980, e segue funcionando na atual gestão da aids em boa parte da África e da América Latina, onde a impossibilidade de acesso aos antirretrovirais é mortal. É esta política viral externa que vai reaparecer com o fechamento das fronteiras e o confinamento obrigatório durante a crise da covid.

Por último, mas não menos importante, a aids foi a primeira pandemia televisual da história, a primeira síndrome pós-moderna construída ao mesmo tempo pelos discursos

Dysphoria mundi

médicos e farmacológicos e pelas representações difundidas através do circuito audiovisual dos meios de comunicação de massa. Não se trata unicamente do fato de as imagens e discursos a respeito da aids terem sido divulgados primeiro na televisão e só depois e rapidamente nas primeiras páginas da internet. A relação da aids com a televisão e com a internet é constitutiva: o corpo soropositivo foi pensado desde o início segundo um modelo comunicativo e cibernético. De um lado, num mundo de fluxos, intercâmbios, comunicação e deslocamento, a noção de "portador" suplanta a noção tradicional de doente. E é em torno do portador potencialmente contaminante que se tecem as novas tecnologias de opressão política, com suas metáforas racializadas e sexualizadas. Representado através das metáforas da travestilidade e da migração, o corpo humano portador foi imaginado como um estrangeiro homossexual ou trans que se quer fazer passar por um corpo pertencente à população nacional, pondo em perigo a identidade branca heterossexual da comunidade celular que o recebe. Frente a essa figura do portador subalterno, o modelo da comunidade/imunidade que se popularizou durante a crise da aids responde à fantasia da soberania sexual masculina, entendida como direito inegociável de penetração, ao passo que o corpo penetrado sexualmente (qualquer forma de interioridade vaginal ou anal, feminina, homossexual, trans ou outra) era percebido de forma equivocada não só como carente de soberania, mas também como potencialmente contaminante.

De um ponto de vista necropolítico, talvez o mais surpreendente seja o modo como a construção imunológica da aids e virológica do HIV nos 1980 se sobrepõe a um conjunto de categorias políticas e epistemológicas periféricas prévias, que operavam através de segmentações de espécie, sexualidade, deficiência, raça ou dissidência social. A aids remasterizou e reatualizou a rede de controle sobre o corpo e a sexualidade tecida antes pela sífilis, e que a penicilina e os movimentos de decolonização, feministas e homossexuais haviam desarticulado e transformado nos anos 1960 e 1970. Por isso, a construção da aids como síndrome funcionou segundo uma lógica de identidade que correspondia às exclusões da modernidade colonial.[29] Ter aids equivalia a pertencer a uma minoria política, sexual ou racial (*junkie*, homossexual, trans, haitiano e, por extensão, racializado). Isso explica, por exemplo, a invisibilidade, durante os primeiros anos da pandemia, dos corpos brancos heterossexuais nessa taxonomia da patologia.[30] O corpo feminino e heterossexual, por exemplo, só entra nessa taxonomia a partir dos anos 1990, quando, por meio de uma metonímia sexocolonial, a totalidade da África será ao mesmo tempo feminizada e viralizada, como se todo o continente fosse um corpo de mulher puta e pobre, potencialmente soropositiva.[31]

Em termos de gestão necropolítica das populações, a construção discursiva, médica e midiática da aids foi o golpe epistêmico mais importante da segunda metade do século xx. Como já tinha ocorrido com a sífilis no século xv, uma única síndrome (aids/HIV) permitirá marcar e capturar aqueles corpos (o primata, o racializado, a trabalhadora sexual, o homossexual, o consumidor de drogas) que, desde a Conferência de Bandung até o levante das minorias sexuais, passando pelo movimento dos direitos civis dos afro-americanos nos

Dysphoria mundi

Estados Unidos, Maio de 68 e a revolução feminista, haviam iniciado um processo coletivo de emancipação e despatologização.[32] Ao mesmo tempo que o neoliberalismo se globaliza como técnica econômica e de governo, a aids funciona como uma espécie de bumerangue somatopolítico que volta para capturar esses sujeitos políticos emergentes, operando um reordenamento da retícula democrática, da qual eles são, mais uma vez, selvagemente excluídos.

Durante os primeiros anos da crise da aids, a maioria das políticas de prevenção não passaram de uma intensificação direcional das técnicas necropolíticas. Como no caso da perseguição e criminalização das prostitutas nos séculos da sífilis, a repressão das minorias sexuais e de gênero, dos consumidores de drogas e a exclusão racial durante a crise da aids só causaram mais mortes. O que está transformando a aids numa doença crônica é a despatologização da homossexualidade e da transidentidade, a autonomização farmacológica do Sul, a emancipação sexual das mulheres, seu direito de dizer não ao sexo sem camisinha, e o acesso da população afetada às triterapias, independentemente de classe social ou grau de racialização.

Vírus e revolução

Ao estudar a construção necrobiológica da aids fica evidente que, muito antes do surgimento da covid-19, já tínhamos iniciado um processo de mutação planetária. Já estávamos vivendo uma mudança tão profunda quanto aquela que afetou as sociedades que desenvolveram a sífilis. Entre os séculos XV e XVII, com a invenção da imprensa e a expansão do capitalismo colonial, passamos de uma sociedade oral para uma sociedade escrita, de uma forma de produção feudal a uma forma de produção industrial-escravista e de uma sociedade teocrática a uma sociedade regida por acordos científicos, na qual as noções de sexo, raça e sexualidade iriam se transformar em dispositivos de controle necrobiopolítico da população.

Hoje estamos passando de uma sociedade escrita a uma sociedade ciberoral, de uma sociedade orgânica a uma sociedade digital, de uma economia industrial a uma economia imaterial, de uma forma de controle disciplinar e arquitetônica a formas de controle microprotéticas e midiático-cibernéticas. Em outros textos, chamei de "farmacopornográfico" o tipo de gestão e produção da subjetividade sexual nesta nova configuração política.[33] O corpo e a subjetividade contemporâneos já não são regulados unicamente por sua passagem pelas instituições disciplinares (escola, fábrica, caserna, hospital etc.), mas, e sobretudo, por um conjunto de tecnologias biomoleculares, microprotéticas, digitais e de transmissão de informação. No âmbito da sexualidade, a modificação farmacológica da consciência e do comportamento, o consumo cotidiano de antidepressivos, ansiolíticos e analgésicos, a globalização do consumo da pílula anticoncepcional por "todas" as mulheres, a produção de triterapias, de terapias preventivas da aids, o consumo de Viagra e a aparição e comercialização das tecnologias de edição genética são alguns indicadores desta mutação das tecnologias necrobiopolíticas. A extensão planetária (e quase cósmica)

Dysphoria mundi

da internet, a generalização do uso de tecnologias informáticas móveis, da inteligência artificial e de algoritmos na análise de big data, o intercâmbio de informação em grande velocidade e o desenvolvimento de dispositivos globais de vigilância informática via satélite são indicadores da nova gestão tecnossemiótica digital da subjetividade. Estas técnicas são pornográficas porque os dispositivos de biocontrole já não funcionam através da repressão da sexualidade, mas através da incitação ao consumo e à produção constante de representações de uma sexualidade e de um prazer regulados e quantificáveis. Quanto mais consumirmos e mais saudáveis ficarmos (de acordo com os critérios de produção capitalista), melhor seremos controlados.

A mutação que está ocorrendo poderia ser também a passagem de um regime petrossexorracial, de uma sociedade antropocêntrica e de uma política onde uma parte muito pequena da comunidade humana planetária se autoriza a implementar práticas de depredação universal para uma sociedade capaz de redistribuir energia e soberania. De uma sociedade de energias fósseis para uma de energias simbióticas. E está em questão também a passagem de um modelo binário de diferença sexual para um paradigma mais aberto, no qual a morfologia dos órgãos genitais e a capacidade reprodutiva de um corpo não definam sua posição social e política desde o nascimento; de um modelo heteropatriarcal binário a formas não hierárquicas de reprodução da vida, e de uma sociedade fortemente racializada a outras formas de relação. No centro do debate, durante e depois desta crise, estarão as vidas que estaremos dispostos a salvar e aquelas que serão sacrificadas. É no contexto desta mutação, da transformação dos modos de entender a comunidade (uma comunidade que hoje é a totalidade do planeta) e a imunidade, que o vírus opera e se transforma em estratégia política. Wuhan está em toda parte.

The narrator is out of joint

DENTRO, FORA. Cheio, vazio. Seguro, tóxico. Masculino, feminino. Branco, negro. Húmano, animal. Nacional, estrangeiro. Cultura, natureza. Público, privado. Orgânico, mecânico. Centro, periferia. Aqui, ali. Analógico, digital. Vivo, morto. Pela primeira vez em anos, anseio por chegar ao apartamento, verificar se a paisagem interior mudou: como se os livros estivessem vivos e pudessem sair das caixas para dialogar e discutir com seus homólogos. Ao abrir a porta de meu próprio e desconhecido apartamento, agora com o gesto preciso de um iniciado, assalta-me a sensação de voltar à casa de meus pais depois da escola e encontrar minha cama da infância, os lençóis macios, o cobertor espesso sob o qual gostava de esconder-me com uma lanterna para ler um exemplar dos poemas de Cernuda que, ainda sem entender muito bem por quê, já imaginava como um prognóstico de minha vida futura.

Uma das coisas que recuperei na mudança foi o colchão sobre o qual morreu Justine, a cadela com a qual vivi por onze anos. Esse colchão — as lembranças que contém — agora é meu único e verdadeiro amante. Deixo a maleta na cozinha e, sem tirar a roupa, abraço-me a ele. Durmo alguns minutos, talvez uma hora. Em seguida, tomo uma ducha e, nu na cama com o computador nos joelhos, vejo o documentário de

Rithy Panh, *A imagem que falta*, sobre as purgas e a violência da revolução comunista do Khmer Vermelho no Camboja, que deveria ser proibido para pessoas sozinhas voltando de uma longa viagem transatlântica. Sinto-me desvalido, aterrorizado pela consciência de pertencer a esta história, à história humana do horror que não para de se repetir uma e outra vez. Choro quase sem parar, apesar de ter tomado uma injeção de testosterona há dois dias — às vezes acho que ela me torna mais resistente à dor moral ou psicológica. Durante a noite, sonho que Justine e eu estamos estendidos no colchão, talvez dormindo, talvez mortos, como uma variação de Anne Imhof do monumento medieval funerário de Philippe Pot, carregados nos ombros por oito ativistes enlutades que nos rodeiam, cobertes por hábitos negros, cada qual com um emblema diferente em seu escudo, a feminista, a bicha, a puta, a punk, a louca, a trans, a sem filhos, a junkie. Acordo às quatro da manhã. Não se trata de um sonho triste, ao contrário, é uma homenagem à cadela: uma exaltação da importância política de sua aparentemente pequena vida canina.

Consigo adormecer antes da aurora, e, quando o sol entra pela janela, acordo com a lembrança de que fiquei de tomar café da manhã com Arianne, uma amiga psicanalista, ou, melhor dizendo, uma praticante dissidente da psicanálise normativa. Falamos de nossas histórias amorosas e sexuais. Os fracassos de Arianne são ainda mais estrepitosos que os meus: aos 52 anos, acabou de ser estuprada pelo ex-marido. É o que me conta, pedindo discrição. Trata-se de algo que não mencionará em seus textos ou em suas terapias. Surpreende-me saber que uma pessoa que dedicou a vida a resolver as dores afetivas dos outros não só não aprendeu a amar (e

Dysphoria mundi

não há terapia capaz de garantir isso), mas, e sobretudo, não aprendeu a expressar-se livremente. Arianne resume seus fracassos assim: as histórias que não causam dano são as mais difíceis de deixar — uma fórmula que poderia servir também para explicar o retorno cíclico do fascismo. Depois do café, vou com ela até a porta de seu consultório na Rue Vieille du Temple e pego uma bicicleta para percorrer a Rua de Rivoli até o Museu do Louvre: quero ver de novo as esculturas mortuárias de Philippe Pot, ficar ali em pé junto a elas, misturar-me com elas, ser percebido pelos visitantes como uma escultura funerária a mais, perdido dentro de minhas calças e meu suéter preto com capuz.

ORAÇÃO FÚNEBRE

Nossa Senhora do Divã, rogai por nós.

Nossa Senhora do Sintoma, rogai por nós.

Nossa Senhora do Inconsciente, rogai por nós.

Nossa Senhora da Escolha do Objeto, rogai por nós.

Nossa Senhora da Fase do Espelho, rogai por nós.

Nossa Senhora da Pulsão de Morte, rogai por nós.

Nossa Senhora da Libido, rogai por nós.

Nossa Senhora da Fixação, rogai por nós.

Nossa Senhora da Formação Reativa, rogai por nós.

Nossa Senhora da Identificação Projetiva, rogai por nós.

Nossa Senhora dos Mecanismos de Defesa, rogai por nós.

Nossa Senhora da Cena Primitiva, rogai por nós.

Nossa Senhora do Estágio Oral, rogai por nós.

Nossa Senhora do Estágio Oral-Sádico, rogai por nós.

Nossa Senhora do Estágio Anal, rogai por nós.

Nossa Senhora do Estágio Anal-Sádico, rogai por nós.

Nossa Senhora da Genitalidade, rogai por nós.

Nossa Senhora do Narcisismo, rogai por nós.

Nossa Senhora do Sadismo, rogai por nós.

Nossa Senhora do Masoquismo, rogai por nós.

Nossa Senhora do Erotismo Uretral, rogai por nós.

Nossa Senhora da Inveja do Pênis, rogai por nós.

Nossa Senhora do Romance Familiar, rogai por nós.

Nossa Senhora do Complexo de Édipo, rogai por nós.

Nossa Senhora do Complexo de Electra, rogai por nós.

Nossa Senhora do Complexo Paterno, rogai por nós.

Nossa Senhora do Complexo Materno, rogai por nós.

Nossa Senhora do Complexo de Inferioridade, rogai por nós.

Nossa Senhora do Complexo de Castração, rogai por nós.

Dysphoria mundi

Nossa Senhora de Todas as Porras de Complexos, rogai por nós.

Nossa Senhora da Compulsão, rogai por nós.

Nossa Senhora da *Jouissance* Feminina, rogai por nós.

Nossa Senhora da Mãe Fálica, rogai por nós.

Nossa Senhora do Nome do Pai, rogai por nós.

Nossa Senhora do Ato Falho, rogai por nós.

Nossa Senhora do Objet Petit A, rogai por nós.

Nossa Senhora da Transferência, rogai por nós.

Nossa Senhora da Histeria de Retenção, rogai por nós.

Nossa Senhora do Conflito Psíquico, rogai por nós.

Nossa Senhora da Amnésia Infantil, rogai por nós.

Nossa Senhora da Associação Livre, rogai por nós.

Nossa Senhora do Conteúdo Latente, rogai por nós.

Nossa Senhora do Conteúdo Manifesto, rogai por nós.

Nossa Senhora da Catexia, rogai por nós.

Nossa Senhora do Mecanismo de Defesa, rogai por nós.

Nossa Senhora da Inibição, rogai por nós.

Nossa Senhora do Fetichismo, rogai por nós.

Nossa Senhora da Cadeia Significante, rogai por nós.

Nossa Senhora da Forclusão, rogai por nós.

Nossa Senhora da Contratransferência, rogai por nós.

Nossa Senhora da Posição Depressiva, rogai por nós.

Nossa Senhora da Posição Paranoide, rogai por nós.

Nossa Senhora do *Après-Coup*, rogai por nós.

Nossa Senhora da Ordem Simbólica, rogai por nós.

Nossa Senhora do Imaginário, rogai por nós.

Nossa Senhora do Real, rogai por nós.

Vós que fabricastes a alma da burguesia branca heterocolonial,

Vós que transformastes a merda dela no ouro de vossa ciência,

tende piedade de nós.

EM TODO O PLANETA, sucedem-se ininterruptamente os levantes feministas, queer, trans e antirracistas. Algum dia, ume historiadore do futuro pós-patriarcal recordará que foi nesta década que centenas de milhares de mulheres de todos os lugares do mundo tomaram a palavra publicamente para denunciar que tinham sido violentadas por um pai, por um amigo, por um tio, por um produtor de cinema, por um colega de trabalho, por um namorado, por um ex-namorado, por um sacerdote, por um professor, por um treinador esportivo, por um cantor, por um motorista de ônibus, por um bando de desconhecidos, por um fotógrafo de moda, por um bando de conhecidos, por um apresentador de televisão, por um artista de renome internacional, por um cantor de ópera, por um juiz, por um agente comercial, por um advogado, por um garçom de bar, por um antropólogo, por um dono de bar, por um policial, por um matemático, por um bispo, por um psiquiatra, pelo amigo do namorado, por um youtuber, por um católico integralista, por um judeu ortodoxo, por um muçulmano praticante, por um budista, por um agnóstico, por um ateu convicto, por um místico, pelo guru de uma religião desconhecida, pelo fundador de uma seita, por um hippie, por um amante da música clássica, por um yuppie, por um punk, por um roqueiro, por um rapper, por um trapper, por um

Dysphoria mundi

psicanalista, por um filósofo, por um diretor de cinema, por um ginecologista, por um presidente da República, por um professor emérito do Collège de France, por um sociólogo, pelo presidente de uma comissão de prêmios literários, por um comunista, pelo diretor de campanha de um partido político, por um socialista, por um vendedor de maconha, por um membro do Rassemblement National, por um diretor de museu, por um taxista, pelo pai de uma amiga, por um guarda de segurança, por um arcebispo, por um maestro de orquestra, por um oculista, por um liberal, por um médico-sem-fronteiras, pelo melhor amigo da família, por um escritor, por um bibliotecário, por um coach, por um ecologista, por um fiscal de alfândega aeroportuário, pelo chefe dos escoteiros, por um iogue, por um capacete-azul, por um pediatra, pelo diretor de um centro cultural, por um pintor, por um médico de família, por um caçador, por um vizinho, por um toureiro, por um ator, por um irmão, por um acupunturista, por um jornalista, por um primo, por um cunhado, por um técnico de aquecedor, por um transportador, por um massagista, por um general do exército, pelo presidente de uma comissão acadêmica...

Algum dia, ume historiadore do futuro pós-patriarcal recordará que foi nesta década que centenas de milhares de mulheres de todos os lugares do mundo tomaram a palavra publicamente para denunciar que tinham sido violentadas num estúdio de cinema, no escritório, na universidade, na própria casa, na própria cama, na escola, numa breve corrida de Uber, numa discoteca, na saída de uma discoteca, numa rua deserta, na casa em que trabalhavam como faxineiras, no sótão do edifício, depois de pedir carona, num ônibus, nos banheiros da piscina, na aula de piano, na academia de ginástica, no dormitório da residência estudantil, na sala de tratamento do hospital, no dormitório da caserna, num bosque quando caminhava, na sala de interrogatório durante uma investigação da polícia, num corredor do metrô, num "after", num salão de bilhar, no carro em que iam para um concerto, no concerto, na saída do concerto, na escada do edifício, no banheiro de casa, na cama dos pais, no escritório do diretor, num elevador, num quarto de hotel, na sala de espera, no ginásio, na cozinha de casa, no carro dos namorados, no quarto de hóspedes, no escritório do decano, na sala de reuniões do trabalho, no consultório do ginecologista, no consultório do dentista, no consultório do psicanalista, na sacristia, na barraca de campanha...

Algum dia, ume historiadore do futuro pós-patriarcal recordará que todas as estupradas do mundo, todos os corpos sexuais subalternos, as meninas, os meninos, es menines, todos os corpos tratados durante séculos como se fossem um simples dispositivo masturbatório a serviço da libido patriarco-colonial uniram-se para dizer basta. Recordará como passaram do grito individual do Me Too ao grito coletivo de "nem uma a menos", como ocuparam as ruas cantando "O estuprador é você". Falará daqueles anos como da quarta revolução feminista, a que uniu as avós estupradas às netas estupradas, falará daquele tempo como o principal exemplo do fim da soberania patriarco-colonial e do despertar de uma nova era.

Enquanto isso, a chegada de todas as caixas das diferentes mudanças transformou o apartamento num universo de papelão, como um estúdio de gravação revestido por paredes de isolamento acústico, que lembram caixas de ovos num espaço

Dysphoria mundi

arenoso, escuro, denso, silencioso e, em certa medida, protetor. A luz mal entra pelas janelas da sala, vedadas até quase em cima pelas caixas. Como não me atrevo a abri-las, resolvo construir com elas uma barricada interna no apartamento, com paredes de mais ou menos um metro e meio e vários corredores que ligam a cozinha com o quarto e o banheiro. Aqui passo os dias como um soldado desertor, entrincheirado em meu próprio passado.

Só saio dessa ilha de papel em que o apartamento se transformou através da escrita ou da viagem. Vou a Londres dar uma série de conferências. Hospedam-me no hotel no número 52 da Tavistock Square. Onde Virginia e Leonard Woolf se instalaram em 1924, depois de uma década em Surrey, tempo que Virginia considerava como um longo exílio da cidade. Na época, o número 52 da Tavistock Square abrigava um edifício burguês, no qual Virginia podia ouvir o alvoroço dos carros e passantes que, segundo ela, a devolviam à vida. Agora, não passava de um hotel decadente, os quartos com um carpete grená puído e móveis de fórmica bege. Só uma pequena placa azul na fachada recorda que um dia a autora de *Mrs. Dalloway* viu de suas janelas as mesmas árvores que vejo agora. Pergunto-me de onde saíram as cores de Woolf. Em Londres, nem as árvores são verdes, nem o céu é azul, nem a terra é vermelha. Tudo é cinza. O céu é de um cinza leitoso tirante a pérola quando a luz o atravessa, as árvores são cinza-pedra, a terra é cinza-rato, o asfalto é cinza-ardósia. Até o vento que sopra é cinza.

Nos lançamentos de livro no Reino Unido, converso com dezenas de artistas e ativistas feministas, queer e trans. Está surgindo entre alguns jovens trans um novo essencialismo conservador segundo o qual a "transidentidade" é uma condição que pode e deve ser normalizada socialmente e não deve implicar nenhuma crítica ao sistema hegemônico heterossexual e binário. Em contrapartida, também existem ativistas trans, queer e não binários menos preocupados com a especificidade da transidentidade e mais empenhados em desmontar ativamente as normas patriarcais e coloniais. Os primeiros poderiam ser chamados de "trans neocon", e os segundos de "anarcomutantes". É impossível não ficar do lado dos mutantes, dos que afirmam a radical multiplicidade do vivente e a impossibilidade de reduzir a subjetividade, o desejo e o prazer às categorias masculinidade/feminilidade ou heterossexualidade/homossexualidade.

A esta oposição somam-se, fora de comunidade trans e queer e em oposição a ambos os grupos anteriores, de um lado os patriarcalistas, partidários de um regime sexual arcaico que por vezes se autodenominam "antigênero", pensando equivocadamente que se opõem a uma noção de "gênero" inventada pelas feministas, quando se trata na verdade de uma noção inventada pela medicina conservadora dos anos 1940 para indicar a possibilidade de "produzir" a diferença sexual por meio de técnicas hormonais, cirúrgicas ou educativas, como o tratamento dos bebês intersexuais. Os patriarcalistas articulam seu pensamento com fragmentos de retóricas religiosas (católicas, evangélicas, muçulmanas, judaicas), psicanalíticas ou paleocientíficas, com restos do pensamento binário e racialista do século XIX, com ruínas ideológicas sobrepostas que formam um mil-folhas histórico, que eles se esforçam para apresentar como imutável e biológico. Um amontoado de artefatos culturais do passado que eles se comprazem em chamar

Dysphoria mundi 167

de "natureza", "ordem social" e "ordem simbólica". Do outro lado, as TERFS, feministas antitrans que, embora se oponham aos patriarcalistas arcaicos, partilham com eles a definição naturalista de masculinidade e feminilidade e a rejeição visceral das práticas de transição de gênero, das posições sociais não binárias, do direito ao trabalho sexual e da ampliação das modalidades de filiação além da reprodução heterossexual. Embora sejam ideologias aparentemente rivais, trata-se, na realidade, de discursos que pertencem a uma mesma episteme. Ambos, patriarcalistas arcaicos e TERFS, opõem-se tanto aos "trans neocon" quanto aos "anarcomutantes". Seus debates recordam as guerras religiosas da época do Renascimento. Enquanto alguns lutavam para afirmar ou negar a existência dessa ou daquela qualidade da divindade, ou para garantir que a Terra continuava a ser o centro de um universo esférico, os anarcomutantes, como Galileu, resolveram olhar para as estrelas e começaram a inventar práticas que anunciavam a chegada de outro regime de conhecimento.

Penso nessas batalhas enquanto o trem em que viajo de volta para Paris percorre o canal da Mancha sob as águas, sabendo que, tendo o Brexit sido ratificado nesse meio-tempo, o lugar ao qual retorno não é, no sentido político estrito, o mesmo do qual saí. Os limites de tudo, dos corpos e da terra, estão sendo violenta e rapidamente redesenhados.

A fronteira impossível

Durante a viagem à Inglaterra e à Irlanda, nos deslocamentos entre Paris, Londres, Glasgow e Dublin, pude experimentar as consequências absurdas dos primeiros dias do Brexit, sua imposição ideológica e seu fracasso prático... Apenas algumas semanas depois da instauração de uma nova fronteira, os populistas ingleses foram vencidos por um vírus microscópico... Dizem que há quinze casos de coronavírus declarados no Reino Unido. Pode um vírus ser considerado estrangeiro? Acaso é possível fechar as fronteiras para a atividade microscópica? A busca do "paciente zero" do coronavírus nos hospitais da Itália e da Inglaterra já faz lembrar a caça às bruxas durante a crise da aids: afirmaram que o paciente zero era um macaco (não há miséria humana da qual nosso irmão subjugado não seja acusado, mais cedo ou mais tarde) ou um homossexual extremamente promíscuo, um comissário de bordo que, para fazer coincidir as cifras de contágio, teria que ter trepado em vinte países diferentes, pulando de cama em cama rápido como uma pulga em tempos de peste, e penetrado tantos buracos quantas são as formigas num formigueiro. Durante a crise da aids, não se falou em fechar fronteiras. Falou-se em fechar os ânus. A Inglaterra já tinha fechado o dela, mas o coronavírus encontrou um caminho alternativo. Coronaexit!

Depois de ter cruzado a inútil fronteira que me leva de volta para a velha Europa, caio abatido não pela alegria de ter abandonado a ilha dos puros, mas por uma banal crise de lumbago. No começo, sinto apenas cansaço, caio na cama de Justine e dez minutos depois não consigo nem me mexer. Sou um peso que meu pensamento não consegue levantar. A dor toma conta de todo o meu corpo. De minha alma, se ela existe, também. Embora esteja acontecendo supostamente nas minhas costas, o lumbago é como o neoliberalismo: pouco a pouco não resta nada que não tenha sido

Dysphoria mundi

invadido pela dor. Você tem a impressão de que consegue se mexer, mas, quando menos espera, uma corrente atravessa seu corpo, imobilizando-o como uma estátua. Além de tudo, a dor torna ainda mais patente minha solidão e desproteção. Gloria me leva de carro até o consultório de osteopatia. Ela me deixa na porta, e eu, que não consigo sentar, e mal andar, espero de pé, agora definitivamente como uma escultura funerária, ou como uma simples caixa fechada junto ao porta-guarda-chuvas na entrada da clínica. Mimetizar-me por um momento com um objeto é repousante, talvez por acreditarmos que os objetos não sofrem.

A osteopata é jovem, de olhos azuis e longas mãos frescas. Olha para mim e diz imediatamente: é a lombar. Dispo-me com dificuldade e deito de costas na maca. A osteopata põe uma das mãos no meu cocuruto e a outra no cóccix; em seguida, as mãos movem-se em uníssono, uma para a ponta do nariz, a outra para a ponta dos pés; de novo, uma das mãos pousa em meu ombro, como um pequeno pássaro sobre o lombo de um búfalo, enquanto a outra toca meu quadril. E assim, pouco a pouco, todo o corpo, ou quase todo, é tocado. Lá fora, o vento sacode as árvores e as lâmpadas nos postes. O barulho da rua misturado ao movimento das mãos da osteopata faz surgir em minha memória a imagem de folhas bailarinas dançando num redemoinho. Mais tarde, eu ouviria dizer que uma árvore tinha caído sobre um carro e matado um homem nas proximidades do Museu do Quai Branly. Lá fora, diz o presidente da República, uma epidemia ronda a França. E todas as fronteiras serão fechadas. Porém, nada disso parece real enquanto estou ali estendido, meu corpo largado como uma folha cortada, caída na água.

Dentro da cueca uso um *packing*, uma prótese flácida, e mesmo seminu pareço com qualquer outro homem, com um pouco de peito. Depois de examinar-me, a osteopata não pergunta nada. Espero pela pergunta. Temo e prefiguro essa pergunta. Mas ela não diz nada. Quando consigo me vestir, resolvo falar eu mesmo.

"Talvez você tenha percebido que sou trans ao me ver despido."

"O que quer dizer isso?", pergunta ela.

"Que antes era mulher e agora sou... homem, para dizer de forma simples, ou melhor, binária."

"Ah", diz ela, baixando os olhos e enrubescendo. E acrescenta: "Sim, sim, notei alguma coisa".

Mas o que é visível em seu rosto é a surpresa, mais que a confirmação de uma intuição passada. Ficamos calados. Em seguida, a voz juvenil da osteopata diz:

"Você é a primeira pessoa trans que trato, então não sei muito bem o que fazer. Existe alguma coisa especial em ser trans que ache importante me dizer?"

"A única coisa importante era contar", respondo. "Agora já sabe. O resto é igual. Talvez encontre alguns órgãos que estão e outros que não estão naquele que é supostamente o seu lugar. Mas está tudo bem."

"Eu não imaginava que fosse assim", diz a osteopata. E acrescenta: "Perdoe-me por lhe dizer isso, pensei que era algo mais incomum, mas é porque nunca tinha visto uma pessoa transexual."

"Eu entendo, não se preocupe, não precisa se desculpar. Não tem nada de incomum. Um corpo trans é simplesmente um corpo, como qualquer outro corpo." E dou meia-volta para acabar de me vestir.

Ao olhar pela janela, reconheço, mesmo sem ouvi-lo, a força do temporal.

"Quais as suas recomendações para o lumbago?", pergunto, enquanto calculo o ângulo de entrada do pé no tênis e mexo a perna em câmera lenta.

"Em geral", responde a osteopata, "recomendo muito repouso, fazer os exercícios e uma faixa de contenção. No seu caso, sendo transexual…"

Interrompo antes que ela acabe a frase:

"A mesma coisa, nem mais nem menos: repouso, fazer os exercícios e uma faixa de contenção.

"Creio que sim", diz ela, esboçando um sorriso.

A dor na lombar me impede de rir. Isso é um corpo trans. Não existe uma fronteira. É um corpo como qualquer outro.

Mudras dissidentes

Enquanto me desloco aos tropeções entre as caixas do apartamento como um boneco de corda com as costas rígidas, penso que não fazemos suficiente uso político do efeito da gravidade sobre o corpo, da passividade ou do movimento. Nas tradições do budismo e do hinduísmo existem séries de movimentos das mãos, dos braços e dos pés denominados "mudras", composições formais construídas com o corpo que proporcionam paz e benevolência e permitem afugentar o medo ou alcançar a iluminação. Poderíamos dizer, portanto, que existem nas tradições políticas subalternas uma série de mudras pagãos que proporcionam emancipação a quem os realiza. A história da insurreição na política é uma coleção de gestos proibidos, de movimentos do corpo que fogem da coreografia social estabelecida ou, ao contrário, de greves musculares: a gravidade do corpo de Rosa Parks e sua negativa de levantar-se de um assento do ônibus destinado a homens brancos; a recusa dos desertores de pegar em armas e atirar nas guerras; o *ahimsa* de Gandhi, sua mão estendida e sua oposição a toda forma de violência; as mulheres que se livram dos sutiãs e tiram os sapatos de salto para jogá-los na "lixeira da liberdade" nas revoltas feministas dos anos 1970; os punhos dos atletas Tommie Smith e John Carlos que se erguem em solidariedade aos Panteras Negras no pódio olímpico, em 1968; as mãos unidas formando um triângulo nas manifestações feministas na França e na Itália nos anos 1970; os corpos das mães dos desaparecidos na Argentina, como esculturas políticas vivas que ninguém consegue expulsar das praças; os corpos estendidos nas ruas durante as manifestações do ACT UP ou os beijos multitudinários dos manifestantes; os músculos potentes de um jogador do San Francisco 49ers, Colin Kaepernick, dobrando-se para fincar o joelho no chão quando soa o hino nacional, em protesto contra a violência racial nos Estados Unidos, em 2016, e depois, seguindo Kaepernick, quatrocentos joelhos se dobram nas partidas da Liga Nacional de Futebol Americano... A lista de mudras políticos dissidentes poderia ser interminável.[34] Nessa mesma tarde, enquanto continuo imobilizado pelo lumbago, a atriz francesa Adèle Haenel levanta-se na cerimônia de entrega do César para denunciar que conferiram o prêmio de melhor diretor a Polanski, apesar de suas múltiplas acusações de estupro. A revolta está contida na torsão das costas de Haenel: seu vestido deixando descoberto os músculos tensionados, a

Dysphoria mundi

mão que aponta, a cabeça que gira, as sobrancelhas que se arqueiam, os pés que avançam, a voz, quase um rugido, que brota.

Apesar da insurreição feminista, o mês de março anuncia-se para mim como um mês quebrado. O mês quebrou as costas. Tomo um coquetel de analgésicos para poder fazer a primeira sessão de um seminário no Centro Pompidou. Rodeado por uma enorme assembleia, que se deslocou para assistir a um seminário de filosofia transfeminista, tenho a certeza de que os corpos subalternos, os corpos sexualizados e racializados estão preparados para uma rebelião histórica. Experimento uma modalidade política de felicidade, uma alegria desindividualizada, distribuída mais além do meu corpo.

Mas assim que chego em casa, entrincheirado em meio às caixas ainda fechadas, sinto o antagonismo entre a dor física e o afeto gozoso daquela revolução que se torna possível e real. Movo algumas caixas tentando não machucar as costas e, apoiando a cabeça no vidro da janela, observo as pessoas que parecem andar nas calçadas sem perceber que o solo epistemológico sobre o qual caminham, a estrutura conceitual da realidade, está se deslocando.

Nessa mesma noite, vomito. No dia seguinte, junto as forças para ficar na vertical e ir à mesa-redonda na Gaité Lyrique. Uma vez lá, repete-se a mesma sensação que tive no dia anterior, no museu: a dor apaga e meu corpo estende-se mais além da pele, distribuindo-se por toda a sala. A somateca goza. Embora mal consiga me mexer, durante o diálogo sinto-me leve, eufórico e otimista. Esta puta revolução em marcha é mais forte que minha dor nas costas, mais forte que o luto do amor romântico. Sinto-me amado como corpo político, mais além das sensações individualizadas ou do estreito círculo do casal.

À noite, serpenteio com dificuldade pela casa e, seguindo a trincheira de caixas até a cama, deito e sonho que atravesso o estreito de Gibraltar a nado, rodeado por milhares de pessoas. Mas em direção à África. O que me chama atenção é a facilidade com que avançamos, a sensação de calor que me proporciona o contato dos corpos, como ondas benéficas que me impulsionam até a margem. Para onde vamos? Fugimos da Europa? Acordo às cinco da madrugada. As fronteiras do mundo abriram-se em meu sonho. Levanto-me e acendo uma pequena luz. Abro as cartas do tarô. O Papa, o Eremita, o Mago. Os Enamorados. Preciso tomar uma decisão a respeito de minha própria vida. Ir até as fronteiras, Melilla, Calais, Lesbos. Abrir as caixas. Começar algo novo. Plantar, modelar com as mãos, desenhar. Numa folha de papel, resolvo desenhar e colorir a carta do diabo, com a pele rosa florescente, as asas verdes, um capacete de ouro coroado por uma meia-lua em equilíbrio, chifres de cervo e um corpo parecido com o meu, pousado com seus pés de pássaro sobre um planeta Terra que, talhado como uma laranja, exibe suas entranhas ardentes. *Dysphoria mundi*.

No rádio, o noticiário anuncia que aquele mesmo vírus até então considerado "localizado" espalha-se agora da Itália e da Espanha para o resto da Europa de forma irrefreável. Espero dar oito horas para ligar para Berlim, para onde deveria viajar ainda hoje, daqui a uma hora. Explico que estou com um lumbago incapacitante e que passei a noite vomitando. Mas ainda assim a diretora do teatro que me receberia para uma conferência fica ofendida, ameaçando-me com

Dysphoria mundi 175

as consequências de uma ruptura unilateral de contrato. Alego simplesmente que não tenho forças para entrar num avião. A culpa, arma branca com a qual as instituições atacam, alfineta meu estômago.

Tomo uma ducha quente, aplico um creme anti-inflamatório nas costas, ponho a faixa de contenção e saio para comprar talheres, pois desde que me mudei, dada a minha resistência a abrir as caixas, onde sem dúvida há talheres vindos de Nova York ou Atenas, tenho a impressão de viver sem nenhum utensílio humano, como um Robinson urbano obrigado a moldar pratos e talheres à mão, a cada vez que come. Nesta mesma tarde, anunciam o fechamento de todos os teatros na Alemanha. A diretora enviará um e-mail dias depois, desculpando-se pela insistência. Depois do jantar, voltam os vômitos. Estou com medo. Medo de estar com o vírus ou medo, talvez, de que a revolução em curso com a qual tanto sonho seja truncada pelo avanço de uma epidemia, como ocorreu com a aids. Procuro explicações para meu estado físico. A mudança, o cansaço, o glúten, as viagens, tudo para não enfrentar o evidente: peguei o vírus.

Na linguagem biológica denomina-se "hospedeiro" o organismo que acolhe em seu interior ou carrega em si um outro, estabelecendo com ele relações de parasitismo, de comensalismo ou de mutualismo. Agora eu sou o hospedeiro. Em latim, a palavras *hospes* tinha o duplo sentido de "aquele que hospeda" e "aquele que é hospedado". Quem hospeda quem? É tudo uma questão de perspectiva. Nos casos de parasitismo viral, estabeleceu-se que o vírus reside permanentemente dentro de seu hospedeiro, transformando sua estrutura, obrigando o organismo hospedeiro a sintetizar os seus ácidos nucleicos e proteínas para reproduzir-se. Mas, para certas perspectivas holísticas, é a espécie humana que aparece como parasita e predador universal. O grande colonizador da Terra.

Passo a noite ardendo em febre, e, quando amanhece, ligo para o 15, o número da emergência de covid na França. Uma mulher explica que muito provavelmente fui infectado e que devo ficar em casa.

Estou deitado na cama. Sinto que o reino da doença se apropria pouco a pouco do território do meu corpo. O lumbago transformou-se agora numa infinidade de sinais de alarme que são decodificados por meu cérebro em forma de dor: febre, calor e frio alternados, dor no pescoço, na cabeça, nas articulações, fraqueza em todos os membros, queimação na garganta, impossibilidade de engolir, tosse, mas sobretudo dificuldade de respirar. Ligo o rádio: só notícias sobre o vírus e sobre o número diário de mortos. Lembro dos amigos que vi morrerem de aids. E, pela primeira vez, penso na minha própria morte, não como algo estranho ou distante, mas como algo cotidiano, algo que pode acontecer, como um vazamento no aquecedor ou a quebra de um registro.

Gloria vem até a porta do apartamento e deixa um pacote em cima do tapete. Quando vai embora, saio e pego uma sacola de frutas, na qual se destaca um cacho de preciosas bananas-ouro. Escrevo uma mensagem para ela: "Essas pequenas bananas que você me trouxe são heroicas. São, a meus olhos, um anúncio vegetal de minha própria capacidade de sobreviver à doença. Ou serão uma piada sobre minha masculinidade trans? Te amo".

Dysphoria mundi

Algumas horas depois, Amber toca a campainha, e, embora eu não abra a porta, recusa-se a ir embora. Resisto durante quase quinze minutos, até que finalmente abro. Sem me dar tempo de explicar nada, Amber entra no apartamento como se eu não estivesse doente, com a vitalidade de uma rês que escapou do curral e um carregamento de coisas que qualifica como "simplesmente imprescindíveis". Duas caixas de vitamina C, as obras completas de Günther Anders encomendadas alguns dias antes, uma caixa de comprimidos de zinco, uma garrafa de azeite de orégano, uma bolsinha de chá genmaicha, uma sacola de laranjas, um pão de forma sem glúten, dois filés de salmão fresco e três cartuchos de tinta. "Não vai acontecer nada, você vai ficar bem. Coma, leia, escreva e tudo vai ficar bem." Inapetente como estou e com ânsias de vômito a cada vez que tento comer, a tinta me parece bem mais necessária no momento que o salmão.

Amber é uma das melhores artistas de sua geração, mas é sobretudo a leitora mais ávida e ao mesmo tempo mais generosa que conheci. A cada encontro, traz mais livros, citações, fichas, palavras. Sua amizade não se parece com nada do que conheci antes. Justamente por essa generosidade desmedida, tenho que reprimi-la para que não fique em minha casa. Vá embora, não quero que se contagie, digo, com a intenção de velar por sua integridade, mas também de mantê-la a uma certa distância afetiva de mim. Se você pegou, eu certamente peguei também, responde ela, como se uma possível comunidade viral fosse a prova de uma relação mais profunda entre nós do que quero admitir, como uma irmandade, se não dos corpos, pelo menos das almas.

Nesse mesmo dia falo com a ativista e escritora boliviana María Galindo. Ela diz que vai se encontrar com a xamã que cultivou uma raiz de ayahuasca plantando um de meus livros na terra e que vão fazer um ritual juntas para que meu corpo se adapte ao que está acontecendo. Pede detalhes concretos sobre minha cama: a posição, a cor dos lençóis, o que há em cima ou embaixo dela. Depois dessa descrição, conclui que estou dormindo numa "cama de faquir" e diz: "Quando abrirem as fronteiras, vou dar uma sacudida nessa cama".

Dois dias depois, é decretada em Paris a redução de contatos com o exterior, mas sem fechar completamente o tráfego. Um dia depois, vem a proibição total de sair de casa, exceto para fazer compras de comida e bens essenciais. Não ouço a palavra *confinamento* ser pronunciada pela primeira vez como decreto legal, porque passo os dias em estado de semi-inconsciência derrubado na cama. Passo cinco dias assim, talvez dez, sem consciência do tempo, sem ter provado nem as bananas-ouro, nem as laranjas, sem ter tocado no salmão, só bebendo água, levantando unicamente para ir ao banheiro e escrevendo de vez em quando sem saber exatamente nem como, nem o quê.

No auge da doença, o afeto dominante é paradoxalmente a ausência de afeto. Hipossensibilidade. Perco o olfato, o paladar e a acuidade visual. Declino a velha forma filosófica "só sei que nada sei" em sua homóloga nosológica "só sinto que nada sinto". O domínio viral traduz-se numa impossibilidade de sentir meu corpo e o mundo que me rodeia como forças vivas. A doença apresenta-se, creio, como uma tradução somática da individualização extrema do neoliberalismo, do desaparecimento de tudo o que é vivo, carac-

Dysphoria mundi 179

terística do capitalismo extrativista e da desrealização da percepção que acompanha a comunicação digital. Quando estou acordado e consciente disso, choro de forma intermitente. Nem a beleza de um raio de luz, de um pôr do sol ou de um som consegue me tirar desse estado. Meu corpo se fechou.

Meu corpo é a cidade de Wuhan.

Durante a pandemia, cada corpo, doente ou são, já é ou será eventualmente a cidade de Wuhan. *Dysphoria mundi.*

Life is out of joint

DENTRO, FORA. Cheio, vazio. Seguro, tóxico. Masculino, feminino. Branco, negro. Humano, animal. Nacional, estrangeiro. Cultura, natureza. Público, privado. Orgânico, mecânico. Centro, periferia. Aqui, ali. Analógico, digital. Vivo, morto. Ao refletir sobre a aids, Judith Williamson observa que "a ameaça representada pelo vírus não é de doença, mas de dissolução, de contaminação das categorias".[35] É em virtude deste choque conceitual que a questão de saber o que é um vírus e como ele funciona constitui um âmbito de pesquisa não apenas para os imunologistas, mas também para a filosofia contemporânea. O vírus não está nem vivo nem morto. O vírus não é nem masculino nem feminino. Não é em si mesmo nem seguro nem tóxico. Nem animal nem vegetal. Nem orgânico nem inorgânico. Nem urbano nem rural. Nem digital nem analógico. Nem puramente biológico nem simplesmente informático. É a categoria "vida" que o vírus faz voar pelos ares. O vírus tira o pensamento binário moderno do sério, transtorna a ordem da linguagem biológica, transgride os limites, sacode os termos da classificação, desfaz a taxonomia. Indizível, ele é uma entidade constitutivamente disfórica.

O vírus é para a biologia o que os fenômenos quânticos são para a física: trata-se de uma entidade tão pequena que

Dysphoria mundi

não pode ser observada nem com a ajuda de um microscópio ótico. Enquanto o capitalismo petrossexorracial se especializou na representação e na quantificação, a maior parte das entidades do universo (das estrelas aos vírus, passando pelos sentimentos de ódio ou pela força de um vínculo) não são nem visíveis nem quantificáveis pelo olho e pela inteligência humanos. Da mesma forma, a pesquisa das potencialidades do reino dos fungos ("a micodiversidade também é diversidade", brada Paul Stamets, pedindo o reconhecimento dos fungos como parte da vida terrestre)[36] está sacudindo a taxonomia clássica animal/vegetal/mineral. A nova centralidade dos vírus fala da insuficiência de nossos modelos cognitivos para entender os processos através dos quais a vida se (re)produz sobre o planeta. O mesmo acontece com a classificação interna dos vírus. Os vírus também põem em xeque a moderna noção taxonômica de espécie. Em 1977, Michel Foucault se perguntou por que, se uma arqueologia da psiquiatria funciona como antipsiquiatria, uma arqueologia da biologia não funciona como antibiologia.[37] Talvez os vírus e fungos funcionem como a antibiologia que esperava Foucault.

Tanto a noção de vírus como a ideia do sistema imunológico são invenções conceituais relativamente recentes, embora o termo latino *virus*, que significa "veneno", já fosse usado muito antes para caracterizar o perigo de certas substâncias para os seres vivos. Tocar o vírus (na forma de veneno, sangue, seiva, miasma, podridão etc.) supunha correr o risco de *inocular* o mal. Procedente do campo da botânica e da agricultura, o verbo latino *inoculare* nomeava o processo de enxertar o broto de uma árvore numa incisão feita em outra. O resultado assemelhava-se a colocar um olho numa órbita.

Só muito mais tarde, no século XVIII, com o surgimento das primeiras vacinas, é que a expressão "inoculação da varíola" será usada com o significado de "enxertar" no corpo um fragmento viral (restos de proteínas, formas debilitadas do vírus ou variantes não daninhas) mediante escarificação, abrindo-se nele uma pequena incisão.

A virologia e a imunologia apareceram como ciência no final do século XIX, mas se desenvolveram sobretudo no século XX, com o surgimento de novas técnicas de observação microscópica e bioquímica. O primeiro vírus foi descoberto em 1898 pelo microbiologista Martinus Beijerinck no contexto das plantações coloniais de tabaco, tendo sido chamado inicialmente de "germe vivente solúvel" e, mais tarde, de "vírus do mosaico do tabaco".[38] Foi preciso esperar a invenção do microscópio eletrônico, em 1939, para que a estrutura molecular do vírus do mosaico do tabaco fosse analisada. E foi aí que começaram os problemas. O vírus não é uma célula, disseram os cientistas, mas uma partícula, mais exatamente um fragmento de gene encapsulado num envoltório viral. A estrutura recebeu o nome de "vírus", e o invólucro, de "cápside". Em 1960, o ganhador do prêmio Nobel de biologia Peter Medawar deu aquela que continua a ser uma das mais agudas definições de vírus: "um pedaço de más notícias envolvido por uma proteína".[39] De 1939 até hoje, centenas de milhares de vírus foram descobertos e classificados. Calcula-se que, como acontece com os fungos, pode haver bilhões de variedades virais. Outra realidade que não havia sido nomeada e cartografada começa a se fazer presente. Wuhan está em toda parte.

Figuras subalternas da biologia, desde a primeira vez em que foram observadas, as más notícias envolvidas em pro-

Dysphoria mundi 183

teínas começaram a corroer a própria estrutura do pensamento biológico ocidental. Uma vez que a noção de vida havia sido definida pela capacidade de reprodução, e levando em conta que os vírus não eram capazes de se reproduzir por si mesmos, isto significava que, biologicamente falando, os vírus não eram seres nem vivos nem mortos. A maioria das teorias imunológicas descreve o vírus como uma entidade constituída por genes que contêm ácidos nucleicos na forma de longas cadeias de DNA ou RNA envoltas por proteínas e capazes de se replicar apenas dentro das células de outros organismos. Enquanto os vírus compostos de DNA se reproduzem graças a um sistema de leitura genética integrado, os compostos de RNA (como o SARS-COV-2, causador da covid-19 e da maioria das gripes virais) produzem milhares de cópias defeituosas de si mesmos, mas com tamanha velocidade que sua evolução genética é incrivelmente rápida: ao contrário do genoma humano, que levou 8 milhões de anos para evoluir 1%, a maioria dos vírus de RNA que atacam os animais evoluem em alguns dias.[40]

A identificação dos vírus é feita por meio da chamada "classificação de Baltimore" (de David Baltimore, prêmio Nobel de 1975), que diferencia os vírus por tipo de ácido nucleico (RNA e DNA) e modo de expressão na síntese do RNA mensageiro ou no processo de replicação do DNA. Os biólogos nomeiam os vírus RNA identificando as hemaglutininas (HA) — moléculas que o vírus utiliza para entrar na célula hospedeira — e as neuraminidases (NA) — que facilitam sua saída depois de realizada a replicação; foi o caso do vírus da gripe aviária H5N1, por exemplo, identificado em Hong Kong em 1997 como um subtipo do vírus já isolado em 1959. Cada vírus tem, por assim dizer, nome e sobrenome, mas, devido aos processos constantes de mutação, seu funcionamento exato é imprevisível. Como imagem microscópica, os assim chamados *"coronaviridae"* fascinam os pesquisadores desde 1937, quando o primeiro deles foi descoberto, por sua forma de disco solar ou de coroa, na qual se aloja a maior molécula de RNA que se conhece, com cerca de 30 mil nucleotídeos, isto é, com milhares de combinações distintas de adenina, guanina, timina e citosina.[41]

Na linguagem da biologia, os vírus são a própria fronteira da vida. E, assim como a fronteira, não estão estritamente nem dentro nem fora. Nem são nem estão. Não estão vivos e por isso mesmo tampouco estão mortos. Os vírus fazem a ontologia da modernidade transbordar para aquilo que Derrida chamou de "espectrologia".[42] O vírus é uma espécie de fantasma biológico: não é um ser vivo em si mesmo, mas antes *uma relação com o vivente.* Com a *indizibilidade* do vírus, sua negativa a deixar-se absorver ou reduzir a uma única categoria de uma oposição binária, surge uma outra ontologia possível e, em última instância, outro modo de pensar o funcionamento do que entendemos por vida e por sociedade. Alguns pesquisadores pensam que determinadas mutações dão lugar a novas espécies virais; outros falam de "quasispécies virais" para referir-se a uma população viral que sofre determinado processo de mutação. Em termos filosóficos, as "quasispécies" guardam semelhança com variáveis deleuzianas que acentuam antes o devir que a essência.[43] Na ontologia tradicional, desde Aristóteles até (quase) Heidegger, o ser é presença idêntica a si mesma. O vírus, ao contrário, não tem uma existência positiva. Se a ontologia moderna pensava o ser como essência e identidade, a ontologia viral, replicante

Dysphoria mundi

e criptográfica, como sugerem Alexander R. Galloway e Eugene Thacker, define o ser-vírus, de um lado como "devir-muitos" e, de outro, como intrinsecamente mutante e, portanto, negação da identidade: "não-ser-nunca-o-mesmo".[44]

Por sua condição ontológica precária e fronteiriça, o vírus se assemelha a outras "entidades" históricas às quais não foi concedida existência plena, ou que foram percebidas como subalternas, mas também como parasitas ou daninhas, pensadas como meras cópias de outras formas de vida tidas como mais originais: a mulher, a bruxa, o homossexual, a travesti, o transexual, os corpos racializados, o imigrante, o exilado, a pessoa com deficiência, o estrangeiro, todos foram pensados historicamente como vírus políticos, parasitas sociais ou sexuais que ameaçavam a integridade do corpo soberano nacional masculino, branco e heterossexual. É possível que, como no caso do vírus, uma política do devir, uma política mutante e disfórica, do não-ser-nunca-o-mesmo, seja mais interessante para estas figuras históricas que uma política da identidade?

A função dos vírus é objeto ainda hoje de grande controvérsia científica. O que parece claro é que os vírus são agentes importantes da chamada *transferência horizontal* ou lateral de genes — isto é, a transmissão de informação genética não por via de reprodução sexual de pais a filhos, a *transferência vertical*, mas de partícula a célula ou de célula a célula — e, portanto, desempenharam e continuarão a desempenhar um importante papel na evolução das espécies. Estas mutações horizontais ou laterais são chamadas de "deslizamento antigênico". Se pudéssemos extrapolar o funcionamento dos vírus para pensar a história política do Ocidente, poderíamos dizer que, enquanto o capitalismo petrossexorracial impõe uma *transferência vertical* do nome e da soberania, as novas políticas *transicionistas* (feministas, queer, trans, antirracistas, anticapacitistas, ecologistas, animalistas etc.) e os espaços onde a internet funciona como uma verdadeira rede descentralizada propõem *transferências horizontais*, e em certo sentido virais, de saber, valor e soberania: intercâmbios de informação entre cadeias heterogêneas não hierarquizadas. A sexualidade do vírus, como a do ciborgue, "restaura algo do adorável barroquismo reprodutor das samambaias e invertebrados (magníficos profiláticos orgânicos contra a heterossexualidade)".[45] Mas não nos deixemos envolver tão rápido pelas analogias.[46]

Os pesquisadores Warwick Anderson, Ian R. Mackay, Dedre Gentner e Susan Golding-Meadow estudaram o uso das metáforas e do pensamento analógico no desenvolvimento das teorias científicas modernas. Embora a analogia tenha sido considerada um trampolim heurístico para permitir a proliferação de ideias e levar à solução de problemas científicos, todos eles apontam que a linguagem científica tende a naturalizar as metáforas, fazendo com que as analogias sejam vistas como descrições ou visualizações da realidade e não como diagramas ou mapas conceituais.[47] Ao se abordar a virologia de uma perspectiva filosófica, a primeira coisa que chama atenção é que se trata de um domínio científico saturado de metáforas provenientes de campos semânticos distintos e às vezes até antagônicos. O cientista australiano Frank Macfarlane Burnet, que dedicou a vida ao estudo do sistema imunológico, afirma que a imunologia como ciência do eu é atravessada por questões de identidade e de diferença, e, nesse sentido, conclui: "Sempre me pareceu mais um problema filosófico do que uma ciência prática".[48]

Dysphoria mundi 187

Analisando o conjunto de metáforas da história da biologia, Emily Martin sublinha a preponderância das linguagens psicológicas, políticas e militares no desenvolvimento da virologia moderna. Como aquilo que situa o vírus na borda da vida, segundo a ontologia binária moderna sobre a qual repousa a biologia, é sua incapacidade de autorreprodução, qualquer outra metáfora — política, bélica ou tecnológica — será sempre atravessada por um conjunto de significantes sexuais, raciais e de gênero. Diz-se que o vírus "coloniza" a célula anfitriã e a "obriga" a sintetizar seus ácidos nucleicos e proteínas; conjectura-se que o vírus "engana" ou "se aproveita" da célula anfitriã; que "adere" à sua membrana, que "penetra" e "explora" a célula; fala-se, a propósito do sistema imunológico, de "proteção da fronteira", de "luta", de operações da "infantaria" de glóbulos brancos, das "tropas" de plaquetas e de células que explodem como se fossem "bombas terroristas". E aí começam os problemas. Influenciada pelo contexto bélico do início do século xx, a biologia imagina o corpo como um Estado amuralhado e o vírus como um atacante que ameaça sua soberania, e diante do qual o sistema imunológico deve funcionar como um exército.

Pensamos o vírus com um modelo militar. A guerra leva ao vírus e o vírus à guerra, num ciclo infernal.

Quando delira, a entidade nacional petrossexorracial faz isso de maneira viral.

Mas o corpo não é um Estado, nem o sistema imunológico um exército.

O que seriam o corpo e o vírus, a vida e a soberania se fôssemos capazes de pensá-los fora de um modelo binário e bélico?

ORAÇÃO FÚNEBRE

Nossa Senhora da Guerra, rogai por nós.

Nossa Senhora da OTAN, rogai por nós.

Nossa Senhora das Operações Especiais, rogai por nós.

Nossa Senhora das Armas de Destruição em Massa, rogai por nós.

Nossa Senhora das Câmaras de Gás, rogai por nós.

Nossa Senhora da Bomba de Nêutrons, rogai por nós.

Nossa Senhora da Bomba A, rogai por nós.

Nossa Senhora da Bomba H, rogai por nós.

Nossa Senhora das Armas Químicas, rogai por nós.

Nossa Senhora das Bombas de Fragmentação, rogai por nós.

Nossa Senhora das Bombas Termobáricas, rogai por nós.

Nossa Senhora dos Mísseis Balísticos, rogai por nós.

Nossa Senhora do Gás Sarin, rogai por nós.

Nossa Senhora das Armas Biológicas, rogai por nós.

Nossa Senhora do Genocídio, rogai por nós.

Nossa Senhora da Venda de Armas, rogai por nós.

Nossa Senhora da Máfia, rogai por nós.

Nossa Senhora da Fronteira, rogai por nós.

Nossa Senhora da Deportação, rogai por nós.

Nossa Senhora do Centro de Internação, rogai por nós.

Nossa Senhora da Cerca Eletrificada, rogai por nós.

Nossa Senhora das Licenças de Armas, rogai por nós.

Nossa Senhora do Drone, rogai por nós.

Vós, que nos dais a vida e que a tirais,
tende piedade de nós.

The code is out of joint

DENTRO, FORA. Cheio, vazio. Seguro, tóxico. Masculino, feminino. Branco, negro. Humano, animal. Nacional, estrangeiro. Cultura, natureza. Público, privado. Orgânico, mecânico. Centro, periferia. Aqui, ali. Analógico, digital. Vivo, morto. A partir dos anos 1950, impactada pela "virada linguística", a virologia transforma-se numa ciência pós-moderna, na qual os processos bioquímicos são descritos em termos textuais (fala-se em "leitura", "transcrição" e "tradução gênica") e cibernéticos (diz-se que o vírus é um "software maligno" que se introduz num hardware para hackear o sistema). A informação e o capital convertem-se em códigos, e os códigos tornam-se disfóricos. As metáforas virológicas do primeiro grupo são políticas e bélicas; as do segundo são maquínicas. Não é fácil saber se nossas máquinas parecem com o vírus ou se são os vírus que parecem com nossas máquinas. Mike Davis, por exemplo, compara o SARS-COV-2, capaz de fazer milhões de cópias de si mesmo (o que aumenta sua capacidade de fabricar versões resistentes aos anticorpos), a uma impressora Xerox extremamente rápida, cuja eficácia não se origina na capacidade de fazer cópias perfeitas, mas no fato de não parar nunca de copiar e de se desfazer das cópias defeituosas.[49] Mas sem dúvida a metáfora que mais influenciou os usos da linguagem viral nos últimos anos foi a cibernética.

Denomina-se "vírus informático" um software de autorreplicação, projetado para copiar seu próprio código num programa hóspede. Embora os primeiros programas autorreplicantes tenham sido inventados quase simultaneamente aos primeiros computadores, foi somente nos anos 1980 que eles ganharam o nome de "vírus". Em 1982, apareceu o Elk Cloner, o primeiro programa autorreplicante de distribuição ampla, projetado para copiar-se em computadores pessoais. Originalmente denominado *worm* ("verme") no âmbito computacional, o programa foi renomeado vírus em 1984 pelo informático e biólogo Leonard Adleman. Ao contrário de *verme*, o termo *vírus* ganhou imediata relevância midiática: a palavra *vírus* abria um espectro de associações possíveis, que permitiam narrar o funcionamento deste novo software como um processo que implicava o questionamento da "imunidade" do computador. Os meios de comunicação inventaram uma cenografia completa que explicava a difusão do ataque informático em termos de *virulência* do programa, das vias de *intrusão*, do procedimento de *contágio*, das modalidades da *infecção* e da necessidade de desenvolver uma *vacina* informática... Os críticos culturais Raymond Gozzy e Jeffrey A. Weinstock estudaram, de pontos de vista diversos, o modo como se produziu esta escolha de metáforas. Ambos coincidem em apontar que foi a preexistência do HIV e da pandemia de aids como campos discursivos que permitiu imaginar os softwares autorreplicantes em termos virais.[50] Nossos computadores também tinham aids.

A noção de *vírus informático* surgiu em 1984, logo depois que o jornalista conservador norte-americano Pat Buchanan publicou sua vitriólica diatribe sobre "como a praga gay es-

Dysphoria mundi

tava devorando os partidários da revolução sexual", depois que o subsecretário de Saúde do governo dos Estados Unidos, Edward Brandt, qualificou a epidemia de aids como "prioridade sanitária número 1" e depois que a imagem do vírus apareceu na primeira página do *New York Times*. Usando a aids como espaço semântico de interseção, não foi difícil imaginar o computador como um corpo, seu sistema operacional como um *sistema imunológico informático* e o programa de computador intruso como uma infecção virótica. "Assim como a aids, o vírus informático propagou-se através de intercâmbios entre indivíduos. Em vez de intercambiar fluidos corporais através das relações sexuais", aponta Gozzi, "o intercâmbio de software ocorre através do correio eletrônico." Este paralelismo foi, inclusive, traçado explicitamente pelo presidente da Computer Virus Industry Association num artigo do *New York Times*: "Os procedimentos (de proteção) mais estritos — dizer às pessoas para não mexer no computador das outras, ou para utilizar softwares de domínio público — são mais ou menos como dizer a elas que não tenham relações sexuais para deter a propagação da aids".[51] Em ambos os casos, insiste Gozzi, tratava-se também de criminalizar a subcultura dos "hackers", como tinha sido feito com a subcultura homossexual, o trabalho sexual e o corpo racializado, considerando-a potencialmente terrorista — falou-se do "vírus" informático como de uma "carta-bomba" ou um "atentado eletrônico".[52] Em 1984, a internet (nascida em 1983 a partir da transformação da Arpanet) já contava com vários milhares de computadores pessoais conectados e a informática transformava-se progressivamente na nova linguagem do capitalismo mundial.[53] É nesse contexto de deslocamento das formas tradicionais de controle e produção de valor que o vírus informático aparece como um correlato da aids.

Por volta do final dos anos 1980, o sistema imunológico, conforme aponta Donna Haraway, também tinha se convertido em "objeto pós-moderno".[54] Por um lado, o corpo tinha deixado de ser uma máquina simples, uma engrenagem de membros e funções, para converter-se num complexo processador de textos: um sistema de comunicação capaz de codificar e decodificar textos vivos em estado de permanente modificação e mutação. Tanto a metáfora do vírus informático quanto a descrição do vírus em termos imunológicos repousavam sobre a compreensão ao mesmo tempo pós-estruturalista e informática dos sistemas complexos (seja orgânicos, seja inorgânicos) como sistemas de signos.[55] Por outro lado, a gestão política da aids funcionou como uma cartografia sexual negativa, tornando visível a extensão das práticas sexodissidentes e questionando o suposto confinamento (a imunidade) da cultura heterossexual dominante. Para Emily Martin, a teoria imunológica elaborada em torno da aids no final do século passado serviu para construir uma nova imagem do corpo (e, por extensão, do eu) como entidade "flexível" (mais próxima do digital que do analógico) capaz de adaptar-se às transformações do capitalismo neoliberal: o corpo não era mais um sistema fechado, mas estava "organizado como um sistema global sem fronteiras internas e caracterizado pela resposta rápida e flexível".[56] Na realidade, o HIV estava sendo pensado como um modelo computacional, como um *programa* ciberbiológico capaz de se introduzir no material cromossômico da célula (ou da sociedade) e infectá-lo, para então se replicar.

Dysphoria mundi

Não se trata de saber, para usar de novo uma metáfora viral, quem contaminou o quê, se o HIV contaminou o campo semântico no qual o vírus informático pôde se propagar ou vice-versa, mas sim de entender que a partir de meados do século passado já estava ocorrendo uma mudança de paradigma, uma outra forma de entender as relações entre o vivo e o não vivo, entre o orgânico e o inorgânico, entre o carbono e o silício. A invenção do computador, o HIV, o vírus informático, tudo isso foi possível neste e somente neste novo paradigma comunicacional, no qual o carbono e o silício deixaram de ser mutuamente excludentes para se tornar parte de um mesmo sistema econômico e político global. Era precisamente aí que a mutação estava sendo levada a cabo. Esta é a realidade viral na qual vivemos hoje. Por isso, Wuhan está em toda parte.

Sexual difference is out of joint

DENTRO, FORA. Cheio, vazio. Seguro, tóxico. Masculino, feminino. Branco, negro. Humano, animal. Nacional, estrangeiro. Cultura, natureza. Público, privado. Orgânico, mecânico. Centro, periferia. Aqui, ali. Analógico, digital. Vivo, morto. A taxonomia da diferença sexual desajusta-se. As décadas de 1980 e 1990 não foram só o momento de expansão da pandemia de aids e da primeira conexão de massa das tecnologias telefônicas móveis e da internet, foram também um período de visibilidade e midiatização das políticas trans. O primeiro discurso hegemônico de transfobia cultural que emerge nesse momento atribui muitas das características dos vírus biológicos e informáticos à subjetividade trans, fazendo da "transexualidade" uma figura viral.

Embora os, as e es dissidentes de gênero tenham protagonizado muitas das lutas que levaram à despatologização da homossexualidade durante os anos 1960 e 1970, os discursos e os corpos trans permaneceram em segundo plano, eclipsados pelas reivindicações feministas, de um lado, e homossexuais, de outro.[57] Longe da primeira midiatização espetacular de Christine Jorgensen, em 1953, como "o soldado americano convertido em mulher",[58] a década de 1970 foi um período de organização das associações de luta pelos direitos das pessoas trans, assim como de elaboração — nas autobiografias

Dysphoria mundi

de Christine Jorgensen, Jan Morris, Canary Conn, Nancy Hunt, Renée Richards e Mario Martino — de narrativas que superassem os relatos médico-jurídicos da transexualidade.[59] No final dos anos 1980, o ativista e criador do coletivo FTM Support, Lou Sullivan, assume-se publicamente como trans, bicha e soropositivo, questionando a norma médica segundo a qual uma pessoa trans deve ser heterossexual. Mas são o corpo trans feminino, as práticas drag queen e das mulheres trans que vão se transformar em objeto de um debate político e cultural que dará ensejo tanto à emergência das posições naturalistas da diferença sexual (tanto no feminismo quanto na Igreja, na sociologia e no pensamento filosófico) como aos textos fundadores da teoria queer.[60]

Em 1979, a feminista lésbica Janice Raymond, sob a direção da teóloga feminista conservadora Mary Daly, publica *The Transsexual Empire: The Making of the She-Male*, o primeiro ensaio feminista antitrans que se transformará depois no modelo do discurso TERF. Estes primeiros escritos feministas antitrans estabelecem uma analogia entre o vírus e a prática trans. Para Raymond, a mulher trans é uma entidade pós-biológica, situada fora da relação natural entre o feminino e o masculino e da possibilidade da reprodução sexual, que coloniza, como um parasita, o corpo feminino e a comunidade das mulheres para destruí-los.[61] É significativo que a ativista trans lésbica Sandy Stone, programadora e engenheira de som, que fazia parte do selo feminista Olivia Records, tenha se tornado o centro dos ataques transfóbicos de Janice Raymond. No violento discurso de Raymond, Stone era, sem dúvida também por suas habilidades informáticas, o exemplo paradigmático do que ela denominava, de maneira insultante, um "homem" que copia o corpo de uma mulher para transformá-lo num "artefato" e replicá-lo.

Apesar de aparentemente distante do feminismo naturalista de Raymond, ninguém articulou tão bem — talvez sem tê-la lido — a política paranoica feminista antitrans quanto o filósofo masculinista pós-moderno Jean Baudrillard, que, alçando-se à condição de representante da modernidade patriarcal, entendeu o vírus e "o corpo transexual" como índices da destruição da cultura ocidental, o castigo merecido "depois da orgia". A orgia era, para Baudrillard, "todo o momento explosivo da modernidade, da liberação em todos os domínios. Liberação política, liberação sexual, liberação das forças produtivas, liberação das forças destrutivas, liberação da mulher, da criança, das pulsões inconscientes, liberação da arte",[62] que havia conduzido, segundo ele, a uma decomposição social e semiótica sem precedentes. Ácido crítico das políticas contraculturais de 1968, Baudrillard (que nisso se aproxima não apenas das TERFS, mas também da conferência episcopal) não hesitou em definir a epidemia de aids e o corpo transexual como os dois índices da destruição da relação tradicional entre natureza e representação, entre sexo e reprodução na pós-modernidade. Para Baudrillard, a era do vírus é o tempo daquilo que ele denomina (nem eu teria sido tão ambicioso!) "transexualidade geral",

> que se estende muito além do sexo, a todas as disciplinas, à medida que elas perdem seu caráter específico e entram num processo de confusão e contágio, num processo viral de indiferenciação, que é o primeiro de todos os nossos novos acontecimentos. A economia convertida em transeconomia, a estética

Dysphoria mundi

convertida em transestética e o sexo convertido em transexual convergem juntos para um processo transversal e universal em que nenhum discurso poderia ser a metáfora do outro, pois para que exista metáfora é preciso que existam campos diferenciais e objetos distintos. Ora, a contaminação de todas as disciplinas acaba com esta possibilidade. Metonímia total, viral por definição (ou por indefinição). O tema viral *não* é uma transposição do campo biológico, pois tudo é afetado ao mesmo tempo e na mesma medida pela virulência, pela reação em cadeia, pela propagação aleatória e insana, pela metástase.[63]

No início da década de 1990, no discurso naturalista hegemônico, o vírus e o corpo trans (significantes desenhados sobre a paisagem da pandemia de aids, a representação pública de práticas sexuais de gênero dissidentes e a intensificação das práticas de migração) converteram-se nos significantes culturais que condensavam as grandes ameaças à estabilidade dos valores patriarcais da modernidade. Diante dos dois, o sujeito masculino branco heterossexual cis, ao contrário do que acontecia no âmbito da economia neoliberal, com a abertura das fronteiras econômicas, fecha todas as portas: cognitivas, políticas, afetivas e anais.

A analogia necrobiopolítica entre vírus e pessoas trans só fez aumentar nos últimos anos. No momento mais agudo da crise da covid, em 11 de março de 2020, a psicanalista e historiadora francesa Elisabeth Roudinesco, outrora representante da esquerda social-democrata e hoje defensora de uma doutrina normativamente binária, afirma, referindo-se às crianças trans, que há "uma epidemia de transgêneros". Num contexto de contaminação viral, Roudinesco escolhe a metáfora viral para negar a existência de crianças não binárias, não cis ou não heterossexuais e defende a ideia de que "existem demasiadas crianças trans" que são infectadas pelo proselitismo queer e transgênero. Os mesmos argumentos são utilizados pela direita nacionalista na Espanha, na Polônia, na Hungria ou na Rússia. Esta comparação viral pretende fazer dos processos de dissidência de gênero e sexuais infantis uma urgência sanitária, que deve ser contida com medidas médicas e militares de restrição comparáveis às que foram utilizadas para frear a expansão da covid. Wuhan está em toda parte.

Em suas milhares de variações desde as últimas décadas até hoje, o vírus nunca deixou de mudar de cara, sem ter nenhuma. Encaixe microscópico de todas as figuras da mutação desde o regime sexocolonial capitalista até um novo sistema de representação, ele foi imaginado como um parasita inorgânico, um guerrilheiro anticelular, um assaltante sexual que força a vítima a procriar sem consentimento, um colonizador que põe para trabalhar as organelas do colonizado, um espelho maldito diante do qual morre a célula que ousa se olhar, uma drag queen vestida com uma capa de proteínas, um zumbi microscópico que muda de forma cada vez que encontra uma célula, um trânsfuga entre espécies, um migrante genético, um nômade sem lar de espécie, um terrorista sem ideologia própria, um camicase interior, uma mulher trans que se colou no sistema imunológico e computacional do sexo-gênero binário para destruí-lo, um fantasma que volta do passado genético para maldizer o presente. O vírus já não é simplesmente, como após Nietzsche, um homem sem deus, mas uma entidade sem homem. O vírus foi representado

Dysphoria mundi

como uma espécie de ciborgue molecular, um fragmento químico sem significado, um *cut-up* celular, uma ruína genética, uma carta que devora a identidade de quem a recebe e lê, um pedaço de informação morta que volta à vida em contato com outros corpos vivos e induz mutações letais. As histórias da literatura e do cinema poderiam ser lidas como variações do mito viral: o vírus é a serpente que tenta Eva, o Espírito Santo que impregna Maria sem cópula interespécies, o beijo úmido de Judas, o olhar mortal da Medusa, Édipo fingindo não ser filho de sua mãe e reproduzindo-se com ela, o fantasma de Hamlet, um romance de cavalaria nas mãos de dom Quixote, o espelho de Alice... O vírus é alien e, ao mesmo tempo, o código pirata que poderia desmantelar a Matrix...

Políticas sexovirais

Se em meados dos anos 1990 os discursos a respeito do HIV, do corpo trans e dos vírus informáticos referiam-se a espaços supostamente marginais ou minoritários e considerados patológicos, no início do novo século, conforme aponta o artista e crítico da cibercultura Zach Blas, "tudo se tornou viral":[64] a comunicação, o marketing, as redes sociais, um tuíte, um vídeo, um meme... Até o funcionamento do capitalismo informático é viral: parece repousar em funções automáticas não só de replicação e disseminação, mas também de mutação.[65] Se antes o sistema imunológico e o funcionamento do vírus serviram como metáfora para pensar o funcionamento do computador e dos ataques na internet, agora a metáfora do vírus informático volta ao corpo e às políticas de gênero e sexuais e satura tudo. Enquanto para os pós-modernos de direita, como Baudrillard e as feministas neoconservadoras, o vírus (tanto biológico, quanto computacional e trans) era o indicador do fim da ordem natural, para os críticos culturais de esquerda, como Alexander R. Galloway e Eugene Thacker, exatamente pelas mesmas razões, a alteridade do vírus anunciava outra ordem de conhecimento, outra ontologia e outra prática política.[66]

Dez anos mais tarde, mas ainda antes do surgimento da covid, em 2012, Zach Blas entende as ações do ciberfeminismo e dos coletivos Electronic Disturbance Theater e Queer Technologies como estratégias de uso anticapitalista e antinormativo do vírus. Apoiando-se no conceito foucaultiano de "ascese", definida como o trabalho criativo que o sujeito realiza para transformar e desenvolver uma forma de vida,[67] e nas análises de Tim Dean sobre a cultura sexual queer, Zach Blas sustenta que o *barebacking* (prática de sexo anal sem proteção entre homens que, se não buscam diretamente a contaminação, também não fazem da prevenção o objeto central da prática sexual) poderia ser entendido como "uma forma de ascese viral, ou seja, uma estilização criativa dos vírus".[68] Blas aposta que as experimentações de intercâmbio de sêmen e de contaminação por via anal que têm lugar na cultura do *barebacking* podem ser entendidas como exemplos paradigmáticos de uma política viral que vai além do humano. Para Tim Dean, o encontro com o vírus proporciona uma experiência da "intimidade ilimitada" e permite entrar numa genealogia viral que conecta cada corpo infectado com uma rede planetária e histórica de outros corpos que viveram (e morreram) com o vírus. Ele afirma que,

Dysphoria mundi

através do HIV, é possível imaginar o estabelecimento de uma relação corporal íntima com alguém que a pessoa nunca conheceu ou, de fato, nunca poderia conhecer, alguém distante em termos históricos, geográficos ou sociais. O que significaria para um jovem gay de hoje poder rastrear seu vírus até, por exemplo, Michel Foucault?[69]

Poderíamos objetar que Tim Dean e Zach Blas monumentalizam o vírus e romantizam o encontro com ele, atribuindo-lhe uma qualidade de arquivo político intencionalmente construído que ele não tem. Mais que extrair as práticas queer de uma política humanista para integrá-las numa política viral, eles absorvem o vírus numa retórica memorialista tipicamente humana. Não é o vírus em si mesmo (o vírus não tem consciência), mas sim a construção de uma genealogia política que dá sentido tanto à contaminação quanto à luta contra ela. No entanto, as duas posições mostram-se imprescindíveis, pois nos obrigam a pensar a política não como algo que se faz para evitar o contato com o vírus, como um espaço fora do vírus, mas antes como um processo que inclui inevitavelmente os vírus e o funcionamento viral. Desde a crise da aids e mais ainda depois do surgimento do SARS-COV-2, *toda política é viral* num duplo sentido. De um lado, o surgimento e a expansão do vírus dependem das práticas políticas: das formas de extração de energia, da destruição do ecossistema, das práticas de sacrifício e consumo de animais selvagens e industriais, das viagens e deslocamentos, dos rituais sociais e sexuais promovidos ou proibidos etc. De outro, nenhuma política pode fazer a economia da vulnerabilidade de todo sistema imunológico e da inevitável relação viral que rodeia o ser vivo.

"Pensar com o vírus" supõe deixar de lado o pensamento binário e dialético, as oposições taxonômicas — entre humano e animal, cultura e natureza, branco e negro, reprodução como ideal de vida, esterilidade como sinônimo de morte, presente e passado, feminino e masculino, estrangeiro e nacional — que segmentaram a modernidade patriarcal e colonial, e entrar na cibernética do feedback. Em condições de laboratório, a letalidade do vírus não é alta. São as condições criadas pelo capitalismo petrossexorracial — o uso de energias fósseis, o desmatamento do planeta, a industrialização da produção e do consumo de carne animal, as desigualdades de classe, raciais e sexuais, a destruição dos sistemas de saúde pública — que fazem com que o vírus seja devastador. Ou, para usar as palavras de David Napier, "os vírus poderiam permanecer inertes eternamente, não fossem as práticas culturais que implementamos e que permitem ou impedem que sua informação circule".[70] O problema da contaminação "não é nem sequer centralmente médico", mas necrobiopolítico: são nossas práticas, nossas formas de viver e de entender a relação social, que fazem com que o vírus, como entidade replicante, circule, se propague e, em última instância, mate. São estas formas de entender a vida e de reproduzi-la sobre o planeta que precisam mudar. Wuhan está em toda parte.

Identity is out of joint

DENTRO, FORA. Cheio, vazio. Seguro, tóxico. Masculino, feminino. Branco, negro. Humano, animal. Nacional, estrangeiro. Cultura, natureza. Público, privado. Orgânico, mecânico. Centro, periferia. Aqui, ali. Analógico, digital. Vivo, morto. Num contexto de mudança epistêmica no qual o que entendemos por vida, por autonomia e por verdade está mudando, a identidade transforma-se num totem semiótico: ao mesmo tempo vazio e hiperbólico.

Se a metafísica contemporânea deixou para trás o debate escolástico acerca dos universais que ainda estava presente no tempo do estruturalismo francês (ao qual Foucault responde), muitos dos sofismas daquela querela reaparecem hoje com mais intensidade nos debates sobre identidade — nacional, sexual, de gênero, racial etc. — que percorrem o Ocidente. A inflação de retóricas identitárias durante o último século levou-nos a uma estranha encruzilhada que afeta tanto as novas formas da hegemonia quanto as possibilidades de antagonismos. Eis o paradoxo: embora surgidos de processos de decolonização e despatriarcalização, os movimentos de emancipação das minorias subalternas (raciais, de gênero, sexuais etc.) acabaram se cristalizando em políticas de identidade. Longe de desmantelar os regimes de opressão raciais, sexuais ou de gênero, as políticas de identidade acabaram por renaturalizar e até intensificar as diferenças. A linguagem contemporânea da "interseccionalidade", com sua insistência em estabelecer relações entre identidades previamente segmentadas, não é mais que espelhismo metodológico diante da impossibilidade de articular uma filosofia política não essencialista capaz de pensar a transversalidade sistemática com a qual as relações de poder produzem e opõem diferenças. Por outro lado, o processo de contrarrevolução que começou com a extensão do neoliberalismo, e ganhou forma definitiva a partir da crise econômica e das falências democráticas de 2008, reapropria-se agora, de forma reativa, das linguagens da identidade para fundamentar novos processos de exclusão e depuração social na essência "nacional", "heterossexual", "europeia", "branca", "cristã"...

É nesse contexto neoconservador de exaltação das linguagens heteropatriarcais naturalistas, populistas e nacionalistas que se torna urgente reativar (a partir, agora, dos pressupostos queer, transfeministas e antirracistas) o brutalismo epistemológico de Foucault: sua insistência em afirmar a identidade como um "in-existente".

Na primeira aula do curso do Collège de France de 1978-9, intitulado *Nascimento da biopolítica*, Foucault expõe a complexidade (que seus críticos chamariam de contradição ou até de aporia) de sua abordagem genealógica da história. "Como é possível", pergunta-se, "fazer a história do Estado, da soberania, da sociedade, da loucura, do sujeito [...] sabendo que o Estado, a soberania, a sociedade, a loucura e o sujeito *não existem*?" Trata-se, diz Foucault, "não tanto de questionar os universais utilizando a história como método crítico", "mas de partir da decisão da não existência dos universais para per-

Dysphoria mundi

guntar que história é possível fazer".[71] Os críticos de Foucault dirão que esta "história sem objeto" conduz a uma "redução historicista". No entanto, Paul Veyne, leitor e amigo de Foucault, dirá que este "nominalismo metodológico" é resultado de uma filosofia honesta com a história, que não toma nada como certo; a única filosofia que se pode inevitavelmente fazer depois de Auschwitz e Hiroshima.

O que é próprio dessas entidades ontológico-políticas inexistentes é precisamente o *não-ser-objetos*, o que não faz delas meras enteléquias, simples ideologias, estruturas simbólicas ou puros conceitos desprovidos de qualquer materialidade. Ao contrário: em que pese não existirem, as entidades ontológico-políticas têm uma materialidade densa. É nesta curiosa paisagem, ao mesmo tempo deserta e tremendamente espessa, feita de objetos-que-não-existem, que navegam os ativistas contemporâneos.

Em termos ontopolíticos, a identidade é aquilo que, sem existir, irrompe no domínio do tangível, torna-se visível, mensurável, quantificável. Não existe, mas pode ser tocada. Não existe, mas pode ser vista. Não existe e, no entanto, pode ser descrita, convertendo-se no argumento central dos relatos que definem uma época. As administrações, as estatísticas, as instituições agem como se a feminilidade, a deficiência, a homossexualidade, a transexualidade ou a disforia existissem. Portanto, as condições aparentes da prova empírica de sua existência são dadas através do privilégio, da discriminação e da exclusão. Mas a própria modalidade de sua existência in-existente não cessa de variar. Para definir a modalidade de existência dos in-existentes é necessário compreender, com Bergson, que eles não deixam de "variar": na ontologia política, como na história, o "tempo" não é comensurável com o espaço, apresenta-se sempre sob o signo da diferença, da mutação, da alteração. Deleuze assim explica:

> O ser é um mau conceito, na medida em que serve para opor tudo o que é ao nada ou a própria coisa a tudo aquilo que a coisa não é: em ambos os casos, o ser abandona, trai as coisas, transforma-se em mera abstração. A questão de Bergson não é, portanto, "Por que algo em vez de nada?", mas, antes, "Por que isto e não outra coisa?". "Por que esta tensão de duração?" "Por que esta velocidade e não outra?" "Por que tal proporção?" "E por que tal percepção evoca tal lembrança?" "Por que seleciona certas frequências e não outras?" Assim, o ser é a diferença e não o imutável ou o indiferente, tampouco a contradição, que não passa de falso movimento. O ser é a diferença própria de uma coisa.[72]

Esta é, portanto, *uma ontologia em transição*: diferença, mais que identidade; mutação, mais que essência; alteração, mais que alteridade. Isso é o que Bergson entendia por duração: "aquilo que difere ou muda de natureza, de qualidade, de heterogeneidade, o que difere de si mesmo".[73]

Para entender como um in-existente chega a existir não é possível limitar-se à constatação de naturezas, mas é necessário seguir aquilo que Bergson chamava de "linhas de diferenciação", processos de proliferação cambiante através dos quais se realiza uma virtualidade.[74] Não se trata aqui de encontrar espécies (a heterossexualidade, a transexualidade, o autismo, a identidade espanhola ou catalã, o espanhol ou o catalão), mas de transitar entre "linhas de fatos". A pergunta não é, por exemplo, "O que é a heterossexualidade?", mas "Por que a heterossexualidade e não outra coisa?", ou "Por que, em certo momento, numa relação de forças, a heterossexualidade se transforma na atualização de uma virtualidade?".

Convém mencionar a distinção de Alain Badiou, a partir de uma leitura insólita das noções de *rastro* e *différance* de Derrida, entre *inexistente* e *nada*. O inexistente, explica Badiou, não é o nada, mas uma forma singular de existência num grau mínimo, uma existência "do menos possível", quase como pura potência e virtualidade. Nesse sentido, poderíamos dizer que o povo, a nação, a masculinidade, a homossexualidade ou o autismo "in-existem", ou melhor, aparecem em determinados momentos históricos como novos "in-existentes".[75] É justamente porque "in-existem" que sua existência deve ser constantemente reatualizada através de um processo continuado que poderíamos chamar, com Judith Butler, de "repetição performativa".

A genealogia foucaultiana exige que se rastreiem as "linhas de diferenciação" em suas inscrições materiais. Em vez de buscar essências nacionais, sexuais, raciais, o que se busca é investigar a modificação das tecnologias de governo (artes de governar, instituições, leis, pactos, usos estratégicos do poder), das técnicas do corpo (dispositivos mnemotécnicos e de inscrição, aparatos de visão e medida, extensões mecânicas ou elétricas etc.) e dos aparatos de verificação (articulação de discursos, protocolos e práticas de diagnóstico e de designação que permitem decidir se um enunciado é verdadeiro ou falso). É somente através da articulação destas "linhas de fatos" que uma entidade inexistente parece emergir como "objeto", adquire materialidade: "'Trata-se de mostrar", afirma Foucault, "por meio de que interferências toda uma série de práticas — a partir do momento em que são associadas a um regime de verdade — pôde fazer com que algo que não existe (a loucura, a doença, a delinquência, a sexualidade etc.) se tornasse alguma coisa, alguma coisa que continua, portanto, a não existir."[76] São precisamente estas "linhas de diferenciação" que Georges Didi-Huberman estuda para entender, por exemplo, como aparece o in-existente "histeria": trata-se de rastrear técnicas fotográficas, convenções teatrais, modos de representação, descrições, narrativas... Tudo isso não é nem constitui uma essência, mas produz uma "aparição", uma "imagem". É esta aparição do in-existente "histeria" que Didi-Huberman nomeia com o termo *invenção*.[77]

Esta é a dificuldade de levar a cabo uma pesquisa de ontologia política: trabalhar com entidades in-existentes. É o grande paradoxo deste começo de século: não existe povo, não existe nação, não existe raça, não existe diferença sexual binária, não existe homossexualidade, nem heterossexualidade, nem deficiência, nem esquizofrenia, nem autismo, nem transexualidade... Assim como em outras épocas a histeria ou a melancolia "existiram" sem existir. E, contudo, esses "não existentes" são o próprio conteúdo de nossa história.

O paradoxo redobra até adquirir a espessura de uma sarcástica pilhéria metafísica, porque as condições da enunciação filosófica são determinadas pela aparição do corpo do filósofo como "existente" no interior das coordenadas de um (ou vários) desses in-existentes. É possível afirmar a in-existência da homossexualidade ou da transexualidade, por exemplo, quando me foi dado ocupar historicamente a posição de ho-

Dysphoria mundi

mossexual ou de transexual? É possível encarná-la, habitá-la? Só posso me expressar como trans. Sinto que perco pé, que o fôlego me falta. Pergunto-me com que voz falo, não quem sou — isso é irrelevante —, mas *como* fui construído e como posso intervir nesse processo de construção. O que significa falar hoje como transexual, como homossexual, como corpo racializado, se a transexualidade, se a homossexualidade, se a raça não existem?

Considerar a in-existência das entidades ontológico-políticas implica modificar o modo como entendemos as relações de poder. O poder não é violência bruta que se exerce sobre um objeto, um sujeito, um corpo ou uma matéria que preexiste: "A força não tem outro objeto além de outras forças", explica Deleuze em sua leitura de Foucault, "e não tem outro ser além da relação."[78] E acrescenta: "O poder de ser afetado é como uma *matéria* da força, e o poder de afetar é como uma *função* da força".[79] Assim, por exemplo, o patriarcado não é uma forma de poder que se exerce sobre o corpo das mulheres já existentes, assim como a violência de Estado não opera sobre um povo já existente, nem a violência médico-legal sobre o sujeito transexual já existente; ao contrário, os sujeitos políticos "mulher", "povo" ou "transexual" são ao mesmo tempo o efeito material destas forças e da resistência a estas forças.

Esta ontologia do in-existente modifica de maneira radical não somente a tarefa da filosofia ou da história, mas também as possibilidades de ação política. As batalhas políticas são lutas pela existência de distintos in-existentes, batalhas pela produção de sua materialidade política. Lutas para que o in-existente deixe de existir e para que o in-existente exista.

A tarefa do político é fazer com que uma entidade não existente se apresente como existente até o limite de poder adquirir a condição de natural ou inclusive chegar a defender--se reivindicando sua condição de universal. Este é um momento constituinte. A política é, nesse sentido, uma tarefa de ontologia-ficção: a arte de inventar a existência do in-existente ou de fazer com que um in-existente que passava por natural deixe de existir. Essa luta pela existência dos in-existentes continua hoje não somente nos projetos de desnaturalização da raça e da diferença sexual, mas também na definição das modalidades de (in)existência de novos simbiontes históricos.

The narrator is out of joint

DENTRO, FORA. Cheio, vazio. Seguro, tóxico. Masculino, feminino. Branco, negro. Humano, animal. Nacional, estrangeiro. Cultura, natureza. Público, privado. Orgânico, mecânico. Centro, periferia. Aqui, ali. Analógico, digital. Vivo, morto. Neste século disfórico que avança para o colapso político e energético com o mesmo otimismo cruel com que o Banco Mundial propõe empréstimos e endividamentos ao mundo, a obsessão pela identidade (nacional, religiosa, étnica, de gênero, sexual, racial etc.), e não por saber como vamos deter a destruição dos viventes, estrutura todos os debates, sejam eles literários, políticos ou sociológicos. Diante dessas perguntas sobre a identidade que também me fazem em todas as entrevistas, primeiro fico calado e depois respondo — como dizem que Gregor von Rezzori, autor de *Flores en la nieve*, respondeu a um jornalista do *Corriere della Sera* ao ser perguntado sobre como se definia: "Sou um ex". Essa, penso eu agora, é a caracterização que me convém.

A cada dia, minha condição de ex fica mais patente para mim. Ex-mulher, mas não no sentido mais comum do termo, de ex-namorada, ex-companheira, mas num sentido bem mais raro, *ex-mulher* dito de alguém que, por razões e circunstâncias que são com demasiada frequência reduzidas à psicopatologia, deixou de ser mulher jurídica e politicamente, alguém que um dia teve uma certidão de nascimento de mulher, com um nome de mulher, um passaporte de mulher, com uma foto de mulher, com um número de mulher e um F, e que agora tem uma certidão de nascimento antedatada que diz que sou um homem, com um passaporte de homem, com uma foto de homem (embora pareça estranho, existem fotos de homens e fotos de mulheres), um número de homem e um M. Alguém que um dia teve uma voz que parecia de mulher e que agora tem uma voz que parece de homem. Alguém a quem todos, absolutamente todos se dirigiram durante anos como mulher e a quem se dirigem agora como a um homem. E uma vez que já não sou uma mulher, deixei também, por extensão, de ser lésbica de forma quase simultânea — e aqui o "quase" é um advérbio importante, pois pode fazer referência a um período transacional de anos. E é durante esses anos de trânsito que se forja, tal como se cria um vínculo com um animal ou com uma paisagem à força de acariciá-lo ou de atravessá-la, a condição de ex. Ex-lésbica, ex-homossexual e nem por isso menos ex-heterossexual, como fui desde a infância, o que não vai mudar agora, seja qual for o meu sexo, meu gênero, minha sexualidade. Porque não é homossexual quem trepa assim ou assado, mas quem é identificado como tal num regime político de representação e de reprodução sexual. Extraconjugal, não porque tivesse relações fora do casamento, mas porque para mim o próprio casamento estava completamente fora do âmbito da inteligibilidade. Forçado a uma exogamia cósmica exorbitada. Sou também ex-amante e, em alguns outros casos, ex-amigo ou ex-conhecido, como se pode dizer de alguém com quem se conviveu num tempo tão distante que chega a parecer irrecuperável, para não dizer

Dysphoria mundi 213

outra vida. Ex-membro de confrarias intelectuais que neste momento da ex-história do ex-Ocidente já não significam grande coisa. Ex-nietzschiano. Ex-derridiano. Ex-foucaultiano. Ex-deleuziano. Ex-guattariano. Ex-moderno e ex-pós-moderno. Ex-queer. Ex-fã dos *sixties*, mas também dos *seventies*, dos *eighties*, dos *nineties* e dos anos 2000. Ex-combatente de todas as lutas do século xx: ex-humanista, ex-comunista, ex-feminista, ex-lgbtqista. E definitivamente ex-identitarista. Não despido de identidade, mas esfoliado. Exumado. Ex-humano. Irremediavelmente estranho. Extraviado.

Estou também excomungado por vontade própria e por decisão ecumênica da religião católica na qual fui educado, ou melhor, violentado, e que abomino. Fui considerado um excremento de uma sociedade na qual só a invisibilidade e a morte esperavam os que eram como eu. Em minha juventude, deixei, talvez rápido demais, de ser ex-estudante para transformar-me em professor, até me dar conta de que para emancipar-me de verdade da condição de aluno precisava deixar também de pretender ensinar, pois a cabeça do professor nada mais é que a do aluno adiantado que dissimula sua categoria de aprendiz sob o disfarce da autoridade institucional. Ex-examinado e ex-examinador. Ex-professor, ex-curador de ex-artes, ex-diretor de ex-projetos de ex-instituições e ex-museus. Ex-historiador e ex-colecionador de ex-votos trans. Extraordinário. Quando me apresentei, anos atrás, num concurso para realizar tarefas que poderiam ser difíceis para outra pessoa, mas que eu era capaz de realizar com a facilidade com que um colibri usa o bico para extrair o néctar do fundo de uma tulipa, um membro do júri argumentou, para desqualificar-me, que eu era exuberante. E era. Expansivo.

Excessivo. Excedido. Exterior. Extremo, mais que extremista. Espoliado de uma história sem nome. Sou também um exegeta de textos perdidos e fotografias queimadas. Expressionista eu fui, mas agora prefiro ser extático a estático. Às vezes fico extenuado por minha própria posição excêntrica.

Extraterrestre: é o que dizia minha mãe quando me via brincar com linhas e botões coloridos, reconstruindo as órbitas dos planetas e as formas das constelações da Via Láctea na mesa da cozinha. Essa menina, dizia minha mãe — porque então todos acreditavam e afirmavam que eu era uma menina —, é um extraterrestre — e dizia "um" e não "uma". Esse prognóstico infantil confirmou-se depois. Do planeta em que nasci, logo me expatriei, saí literalmente da pátria, da ordem do pai, como se sai de uma ruidosa festa paterna com baile e fanfarra, onde a música é insuportável, para tomar uma bocada de silêncio, como outros tomam ar, sem saber, ou talvez sabendo e até desejando, que, uma vez fora, não se pode jamais retornar nem dançar no mesmo baile. Ao menos não da mesma maneira, pois quem volta a seu ex-país depois de se expatriar voluntariamente fica relegado à posição de estrangeiro para sempre. Ex-prisioneiro de um regime do qual talvez tenha saído um dia, mas do qual, como de uma prisão de Estado, não se sai isento.

Minha existência foi primeiro extrauterina: tive dificuldades para implantar-me no corpo materno e para nascer. Mas consegui. Ex-materno, portanto. E depois extraterritorial: por ter renegado o ex-pai e a ex-pátria e ter vivido em muitas cidades distintas e solicitado muitas autorizações de residência, sou um estrangeiro profissional, poliglota, ou melhor, ex-falante de muitas línguas, cujo sotaque, inclusive na minha

Dysphoria mundi 215

própria (mas qual é a minha própria língua?), provoca sempre a pergunta "De onde você vem?", como se em qualquer dia da semana, em qualquer café ou padaria, alguém engendrasse a hipótese de que eu tivesse acabado de atravessar, quem sabe, ilegalmente, uma fronteira. E à qual eu deveria responder: bom dia, venho da viagem dos meus sonhos, acabei de sair da minha cama forasteira. Ou talvez: boa tarde, acabei de passar com êxito pelo *checkpoint* na porta do meu apartamento, localizado no terceiro andar do número 3 da rua Xenofobia, bem na esquina. Cada cumprimento transforma-se numa boa ocasião para apresentar um certificado de imigração ou uma autorização de residência. Sou, portanto, ex-cidadão. Mais filho do êxodo que dos meus pais. Não simplesmente exótico, mas antes exoplanetário. Minha estrangeirice acentua-se com a saída do regime de gênero binário, por exemplo, se tomo banho nu na praia e, ao sair da água, surjo — alguns me chamariam de exibicionista — como um ser de outra espécie ou de outro tempo, extemporâneo, ou de outra sociedade, ex-social. Meu ex-corpo, intermediário entre um corpo ex-anatomicamente ex-normal e um ex-corpo ainda sem nome, é uma arquitetura falante, um ex-manifesto para uma ex-futura epistemologia não binária. Exótico. Excitado. Ex-culpado de todas as disforias. Excepcional. Ex-tudo. Esta é a minha condição: ex-tudo. Recém-chegado ao ex-mundo a cada dia, ou melhor, talvez, pronto a cada dia para abandonar tudo.

Essa condição de ex, como uma coordenada precisa num mapa ou um ponto na linha do tempo, parecia ser a resposta à pergunta que Rilke fez um dia a sua ex, Lou Andreas Salomé, a pessoa que o levou a mudar seu nome para Rainer, fazendo com que René fosse para sempre um ex-nome: quando é o presente?

The border is out of joint

DENTRO, FORA. Cheio, vazio. Seguro, tóxico. Masculino, feminino. Branco, negro. Humano, animal. Nacional, estrangeiro. Cultura, natureza. Público, privado. Orgânico, mecânico. Centro, periferia. Aqui, ali. Analógico, digital. Vivo, morto. A fronteira se modifica e se desfaz ao mesmo tempo. O modelo político imunológico funciona como uma topologia descontínua. A circulação é constantemente segmentada por portas, muros, cruzes, umbrais, limites, cercas, fossos, balsas de retenção, zonas de controle e de descompressão. Diante do surgimento do coronavírus, diante de um campo de não saber, os governos fecham as fronteiras. Mas, paradoxalmente, as fronteiras são impossíveis de fechar. O que caracterizou as políticas governamentais dos últimos vinte anos, pelo menos desde a queda das Torres Gêmeas, frente às ideias aparentes de "liberdade de circulação" que dominavam o neoliberalismo da era Thatcher, foi a redefinição dos Estados-nação em termos neocoloniais e identitários e a volta à ideia de fronteira física como condição do restabelecimento da identidade nacional e da soberania política. Israel, Estados Unidos, Rússia, Turquia e Comunidade Econômica Europeia lideraram o desenho de novas fronteiras que, pela primeira vez em décadas, não foram apenas vigiadas ou custodiadas, mas reassentadas com a decisão de erguer muros e construir

Dysphoria mundi 217

diques, e defendidas com medidas não biopolíticas, mas necropolíticas, como técnicas de guerra e de morte.

A sociedade europeia, bem antes da chegada do coronavírus, construiu-se de forma coletiva como uma comunidade totalmente imune, fechada para o Oriente e para o Sul, ainda que o Oriente e o Sul fossem o nosso armazém, do ponto de vista dos recursos energéticos e da produção de bens de consumo. Fechamos nossas fronteiras na Grécia, construímos os maiores centros de detenção a céu aberto da história nas ilhas que bordejam a Turquia e o Mediterrâneo e fantasiamos que conseguiríamos assim uma forma de imunidade. A destruição da Europa começou, paradoxalmente, com esta construção de uma comunidade europeia imune, aberta em seu interior e totalmente fechada aos estrangeiros e imigrantes. Por trás dessa ideia de imunidade está a fantasia — a "patologia do nacional", conforme a denominação de Arjun Appadurai — de que a soberania política de uma sociedade é construída com base na identidade étnica. E esta ideia de imunidade étnica "demanda transfusões totais de sangue e costuma exigir que uma parte de seu sangue seja expulsa", explica Appadurai. "Os processos de limpeza étnica são ao mesmo tempo vivisseccionistas e verificacionistas, ou seja, buscam a certeza desmembrando o corpo suspeito, o corpo sob suspeita."[80]

O que se ensaia agora em escala planetária através da gestão do vírus é um novo modo de entender a soberania num contexto em que as identidades étnicas, sexuais e raciais inventadas pela modernidade petrossexorracial estão sendo desarticuladas. A covid-19 deslocou as políticas de fronteira, que tinham lugar no território nacional ou no superterritório europeu, para o nível do corpo individual. Como espaço vivo e como rede de poder, como centro de produção e consumo de energia, o corpo individual converteu-se no novo território onde as agressivas políticas de fronteira que projetamos e ensaiamos durante anos se expressam agora em forma de barreira que freia a entrada de outros corpos humanos. A nova fronteira necropolítica deslocou-se das costas da Grécia para a porta do domicílio privado. Hoje, Lesbos começa na porta de sua casa. E a fronteira não para de se fechar a seu redor, pressiona e chega cada vez mais perto do seu corpo. Calais explode agora na sua cara. A nova fronteira é a máscara. O ar que você respira precisa ser só seu. A nova fronteira é sua epiderme. A nova Lampedusa é a sua pele.

É sobre os corpos individuais que se reproduzem agora as políticas de fronteira e as medidas restritas de confinamento e imobilização que, enquanto comunidade, aplicamos nestes últimos anos a imigrantes e refugiados — até deixá-los fora de qualquer comunidade. Durante anos nós os mantivemos no limbo dos centros de retenção. Agora somos nós que vivemos no limbo dos cômodos centros de retenção em que nossas próprias casas se transformaram.

Esta analogia entre o centro de retenção e o domicílio, que parecia excessiva em 2020, vai se efetivar na China em março de 2022, durante o surto da variante ômicron do coronavírus. Shanghai, uma cidade de mais de 26 milhões de habitantes, será literalmente fechada pelo governo com o suposto objetivo de prevenir a expansão do vírus. Para implementar a política de "covid zero", cada complexo residencial é cercado por diques de plástico que impedem a saída dos residentes. E, como se isso não bastasse, muitos edifícios são trancados

Dysphoria mundi

com cadeados e vigiados 24 horas por dia por uma patrulha anticovid. Uma equipe de trabalhadores comunitários vestidos com macacões, capuzes e sapatos de papel azul, além de óculos e máscaras, percorre os vários andares fazendo testes. Cada celular é o rastreador de uma pessoa e arquivo digital de seus dados sanitários. Toda pessoa positivada é enviada a um centro de quarentena, sem que possa tomar providências quanto aos humanos e animais que dependem dela. O governo anunciou que distribuiria comida nos edifícios fechados, mas apenas duas semanas depois do início do confinamento começaram os conflitos, dos quais só temos notícia no Ocidente pelas redes sociais: robôs pedem que a população permaneça em casa e são atacados pelos moradores, gritos nas janelas de moradores famintos que não recebem comida há semanas, animais de estimação abandonados em apartamentos trancados morrem de fome e sede ou são sacrificados a sangue-frio pelas patrulhas anticovid, crianças separadas de suas famílias para cumprir quarentena... Nestas condições, só a organização de redes de solidariedade entre vizinhos, de troca e compra por atacado pela internet, foi capaz de salvar alguns deles da fome e da desolação. Em meados de 2022, todas as cidades chinesas temiam a implantação de medidas de covid zero semelhantes às de Shanghai. Wuhan está em toda parte.

Surveillance is out of joint

DENTRO, FORA. Cheio, vazio. Seguro, tóxico. Masculino, feminino. Branco, negro. Humano, animal. Nacional, estrangeiro. Cultura, natureza. Público, privado. Orgânico, mecânico. Centro, periferia. Aqui, ali. Analógico, digital. Vivo, morto. Não se trata apenas da incrementação da vigilância analógica, pois as técnicas de vigilância do fordismo disciplinar dão lugar a novas técnicas de controle farmacopornográfico ou somam-se a elas. Por seu apelo ao estado de exceção, pela imposição inflexível de medidas extremas, as epidemias também são grandes laboratórios de "inovação" social, ensejo para uma reconfiguração em grande escala das técnicas do corpo e das tecnologias do poder. Foucault analisou a passagem da gestão da lepra à gestão da peste como o processo através do qual se desenvolveram as novas técnicas disciplinares de espacialização do poder da modernidade. Se a lepra foi enfrentada através de medidas estritamente necropolíticas, que excluíam o leproso, expulsando-o para fora das muralhas da cidade e condenando-o, senão à morte, ao menos a uma vida fora da comunidade, a reação à epidemia da peste criou a gestão disciplinar e suas formas de "inclusão excludente": segmentação estrita da cidade, confinamento de cada corpo em cada casa.

A gestão pré-moderna da doença consistia em excluir o corpo ameaçante, colocando-o fora de uma *fronteira exterior*;

Dysphoria mundi

a gestão moderna disciplinar implica, ao contrário, a construção de uma multiplicidade de *fronteiras interiores* que servem ao mesmo tempo como enclaves taxonômicos e de observação; a gestão contemporânea combina todas estas técnicas com as novas estratégias de controle digital. A sociedade pré-moderna não olhava o doente; a sociedade moderna fez do doente um objeto do olhar clínico; nossa sociedade contemporânea dota o doente de uma tecnologia leve de autovigilância (o celular) e pede que ele mesmo se monitore e divulgue publicamente o seu estado de saúde.

As estratégias que os vários países adotaram para enfrentar a expansão da covid-19 mostram dois tipos de tecnologias necrobiopolíticas totalmente distintas. A primeira, em funcionamento sobretudo em países como China, Itália, Espanha e França, aplica medidas estritamente disciplinares, que, em muitos sentidos, não diferem muito das utilizadas contra a peste. Trata-se do confinamento domiciliar da totalidade da população. Vale a pena reler o capítulo de *Vigiar e punir* sobre a gestão da peste na Europa para perceber que as políticas francesas ou espanholas de gestão das pandemias não mudaram muito desde então. Aqui funciona a lógica da fronteira arquitetônica e o tratamento dos casos de infecção dentro de enclaves hospitalares clássicos. Esta técnica ainda não deu provas de eficácia total.

A segunda estratégia, posta em ação por Coreia do Sul, Taiwan, Singapura, Hong Kong, Japão e Israel, e depois globalmente, supõe a passagem das técnicas disciplinares e de controle arquitetônico modernas para técnicas farmacopornográficas de ciberbiovigilância: a ênfase está na detecção individual do vírus através da multiplicação dos testes e da vigilância digital constante e estrita dos doentes por meio de seus dispositivos informáticos. Os celulares e os cartões de crédito transformam-se, assim, em instrumentos de vigilância que permitem traçar os movimentos do corpo individual. Não precisamos de pulseiras biométricas: o celular transformou-se no melhor rastreador: ninguém se separa dele nem para dormir.

Nos meses mais intensos da pandemia e do confinamento, tem lugar a instalação do celular como prótese cibernética externa do corpo humano. Percebo isso numa de minhas crises de febre: sinto que o telefone repousa a meu lado como um órgão vivo, plenamente ativo em sua aparente quietude, velando-me junto à cama. Este objeto, que parece uma estreita caixinha de plástico e alumínio coberta por um vidro atrás do qual se movem quadrados coloridos, na verdade é um ciberanimal de companhia que corre infinitas distâncias em milésimos de segundo e traz para nossas casas e nossas camas as mais horríveis notícias dos lugares mais remotos da Terra, mas também as mensagens das pessoas que amamos. Em outra era, antes do vírus, dizíamos que esse ser inorgânico era "móvel" porque podia acompanhar seu amo a qualquer lugar. Agora, o móvel é tão imóvel quanto seu dono, mas igualmente fiel e identicamente perverso. É difícil, em meio à doença e ao isolamento, não se afeiçoar ao ciberbicho. No confinamento, plugar o órgão digital para que beba sua dose diária de eletricidade é a ação mais importante, a única que nem o doente nem o confinado podem esquecer.

Este órgão exterior consome uma média de 95 quilos de CO_2 em sua vida útil; muito mais que qualquer outro animal vivo da era pré-cibernética. O telefone *vivo* é o mais sofisticado dos camaleões eletrônicos. O companheiro da *máquina branda*. Às vezes, a caixa faiscante reflete em seu vidro o rosto de um amigo, fala com sua voz; outras vezes, transfigura-se, assumindo o rosto de um médico que dá conselhos sobre como

Dysphoria mundi

aguentar o ataque do vírus; outras ainda, vira uma luminosa tábua da lei, anunciando as instruções do governo diante da crise. Que doente nunca se pegou beijando o vidro dessa caixinha, sussurrando-lhe diminutivos. Mas a órtese cibernética não é só um tecnoxamã ventríloquo capaz de falar com as vozes de todos os outros. O celular é sobretudo um vigilante inorgânico a serviço do poder, capaz de virar sua câmera e seu microfone contra o próprio usuário e enviar toda a informação armazenada para os bancos de gestão de dados. O doente dá um toque com o indicador no aplicativo Radar COVID: seu órgão digital enviará sua temperatura, estado serológico e posição física diretamente para o Ministério da Saúde. Em caso de morte, o celular transforma-se num dispositivo forense: é uma caixa-preta. O celular sabe tudo sobre o usuário; é, ao mesmo tempo, arquivo digital e extensão eletrônica. Depois da morte, o celular é o último órgão externo do ser humano a apagar-se.

Este reativo e amável órgão cibernético é filho do Mercado e do Complexo Industrial Militar, uma criatura produzida nas fábricas do capitalismo tecnopatriarcal e alimentada diretamente com as matérias extraídas das minas da República Democrática do Congo. O coração do Congo foi aberto, destroçado, e de seu seio foram retirados os nutrientes que permitem transformar um simples telefone num órgão tecnovivo. Assim como um bebê se alimenta de leite, o bebê digital se alimenta de tungstênio, estanho, tântalo, lítio, cobalto, níquel, arsênico, mercúrio... Dizem que a órtese digital é feita de "minerais de sangue", pois para obter os componentes que o animam foi necessária uma dose de sangue humano. O doente neoliberal sente que o mesmo sangue, o mesmo crime corre em suas veias e nos microchips de seu celular. Sente uma nova forma de asquerosa fraternidade eletrônica.

Sente-se pela primeira vez inorganicamente vivo. E organicamente morto. O doente neoliberal, com seu telefone, saiu do ventre destroçado da África. Vive devorando todos os outros seres do planeta. É africanívoro, sulamericanívoro, indianívoro, chinívoro; devorou tudo, e tudo que engoliu explode agora em seu cérebro de branco colonial.

O telefone celular substitui a torre de controle. Um aplicativo de GPS informa à polícia os movimentos de qualquer corpo suspeito. A temperatura e o movimento de um corpo individual são monitorados através das tecnologias móveis e observados em tempo real pelo olho digital de um Estado ciberautoritário, para o qual a comunidade é um grupo de ciberusuários e a soberania é antes de tudo controle digital e gestão de big data. Mas estas políticas de imunização e vigilância política não são novas e não foram utilizadas só para a busca e captura de supostos "terroristas". No início da década de 2010, por exemplo, Taiwan legalizou o acesso a todos os contatos dos celulares por parte dos aplicativos de encontro sexual com o objetivo de "prevenir" a expansão da aids e a prostituição pela internet. A luta contra a covid-19 legitimou e estendeu o certificado digital de vacinação e outras práticas estatais de biovigilância e controle digital, normalizando-as e tornando-as "necessárias" para preservar certa ideia da imunidade. Contudo, os mesmos Estados que implementam medidas de vigilância digital extrema não se propõem ainda a proibir o tráfico e o consumo de animais selvagens, nem a produção industrial de aves e mamíferos, nem reduzir as emissões de CO_2. Não foi a imunidade do corpo social que aumentou, mas a tolerância cidadã diante do controle cibernético estatal e corporativo. Wuhan está em toda parte.

ORAÇÃO FÚNEBRE

Nossa Senhora das Telecomunicações, rogai por nós.

Nossa Senhora da Telefonia Móvel, rogai por nós.

Nossa Senhora da Internet, rogai por nós.

Nossa Senhora dos Satélites, rogai por nós.

Nossa Senhora do Big Data, rogai por nós.

Nossa Senhora dos Algoritmos, rogai por nós.

Nossa Senhora da Inteligência Artificial, rogai por nós.

Nossa Senhora da Imortalidade dos Dados Digitais, rogai por nós.

Nossa Senhora do Software, rogai por nós.

Nossa Senhora dos Aplicativos, rogai por nós.

Nossa Senhora do Instagram, rogai por nós.

Nossa Senhora do Twitter, rogai por nós.

Nossa Senhora do YouTube, rogai por nós.

Nossa Senhora do YouPorn, rogai por nós.

Nossa Senhora do Tinder, rogai por nós.

Nossa Senhora do TikTok, rogai por nós.

Nossa Senhora dos Cookies, rogai por nós.

Nossa Senhora da Vigilância Remota, rogai por nós.

Nossa Senhora das Câmeras de Segurança, rogai por nós.

Nossa Senhora do Rastreamento Digital, rogai por nós.

Nossa Senhora da Geolocalização, rogai por nós.

Nossa Senhora da Inteligência Móvel, rogai por nós.

Nossa Senhora do 5G, rogai por nós.

Nossa Senhora dos Trolls, rogai por nós.

Nossa Senhora do Vírus Informático, rogai por nós.

Nossa Senhora da Identidade Digital, rogai por nós.

Nossa Senhora das Escutas Telefônicas, rogai por nós.

Nossa Senhora da Biometria de Voz, rogai por nós.

Nossa Senhora do Reconhecimento Facial, rogai por nós.

Vós que tudo vedes e tudo ouvis, rogai por nós.

The modern subject is out of joint

DENTRO, FORA. Cheio, vazio. Seguro, tóxico. Masculino, feminino. Branco, negro. Humano, animal. Nacional, estrangeiro. Cultura, natureza. Público, privado. Orgânico, mecânico. Centro, periferia. Aqui, ali. Analógico, digital. Vivo, morto. O sujeito da modernidade se torce e retorce, se desarticula, se fere, não dá uma dentro, evapora, descasca, descalabra, muda. A gestão política da covid-19 como forma de administração da vida e da morte desenha os contornos de uma nova subjetividade. O que será inventado depois da crise é uma nova utopia da comunidade imune e uma nova forma de controle do corpo. O sujeito do tecnopatriarcado ciberautoritário que a covid-19 fabrica não tem pele: não só é intocável, como também não pode tocar, não tem mãos. Não cheira. Não permuta bens físicos nem toca em moeda, paga com cartão de crédito. Não tem lábios nem língua. Não fala em direto, envia mensagens de voz. Não se reúne nem se coletiviza. É radicalmente in-divíduo. Não tem rosto, é uma máscara. Para poder existir, seu corpo orgânico oculta-se atrás de uma série indefinida de mediações semiotécnicas, uma série de próteses que lhe servem de máscara: a máscara do endereço de correio eletrônico, a máscara da conta no Facebook, a máscara do Instagram, as interfaces da Netflix, do YouTube, do YouPorn. Não é um agente físico, mas um consumidor digital, um teleprodutor; é um código, um pixel, uma conta bancária, uma porta com um nome, um domicílio para o qual a Amazon pode enviar seus pedidos. Wuhan está dentro de nós.

Conseguirá a somateca subalterna resistir a esta mutação?

The narrator is out of joint

DENTRO, FORA. Cheio, vazio. Seguro, tóxico. Masculino, feminino. Branco, negro. Humano, animal. Nacional, estrangeiro. Cultura, natureza. Público, privado. Orgânico, mecânico. Centro, periferia. Aqui, ali. Analógico, digital. Vivo, morto. Fiquei doente em Paris na quarta-feira, 11 de março, antes de o governo francês decretar o confinamento da população, e quando saí da cama, em 19 de março, pouco mais de uma semana depois, o mundo tinha mudado. Adoeci no século XXI e quando me levantei estávamos no século XXII. Quando entrei na cama, o mundo era próximo, coletivo, pegajoso e sujo. Quando saí, tinha se tornado distante, individual, seco e higiênico. Enquanto estive doente, não tive condições de avaliar o que estava acontecendo de um ponto de vista político ou econômico, porque a febre e o mal-estar tinham tomado conta de minhas energias vitais. Ninguém é filósofo com a cabeça explodindo. De vez em quando eu olhava as notícias, o que só servia para aumentar o mal-estar. A realidade não se distinguia de um sonho ruim, e a primeira página de todos os jornais era mais inquietante que qualquer pesadelo causado por meu delírio febril. Durante dois dias, como prescrição ansiolítica, resolvi não abrir nem uma única página na internet. E devo a isso, ao óleo essencial de orégano e aos rituais de María Galindo a minha sobrevivência. Não tive medo de morrer. Tive medo de morrer só.

Entre febre e ansiedade, ocorreu-me que os parâmetros através dos quais se organiza o comportamento social tinham mudado para sempre e não poderiam ser modificados de volta. Senti isso como uma evidência abrindo caminho em meu peito. Tudo ficaria estabelecido na forma inesperada que as coisas tinham assumido. A partir de agora, teríamos acesso às formas mais excessivas de consumo digital que se possa imaginar, mas nossos corpos, nossos organismos físicos, seriam privados de qualquer contato e de qualquer vitalidade. A mutação assumiria a forma de uma cristalização da vida orgânica, de uma digitalização total do trabalho e do consumo e de uma desmaterialização do desejo. Os que estavam casados estariam, a partir de agora e para sempre, condenados a ficar 24 horas por dia com aquele com quem tinham casado, quer o amassem ou detestassem ou as duas coisas ao mesmo tempo — o que, diga-se de passagem, é bastante comum: o casamento é regido por uma lei da física quântica segundo a qual não há oposição de termos contrários, mas simultaneidade do aparentemente dialético. Nesta nova realidade, nós que tínhamos perdido o amor ou não o encontrávamos há tempos, desde a grande mutação da covid-19, estávamos condenados a passar o resto de nossas vidas totalmente sozinhos. Sobreviveríamos, mas sem tato, sem pele. Os que não tinham se atrevido a declarar seu amor à pessoa amada não poderiam mais ficar com ela, e, mesmo que conseguissem expressar seu amor, viveriam para sempre na impossível espera de um encontro físico que jamais se produziria. Os que tinham resolvido viajar ficariam para sempre do outro lado

Dysphoria mundi 231

da fronteira, e os burgueses que partiram para a praia ou para o campo e passaram os dias de confinamento em suas adoráveis residências secundárias (pobrezinhos) não poderiam voltar nunca mais à cidade. Suas casas seriam requisitadas para acolher os sem domicílio fixo que, estes sim, viviam na cidade. Tudo ficaria estabelecido na nova e imprevisível forma que as coisas tomaram depois do vírus. O que parecia ser um confinamento temporário se prolongaria pelo resto de nossas vidas. Talvez as coisas voltassem a mudar, mas não para nós, que já tínhamos mais de quarenta anos. Essa era a nova realidade. Então tive que pensar se valeria a pena continuar vivendo assim. Sob que condições e de que forma valeria a pena seguir vivendo?

A primeira coisa que fiz quando saí da cama, depois de ficar doente com o vírus durante dez dias tão imensos e estranhos quanto um novo continente, foi fazer a mim mesmo a seguinte pergunta: sob que condições e de que forma valeria a pena seguir vivendo? A segunda, antes de achar resposta para a primeira, foi escrever uma carta de amor a Alison. De todas as teorias da conspiração que li, a que me seduz é a que diz que o vírus foi criado por um laboratório para que todos os *losers* do planeta pudéssemos reconquistar os nossos ex — sem sermos forçados, contudo, a viver com eles.

Tomada por toda a ansiedade e o lirismo acumulados em uma semana de doença, medos e dúvidas, a carta à minha ex não era apenas uma desesperada e desesperante declaração de amor, mas, e sobretudo, um documento constrangedor para o remetente. Mas se as coisas já não podiam mudar, se quem estava distante não voltaria a se tocar, que importava o ridículo? Que importava declarar à pessoa amada o seu amor, mesmo que ela o tivesse esquecido, talvez até substituído você, se, de qualquer jeito, você nunca mais iria vê-la? O novo estado de coisas, em sua imobilidade escultórica, concedia um novo grau de *what the fuck* inclusive ao próprio ridículo.

Assim como Wisława Szymborska preferia o ridículo de escrever poemas ao ridículo de não os escrever, preferi o ridículo de escrever aquela desesperada e patética carta de amor ao ridículo de não a escrever. Coloquei-a num envelope branquíssimo e nele escrevi, com minha melhor caligrafia, o nome e o endereço da minha ex. Enfiei uma roupa, coloquei uma máscara, luvas e sapatos que tinha deixado na porta e desci até a entrada do edifício. Ali, seguindo a lógica do confinamento, não saí para a rua, mas para o pátio das lixeiras. Abri a caixa amarela e, como se tratava de papel reciclável, joguei a carta para minha ex lá dentro. Voltei a subir as escadas até meu apartamento. Deixei os sapatos na porta. Entrei em casa, tirei as calças e coloquei numa sacola plástica, tirei a máscara e pus para ventilar no balcão, tirei as luvas e joguei na lixeira e lavei as mãos durante dois intermináveis minutos. Tudo, absolutamente tudo, estava congelado da forma que tinha assumido depois da grande mutação.

Descontinuidade entre o dentro e o fora. Ruas vazias. Casas cheias. Silêncio urbano. Ruído digital. Passo a noite acordado com dores articulares e tosse. Abro a janela do quarto porque me falta o ar. Mas o ar não entra. Resolveu ficar fora da casa, fora do meu corpo. Penso que, se morrer, terei tido pelo menos a sorte de poder usar o nome que desejei. Pela primeira vez, imagino esse nome escrito em minha tumba. Onde quero ser enterrado? No cemitério do Père-Lachaise, que fica a apenas setecentos metros da minha casa? Perto

Dysphoria mundi

de Monique Wittig. Essa proximidade estranhamente me acalma; a morte parece simples como um mapa de bairro.

Com a tranquilidade de ter enviado — ou pelo menos descartado — aquela carta, saio pela primeira vez depois de ter ficado doente para dar um passeio de cinco minutos ainda de chinelo. Minha aparência fantasmagórica não destoa da paisagem espectral da cidade. Volto para casa e caio exausto. Durmo do meio-dia às sete da manhã e acordo como se tivesse sido resgatado na praia do apartamento depois de um naufrágio. Depois, por cerca de doze horas, a euforia mental abre espaço dentro da fadiga física e escrevo um texto sobre a transformação das tecnologias de poder e de subjetivação que a gestão do vírus está provocando. Entendo agora a utilidade da mudança. Abro umas vinte caixas para encontrar os livros de David Napier, Roberto Esposito, Emily Martin, Cindy Patton e Samuel Epstein sobre gestão política das pandemias. Minhas mãos vão direto buscar parágrafos sublinhados há anos, como se fossem mensagens cifradas no passado que só poderiam ser entendidas no presente. Afetado, talvez, pela febre, ouço Günther Anders discutindo com Foucault, gritando com ele, e atuo como um escrevente convocado às pressas para tomar notas da conversação. O pensamento não é de natureza racional, mas resulta de uma equação que se apresenta à mente de forma imediata e intuitiva: de repente, todas as peças de um quebra-cabeça político que eu estava tentando montar há anos se encaixam. O vírus colocou em primeiro plano as perguntas sobre a construção política do corpo, que antes pareciam afetar apenas os "anormais", os "homossexuais", os imigrantes, as pessoas "trans" ou "racializadas". Desta vez, os "normais" estão no centro do furacão.

Bem-vindos à necrobiopolítica, amigos. Este também é o seu corpo. Dou um título ao texto: *Wuhan está em toda parte.*

Durmo de novo durante horas sem saber se é dia ou noite. Levanto, ponho uma roupa e um par de sapatos sem notar que são seis da manhã e não posso ir a lugar nenhum. Noto que meus pés esqueceram o que significa estarem contidos por uma membrana exterior e amarrados com cordões. De maneira paradoxal, o confinamento dos corpos traz a liberação dos pés. Observo pela janela que meu bairro, habitado sobretudo por famílias da classe trabalhadora, franceses de origem africana, árabe e asiática, está insolitamente animado para tempos de confinamento: os trabalhadores racializados seguem saindo de casa para executar tarefas de cuidado e serviço. O vírus já está se racializando e feminizando.

O vírus é um facão muito afiado que está cortando em dois a história da humanidade. A história inteira é um longuíssimo chouriço feito de sangue e linguagem, máquinas e instituições, células e capital, corpos vivos e seres inorgânicos, imagens e relatos, sonhos e pesadelos, e esse enorme facão fabricado paradoxalmente por nós mesmos, os animais humanos, um facão maior que o fio do Everest, disposto a cortar o fresco chouriço da história.

A primavera chega no quinto dia de confinamento. Agora, com o corpo moído, alterno sonho e escrita, durmo com o computador na cama, de modo que há momentos em que não sei se escrevo ou sonho que escrevo. Às vezes, quando estou deitado, nem totalmente adormecido nem completamente desperto, sem paladar nem olfato, sinto um raio do jovem sol de abril tocar minha pele. Entendo, então, que estar vivo não se reduz a estar saudável.

Dysphoria mundi

Virginia Woolf já tinha entendido, olhando prostrada em sua cama as figuras que a luz criava ao refletir-se no teto, que estar vivo consiste em ser um receptáculo das distintas formas que a energia do universo assume no planeta que habitamos. A doença não é somente uma diminuição do funcionamento orgânico. Pode ser também um processo de ampliação cognitiva que faz os limites sociais do eu cederem e torna possível perceber de outro modo a realidade que nos rodeia. Quando a doença nos abate, quando o trabalho se torna impossível e as normas sociais irrelevantes, então, se não for eclipsada pela dor e pelos poderes médicos e farmacológicos, a consciência de estar vivo emerge como uma condição vibratória, como uma função entre a luz e o oxigênio. É possível compreender então que o cosmos é um fato energético do qual fazemos parte.

Durante os dias de doença e confinamento, muites de nós compreendemos que não precisamos de nada do que o capitalismo produz para viver e ser felizes. Oxigênio, capacidade de respirar, ausência de dor, alguma comida e amor. O que as restrições e o isolamento evidenciam é que a chave do bem viver não reside no consumo de objetos, mas, ao contrário, única e exclusivamente no cultivo das relações, não apenas inter-humanas, mas também cósmicas, aquelas que um organismo estabelece com seu meio ambiente como entidade viva.

Se precisamos de "cultura" é porque as produções culturais, os livros, as obras de arte, as peças de teatro e de dança, os filmes não são objetos de consumo. São relações sociais encapsuladas em códigos linguísticos, teatrais ou audiovisuais. Por isso, durante este tempo de reclusão, nos alimentamos com a energia nelas contida. Entramos em relação com as obras de arte como faríamos com outros seres vivos, animais, vegetais ou humanos. Ou com o sol. O consumo de objetos é quase totalmente dispensável, além do consumo energético necessário para a manutenção da vida. Mesmo na gastronomia, a mesa que permite que os que se amam se reúnam para partilhar a comida é mais importante que a própria comida. Vivemos de energia relacional. Devemos opor-nos ao capitalismo, ao patriarcado e à colonialidade como formas de produção, de consumo e de destruição da vida. Se não formos capazes de aprender esta lição com tudo que está acontecendo, não sobreviveremos.

Esta noite, com o sentimento desta vibração ainda presente nos dedos, desenho a carta de tarô do ermitão que tirei faz alguns dias e que ficou me esperando até agora. O ermitão é o diabo em transição. O corpo do ermitão é vegetal, sua pele é verde, talvez coberta de fungos, sua capacidade de meditar e observar a realidade fazem dele uma árvore móvel capaz de absorver energia solar através da pele de clorofila. Noto que desenhei um hermitão. Em inglês a palavra *herm* é utilizada pelos ativistas intersex para criticar a patologização médica de seus corpos e reclamar o direito de existir fora do binarismo gonádico. O hermitão é um ser não binário. Nem masculino, nem feminino, nem branco, nem preto, nem animal, nem humano. É o resultado da transição do regime capitalista tecnopatriarcal para um novo paradigma. É o efeito no corpo humano vivo da despatriarcalização e da decolonização.

No dia seguinte recebo um e-mail de Alison. É a primeira vez que me escreve depois de nossa separação há mais de um ano. A mensagem é semanticamente fria — vinte anos

Dysphoria mundi

na Catalunha só serviram para tornar ainda mais distante o seu caráter dinamarquês. Não há nenhuma referência a sentimentos, nem a nenhum de nossos corpos, nem à sua fisiologia ou psicologia, mas em um dos parágrafos aparece, inesperadamente, a expressão *"T'estimo"*, escrita assim, em catalão. Como ainda estou febril, a ordem das ideias fica embaralhada em minha memória, e me pergunto se Alison poderá de algum modo ter recebido a ridícula carta de amor que escrevi e joguei no lixo uns dias atrás. De repente, sou assaltado pela dúvida. Penso que talvez, nas brumas da covid, tenha confundido a caixa de correio com a lata de lixo reciclável. Afinal, na França, as duas são amarelas, e nestes dias minha capacidade de discernimento, assim como o paladar e o olfato, minguou de maneira drástica. Meu desejo inconsciente pode ter me pregado uma peça: aproveitando o descenso de minhas capacidades cognitivas, levou-me até a caixa e obrigou-me a depositar a carta. Nesse caso, todas as minhas fragilidades terão sido reveladas. Fico angustiado até o momento em que recordo que não pus selo na carta e que, portanto, ela não teria como chegar a Barcelona. Alison envia também uma música por mensagem no celular. Abro e, com surpresa, ouço "Children of the Damned", do Iron Maiden. Não é, em absoluto, o estilo dela. O que estará tentando me dizer? Estará zombando de mim? Seria esta a resposta à veemente efusão amorosa de minha carta? Mas duas horas depois volto a clicar na mensagem e vejo que me enganei e que, na verdade, a canção não era "Children of the Damned", mas "How Can I Tell You", de Cat Stevens. Não posso deixar de rir de mim mesmo, uma risada que já tinha quase esquecido, e que é entrecortada apenas pela tosse.

Penso em responder a Alison, mas não sei o que escrever. Antes que possa decidir o que fazer, a doença adianta-se ao amor: voltam a diarreia, a dor de cabeça, a febre, a dificuldade de respirar. Sinto que não só não saí do inferno, como estou pouco a pouco mergulhando ainda mais nele. O tempo da doença é o tempo profundo. Existe outro nível, um infra-tempo por baixo do tempo habitado pelos vivos e os sãos. Estou entrando nele. Em meus sonhos febris, às vezes vejo meu coração como uma ruína, uma mansão queimada ou mesmo a catedral de Notre-Dame, às vezes o corpo inteiro arde e as pedras ou meus órgãos calcinados, ainda fumegantes, movem-se como se fossem serpentes. Às vezes acordo com a sensação de que uma dessas cobras entrou em meu peito e agora vive dentro dele, impedindo-me de respirar.

Passaram-se dezessete dias desde o confinamento sanitário nacional, vinte desde que caí doente. Agora há gente morrendo em todos os cantos do planeta. O vírus transformou continentes separados num só mundo. *Pangea Covidica*. Como pudemos ouvir as notícias que chegavam de Wuhan sem perceber que estávamos vendo nosso próprio futuro? A partir de agora, as tensões só podem aumentar: serão só guerras econômicas, políticas, nacionais, raciais, sexuais, imunológicas, alimentares, comunicacionais, mas sobretudo guerras epistemológicas, guerras de significados e de sentido... *Dysphoria mundi*. Por que não detêm as matanças de animais em matadouros? Por que não abrem os hospitais psiquiátricos e os lares de idosos? Por que não existem comitês de organização de bairro para tratar e alimentar os doentes? Por que os que passaram pela doença não podem se converter em dispensadores de abraços para os que morrem sozinhos?

Dysphoria mundi

Pela manhã, leio os diários de Kafka a fim de criar coragem para levantar: nada pode melhorar tanto o ânimo quanto ver que Kafka acorda toda manhã aterrorizado diante da tarefa de sair da cama com terríveis dores de cabeça e que, depois de arrastar os pés num pequeno passeio pelo parque Chotek, em Praga, consegue escrever aquilo que não cessa de definir como algumas páginas miseráveis, embora se trate, sem nenhum exagero, de uma obra-prima. Diante de Kafka, qualquer escritor é um desocupado que reclama de tudo e um arrogante que pensa que quatro palavras já são um legado. Em seguida, tendo recuperado um pouco as forças, releio Günther Anders e Foucault, sempre surpreso com a falta de reflexão de Foucault sobre a Segunda Guerra Mundial e também sobre a bomba atômica; à tarde, leio "As We May Think", ensaio de 1945 do engenheiro estadunidense Vannevar Bush sobre o projeto Memex, que de certo modo prefigura a cultura digital contemporânea; ou retorno a *Três guinéus*, de Virginia Woolf, para pensar a relação entre a guerra e o patriarcado. À noite, leio David Garnett, o amigo pangênero e pansexual de Virginia Woolf, que acabaria casando com sua sobrinha (que era, por outro lado, filha de seu antigo amante). Como Kafka dizia a respeito de Strindberg, não leio Garnett por ler, mas para recostar-me em seu peito.

Nessa mesma noite, levanto da cama com febre. Mas talvez seja só um sonho. Sonho que ponho a cabeça sob a torneira. A água golpeia meu crânio. Sinto frio, e em seguida, ou talvez ao mesmo tempo, um fogo que se estende do peito à testa e que a água não consegue acalmar. No sonho, levanto a cabeça ainda molhada e me olho no espelho. Um dos meus olhos está pendurado para fora. Mais exatamente: com o olho direito, vejo que o olho esquerdo pende da órbita. Chego mais perto do espelho e, no fundo da cavidade orbital, olho o espaço deixado pelo globo ocular e vejo que lá, dentro do meu crânio, há uma imensa e diminuta civilização. Vejo centenas de corpos caminhando, saltando, brincando. Nem heterossexuais nem homossexuais, nem homens nem mulheres, nem brancos nem negros, nem animais nem humanos. Entendo que se trata de uma sociedade regida por leis totalmente novas. Pego meu olho e o recoloco na órbita. Acordo, dessa vez consciente, com a certeza de que, por trás do que vemos, existe, invisível, outra vida. Eis o último estágio viral do capitalismo petrossexorracial: a tomada de consciência como delírio febril.

Ao despertar e perceber que a visão do meu olho esquerdo está nublada, percebo que o sonho é a tradução onírica de um evento fisiológico. Não estou enxergando. Chamo um táxi que percorre as ruas vazias para deixar-me na porta do hospital Rothschild. As fitas de plástico colorido, utilizadas para identificar os lugares aos quais se tem acesso e aqueles onde é proibido entrar por causa da covid, dão ao hospital um ar de gincana infantil, ou talvez um *Round 6* sanitário em que os contaminados enfrentam os sadios. O vírus afetou meu sistema vascular e neurológico, provocando um microinfarto, esta é a palavra que usam, um *microinfarto* dos vasos sanguíneos que conectam o nervo ótico e o cérebro. Não é muito comum, mas pode acontecer. Prescrevem um tratamento com cortisona e me mandam para casa, dizendo lapidarmente: "Ou melhora em 24 horas ou vai piorar". Não parecem dar mais crédito a uma ou outra possibilidade. "Não podemos interná-lo, não há vagas. Se piorar", diz o jovem enfermeiro, de quem só vejo uns cansados olhos azuis, "ligue imediatamente

Dysphoria mundi

e enviaremos uma ambulância para recolhê-lo." Volto ao apartamento mareado, exterior à minha própria vida, e, apesar do olho coberto, desvio das caixas da mudança que ainda estão na sala, saltando com a euforia momentânea provocada pela cortisona. O tempo saiu do calendário. Nem me dei conta de que é domingo de Páscoa. Sem sacralidades ou celebrações. Um dia vazio de convenções e de história, um dia cego. Esta cegueira lateral talvez seja minha forma de resistir à mutação do olho, que se produz através do teletrabalho e da televigilância.

No dia seguinte, recupero pouco a pouco a visão do olho, como quem sobe uma persiana furada para deixar entrar paulatinamente a luz.

Alguns dias depois resolvo responder à mensagem de Alison, contornar a metafísica confusão com a caixa de correio e enviar um modesto e-mail. *"Jo també t'estimo però no puc tornar amb tu"*, escrevo, cruzando os dedos para que ela nunca tenha recebido a carta melosa e desesperada que escrevi. Ela diz que me contatou por iniciativa própria, mas, conhecendo seu orgulho, fico sempre em dúvida. Apesar de tudo, começamos a nos falar todos os dias. A doença deixou evidente que, assim como os estados alterados de consciência, existe algo que poderíamos chamar de estados alterados do amor. E talvez seja por isso que, independentemente do que dissemos um ao outro, temos nosso encontro diário na telinha. Alison pergunta: "O que vai ser de nós?". Gosto de Alison, mas sofro com ela, sinto ao mesmo tempo o prazer e a dor de voltar a transitar pelos conhecidos caminhos sem saída, pelos espaços mortos já visitados: estar ali, junto com ela, entre as ruínas do amor. E a pergunta de Alison estende-se da incerteza de nosso vínculo à totalidade da espécie humana. O que vai ser de nós?

Home is out of joint

DENTRO, FORA. Cheio, vazio. Seguro, tóxico. Masculino, feminino. Branco, negro. Humano, animal. Nacional, estrangeiro. Cultura, natureza. Público, privado. Orgânico, mecânico. Centro, periferia. Aqui, ali. Analógico, digital. Vivo, morto. O lar, refúgio aparentemente sagrado do indivíduo moderno (pelo menos do indivíduo patriarco-colonial, o homem branco heterossexual), converte-se agora no enclave do político por excelência: lugar ao mesmo tempo de potência e poder, de possibilidade de ação e de controle. Um dos deslocamentos centrais das técnicas farmacopornográficas que caracterizam a crise da covid-19 é que o domicílio pessoal — e não as instituições tradicionais de confinamento e normalização (hospital, fábrica, prisão, colégio) — aparece agora como novo centro de produção, consumo e controle. Não se trata apenas de ter a casa como lugar de confinamento do corpo, como era o caso na gestão da peste. O domicílio pessoal é também o novo centro da economia do teleconsumo e da teleprodução, assim como da cibervigilância: o espaço doméstico existe agora como um lugar identificável num mapa da Google, um quadradinho reconhecível por um drone.

Essa volta ao domicílio, que durante a modernidade disciplinar foi considerado um espaço feminino e reprodutivo — excluído, portanto, da produção política e econômica — teve

Dysphoria mundi

início no século xx. Em plena guerra fria, a Mansão Playboy funcionou como um laboratório onde eram inventados os novos dispositivos de controle farmacopornográfico do corpo e da sexualidade, que se ampliariam a partir do início do século xxi e que agora se estendem à totalidade da população mundial com a crise da covid-19. Em meados do século passado, Hugh Hefner, fundador da *Playboy*, começou um insólito retorno ao espaço doméstico. Um dos homens mais ricos do mundo passará quase quarenta anos sem sair da mansão, às vezes nem sequer da cama, vestindo unicamente pijamas, robe e pantufas, bebendo Pepsi-Cola, comendo chocolates Butterfinger e dirigindo uma das revistas mais importantes dos Estados Unidos. Equipada com câmera de vídeo, linha direta de telefone, rádio e música ambiente, a famosa cama redonda de Hefner era uma autêntica plataforma de produção multimídia da vida de seu habitante, na qual foram inventadas algumas das formas de vida características do capitalismo contemporâneo.[81]

O biógrafo Steven Wats definiu Hafner como "recluso voluntário em seu próprio paraíso". Hefner vivia totalmente confinado. Adepto de todo tipo de dispositivos de arquivo audiovisual, muito antes da chegada do telefone celular, do Facebook ou do WhatsApp, o fundador da *Playboy* enviava mais de vinte fitas de áudio e vídeo por dia, com diretrizes e mensagens, que iam de entrevistas ao vivo a instruções de publicação. Hefner instalou na mansão, na qual convivia com uma dúzia de *playmates*, um circuito fechado de tv, que permitia que, de seu centro de controle, vigiasse tudo que acontecia em todos os aposentos em tempo real. Coberta por painéis de madeira e espessas cortinas, mas penetrada por milhares de cabos e dotada daquilo que, na época, eram as mais avançadas tecnologias de telecomunicação (que hoje pareceriam tão arcaicas quanto um tambor), a casa era ao mesmo tempo totalmente opaca e totalmente transparente. Os materiais filmados pelas câmeras de vigilância também acabavam nas páginas da revista. O espaço doméstico era a nova fábrica multimídia.

A revolução necrobiopolítica silenciosa que *Playboy* liderou supunha, além da transformação da pornografia heterosse-xual em cultura de massa, o questionamento da divisão que fundou a sociedade industrial do século xix: a separação entre as esferas da produção e da reprodução, a diferença entre a fábrica e o lar e, com ela, a distinção patriarcal entre mascu-linidade e feminilidade. A *Playboy* solapou essa diferença pro-pondo a criação de um novo enclave de vida: o apartamento de solteiro totalmente conectado às novas tecnologias de co-municação, do qual o novo produtor semiótico não precisa sair para trabalhar nem para fazer sexo — atividades que, aliás, tornaram-se indistinguíveis. A cama giratória de Hef-ner era ao mesmo tempo sua mesa de trabalho, o escritório da direção, um cenário fotográfico e um local de encontros sexuais, além de um estúdio de televisão no qual era gravado o famoso programa *Playboy After Dark*. A *Playboy* antecipou os discursos contemporâneos sobre o teletrabalho e a produção imaterial que a gestão da crise da covid-19 transformou em dever cidadão. Hefner chamou este novo produtor social de "trabalhador horizontal".

O vetor de inovação social que a *Playboy* pôs em marcha fun-cionava através da erosão (para não dizer destruição) da distân-cia entre trabalho e ócio, produção e sexo. A vida do playboy,

Dysphoria mundi

constantemente fotografada, filmada e divulgada através dos meios de comunicação da revista e da televisão, era totalmente pública, embora ele não saísse de casa nem da cama. Nesse sentido, a *Playboy* questionava também a diferença entre as esferas masculina e feminina, fazendo com que o novo operário multimídia fosse, o que parecia um oxímoro na época, um homem doméstico. O biógrafo de Hefner lembra que este isolamento produtivo precisava de um suporte químico: Hefner era um grande consumidor de dexedrina, uma anfetamina que elimina o cansaço e o sono. Assim, paradoxalmente, o homem que não saía da cama nunca dormia. A cama como novo centro de operações multimídia era uma cela farmacopornográfica: só podia funcionar com a justa combinação de anfetamina com pílula anticoncepcional, drogas que, sem cair na reprodução heterossexual, mantiveram o nível produtivo em alta e um fluxo constante de códigos semióticos, que tinham se transformado no único e verdadeiro alimento do playboy.

Mas tudo isso não é estranhamente parecido com nossas próprias vidas durante e depois do confinamento? Vivemos dentro de uma prisão doméstica multimídia: bem-vindos à telerrepública de suas casas. Basta recordar as recomendações do presidente francês Emmanuel Macron durante o confinamento (e muito antes da invasão da Ucrânia pela Rússia): "Estamos em guerra, não saiam e trabalhem de casa". Durante a mutação cibernética do capitalismo, os trabalhadores fordistas não se transformarão em "negatividades desempregadas", para usar os termos de Georges Bataille, mas em produtores pós-domésticos. As medidas biopolíticas de gestão do contágio impostas pelo enfrentamento da covid-19 transformaram cada um de nós em trabalhadores horizontais mais ou menos playboys. Hoje, o espaço doméstico de qualquer um de nós é milhares de vezes mais tecnologizado do que a cama giratória de Hefner em 1968. Miniaturizados e concentrados no smartphone, órgão central externalizado do capitalismo cibernético, os dispositivos de teletrabalho e telecontrole agora estão na palma de nossa mão.

Em *Vigiar e punir*, Michel Foucault analisou as celas religiosas de confinamento unipessoal como autênticos vetores que serviram para modelar a passagem das técnicas soberanas e sangrentas de controle do corpo e da subjetividade anteriores ao século xviii para as arquiteturas e dispositivos disciplinares de confinamento enquanto novas técnicas de gestão da totalidade da população. As arquiteturas disciplinares eram versões secularizadas das celas monásticas, nas quais o indivíduo moderno foi engendrado pela primeira vez como uma alma encerrada num corpo, um espírito leitor capaz de ler as diretrizes do Estado. Quando o escritor Tom Wolfe visitou Hefner, disse que ele vivia numa prisão tão branda quanto um coração de alcachofra. Poderíamos dizer que a Mansão Playboy e a cama giratória de Hefner, transformadas em objetos de consumo pop, funcionaram durante a guerra fria como espaços de transição nos quais foram criados o novo sujeito protético, ultraconectado, e as novas formas farmacopornográficas de consumo e controle e de biovigilância que dominam a sociedade contemporânea. Esta mutação ampliou-se e globalizou-se durante a gestão da crise da covid-19: nossas máquinas portáteis de telecomunicação são nossos novos carcereiros, e os interiores domésticos transformaram-se em nossa prisão branda e ultraconectada. Wuhan está em toda parte.

ORAÇÃO FÚNEBRE

Nossa Senhora dos Gigantes Tecnológicos, rogai por nós.

Nossa Senhora da Google, rogai por nós.

Nossa Senhora da Apple, rogai por nós.

Nossa Senhora da Amazon, rogai por nós.

Nossa Senhora da Microsoft, rogai por nós.

Nossa Senhora da Netflix, rogai por nós.

Nossa Senhora da Uber, rogai por nós.

Nossa Senhora da Tesla, rogai por nós.

Nossa Senhora da SpaceX, rogai por nós.

Nossa Senhora do Airbnb, rogai por nós.

Nossa Senhora da ExxonMobil, rogai por nós.

Nossa Senhora da General Electric, rogai por nós.

Nossa Senhora do Citigroup, rogai por nós.

Nossa Senhora da BP, rogai por nós.

Nossa Senhora do Bank of America, rogai por nós.

Nossa Senhora da Shell, rogai por nós.

Nossa Senhora da Aramco, rogai por nós.

Nossa Senhora da State Grid, rogai por nós.

Nossa Senhora da China National Petroleum Corporation,
rogai por nós.

Nossa Senhora da Walmart, rogai por nós.

Nossa Senhora da Volkswagen, rogai por nós.

Nossa Senhora da Toyota, rogai por nós.

Nossa Senhora da Gazprom, rogai por nós.

Nossa Senhora da Johnson & Johnson, rogai por nós.

Nossa Senhora da Alibaba, rogai por nós.

Nossa Senhora do JPMorgan Chase, rogai por nós.

Nossa Senhora da Tencent, rogai por nós.

Nossa Senhora da Berkshire Hathaway, rogai por nós.

Nossa Senhora da Sinopec Limited, rogai por nós.

Nossa Senhora da Inditex, rogai por nós.

Vós que destruís o mundo para substituí-lo por mercadoria,
tende piedade de nós.
Vós que inventais nosso desejo para queimá-lo e levar-nos
a consumir a imagem deste fogo, tende piedade de nós.

The senses are out of joint

DENTRO, FORA. Cheio, vazio. Seguro, tóxico. Masculino, feminino. Branco, negro. Humano, animal. Nacional, estrangeiro. Cultura, natureza. Público, privado. Orgânico, mecânico. Centro, periferia. Aqui, ali. Analógico, digital. Vivo, morto. Os sentidos degringolam. Perde-se o olfato e o paladar. Passa-se a ver o que antes não era visto. A cabeça gira. O chão parece sumir debaixo dos pés. O confinamento e o distanciamento social, impostos quase mundialmente desde 2020 como resposta à crise da covid, geraram não apenas um estado de exceção político ou uma regulação sanitária do corpo social, mas também um *estado de exceção estético*, um terremoto na infraestrutura da sensibilidade, uma mutação das tecnologias da consciência. Com o tempo, as mudanças que estão ocorrendo em escala planetária serão tão profundas quanto a ruptura que separa a imagem medieval da perspectiva renascentista. Estamos perdendo a pele, nossos olhos adaptam-se a olhar só a tela, o mundo analógico afasta-se. A resposta ao vírus deslocou as rotinas da vida ordinária, reorganizou a teatralização coletiva do cotidiano e reescreveu a coreografia normativa dos corpos em sociedade. É a nossa relação com o espaço e o tempo, com o corpo vivo dos outros e com nossos próprios corpos que está sendo profundamente modificada.

Antes da covid-19, no Ocidente, vivíamos uma estética do capitalismo petrossexorracial dominada pela hegemonia do trabalho produtivo e do consumo, pela codificação visual do corpo de acordo com a lógica da diferença sexual, pela sexualização violenta do corpo feminino no espaço público e do corpo infantil nos espaços domésticos e institucionais, pela racialização da pobreza e da exploração, pela internação dos corpos não produtivos e dos que foram considerados incapacitados ou doentes em espaços institucionais de confinamento (da chamada terceira ou quarta idade), pela prevalência da família heterossexual reprodutiva e de sua violência ritual e pelas segmentações das funções sociais (lei, educação, esporte, cultura, saúde etc.) em instituições coletivas de normalização.

A gestão política da pandemia gerou uma ruptura no regime de sensibilidade petrossexorracial, introduzindo um processo tão abrupto quanto profundo de desabituação. A interrupção do tempo de produção, o cancelamento do que é externo ou sua designação como potencialmente contaminante, a brutal constatação (como pudemos ignorar isso?) de nossa condição mortal, o deslocamento de todas as funções institucionais para o doméstico e a descontinuação dos rituais de socialização — sejam eles festivos, profissionais, sexuais, religiosos ou culturais — provocaram um processo de *desnaturalização do mundo sensorial*. A crise da covid é um evento estético, uma reconfiguração da experiência que cria novas formas de sensibilidade, destrói outras e induz novas modalidades de subjetivação política.

Durante o primeiro confinamento global, em 2020, a interrupção dos ritmos de trabalho fora de casa provocou uma primeira crise da percepção, uma descontinuidade sensorial.

Dysphoria mundi 251

Para compreender o impacto do vírus, é preciso entender como as funções sensoriais se especializaram durante a modernidade petrossexorracial e como as chamadas "medidas de prevenção" poderiam afetá-las. A somateca do capitalismo foi construída através da divisão em duas funções sensoriais: a visão e o tato. A visão estrutura a vida pública, regula o reconhecimento social e o acesso aos sistemas de verdade. Ter poder neste sistema de conhecimento supõe ser capaz de acessar, com o olhar, campos de significado e de realidade cada vez mais amplos, não somente observando, mas vigiando e controlando através da visão. É preciso, no entanto, matizar esta afirmação com a observação de que a acumulação de poder e o acesso à verdade através da visão foram segmentados em termos de classe, gênero, sexualidade, raça e deficiência durante a modernidade.

O panóptico, arquitetura que permite vigiar a partir do centro o maior número tanto de trabalhadores quanto de prisioneiros, não é, como queria Foucault, apenas o diagrama do poder disciplinar característico das sociedades ocidentais do século XIX, mas também um modelo somatopolítico petrossexorracial do saber. No patriarcado colonial, a função visual é codificada como produtiva, masculina, branca e capacitista.[82] O suposto olho central que vigia — uma posição que o Estado ocupava nas sociedades ocidentais modernas, mas que em outros regimes teocráticos era ocupada por Deus (ou, para ser mais preciso, pela Igreja) e que no neoliberalismo autoritário deslocou-se para as grandes corporações cibernéticas (Google, Facebook, Twitter etc.) — não é de modo algum, como pretendia Foucault, uma função abstrata e sem corpo. Ao contrário, trata-se de uma função somatopolítica, corpórea, uma função hierarquizada em termos de classe, gênero, sexualidade, raça e deficiência. O olho do poder é, na modernidade, o olho necropolítico do pai: um pai binário, heterossexual, burguês, colonial, que pode, através do olhar, decidir não somente sobre a vida e a morte de seus súditos, mas também o grau de soberania política que merecem aqueles que estão sob o seu olhar. Esta relação entre o olho (a visão) e a masculinidade branca heterossexual é constitutiva e totalizante: não é só o fato de o olho ser do pai, mas de todo pai se tornar olho, e tudo que é olhado, possessão patriarcal.

O corpo inteiro do pai necropolítico, todos os seus órgãos são, por assim dizer, olhos que veem. Esta função não é apenas cognitiva, mas também desejante. Até as mãos e o pênis do pai necropolítico funcionam sensorialmente como extensões tácteis de seu olhar. Quando toca, vigia; quando trepa, possui visualmente; quando goza, cartografa, e vice-versa.[83] Só é possível falar de *male gaze*, de estruturação do campo visual a partir da dominação masculina, se entendemos que este privilégio visual também é codificado em termos raciais, sexuais e de diferença corporal. Deveríamos falar, portanto, de *normative gaze*, de olhar normativo. Não se trata de uma qualidade natural, mas de uma função política. Olhar na modernidade é adotar esta posição binária, patriarcal, colonial e capacitista. O questionamento deste âmbito da visualidade não supõe simplesmente a promoção de uma visão feminina, racializada, queer, trans, de diversidade funcional, e sim, mais radicalmente, o descentramento do olho petrossexorracial e de suas relações binárias, a invenção de outro marco de inteligibilidade que exceda o olhar normativo.

Dysphoria mundi

Em contraste com a visão, na modernidade ocidental, o tato organiza os rituais da vida privada, os espaços do cuidado, do afeto, da reprodução, da sexualidade. Um bom número de feministas marxistas contemporâneas, de Angela Davis a Maria Puig de la Bellacasa, passando por Silvia Federici e Rita Segato, estudaram o modo como, na modernidade capitalista, o trabalho dos cuidados e da reprodução sexual e social foi feminizado e racializado, e ao mesmo tempo privatizado, guetizado dentro do lar e violentamente desvalorizado, apresentado como natural e, portanto, tido como gratuito.[84] No patriarcado colonial, com suas segmentações binárias e antagônicas, aquilo que chamarei aqui de "função pele" está codificada como reprodutiva, feminina, racializada. Durante os cinco séculos que separam a conquista colonial da América e o surgimento necrobiopolítico da covid, os processos de sexualização e racialização passaram por esta curiosa especialização normativa das funções sensoriais. Neste regime, ser marcado/a como mulher ou ser racializado/a era ser olhado/a (e não olhar), ser obrigado a tocar o outro e a deixar-se tocar pelo outro para aceder à produção ou à reprodução de valor e de significado.

O vírus desafia as funções sensoriais da visão e do tato, é capaz de cancelá-las ou exacerbá-las, confundi-las, deslocá-las, reorganizar suas hierarquias. Mais nada do que sentimos é o que parece. A presença do vírus é indetectável para os sentidos do corpo humano. Não podemos vê-lo, nem o tocar, nem o cheirar. Não sabemos se está presente ou ausente. Não sabemos se o respiramos nem se o transportamos. Não sabemos se já está incubado em nós nem se o incubaremos ou não. Ao mesmo tempo, as normas de distanciamento social impostas pela gestão política da pandemia neutralizam ou quase criminalizam o tato. Não podemos tocar o que vemos. Não podemos ver o que nos toca. A realidade torna-se opaca e intocável. Com o cancelamento da visão analógica e do tato, as funções simbólicas e imaginárias do córtex cerebral hipertrofiam-se. A imagem digital e a imagem onírica deslocam a visão exterior. O tato contaminante é substituído pelo clique (nem sempre asséptico) na tela. Os sonhos condensam a intensidade sensorial reprimida, mas também hibridam os novos medos veiculados pela midiatização da doença com a memória pessoal da violência, do trauma, do abandono ou da solidão que cada um carregava consigo antes do vírus. Disforia social, disforia corporal, agorafobia, paranoia, dissociação psicótica já não são patologias, mas modalidades de manifestação do real. Wuhan está em toda parte.

A gestão social e política do vírus provoca também uma crise de sentido. A comunicação social e as instituições de normalização da vida (igreja, escola, caserna, fábrica, museu, tribunal etc.) foram preventivamente desativadas. As grandes indústrias de relatos coletivos hegemônicos já não podem fornecer sentido, nem fabricar significado. O referente social compartilhado também se torna opaco, intocável. O espaço doméstico, núcleo de recolhimento imunitário, revela-se não somente como ilha de proteção, mas também como um concentrado de todas as formas de opressão e violência heteropatriarcais. Fala-se apenas de teletrabalho, porque ninguém reconhece como trabalho as tarefas de cuidado e reprodução que as mulheres sempre realizaram dentro de casa. As famílias enclausuradas veem as funções de poder parental cambalearem. Ou formamos novos agenciamen-

Dysphoria mundi

tos criativos ou a violência vai se intensificar como técnica de governo doméstico. Os casos de abuso e violência sexual multiplicam-se. O confinamento talvez proteja os homens, mas não as mulheres e crianças. A heterossexualidade e o racismo normativos matam mais que o vírus. Entrementes, a família nuclear desloca-se. O mito romântico do casal vem abaixo. Dizem que nunca houve tantos divórcios na China quanto depois do confinamento. Na Europa, a demanda de apartamentos motivada por divórcio, ruptura, separação ou mudança nunca foi tão forte quanto depois do primeiro confinamento. No final de 2020, já se falava numa pandemia de "coronadivórcio" em todo o mundo.

A maioria dos brancos de classe média e alta confinam-se; os outros, forçados a trabalhar, ficam expostos ao contágio. À precariedade de classe, raça, gênero e sexualidade somam-se agora outras segmentações da opressão:

- os que podem preservar sua imunidade e os expostos ao contágio;
- os que são limpos e os que limpam;
- os que podem se isolar em suas casas e os sem teto;
- mas, sobretudo, os que são cuidados e os que cuidam.

De um lado estão os operários do coro analógico: os cuidadores, os distribuidores, os açougueiros, os que curam.

De outro, os operários do código, os operários digitais, os teletrabalhadores.

Entre ambos: os comerciantes do fármaco.

As mudanças que estão ocorrendo não são apenas macropolíticas, mas, e sobretudo, para usar as palavras de Félix

Guattari e Suely Rolnik, "micropolíticas": são "as formações do desejo no campo social" que estão mudando.[85] Durante o primeiro confinamento da crise da covid foi a infraestrutura dos processos de subjetivação dominantes que foi posta em suspensão. A solidão que a doença produz, as condições extremas nas quais médicos e cuidadores lutam para salvar as vidas dos afetados, a despossessão dos amigos e das famílias diante da doença ou da morte de um ente querido, a introspecção desencadeada pelo confinamento, a constatação da precariedade, da feminização e racialização daqueles que realizam os processos reprodutivos da vida (cuidadores, entregadores, caixas, faxineiros etc.), faz com que nos perguntemos coletivamente o que estivemos fazendo até agora e como queremos de fato viver.

Esta tripla crise — da percepção, da sensibilidade e do sentido — podia ter gerado condições de possibilidade para uma mudança profunda das políticas do desejo. E só uma mudança radical do desejo poderia encaminhar a transição epistemológica e social capaz de desalojar o regime capitalista petrossexorracial: esse regime da sensibilidade e da percepção em que a morte e a destruição da vida são objeto de consumo libidinal e no qual a opressão como forma de relação é erotizada. Mas por que esta mudança não aconteceu?

Depois de sua visita a Hiroshima, em suas conversas como Claude Eatherly, comandante do avião meteorológico que apoiou o lançamento da bomba sobre a ilha de Hiroshima e que acabou recluso numa clínica psiquiátrica, Günther Anders inventa o termo *supraliminar* (por oposição a *subliminar*) para designar um conjunto de fenômenos cuja dimensão ou quantidade excede nossa capacidade de compreensão, de tal

Dysphoria mundi

modo que se torna impossível tomar decisões éticas, sentir dor ou assumir as responsabilidades. É possível confrontar--se eticamente com a decisão de salvar uma vida, mas não parece possível, diz Günther, tomar decisões éticas diante da morte de uma população inteira, de um planeta inteiro.[86] A destruição da biodiversidade seria *supraliminar* para nossa consciência individualizada porque a percepção de nossas relações com o meio ambiente foi limitada pelo processo de modernização petrossexorracial e de especialização industrial. A biosfera da qual fazemos parte está paradoxalmente fora do nosso âmbito de percepção e, portanto, excede nossa responsabilidade ética ou política. A morte de centenas de milhares de imigrantes diante das costas europeias também é *supraliminar*. Para a geração que cresceu dentro da estética do capitalismo industrial petrossexorracial, a possibilidade da morte da totalidade da vida animal vertebrada sobre o planeta Terra ou daqueles corpos humanos marcados como femininos, racializados, estrangeiros, judeus, muçulmanos ou úgricos não pode ser percebida como um fenômeno ético ou político relevante. A fim de ativar uma outra resposta política é preciso, portanto, mudar a própria infraestrutura da percepção. As possibilidades de vida no planeta dependem dessa mutação micropolítica.

Serão os adolescentes e as crianças que nascem hoje capazes de ultrapassar esse umbral ético da percepção? Conseguirão ver o consumo como morte e a reprodução como destruição? Poderão deserotizar a opressão sexual? Desracializar a pele? Inventar outra forma de relação social que não seja baseada na violência? Poderão deixar de desejar a própria submissão sexual, social e energética? Sem dúvida estão sendo chamados, de um modo ou de outro, a fazê-lo. Mutação ou morte.

A crise climática e somatopolítica (da qual a pandemia faz parte) agudizam a "brecha" (*décalage*) entre "nossa capacidade de representar e nossa capacidade de produzir",[87] entre as convenções de percepção e os aparatos de produção da verdade (discursos sociais, científicos, midiáticos etc.), entre o desejo e a capacidade de atuar no mundo. *Dysphoria mundi* é o que vem depois de Auschwitz e de Hiroshima. *Dysphoria mundi* é o que vem depois do fim da história, da pós-modernidade e da fragmentação dos grandes relatos, depois de Srebrenica, de Ruanda, de Alepo, dos conflitos armados na Guatemala, na Colômbia... *Dysphoria mundi* é o que vem depois dos massacres na Ucrânia. *Dysphoria mundi* é a forma que a subjetividade política assume entre o momento da ruptura do umbral de percepção da modernidade petrossexorracial necropolítica e a emergência da incipiente consciência de exterior em relação à epistemologia dominante. Este descentramento já anuncia a possibilidade de uma *mutação da percepção* na qual a destruição do planeta, a política de guerra, a opressão racial, de gênero e sexual transformaram-se em eventos éticos perceptíveis e, portanto, insuportáveis — tão insuportáveis quanto os rituais canibais ou a queima das bruxas nas fogueiras da Inquisição nos parecem hoje.

O problema fundamental que enfrentamos é que o regime capitalista petrossexorracial colonizou a função desejante recobrindo-a com valores monetários, semióticas da violência, modos de objetivação consumista e submissão depressiva. A chave deste capitalismo petrossexorracial não é, como pensou Marx, apenas a produção e extração de mais-valia econômica,

Dysphoria mundi

mas também a fabricação de uma subjetividade adicta, cujos desejos se amoldam ao processo de produção de capital e de consumo e de reprodução sexual e colonial. E tudo isso através da combustão fóssil e da destruição da biosfera. O processo de exploração não é só uma questão de mais-valia, mas antes, e sobretudo, de adição e de naturalização da percepção. O explorado não deseja a liberação, mas, ao contrário, quer alcançar o reconhecimento social através do consumo e da identificação normativa. A violência opera fabricando um desejo normativo que toma posse do corpo e da consciência até que aceitem "identificar-se" com o processo de extração de sua *potentia gaudendi* e a destruição de suas próprias vidas. A primeira coisa que o poder extrai, modifica e destrói é nossa capacidade de desejar a mudança. Até agora, todo o edifício capitalista petrossexorracial se apoiava numa estética hegemônica, que limitava o campo da percepção, recortava a sensibilidade e capturava o desejo. É esta estética da adição que entrou em crise. *Dysphoria mundi*. Agora a pergunta é: seremos capazes de desejar de outro modo?

The car is out of joint

DENTRO, FORA. Cheio, vazio. Seguro, tóxico. Masculino, feminino. Branco, negro. Humano, animal. Nacional, estrangeiro. Cultura, natureza. Público, privado. Orgânico, mecânico. Centro, periferia. Aqui, ali. Analógico, digital. Vivo, morto. Durante o confinamento, a cidade inteira fica parada, mas sem dúvida o mais chocante é o silêncio gerado pela ausência total de circulação de carros. Se, como vimos, para Barthes, a catedral era o veículo espiritual dos medievais e o carro era a catedral dos fordistas, agora os dois revelam sua condição de ruínas. Primeiro Notre-Dame ardeu, e agora a cadeia de produção fordista tinha parado. Os objetos mágicos estavam mudando.

Com a crise do novo coronavírus, a indústria de fabricação de automóveis parou dos dois lados do Atlântico pela primeira vez desde que Ford a pôs em marcha, em 1908. Não foi porque o risco de contágio impôs uma interrupção das cadeias de produção, mas porque uma parte crucial dos componentes necessários à fabricação dos automóveis vem da China, por vias marítimas e aéreas agora suspensas.

Desde o confinamento de Wuhan e depois, exponencialmente, com o fechamento das cidades no mundo todo, as ações da indústria automobilística só fazem desabar. A Opep decide fazer uma redução histórica da produção de petró-

Dysphoria mundi 261

leo para manter o preço do barril e "estabilizar" — leia-se "controlar" — o mercado. Ford, General Motors, Volkswagen perguntam-se se poderão sobreviver depois da crise do vírus, com uma população mundial economicamente fragilizada e uma indústria em plena transição para o carro elétrico. O fechamento simbólico (ainda não factual) do ciclo do petróleo virá com o repentino abandono do Afeganistão pelas tropas americanas em setembro de 2021 e com a constatação, a partir de 2022, da cumplicidade entre as cadeias de abastecimento de combustíveis fósseis e as oligarquias bélicas durante a guerra da Ucrânia.

Wuhan não foi apenas o epicentro da crise viral, ela é também um dos mais importantes centros siderúrgicos mundiais, é a sede da Daye, superprodutora de ferro e alumínio, propriedade da Wuhan Iron and Steel, com ativos importantes na Alemanha, na Áustria e na Suíça. Wuhan é a cidade chinesa com maior investimento francês e alemão, a principal sede de montagem da Peugeot, da Citroën e da Nissan na China, e, desde o ano 2000, produz peças para a Citroën. As peças do carro que você dirige vieram de Wuhan.

Desde o início do século xx, o automóvel definiu uma estética baseada na mobilidade entendida como uma forma de liberdade do corpo branco e masculino. Estendendo à totalidade da vida a experiência de dirigir a toda velocidade, o masculinista Marinetti — não é difícil imaginá-lo com uma das mãos nos testículos e outra no volante — anuncia em fevereiro de 1909, na Lombardia, os princípios fundadores do futurismo: exaltação do movimento e da distorção do espaço que ele produz, intensidade sensorial da fusão do corpo com a máquina, erotização da agressividade. Mais tarde, o capitalismo petrossexorracial vai erigir secretamente o futurismo em estética de vida.

Pouco mais de um século depois, em fevereiro de 2020, a Lombardia transforma-se no centro da pandemia na Europa. Na noite de 18 de março, na cidade de Bérgamo, setenta caminhões transportam cadáveres para cidades que ainda dispunham de espaço em seus cemitérios. Os médicos locais alertavam desde o final de dezembro sobre o estranho aumento de casos de "pneumonia", mas o confinamento não foi decretado porque os patrões industriais acharam que era mais rentável continuar produzindo que fechar as fábricas. Quando a onda de contágios chegou, o sistema sanitário local, que havia sido privatizado pelos políticos, às vezes lacaios de Berlusconi, às vezes da Liga Norte, não pôde fornecer os cuidados necessários aos trabalhadores. Os patrões eram futuristas: *"Bergamo no si ferma"* (Bérgamo não para). Mas parou. A pandemia é o golpe de misericórdia no fordismo industrial, mas só para substituí-lo rapidamente por uma nova forma de superprodução digital.

O capitalismo alcançou velocidade máxima, e o sujeito estético da modernidade futurista sufoca: seus pulmões cristalizam, e sua alma, já feita só de algoritmos, explode como uma vibração que atravessa o espaço e ressoa, apesar do confinamento, dentro de cada casa.

No ápice da pandemia, a indústria de automóveis fabrica respiradores eletrônicos que se conectam à traqueia humana. O carro do futuro é o seu sofá, e o motor do porvir, um respirador elétrico. Os centros de direção das indústrias automobilísticas elaboram cenários de saída da crise com planos de reconversão que preveem a transformação futura de cada

Dysphoria mundi

veículo numa unidade de cuidados intensivos. O silêncio das cidades só é quebrado pela passagem das ambulâncias. A máfia amplia seu mercado do tráfico de drogas ilegais para o tráfico de drogas legais e material médico. Roberto Saviano explica que, para a máfia, a crise é a tão sonhada ocasião de expandir e reforçar seus vínculos com os pequenos e médios comerciantes falidos, ajudando-os em troca de favores dos quais serão eternamente devedores. Ford, Peugeot, Citroën, Nissan, Dolce & Gabbana, lvmh, Inditex, Nike e L'Óreal foram vencidos pelo vírus. Sanofi, Novartis, Netflix, Nintendo, Facebook, a Camorra, Google e Amazon registram um crescimento sem precedentes. Wuhan está em toda parte.

Breath is out of joint

DENTRO, FORA. Cheio, vazio. Seguro, tóxico. Masculino, feminino. Branco, negro. Humano, animal. Nacional, estrangeiro. Cultura, natureza. Público, privado. Orgânico, mecânico. Centro, periferia. Aqui, ali. Analógico, digital. Vivo, morto. A respiração ficou curta, e a distância, longa. A febre só preocupa quando acompanhada de redução da capacidade respiratória. Às vezes, depois de cinco dias de febre e tosse, o corpo vence o vírus; outras vezes, sem que nada permita prevê-la, começa a chamada "tempestade de citocina", uma reação hiperbólica do sistema imunológico que provoca uma forte inflamação de todos os órgãos vitais. A membrana que põe o pulmão em contato com o fluxo sanguíneo fica tão fechada quanto a fronteira estadunidense em Tijuana. O diafragma se contrai. O doente tem a impressão de ter engolido uma sacola de plástico que impede que o ar entre em seus pulmões. A capacidade invasiva do vírus aumenta nos contextos em que a taxa de CO_2 e o número de partículas finas já eram elevados. No Pacífico, a cada vinte minutos uma tartaruga engole uma sacola plástica achando que é uma água-viva. O vírus é para o pulmão humano o que o plástico é para as tartarugas e as bombas nucleares foram em Hiroshima e Nagasaki, o que Tchernóbil foi para a atmosfera europeia e Fukushima para a atmosfera do Pacífico japonês. Depois,

Dysphoria mundi

com a guerra na Ucrânia, o vírus e as armas nucleares transformaram-se nos dois significados do terror que ameaçam as sociedades opulentas da Europa central. Svetlana Aleksiévitch diz que o sarcófago que foi construído em Tchernóbil sobre as duzentas toneladas de material nuclear do quarto reator que explodiu "é um defunto que respira. Respira morte".[88] Isso é o que acontece agora que o vírus se espalhou por toda a atmosfera do mundo e os Estados fazem alarde de suas armas nucleares. Muitos deixam de respirar. E nós, que ficamos, respiramos morte.

Ao mesmo tempo, a respiração deixa de ser apenas uma atividade orgânica para transformar-se numa função política. Em 2014, Eric Garner, um afro-americano, morreu depois de ser detido pela polícia em Staten Island, Nova York, sob suspeita de venda ilegal de tabaco. O policial, condenado depois pelos fatos, aplicou-lhe uma chave de braço e seus companheiros o ajudaram a imobilizá-lo no chão: Eric Garner repetiu as palavras *"I can't breathe"* onze vezes antes de morrer. Em maio de 2020, a cena de brutalidade policial repetiu-se com George Floyd, cujo grito desesperado, *"I can't breathe"*, tampouco foi ouvido. Não consigo respirar. Franco "Bifo" Berardi (que, além de ser um agudo crítico do neoliberalismo autoritário, sofre de asma) considera a respiração um conceito político necessário para pensar a regulação neoliberal da vida: o ar deixou de ser dado de antemão, é agora uma variável conflitiva, que Bifo examina desde os jogos adolescentes de suicídio com sacolas de plástico até a crise da covid, passando pela violência policial racista, a crise da coleta de lixo em Beirute ou as nuvens de fumaça tóxica que fazem com que boa parte das cidades chinesas sejam irrespiráveis.[89] A impossibilidade de respirar aparece como um limite material universal do capitalismo petrossexorracial. Um informe da Comissão de Contaminação e Saúde da revista *The Lancet*, publicado em 2022, conclui que a poluição atmosférica causa 7 milhões de mortes ao ano em todo o mundo, o que ultrapassa a soma do número de vítimas anuais de coronavírus, aids, tuberculose, malária e consumo de drogas ilícitas. Wuhan está em toda parte — e estaria mesmo que não houvesse covid.

ORAÇÃO FÚNEBRE

Nossa Senhora do Aquecimento Climático, rogai por nós.

Nossa Senhora do Efeito Estufa, rogai por nós.

Nossa Senhora do Desmatamento, rogai por nós.

Nossa Senhora da Desertificação, rogai por nós.

Nossa Senhora dos Incêndios, rogai por nós.

Nossa Senhora da Erosão do Solo, rogai por nós.

Nossa Senhora da Fome, rogai por nós.

Nossa Senhora da Indústria Metalúrgica, rogai por nós.

Nossa Senhora da Indústria Armamentista, rogai por nós.

Nossa Senhora da Indústria Automobilística, rogai por nós.

Nossa Senhora das Energias Fósseis, rogai por nós.

Nossa Senhora do Carvão, rogai por nós.

Nossa Senhora do Petróleo, rogai por nós.

Nossa Senhora do Querosene, rogai por nós.

Nossa Senhora do Gás Natural, rogai por nós.

Nossa Senhora do Cracking, rogai por nós.

Nossa Senhora do Fracking, rogai por nós.

Nossa Senhora da Fusão do Urânio-235, rogai por nós.

Nossa Senhora da Indústria Nuclear, rogai por nós.

Nossa Senhora de Fukushima, rogai por nós.

Nossa Senhora de Tchernóbil, rogai por nós.

Nossa Senhora da Indústria Química, rogai por nós.

Nossa Senhora dos Fertilizantes, rogai por nós.

Nossa Senhora do CO_2, rogai por nós.

Nossa Senhora do Metano, rogai por nós.

Nossa Senhora da Putrefação, rogai por nós.

Nossa Senhora do Metanol, rogai por nós.

Nossa Senhora do Amoníaco, rogai por nós.

Nossa Senhora do Arsênico, rogai por nós.

Nossa Senhora do Mercúrio, rogai por nós.

Nossa Senhora do Dióxido de Enxofre, rogai por nós.

Nossa Senhora da Chuva Ácida, rogai por nós.

Nossa Senhora do Benzeno, rogai por nós.

Nossa Senhora do Tricloroetileno, rogai por nós.

Nossa Senhora das Dioxinas, rogai por nós.

Nossa Senhora do Glifosato, rogai por nós.

Nossa Senhora dos Pesticidas, rogai por nós.

Nossa Senhora dos Aerossóis, rogai por nós.

Nossa Senhora dos Arsenicais, rogai por nós.

Nossa Senhora dos Inseticidas, rogai por nós.

Nossa Senhora do Efeito Kesterson, rogai por nós.

Nossa Senhora dos Furanos, rogai por nós.

Nossa Senhora dos Neonicotinoides, rogai por nós.

Nossa Senhora do Bromoclorofeno, rogai por nós.

Nossa Senhora dos Metais Pesados, rogai por nós.

Nossa Senhora da Poluição, rogai por nós.

Nossa Senhora do Depósito de Lixo, rogai por nós.

Nossa Senhora da Fossa, rogai por nós.

Nossa Senhora dos Plásticos, rogai por nós.

Nossa Senhora da Veolia, rogai por nós.

Nossa Senhora dos Bifenilpoliclorados, rogai por nós.

Nossa Senhora do DDT, rogai por nós.

Nossa Senhora dos Testes Nucleares, rogai por nós.

Nossa Senhora dos Óxidos de Enxofre, rogai por nós,

Nossa Senhora dos Óxidos de Nitrogênio, rogai por nós.

Nossa Senhora dos Resíduos Radioativos, rogai por nós.

Nossa Senhora da Acidificação dos Oceanos, rogai por nós.

Nossa Senhora da Destruição dos Recifes de Coral, rogai por nós.

Dysphoria mundi

Nossa Senhora das Águas Residuais, rogai por nós.

Nossa Senhora dos Perturbadores Endócrinos, rogai por nós.

Nossa Senhora da Monsanto, rogai por nós.

Vós que semeais morte e colheis dividendos,

vós que contaminais a terra e envenenais nossos corpos,

tende piedade de nós.

Fashion is out of joint

DENTRO, FORA. Cheio, vazio. Seguro, tóxico. Masculino, feminino. Branco, negro. Humano, animal. Nacional, estrangeiro. Cultura, natureza. Público, privado. Orgânico, mecânico. Centro, periferia. Aqui, ali. Analógico, digital. Vivo, morto. Em 2020, a nova temporada primavera-verão chegou à cidade confinada. A primavera do vírus impôs uma segmentação radical entre dentro e fora. Dentro, a atração da cabeleira desgrenhada fazia esquecer a severidade padronizada do corte de cabeleireiro. Afirma-se um novo look *grungecorona* marcado por mechas arrepiadas, barba por fazer e raízes sem retoque. O estilo desalinhado é a melhor prova do confinamento e, portanto, da imunidade. *Immunity is beautiful*. Em casa, a calça de pijama destrona o jeans. O chinelo substitui o tênis esportivo. Fora, a mão nua foi substituída pela luva de borracha, branca, amarela ou azul. Qualquer objeto de plástico — uma garrafa d'água de seis litros, um guarda-chuva, um marcador de páginas — esconde a possibilidade de um escafandro. A sacola de lixo é o novo *prêt-à-porter* dos hospitais, dos lares de idosos e dos campos de refugiados. A farmácia é o novo bar local. O látex arrasa. Os epidemiologistas advertem que o plástico é a superfície em que o vírus adere melhor. Mais que do contágio, o plástico protege do medo. Na falta de técnicas mais adequadas, as máscaras de mergulho acabam se

Dysphoria mundi

impondo como material de proteção sanitária nas unidades de cuidados intensivos. Ao respirar através delas, percebemos que o ar é como a água, um fluido invisível mas densamente carregado: nós, na verdade, nadamos, só não somos capazes de perceber o ar como um ambiente. A sensação dos peixes na água deve ser exatamente a mesma.

Fora do espaço doméstico, a máscara é a camisinha social das massas. O setor têxtil, o mais dependente de insumos na China, vê sua produção ser totalmente bloqueada durante a crise da covid-19. A China não é somente o epicentro do vírus, mas também a fábrica onde é costurada a roupa de meio mundo. A Inditex vai a pique na bolsa. Quem precisa de uma camisa nova em tempos de confinamento? As grandes marcas de moda, como Yves Saint Laurent, Balenciaga, LVMH, reciclam suas oficinas para produzir máscaras, jalecos médicos e batas de proteção. Todos os rostos do mundo desaparecem sob a máscara médica ou de contrabando, feita em casa ou comprada na Amazon, de luxo ou fuleira, a autêntica ou a pirata que, sob a aparência de proteção, contamina mais que protege. Acessório da moda por excelência no triênio 2020-2, a máscara fez sua aparição nos desfiles das semanas de moda de Londres, Milão e Paris no início de 2019, antes que a crise do vírus fosse declarada na Europa: Chanel, Kenzo, Marine Serre, Pitta Mask ou Xander Zhou assinam seus modelos exclusivos. A saúde se reconcilia com o estilo. No digital, reina a selfie; no analógico, o *maskie*. As feministas dos anos 1960 queimavam os sutiãs, enquanto as transfeministas da década de 2020 fabricam duas máscaras a partir de cada sutiã. Quem se atreveria a afirmar hoje que o hijab completo, se possível de plástico, é uma roupa antinacional?

Os novos perfumes da temporada são a transparente fragrância do gel hidroalcoólico, a fresca segurança do detergente e a picante desinfecção da água sanitária. A nova tendência é o look Tchernóbil-médico. Lá onde toda relação social é contágio, reina a moda-barreira. Quando a economia permite e a negligência política não impede, os corpos são revestidos com uma epiderme substituta feita de celulose impenetrável. O branco é a cor dominante da coleção primavera-verão, com alguns toques de amarelo, azul e laranja. O macacão total unissex anuncia-se como o novo impermeável urbano de verão. Recoberto por uma película protetora, o humano da era da covid-19 parece um morcego oculto sob asas de plástico. Seria o macacão total um totem através do qual o possível contaminado tenta se vestir com os atributos do animal contaminante? As mangas e as pernas são amplas, a silhueta, abaulada e contínua, do capuz aos pés; a pele é invisível. A diferença entre a calça, a camisa, a jaqueta, a saia e o sapato desaparece. Os códigos que permitem reconhecer um corpo humano em sociedade se tornam inoperantes. O humano desfigura-se. Camaleões da era tóxica, invisíveis, mas presentes, o humano sem rosto e o vírus são semelhantes.

A máscara, o macacão e a generalização dos gestos de barreira são a destruição das relações sociais tal como as conhecíamos até agora. O tato é impossível, o sorriso, invisível, o movimento do quadril, imperceptível. A pele transforma-se num órgão interno, deserotizado. O macacão sanitário é muito mais e muito menos que uma roupa. É uma tecnopele externalizada e protetora embaixo da qual o corpo perde sua forma singular. É o estatuto aberto do corpo, a porosidade da pele, sua capacidade de relacionar-se com o exterior, que

Dysphoria mundi

é negado. Os orifícios do corpo (os visíveis, como a boca e o nariz, mas também os microscópicos que se encontram na epiderme) são cobertos e selados. O macacão devolve o corpo social diferenciado a um estado larvar, tirando-o do universo do humano e levando-o para o entomológico ou para o robótico. Os cuidadores hospitalares que despem o macacão numa sala higiênica são mariposas humanas saindo de seus casulos de seda.

Protegidos pelo macacão integral (quando têm sorte e recursos), os enfermeiros que cuidam dos infectados nas unidades de tratamento intensivo, os trabalhadores que preparam os mortos e fazem o traslado até os cemitérios, os faxineiros que desinfetam os lares de idosos ou as estações de trem e de metrô parecem astronautas caminhando na Lua: seus movimentos são toscos, como se realizados sem articular os membros; suas mãos têm a indelicadeza e a falta de tato de um astronauta que aperta um parafuso numa nave espacial em plena atmosfera sem gravidade. Alguns deles, depois de doze horas de trabalho sem tirar o macacão e a máscara, ficam com a pele do rosto cheia de assaduras, as mãos inchadas e vermelhas, o corpo pontilhado por uma urticária causada por falta de ar e excesso de suor. São humanos porque ainda não conseguiram fabricar um robô dotado de inteligência artificial capaz de realizar com precisão as tarefas de cuidado e limpeza. Do contrário, seriam substituídos. Mas talvez não. No capitalismo neoliberal, um corpo humano proletário é mais barato de produzir e substituir que qualquer androide.

Se os enfermeiros viraram astronautas é porque cada corpo portador, cada espaço contaminado instala a seu redor uma atmosfera tão hostil à respiração humana quanto a atmosfera lunar, uma antecipação da irrespirabilidade geral que nos espera a todos com a poluição nuclear, as mudanças climáticas e a destruição da camada de ozônio. Fizemos da Terra um planeta inabitável e, diante disso, sonhamos transformar outros planetas inabitáveis em novas Terras. Essa utopia tecnológica encarnada pelo projeto do multimilionário Elon Musk, este delírio de grandeza petrossexorracial agora se chama "terraformação", ou talvez fosse melhor dizer "capitalismoformação": a reprodução num exoplaneta da forma de destruição da vida que caracterizou a modernidade humana.

Em 10 de abril, na catedral de Notre-Dame, fechada para obras depois do incêndio de 2019, quatro religiosos (entre os quais o arcebispo de Paris, Michel Aupetit) rezam e três artistas (o violinista Renaud Capuçon, o ator Philippe Torreton e a atriz e cantora Judith Chemla) participam de uma cerimônia que culminaria com a *Ave Maria* de Schubert. Mas não é a música nem a oração o que nos surpreende quando o concerto é transmitido pela televisão. O que ao mesmo tempo fascina e aterroriza, comove e desola, é que tanto os sacerdotes quanto os artistas entram na catedral inteiramente vestidos com botas de proteção e um macacão sanitário branco com costuras vermelhas, máscaras e capacetes. A proteção não tinha como único objetivo prevenir o contágio viral, mas também evitar que os presentes se contaminassem ao respirar o alto nível de chumbo da catedral depois do incêndio da estrutura em 15 de abril do ano anterior. A colagem sensorial criada pela leitura do salmo da Sexta-feira Santa, pela interpretação da música de Schubert e pelo estilo Tchernóbil do figurino geram uma experiência estética insólita. Há quem diga que a estética pós-apocalítica está no topo. Mas esta é, na verdade,

Dysphoria mundi

uma estética insolente e pré-apocalítica. Será que se trata de um réquiem pelo mundo capitalista petrossexorracial ou isso que ouvimos são os violinistas tocando enquanto o *Titanic* afunda? Em outra tela, o papa celebra a Páscoa sozinho em meio à praça da Basílica de Roma, na Cidade do Vaticano. A beleza da arquitetura de Bernini vazia é impressionante. As palavras não importam. O vazio é a mensagem. Wuhan está em toda parte.

Truth is out of joint

DENTRO, FORA. Cheio, vazio. Seguro, tóxico. Masculino, feminino. Branco, negro. Humano, animal. Nacional, estrangeiro. Cultura, natureza. Público, privado. Orgânico, mecânico. Centro, periferia. Aqui, ali. Analógico, digital. Vivo, morto. A verdade saiu dos gonzos. O verdadeiro, como dizia o masculinista Guy Debord referindo-se também, sem dúvida, às próprias teorias, é um momento do falso. Em 31 de dezembro, a China informa a OMS sobre a existência de casos de pneumonia grave de origem desconhecida na cidade de Wuhan. Poucas horas depois, o mundo inteiro começava a celebrar a chegada de 2020. A ameaça parecia circunscrita ao âmbito local.

Não se sabe de onde veio o vírus. Em Wuhan, dizem que foi trazido por um alemão. Nos Estados Unidos, que foi enviado pela China para acabar com a hegemonia da economia americana. Falou-se numa zoonose, uma migração viral que se produz quando um animal selvagem entra em contato com a cultura humana. O Instituto de Virologia de Wuhan foi mencionado. Disseram que podia tratar-se de um erro na manipulação de um vírus.

Pouco a pouco, no decorrer de 2021, todas as suspeitas começam a apontar para o Instituto de Virologia de Wuhan, o primeiro no mundo a ter um "laboratório P4", ou de "bios-

Dysphoria mundi

segurança 4" (isto é, capaz de trabalhar com os chamados "patógenos de nível 4"), mas a oms evita formalizar uma acusação contra o instituto, pois isso significaria entrar imediatamente em conflito com a China. Os patógenos são classificados numa escala crescente de 1 a 4 de acordo com sua periculosidade, porcentagem de mortalidade e potencial de infecção, além de outros critérios, como ausência de tratamento médico eficaz ou de uma vacina. Mas o Instituto de Virologia de Wuhan assegura que esse número 4 não se refere apenas à periculosidade do patógeno, mas também às medidas de segurança necessárias para manipular tais organismos, germes, vírus ou segmentos de dna.

Um laboratório P4 poderia ser, para o capitalismo cibernético e viral, o que o hospital foi para o capitalismo disciplinar e bacteriano, ou seja, o espaço paradigmático que define as condições do controle farmacopornográfico: trata-se de um recinto de segurança máxima (ou, melhor dizendo, de insegurança máxima), de um espaço totalmente estanque constituído por módulos impermeáveis protegidos por portas herméticas e dispositivos anaeróbicos anti-incêndio — caso um incêndio viesse a se manifestar, gases inertes seriam injetados automaticamente no laboratório, neutralizando o oxigênio e impedindo a propagação do fogo. Pois o perigo, aqui, não vem de fora, mas de dentro: trata-se dos vírus produzidos e manipulados no interior desse mesmo espaço. As condições de segurança de um laboratório P4 são tão extremas que é até difícil imaginar que seriam compatíveis com o desenvolvimento daquilo que até agora entendíamos como vida humana: os trabalhadores utilizam "equipamentos de proteção que incluem uma cobertura externa resistente a fluidos, várias camadas de luvas e um respirador de pressão positiva para o rosto, conectado a uma fonte que lança o ar através de um filtro situado na cabeça, onde o ar é limpo e sai em alta pressão. [O vírus] só sai de seu frasco para ser trabalhado dentro da cabine. Se, por casualidade, alguém destampa um frasco do lado de fora, a unidade é fechada e um serviço de emergência entra no recinto para descontaminar a área".[90]

Uma olhada rápida na lista dos laboratórios P4 do mundo, disponível na Wikipedia, leva a conclusões paranoicas e suscita intermináveis perguntas geopolíticas. Em 2020, havia 45 laboratórios P4 em todo o mundo: dez nos Estados Unidos, quatro na Alemanha, quatro na Austrália, quatro na Suíça, três na Rússia, dois no Reino Unido, dois na Itália, dois na Hungria, um no Canadá, um na Suécia, três na Índia, um na Coreia do Sul, dois na China (um deles em Wuhan), um em Taiwan, um no Japão, um no Brasil, um em Belarus, um na Argentina, um na África do Sul.

Nunca, desde a peste, apareceram tantas hipóteses disparatadas sobre a origem do vírus — que podiam, no entanto, parecer bem prováveis. Falou-se numa recombinação do vírus da gripe aviária com o vírus da aids. Falou-se da sopa de morcego. Falou-se das escamas duras e do olhar triste do pangolim. Na Lombardia, ninguém jamais provou sopa de morcego ou viu um pangolim, mas trata-se do lugar onde o vírus foi proporcionalmente mais letal. Em Paris, a sopa neoliberal é feita com as peças desmontáveis da indústria automobilística. O metabolismo do mercado mundial está conectado. O mundo é um único mundo. A vida é uma só vida. A sopa é sempre a mesma, só que alguns comem, outros não. Wuhan está em toda parte.

Dysphoria mundi

Incandescência do presente: a realidade tinha virado um gigantesco depósito de lixo (a História?) que arde. Ruínas discursivas queimadas.

Tensão extrema entre impossibilidade de atuar e agitação interior revolucionária.

Fake news

Fake days

Fake revolts

Fake change

Fake freedom

Fake times

Fake love

Fake family

Fake me

Fake lockdown

Fake opening

Fake sickness

Fake death

Fake century

Fake universe

Tudo fake

A pandemia é um modo de paralisar os corpos diante da tomada violenta do poder dos regimes tecnoautoritários? A covid funciona como a heroína nos anos 1970, como uma freada química nas aspirações revolucionárias dos corpos destituídos?

Os discursos farmacológicos sobre o vírus e as teorias (conspiracionistas ou não) dos pró-vacina e dos antivacina partilham linguagens, modalidades de discursos e estilos persuasivos. Racionalidade e incoerência. Transparência e opacidade. Segurança e insegurança máximas.

A realidade torna-se pouco a pouco uma função do fake.

Isso não é novo: o animal humano vive *na* ficção e alimenta-se dela.

O que mudou foram as técnicas de produção e distribuição de ficções compartilhadas.

Fake (old) news

Cresci e vivi, e às vezes ainda vivo, numa sociedade que afirmava

Que os judeus tinham cavado a própria desgraça por força da ambição

Que os africanos tinham sido escravizados porque careciam de cultura

Que os indígenas não foram exterminados, mas se renderam em troca de álcool

Que os ciganos roubavam crianças para fazer rituais satânicos

Que as lésbicas eram mulheres frígidas ou predadoras com clitóris gigantes

Uma sociedade que apresentava como medida preventiva a reclusão institucional de pessoas consideradas doentes mentais

Uma sociedade que chamava de "puta" a mulher que se deitava com um homem antes de casar

E de "muito homem" aquele que se deitava com todas as mulheres possíveis antes de casar

Uma sociedade que chamava de "doentes pedófilos" os gays que praticavam sexo consentido

Dysphoria mundi

E que chamava de "pais" ou "padres" os pedófilos que abusavam dos próprios filhos, fossem eles biológicos ou eclesiásticos

Uma sociedade onde a violência de Estado era uma prática patriótica

E onde se recusar a cumprir o serviço militar era um crime

Uma sociedade que considerava psicopata ou disfórica uma pessoa que quisesse mudar de sexo

Ou que afirmasse não pertencer a nenhum dos dois sexos do sistema binário

Uma sociedade na qual uma mulher que dizia ter sido estuprada era tida como uma piranha mentirosa

Uma sociedade em que uma mulher que afirmasse a um psicólogo ter sofrido abusos sexuais por parte do próprio pai sofria de um complexo de Édipo

Uma sociedade onde questionar o poder patriarcal do varão no âmbito familiar era arriscar-se a ser excluído

Uma sociedade na qual o imigrante era visto como ameaça à identidade nacional e tratado como um criminoso fugitivo sem documentos

Uma sociedade em que uma mulher usando véu era descrita como radicalizada ou sob a influência de formas de coerção fanáticas

Uma sociedade em que uma pessoa de confissão ou origem muçulmana era tida como terrorista em potencial

Uma sociedade em que a monogamia em série com interlúdios de infidelidade era a forma privilegiada de relação social e sexual

Uma sociedade onde era normal que os pobres e os não brancos fossem obrigados a abandonar os filhos que os ricos e os brancos adotavam

Uma sociedade onde os que afirmavam que a pornografia era má e asquerosa eram os mesmos que a consumiam

Uma sociedade onde os que defendiam a abolição da prostituição eram os mesmos que perseguiam as mulheres para forçá-las a fazer trabalho sexual gratuito

Uma sociedade onde os sacerdotes sexualmente abusivos eram qualificados como homens honestos aos quais se devia confiar a educação das crianças desde a mais tenra infância

Uma sociedade onde os animais eram criados e sacrificados em condições industriais

Uma sociedade em que comer animais mortos era considerado saudável

Uma sociedade onde era possível legitimar a destruição ecológica em nome do crescimento econômico

Uma sociedade onde a energia nuclear era limpa

Onde o exército era nobre e

Onde papai

E o Estado

Por mais safados que fossem

Sempre tinham

Razão

Fake old news

Tudo isso, faz uns trinta anos — ou só três anos, ou três meses, ou três dias, ou três minutos, em alguns contextos —, não era *fake news*: era a realidade.

Essa era a ficção política na qual crescemos, uma ficção tão sólida e tangível quanto um muro.

Perguntamos com Nietzsche:

O que é, então, a verdade? Um batalhão móvel de metáforas, metonímias, antropomorfismos, em resumo, uma soma de relações humanas, que foram poética e retoricamente enfatizadas, extrapoladas, enfeitadas, e que, após longo uso, um povo considera sólidas, canônicas e obrigatórias. As verdades são ilusões das quais se esqueceu que o são, metáforas que se tornaram gastas e sem força sensível, moedas que perderam o troquel e já não são consideradas moedas, mas apenas metal.[91]

O que se convencionou chamar de "*fake news*" são os velhos pedaços de metal que começamos agora a identificar como moedas gastas, enquanto pactuamos uma nova estampa, enquanto cunhamos outra ficção política que nos permita mudar de realidade.

Timothy Snyder, historiador do Holocausto, afirmou recentemente no jornal *The New York Times*, dirigindo-se à sociedade norte-americana:

> A pós-verdade é o pré-fascismo, e Trump foi nosso presidente pós--verdade. Quando renunciamos à verdade, entregamos o poder aos que têm a riqueza e o carisma para criar o espetáculo em seu lugar. Sem um acordo sobre alguns fatos básicos, os cidadãos não podem formar a sociedade civil que lhes permitiria se defender. Se perdemos as instituições que produzem fatos relevantes para nós, tendemos a cair em abstrações e ficções atraentes. [...] A pós-verdade desgasta o estado de direito e convida a um regime mítico.[92]

Mas como pedir à sociedade americana, à própria indústria de fabricação de ficções coloniais, de lendas capitalistas e de mitos audiovisuais e digitais (de Hollywood ao Facebook),

284 *Dysphoria mundi*

que se coloque assim, de improviso, do lado da "verdade", sabendo que construiu sua hegemonia política e cultural fabricando, inflando e administrando a ficção?

Não estamos numa batalha épica entre a "ficção" e a "realidade", mas no meio de uma turbulenta mudança de regime de verdade, onde são os próprios procedimentos que servem para estabelecer as diferenças entre verdadeiro e falso que estão sendo transformados. Um regime de verdade, como ensinou Foucault, não é um sistema empírico (um conjunto de fatos concretos), nem (como queriam os adeptos das teorias da conspiração) uma grande teoria total subjacente aos fatos, mas sim a articulação precária de uma multiplicidade de discursos através de uma série de "aparatos de verificação" (enunciados, textos, rituais, convenções sociais, sistemas de comunicação, instituições etc.), ou seja, de mecanismos sociais ritualizados que permitem estabelecer a diferença entre enunciados verdadeiros e falsos.[93] Uma mudança de paradigma, portanto, não é uma passagem ordenada de uma verdade a outra ou a escolha entre uma ficção ridícula e uma verdade empírica, mas antes um carnaval de ficções que competem para se apresentar como as novas verdades. Entender esta mudança de paradigma unicamente em termos de proliferação de *fake news* significaria ocultar os processos de luta de saberes menores, historicamente oprimidos, para adquirir um novo estatuto de verdade. De um lado, por exemplo, palavras outrora impronunciáveis emergem na superfície do discurso (estupro, incesto, violência policial, violência de Estado, racismo institucional, pedofilia...); de outro, estas mesmas palavras, quando se tornam públicas, transformam e constroem o sujeito que as enuncia (indígena, negro, pardo,

Dysphoria mundi 285

gay, lésbica, pessoa com deficiência, doente, trans, vítima de incesto...), que até então aparecia como corpo infradiscursivo, quiçá sem linguagem.

Para entender a mutação em curso, é interessante examinar as mudanças ocorridas durante a ruptura epistêmica que teve lugar no século xvii: a mudança de paradigma moderno caracterizou-se, entre outras coisas, pela passagem de aparatos de verificação de caráter religioso (a Bíblia, o catecismo, a instituição eclesiástica, a confissão etc.) para outros de caráter científico avalizados por um conjunto de instituições (universidades, laboratórios, diagnósticos, avaliações, testes), de poderes econômicos (indústrias, empresas coloniais e classes dominantes), políticos (governos, estruturas nascentes de Estado-nação) e culturais (distribuição de textos impressos, expropriação de objetos, arte, mapas, teatro, música, destruição de línguas e tradições etc.).

A querela que deu lugar à episteme moderna capitalista petrossexorracial não opunha as verdades da ciência às ficções do pensamento mítico ou religioso, mas assumia a forma de uma confrontação de diferentes relações sociais, diferentes acordos econômicos ou políticos e distintas práticas culturais, implicando discursos científicos, religiosos, literários e musicais misturados num caldeirão onde o empírico e a ficção se construíam mutuamente e não podiam ser separados. Todas as noções científicas são construídas sobre "andaimes" (perdão pela metáfora) metafóricos: Donna Haraway estudou, por exemplo, a prevalência das metáforas "cristal", "tecido" ou "campo" nos discursos científicos organicistas do século xix.[94] A historiadora da ciência Londa Schiebinger dissecou o uso das metáforas "mamífero" ou *"sapiens"* no século xviii para qualificar nossa espécie.[95] Aceitar que o saber é metafórico não é desautorizá-lo, mas, ao contrário, entender que ele é sempre baseado em acordos sociais que implicam relações de poder que, em última instância, definem, para usar as palavras de Jacques Derrida, quem é o soberano e quem é a besta.[96] Não estou argumentando aqui a favor de nenhuma forma de relativismo cultural, mas de revelar coletivamente as técnicas através das quais se produzem os consensos sociais e políticos que constroem o saber. Não se trata de escolher entre a verdade empírica e a ficção mentirosa, mas de escolher o *mundo* em que uma coisa se converte em verdade e outra é declarada mentira. Em outras palavras, a importância da consideração, a partir do século XVIII, da "diferença racial", da "diferença sexual" ou da "superioridade da espécie humana" como noções científicas e, portanto, "verdadeiras", foi que elas serviram para criar o mundo do capitalismo colonial, para legitimar a exploração ecológica e a ordem sexual e racial heteropatriarcal nos séculos XIX e XX. E essas noções não só eram verdade nesse mundo, como o mundo construído graças a elas só podia funcionar se fossem verdadeiras. A transição para outro regime de verdade, o abalo dessas ordens de enunciação e verificação empírica, não é mais uma simples possibilidade: já está acontecendo.

Neste contexto de mutação, "De que abismo estamos falando?", pergunta Franco "Bifo" Berardi a Timothy Snyder, afirmando que o problema não são as "crenças" em certos enunciados falsos ("a Terra é plana", por exemplo), mas o mundo ao qual estas crenças dão coerência: não se trata de denunciar os norte-americanos que creem como idiotas em falsos enunciados, mas de entender por que alguns enun-

Dysphoria mundi 287

ciados podem funcionar como contrafortes de sustentação de uma estrutura da percepção coletiva que está ruindo. "A crise americana", afirma Bifo, "não foi gerada pelos efeitos perversos dos meios de comunicação de massa, mas pelas contradições que surgem do racismo do país mais violento de todos os tempos."[97] Dito de outro modo, é a estabilidade da forma de vida capitalista, petrossexorracial, alimentada por energias fósseis, que requer e fabrica "falsos enunciados" que se afirmam e reiteram como muletas epistemológicas para sustentar uma arquitetura de poder. Renunciar às *fake news* supõe renunciar aos privilégios supremacistas heteropatriarcais e brancos, à vida produzida pelo uso de energias fósseis de que desfrutam há séculos. Uma revolução epistemológica implica inevitavelmente uma mudança de hierarquias de poder, uma mutação do mundo compartilhado. Por isso, certos estamentos sociais opõem violentas formas de resistência à destituição de seus privilégios. Por isso, uma mudança de paradigma costuma exigir uma revolução política. E vice-versa.

Da insurreição dos saberes sujeitados ao deslocamento epistêmico

Nos anos 1970, Michel Foucault chamou de "insurreição dos saberes sujeitados"[98] o processo de mudança da relação entre saber, poder e verdade que os movimentos sociais estavam promovendo. Os saberes até então qualificados como "incompetentes", "menores" ou "hierarquicamente subalternos" opuseram-se abertamente aos antigos blocos de saberes técnico-científicos. Os saberes dos que até então haviam sido considerados objetos da ciência, do desejo patriarcal ou da economia de mercado (as mulheres, as pessoas com transtorno mental, as crianças, os corpos racializados, os homossexuais, os prisioneiros, as pessoas trans, os proletários industriais, agrícolas, sexuais, imigrantes etc.) começaram a produzir um saber sobre si mesmos e sobre suas histórias de opressão, que se opunham à verdade histórica dominante.

Um regime de verdade não é uma ideologia ou uma entidade abstrata, mas uma articulação específica entre corpos, saberes e poderes. Um regime de verdade é uma forma de vida. Um modo de extrair, consumir e distribuir energia. Um corpo ou vários corpos soberanos contra um conjunto de corpos subalternos. Um modo de reproduzir a vida. Uma forma de entender a organização social. Não existe regime de verdade que não seja ao mesmo tempo um regime somatopolítico. Por isso, os saberes sujeitados jamais emergiriam num campo de racionalidade sem uma luta que é ao mesmo tempo política, linguística e corporal.

A transformação de um regime de verdade não provoca apenas o aparecimento de novos objetos de conhecimento, permitindo que o que era verdadeiro seja pensado como falso ou vice-versa, mas propicia, sobretudo, o aparecimento de novas modalidades de subjetivação ou novas formas de relação simbiótico-política. E é aí que a ruptura está sendo mais importante. O que está ocorrendo hoje não é apenas uma insurreição de saberes sujeitados, mas um deslocamento do marco epistêmico, onde a relação entre saber hegemônico e saber subalterno deixou de ser vertical.

Me Too, Me Too Inceste, Me Too Gay, Black Lives Matter, Black Trans Lives Matter etc. são algumas das formas que a

Dysphoria mundi

insurreição discursiva assumiu nos últimos anos. O levante dos saberes subalternos implica uma mudança das posições de enunciação e a invenção de novas técnicas de verificação. Uma sacudida nas relações entre corpo, saber e poder. Estamos dançando sobre uma montanha de velhas moedas. Os nomes de todas as coisas estão mudando; a partir de que momento uma prática linguística ou corporal transforma-se em estupro? O que significa consentir? É o incesto um tabu sobre o qual repousa a filiação exogâmica ou trata-se antes da forma mais comum de pedocriminalidade dentro da própria família heteropatriarcal? A "maioridade sexual" é uma questão de idade? O que é ser homem ou mulher? O que significa afirmar ser de gênero não binário? O que quer dizer ser branco? Se a raça não existe como dado empírico, o que é, então? Como se constrói a relação entre cor da pele e soberania? O pênis é um órgão masculino? A penetração anal é uma prática heterossexual, homossexual ou nenhuma das duas? O que é uma tradição nacional? A existência de uma fronteira nacional dispensa do dever de auxílio a uma pessoa em risco de vida? Um país pode decretar que não acolhe os refugiados e imigrantes que estão, de fato, em seu solo? O que quer dizer estar no espectro autista? A esquizofrenia existe realmente? E o complexo de Édipo? É possível afirmar a liberdade pessoal através da rejeição à vacinação? Que substâncias (ou técnicas) deveriam ser consideradas drogas? Como medir a mudança climática? Qual é o limite sustentável das emissões de carbono? Pode um Estado ou uma multinacional realizar, com objetivos econômicos, práticas de extração mineral ou de corte de árvores que impliquem destruição irreversível do meio ambiente? Pode um argumento econômico impor-se como lei acima da sobrevivência de várias formas de vida e ecossistemas? É possível seguir comendo animais se concordamos cientificamente que são dotados de inteligência sensorial e social? É preciso retirar os monumentos dos colonizadores ou é necessário deixá-los no espaço público como indício de uma história partilhada? As competições esportivas devem ser divididas em equipes masculinas e femininas? De acordo com quais critérios? A pizza com tomate é um prato originário da Itália? A pergunta não é o que é verdade e o que é ficção. A pergunta é: o que é possível afirmar? Como verificar uma afirmação? Quem pode falar? E, sobretudo, em quem *aquele* que fala se converte ao dizer o que diz?

As novas lutas trans, feministas e antirracistas são batalhas epistêmicas, esforços para modificar as relações históricas entre corpo (masculino, feminino, não binário, branco, racializado, imigrante, nacional, infantil, adulto, paternal, filial, patronal, operário etc.), saber (religioso, científico, oral, digital etc.) e poder (parlamentar, legal, institucional, sexual, territorial, de soberania corporal etc.). Mas a complexidade da atual situação reside no fato de que a mudança de paradigma em curso implica também uma rearticulação dos saberes hegemônicos, com múltiplos e inesperados deslocamentos e reapropriações. Os partidários da ideologia heterobranca supremacista e das teorias da conspiração também fazem valer saberes desautorizados, narrações anticientíficas e relatos locais para restaurar formas arcaicas de soberania petrossexorracial. Esta é a complexidade em que estamos implicados, o emaranhado epistêmico ("a merda" que nos rodeia, para usar os termos de Virginie Despentes)[99] que não pode ser superado por uma simples oposição binária ou inversão

Dysphoria mundi

de poder. É preciso abrir-se para a mutação das tecnologias da consciência.

Enquanto isso, já não há grandes narrativas, mas fragmentos de história, enunciados cerceados, relatos despedaçados, ritos recodificados e formas de autoridade teatralizadas. Isso não implica uma negação da ontologia: ao contrário. Trata-se de aceitar que a ontologia é inseparável das relações de poder e das formas de subjetivação. Uma guerra epistemológica não é a confrontação de uma teoria sólida com um batalhão de metáforas em movimento. Uma guerra epistêmica é uma batalha entre distintas formas de vida metafóricas.

ORAÇÃO FÚNEBRE

Nossa Senhora das Indústrias da Saúde, rogai por nós.

Nossa Senhora das Indústrias da Deficiência, rogai por nós.

Nossa Senhora dos Lares de Idosos, rogai por nós.

Nossa Senhora da Mutação Letal, rogai por nós.

Nossa Senhora dos Transtornos no Neurodesenvolvimento,
rogai por nós.

Nossa Senhora da Morte Fetal, rogai por nós.

Nossa Senhora do Linfoma, rogai por nós.

Nossa Senhora do Envenenamento, rogai por nós.

Nossa Senhora das Náuseas, rogai por nós.

Nossa Senhora dos Vômitos, rogai por nós.

Nossa Senhora dos Acufenos, rogai por nós.

Nossa Senhora da Enxaqueca, rogai por nós.

Nossa Senhora da Dor Abdominal, rogai por nós.

Nossa Senhora dos Enjoos, rogai por nós.

Nossa Senhora das Dermatites, rogai por nós.

Nossa Senhora do Tumor de Wilms, rogai por nós.

Nossa Senhora do Câncer de Mama, rogai por nós.

Nossa Senhora do Câncer de Rim, rogai por nós.

Nossa Senhora do Câncer de Fígado, rogai por nós.

Nossa Senhora do Câncer de Cérebro, rogai por nós.

Nossa Senhora do Câncer de Pâncreas, rogai por nós.

Nossa Senhora do Câncer de Próstata, rogai por nós.

Nossa Senhora do Câncer de Tireoide, rogai por nós.

Nossa Senhora do Câncer de Pele, rogai por nós.

Nossa Senhora do Câncer de Ossos, rogai por nós.

Nossa Senhora da Estenose Pilórica, rogai por nós.

Nossa Senhora da Anencefalia, rogai por nós.

Dysphoria mundi

Nossa Senhora da Hidrocefalia, rogai por nós.

Nossa Senhora da Espinha Bífida, rogai por nós.

Nossa Senhora da Fibromialgia, rogai por nós.

Nossa Senhora do Linfoma Não Hodgkin, rogai por nós.

Nossa Senhora da Embriopatia por Ácido Valproico,
rogai por nós.

Nossa Senhora da Encefalopatia Tóxica, rogai por nós.

Nossa Senhora da Pneumonia, rogai por nós.

Nossa Senhora da Arritmia Cardíaca, rogai por nós.

Nossa Senhora das Alergias, rogai por nós.

Nossa Senhora da Bronquite Crônica, rogai por nós.

Nossa Senhora da Cardiopatia Isquêmica, rogai por nós.

Nossa Senhora da Asma Brônquica, rogai por nós.

Nossa Senhora da Cegueira Precoce, rogai por nós.

Nossa Senhora da Epilepsia, rogai por nós.

Nossa Senhora do Parkinson, rogai por nós.

Nossa Senhora da Lombalgia, rogai por nós.

Nossa Senhora da Doença Vascular Cerebral, rogai por nós.

Nossa Senhora da Hipertensão, rogai por nós.

Nossa Senhora da Esclerose Múltipla, rogai por nós.

Vós que produzis nossa dor e que prevedes nossa morte,
tende piedade de nós.

Ground is out of joint

DENTRO, FORA. Cheio, vazio. Seguro, tóxico. Masculino, feminino. Branco, negro. Humano, animal. Nacional, estrangeiro. Cultura, natureza. Público, privado. Orgânico, mecânico. Centro, periferia. Aqui, ali. Analógico, digital. Vivo, morto. O chão separou-se dos pés. Encerrados em nossos apartamentos, perdemos pouco a pouco a conexão com a terra. A rua desaparece. O solo desaba. Permanentemente conectado à internet, sem peso diante da tela, o corpo parece flutuar fora do espaço e do tempo. Sem sair de casa, a viagem intergaláctica já começou.

Entre 3 de junho de 2010 e 4 de novembro de 2011, uma equipe formada por seis pesquisadores (três russos, um francês, um chinês e um ítalo-colombiano) aceitou voluntariamente ficar encerrada em três cilindros conectados, com o tamanho aproximado de três pequenos ônibus, durante 520 dias, para simular as condições de isolamento físico exigido pelo tempo mínimo necessário para realizar a viagem da Terra a Marte. Todos os participantes da missão eram aquilo que o capitalismo petrossexorracial denomina legalmente "homens", pois o comitê psicológico considerou que incluir uma "mulher" entre os participantes desestabilizaria o equilíbrio da equipe, colocando a missão em perigo. Os critérios de "periculosidade" que levaram a esta medida de precaução

Dysphoria mundi

não foram revelados. O objetivo do experimento, conhecido pelo nome "Mars-500" e liderado pela Rússia, era estudar a resistência do corpo humano e de um grupo social ao que eles chamavam de "condições de confinamento espacial". O experimento, já tentado antes com períodos mais curtos de tempo, foi realizado no Instituto de Problemas Biomédicos (nunca um nome foi tão honestamente visionário) em Moscou, numa instalação completamente isolada e sem nenhuma janela que permitisse observar o mundo exterior: na viagem a Marte, ao contrário da viagem à Lua, não seria possível, devido à órbita, observar a paisagem terrestre desde a nave espacial. A única informação exterior que os habitantes da estação de confinamento recebiam chegava por e-mail. Um astronauta, conforme aprendemos ao observar as condições de vida da missão Mars-500, é simplesmente um teletrabalhador confinado com pequenos (ou grandes) problemas biomédicos. Se o experimento foi qualificado como uma "prova de confinamento" é porque o que se avaliava — dado que as condições de ausência de gravidade ou de radiação solar não eram simuladas — não era só o risco orgânico de uma viagem espacial para um corpo vertebrado, mas também os efeitos do isolamento prolongado sobre um grupo humano.

A equipe submeteu-se a regras estritas de convivência e de divisão do tempo para evitar a desorientação: cada dia era dividido em três partes iguais, oito horas dedicadas ao sono, oito horas ao trabalho e oito horas ao ócio ou à manutenção da forma física. Além disso, os participantes da pesquisa recebiam notícias regulares do exterior por via digital e mantinham-se de algum modo conectados. Apesar de tudo, quando questionados se tinham a sensação de estarem confinados na Terra ou no espaço, a maioria afirmou que, embora soubessem racionalmente que não tinham deixado o solo, sentiam uma distância enorme. Além da desorientação espaço-temporal, o confinamento prolongado causava dificuldades para dormir ou descansar, aumentava o estresse e os conflitos sociais. Outros experimentos mais curtos foram realizados no Instituto de Problemas Biomédicos de Moscou, restringindo o nível de oxigênio ou substituindo-o pouco a pouco por argônio (um dos componentes "menos" tóxicos da atmosfera marciana).

Os diferentes confinamentos globais ocasionados pela gestão da pandemia de covid a partir de 2020 funcionam como programas experimentais Mars-500 realizados dentro da casa de cada um. Como os astronautas terrestres, fomos transformados em teletrabalhadores experimentais isolados. De maneira paradoxal, a conexão comunicativa e o isolamento aumentaram proporcionalmente. Quanto mais isolados ficávamos, como os astronautas, melhor e mais necessária era a conexão digital: foi justamente durante esse período que a maioria das cidades europeias deu o salto para a tecnologia de telefonia móvel 5G. Na França, o experimento Mars-500 da primeira onda de covid-19 durou 55 dias em 2020; na Espanha, entre 51 e 71 dias, a depender da região. A mais longa e extrema viagem ao espaço sideral sem sair de casa teve lugar em Wuhan: 76 dias de confinamento vigiado por lei marcial. Mas não é que estamos indo, todos nós, para Marte, muito pelo contrário: estamos nos preparando para conviver e trabalhar em condições de escassa habitabilidade em nosso meio ambiente terrestre. Uma vez que não há previsões de

Dysphoria mundi

frear o avanço do capitalismo petrossexorracial, estamos nos preparando para o *devir Marte* da Terra.

Em 30 de julho de 2020, enquanto meio planeta seguia confinado, a Nasa lançou uma missão a Marte com o robô espacial *Perseverance*. Em 18 de fevereiro de 2021, o *Perseverance* pousava em solo marciano com o objetivo de explorar a orografia do planeta vermelho. As sondas espaciais *Pathfinder*, *Opportunity* e *Curiosity* estavam enviando informações de Marte desde 1997. Ainda não foram encontrados vestígios de vida no planeta, mas sabemos que ele um dia teve condições atmosféricas de alta habitabilidade, semelhantes às da Terra, e que, portanto, parece bastante provável que tenha sido habitado no passado remoto. Sabemos também que estas condições de habitabilidade se degradaram de maneira brutal, isto é, que o planeta vermelho sofreu o que poderíamos chamar de aquecimento climático acelerado (uma versão exponencial do nosso atual aquecimento climático) que levou à atmosfera inabitável que conhecemos agora: 95% de dióxido de carbono, 3% de hidrogênio e 1,6% de argônio. A *Pathfinder* fotografou cúmulos de nuvens rosadas e azuis formadas pela sublimação do dióxido de carbono durante o verão marciano. Há rajadas de vento de mais de quatrocentos quilômetros por hora soprando dos polos. Marte é o nosso espelho para o futuro. E o confinamento é a preparação para sermos capazes de nos mirar nesse espelho. Wuhan está em toda parte, inclusive fora da Terra.

Um pouco mais tarde, em 2021, um grupo de investidores liderados pela Sony e pela companhia de jogos eletrônicos Epic Games investiu 1 bilhão de dólares e contratou 10 mil pessoas na Europa para desenvolver o "metaverso" — uma interface digital, um universo ciberparalelo com uma pluralidade de "planetas" na internet onde é possível realizar funções sociais. O metaverso não será um simples videogame, mas a nova internet dos próximos anos. Imaginado pela primeira vez em 1992, em *Snow Crash* (título que alude à névoa que toma conta da tela da TV ou do computador quando a recepção é fraca ou o programa falha), do escritor de ficção científica Neal Stephenson, o metaverso é um mundo social convencional onde, segundo ele, será possível assinar um contrato, trabalhar e ganhar um salário, ir a uma festa ou até casar e formar uma família. Em termos conceituais, o problema do metaverso não é sua ontologia (não se trata de saber se é um mundo real: ele o será, mas com um modo de existência digital que difere do mundo físico analógico), mas sua conformidade com as formas de produção e as normas sociais e políticas do capitalismo petrossexorracial. Dizem, por exemplo, que as indústrias automobilística e da moda poderão abrir suas próprias lojas no metaverso para vender seus carros ou acessórios. Durante o século XXI, as formas de produção e de consumo do fordismo vão se tornar progressivamente intoleráveis no mundo analógico. Mas seus objetos mágicos não desaparecerão: serão digitalizados e reproduzidos ao infinito no metaverso, alimentando assim uma fantasmagórica subjetividade retrofordista. Até mesmo a cidade de Wuhan poderá ter seu próprio duplo dentro do metaverso.

The analogic world is out of joint

Dentro, fora. Cheio, vazio. Seguro, tóxico. Masculino, feminino. Branco, negro. Humano, animal. Nacional, estrangeiro. Cultura, natureza. Público, privado. Orgânico, mecânico. Centro, periferia. Aqui, ali. Analógico, digital. Vivo, morto. O mundo analógico perde os contornos, esvai-se ao mesmo tempo que é progressivamente digitalizado. A noção de confinamento é usada para descrever as medidas de distanciamento social e reclusão domiciliar impostas durante a epidemia de covid-19, a partir de 2020, mas nosso confinamento não tem nada a ver com outros confinamentos preventivos que ocorreram em outros momentos da história, como a epidemia da peste negra no século xiv, a peste bubônica no século xvii ou a crise da chamada gripe espanhola entre 1918 e 1920. O nosso não é um confinamento pandêmico analógico, mas um confinamento digital e farmacopornograficamente monitorado, tal como a missão Mars-500. Em primeiro lugar, os confinamentos pandêmicos analógicos anteriores à covid foram sempre locais, nunca afetaram a totalidade ou quase totalidade do planeta, limitando-se a cidades concretas em períodos concretos. Em segundo lugar, e ainda mais importante, todos estes confinamentos ocorreram antes que houvesse conexão sem fio, e supunham não apenas a reclusão no espaço doméstico e a separação física dos corpos, mas também a interrupção dos processos de comunicação, das práticas de produção e consumo e também da cooperação social e da coesão ritual, que tinham lugar não só nos espaços do mercado e da fábrica, do colégio ou do exército, mas sobretudo nos espaços da rua, da festa ou do bar.

Imaginem como vocês viveriam um confinamento se a internet não existisse. Para realizar melhor este exercício imaginário, desliguem o computador e deixem de lado o celular — mesmo que isso impeça a leitura deste livro. Imaginem, se é que ainda podem, um dia confinado sem ter acesso a Facebook, Instagram, Snapchat ou TikTok, sem enviar uma média de cinquenta e-mails por dia, sem fazer reuniões de trabalho por videoconferência, sem se comunicar com seus clientes, sua família, seus amigos via Skype ou WhatsApp, sem compras pela internet ou entrega em domicílio, sem consultas de psicólogo ou médico através de Doctolib ou Gruveo, sem grupos de apoio, sem cursos de ginástica pelo Jitsi, sem reuniões de vizinhos ou de alunos ou pais de alunos via Teams, sem compras *click & collect*, sem filmes ou séries na Netflix e sem poder consumir pornografia gratuita ou paga através das diversas plataformas de internet. Sem testes para saber se é soropositivo para covid ou sem perspectiva de tomar vacina. Se estes dias extravagantemente vazios e totalmente isolados existissem, se essas tardes insolitamente calmas e dominadas pelo devaneio em lugar do trabalho existissem, seriam semelhantes aos outros confinamentos da história. Mas não ao nosso.

Todos sabem que o jovem estudante Newton concebeu as hipóteses que o levariam a elaborar a lei da gravidade nos dias terrivelmente vazios e ociosos em que ficou fechado na

Dysphoria mundi

casa de campo em Woolsthorpe, durante o confinamento das cidades inglesas na epidemia de peste bubônica entre 1665 e 1667; que Mary Shelley inventou a história de Frankenstein para distrair os amigos durante um verão de confinamento na Villa Diodati, em Cologny, perto do lago Leman, na Suíça, em 1816. Um ano antes, a erupção do vulcão Tambora, na Indonésia, deixara o céu cheio de cinzas e pó de enxofre, causando meses de intensas chuvas e temperaturas baixas e forçando os cidadãos do hemisfério Norte a passar o verão fechados em casa. Se vivessem em 2020, Isaac Newton teria queimado seus dias participando de aulas inaudíveis pelo Zoom, e Mary Shelley não conseguiria escrever uma linha sequer, ocupada o tempo todo em atualizar seus stories no Instagram.

Nós, ao contrário de nossos antepassados, não fomos confinados. Fomos digitalizados à força. Não fomos trancados em nossos apartamentos, dos quais agora podemos sair com a ridícula e intimidatória mediação do certificado de deslocamento ou do passe sanitário. Fomos encerrados *dentro* do mundo digital. Quando for examinado retrospectivamente, isso que hoje chamamos de "confinamento" será visto como o grande enclausuramento digital, um processo global de transição ao capitalismo cibernético, um exercício de adestramento informático do conjunto da sociedade, que acabou com os últimos sujeitos modernos fordistas e sua relação com a máquina produtiva taylorizada (os últimos trabalhadores puramente fordistas, nascidos entre as décadas de 1930 e 1950, são os que morrem hoje maciçamente nos hospitais e lares de idosos da Lombardia, da Valônia, de Bordeaux ou de Girona) e iluminou o novo sujeito do capitalismo informático:

o teletrabalhador e teleconsumidor da economia farmaco-pornográfica em tempo integral, para quem a conexão é a forma prioritária de existência (*to be or not to be... conectado*). *Dysphoria mundi.* Para os que não são nativos digitais, a subtração dos rituais de contato social e dos hábitos que produziam empatia intersubjetiva (do bar ao teatro, passando pelo museu e pelo restaurante) e sua substituição pelas redes sociais e pelas recompensas digitais (likes, cliques, número de mensagens, imagens autogratificantes) gera adição comunicativa, ansiedade, deslocamento e depressão, o que talvez explique por que o consumo de substâncias narcóticas, tanto legais quanto ilegais, e de fármacos psicoativos e psicotrópicos disparou durante o mal chamado confinamento.

No século XXI, antes da pandemia de covid, vivíamos na era analógica. Com o confinamento, teve início a era digital, com suas formas específicas de submissão, vigilância e controle. Mas também, sem dúvida, com novas formas de resistência e de antagonismo. Um confinamento autêntico em 2020 teria que decretar um blecaute total das redes sociais e dos aplicativos informáticos: então, outro Newton encontraria outra equação para uma gravidade exoplanetária, e uma nova Mary Shelley escreveria um novo *Frankenstein*. Até lá, Wuhan está em toda parte.

The body is out of joint

Dentro, fora. Cheio, vazio. Seguro, tóxico. Masculino, feminino. Branco, negro. Humano, animal. Nacional, estrangeiro. Cultura, natureza. Público, privado. Orgânico, mecânico. Centro, periferia. Aqui, ali. Analógico, digital. Vivo, morto. Submetido a um regime estrito de adaptação ao trabalho digital, o corpo analógico a mudar, a transformar-se. A máquina branda se desarticula e rearticula segundo um novo código. Se para Donna Haraway o ciborgue era "um organismo cibernético, um híbrido de máquina e organismo, uma criatura tanto da realidade social como da ficção",[100] o telecorpo é a forma de existência carnal-temporal do ciborgue na era da produção e da comunicação digitais. O telecorpo não é totalmente orgânico nem completamente digital, é uma entidade natural-técnica situada na interseção da vida e da cibernética, do carbono e do silício. O telecorpo é o corpo transformado num espetáculo público digital, numa interface produzida para ser difundida via Facebook e Instagram, é o corpo escaneado, tunado, hackeado, copiado, distribuído por telepresença via Snapchat ou TikTok.

Enquanto o corpo moderno era definido por seu rígido pertencimento a uma única categoria dentro de uma taxonomia necrobiopolítica hierárquica dos seres (o corpo moderno era humano ou animal, masculino ou feminino, heterossexual ou homossexual, branco ou negro, livre ou escravo, proprietário ou propriedade, vivo ou morto), o telecorpo pode se deslocar dentro das categorias em função do "programa", do "filtro" ou do "algoritmo" em relação ao qual se produz. O telecorpo não é branco nem negro, nem feminino nem masculino, é antes um parâmetro dentro de uma escala de cores Pantone e um algoritmo de reconhecimento facial. Estritamente falando, não tem pele. É uma radiação de calor. É feito de uma combinação de linhas e movimentos, de pixels, de significantes piscantes que se atualizam constantemente. A internet, com seus múltiplos aplicativos e interfaces, contém uma biblioteca digital de órgãos em expansão, um repertório de possíveis telecorpos. As ciências que trabalham com o telecorpo já não são a biologia e a medicina, mas a informática e o marketing, entendidos como estratégias de mercado e técnicas de mando e controle cibernético. O ambiente no qual o telecorpo existe não é mais o solo ou a Terra, mas a internet como mercado supraplanetário.

O telecorpo não é, contudo, nem pós-sexual, nem pós-gênero, nem pós-racial. Ao contrário, a internet é um espaço altamente sexualizado, generizado, racializado segundo parâmetros e algoritmos normativos, embora esses processos sejam cambiantes e estejam sujeitos a uma codificação que não coincide com a realidade analógica. Um espaço onde o telecorpo se desdobra, se apresenta, decola.

O telecorpo é uma ficção cibernética construída e viva, ao mesmo tempo carnal e imaterial, de natureza nem completamente biológica, nem somente eletrônica. Embora existisse desde a chegada da internet como tecnologia individual e doméstica, no final dos anos 1990, o telecorpo transformou-se

Dysphoria mundi

num agente econômico, social e político durante a pandemia de covid-19, quando o confinamento doméstico se impôs politicamente de forma gradual na maioria dos países do mundo. Transformar-nos em telecorpos foi a condição necessária para que as economias pós-industriais seguissem produzindo e consumindo através da extração e distribuição de recursos digitais.

O telecorpo é o agente trabalhista da economia cognitiva. É o corpo que aparece como representante empresarial nas reuniões eletrônicas, o corpo que circula nas redes sociais como agente potencial da amizade, do amor e do sexo digitais. É o telecorpo que se credencia através dos likes e do número de amigos e visitas. É necessário reafirmar: o corpo físico moderno não existe dentro do âmbito digital.

O telecorpo é um dado econômico. É a riqueza digital. O telecorpo é ao mesmo tempo o consumidor e o produtor, o cliente e o provedor, a mercadoria e o comprador.

No *Manifesto da puta mutante*, quando as vns Matrix afirmavam "Chupa meu código!",[101] qual era o telecorpo que gozava?

Embora o telecorpo seja objeto da informática da dominação e da vigilância digital, ele também pode converter-se num possível sujeito de desobediência cibernética e, eventualmente, de emancipação digital. A revolução do século xxii já não será feita pelos corpos físicos modernos, mas pelos telecorpos que podem desejar, pensar e atuar coletivamente. Wuhan está em toda parte.

É o capitalismo petrossexorracial que está mudando e fazendo com que tudo mude com ele. Telecapitalismo. Esta é a nova genealogia maquínica. Telescópio. Telefone. Televisão.

Telenovela. Teleassistência. Telessexo. Teletrabalho. Telepatia. Teleclube. Telefax. Telefilme. Telepiti. Telesqui. Telemaratona. Telebanco. Teledoméstico. Telecontrole. Telediário. Telefoto. Telegenia. Telegrafar. Telegrama. Teleguiado. Teleimpressora. Teleprogramação. Teledirigível. Telecomando. Telepata. Telerrota. Telessérie. Telecadeira. Teledesemprego. Teleamigo. Teletexto. Teletenda. Televenda. Televisar. Teleadicto. Telelixo. Telecabine. Telecomédia. Teledifusão. Teledirigir. Telefac-símile. Telegrafia. Telecelebrar. Telenatal. Teleaniversário. Telebatizado. Telecasamento. Telenterro. Teleternidade. Telemamada. Teletrepada. Telepenetração. Telemasturbação. Telessubmissão. Telefonista. Teleinterfone. Telegênico. Teleleitura. Telebonecos. Telegrafista. Teleindicador. Telecinesia. Telemática. Telemétrico. Teleosteopata. Teleologia. Teleprocesso. Telemassagem. Telerreunião. Telenegócio. Telecompra. Telepago. Teleteatro. Tele-escola. Tele-educação. Teledemocracia. Telemedicina. Teledoutor. Teleoperação. Teledentista. Televidente. Teleconferência. Teleassembleia. Telemanifestação. Teleproprietário. Telemercadoria. Teleobjetiva. Telepregador. Telecerimônia. Telefuneral. Telenascimento. Telefonômetro. Telematrimônio. Telefidelidade. Teleinfidelidade. Telecasal. Teleflerte. Telefabricação. Teleimpressão. Televiagem. Teleflâneur. Telecondução. Teletransporte. Telefamília. Telemascote. Teledesfile. Telefesta. Teleconcerto. Teleconversação. Telecupido. Televerdade. Telementira. Telerroubo. Telelivraria. Teleconfeitaria. Telepadaria. Telemercado. Teleimigrante. Telenação. Telerrepatriação. Telemiséria. Telepobreza. Telefome. Telemorte. Teletumba. Telefascismo. Telepolícia. Televigilância. Telegoverno. Telecontaminação. Telessuicídio. Tele-empatia. Telecompaixão.

Dysphoria mundi 307

Teleafeto. Telerreligião. Telemissa. Teleoração. Teleabraço. Teleinseminação. Telecozinha. Teletato. Telecarícia. Teletransmissão. Telêmaco. Teleturismo. Teleguerra. Telessolidão. Teledepressão. Teleadição. Teleconexão. Tele-exploração. Telerrevolução. Telecrítica. Telepoesia. Telefilosofia. Telessedução. Telefirma. Teleconfirmação. Teleigreja. Telepapa. Telefilia. Telefobia. Telemuseu. Teleuniversidade. Telepatologia. Teleterapia. Telessistema. Teledispositivo. Teledisciplina. Televida. Telecivilização. Telecultura. Telessaúde. Teleordem. Telerrevolta. Teleorganismo. Telebatalha. Telerreconciliação. Telecomunicação. Tele-empresa. Tele-empresário. Teleoperário. Teleburguesia. Telearistocrata. Telerrei. Telediva. Teletrans. Tele-hetero, Tele-homo. Telepansexual. Telessexual. Teleorgia. Telefrígida. Teleninfomaníaca. Teleativo. Telepassivo. Telerreceptivo. Telecansaço. Teleinflamação. Teleinflação. Tele-emoção. Televiolência. Teleagressão. Telecompanheiro. Telefeminista. Teleinvisível. Tele-esquerda. Teledireita. Telecentro. Teleneoliberalismo. Tele-extermínio. Telegenocídio. Telecolonização. Teleperfume. Telecheiro. Telegosto. Teleterror. Telenazi. Tele-extremista. Telecristão. Teleislamista. Telessionista. Teleagnóstico. Telebudista. Teleateu. Telerresistente. Teleinteligência. Telesserviço. Telelimpeza. Teletáxi. Tele-enclausuramento. Teleprevenção. Tele-higiene. Teleantropólogo. Telepolítica. Telessoberano. Telecorpo. Teletécnica. Telerridículo. Tele-história. Telecontemporâneo. Teledominação. Telecomitê. Telecomuna. Telepoder. Telessociedade. Telessujeito. Telepraça. Telerrua. Telecaminho. Teleponte. Telerracionalidade. Teleteoria. Teleinsurreição. Telequeer. Telemundo. Telepresença. Tele-espetáculo. Teleimpério. Telerriqueza. Teleterrestre.

Teledeserção. Teledesnudo. Teleprivado. Telepúblico. Telejogo. Tele-humanidade. Teleanimalidade. Telecuriosidade. Tele-equívoco. Telessuperficial. Telefalso. Telessignificado. Teleinfame. Telecentrado. Telenormativo. Telegovernável. Teledissidente. Telecidadão. Telerrepública. Teleconstituição. Tele-estado. Teleclasse. Telejuiz. Telejulgamento. Telecondenação. Teleprisão. Teletribunal. Teletotalitarismo. Teleidentidade. Teleterrorista. Telecrise. Telepresente. Telepassado. Telefuturo. Telefortuna. Telecoito. Teleciência. Teleconsciência. Telecrédito. Teledignidade. Tele-espionagem. Teleliberalismo. Telessocialismo. Telecomunismo. Tele-ecologismo. Teleconfiança. Telerresistência. Teleperfil. Teleliberdade. Televirtude. Tele-êxito. Telefracasso. Teledesconexão. Teleabstinência. Teleanorexia. Telebulimia. Telechoque. Teleoverdose. Tele-experiência. Teledesejável. Telemaldade. Telequadrinhos. Teleinovador. Teleprogressista. Teleconservador. Telerreacionário. Teledesconhecido. Teleataque. Tele-emancipação. Teletendência. Tele-erótico. Teleneurótico. Telessolidariedade. Tele-egoísmo. Teleculto. Teleindústria. Telepanóptico. Teleindivíduo. Telemoral. Telessupervisão. Telecaos. Telessafári. Telestriptease. Tele-encontro. Telecastigo. Telerrecompensa. Teleprêmio. Telerrelato. Teleficção. Tele-economia. Tele-humanismo. Teledelinquente. Tele-estupro. Telecastração. Teletrump. Teleimpeachment. Telepilotagem. Telessaber. Teleignorância. Teleprofeta. Telestar. Teleproblema. Telessolução. Telerregulação. Teleimposto. Telegenerosidade. Teleamor. Telecérebro. Telepranto. Teledefesa. Teleaventura. Teledivórcio. Telematernidade. Telepaternidade. Telefiliação. Telefelicidade. Telequalidade de vida. Teleintensidade. Telerreconhecimento. Teleaborrecimento.

Dysphoria mundi

Telepreferência. Tele-humor. Tele-enfermeira. Telediagnóstico. Teleconsulta. Telenarcisista. Telessádico. Telemasoquista. Teleperversão. Telepatriarcado. Teleautor. Teleanálise. Telefeminino. Telemasculino. Telenãobinário. Telefalocêntrico. Teleaposentadoria. A televida é a condição em que a distância está cheia e a proximidade vazia, em que as relações digitais primam sobre as analógicas.

Mas se toda a nossa atenção está naquilo que está à distância, se o analógico deixa de merecer nosso interesse, o que acontecerá com o que antes estava perto?

ORAÇÃO FÚNEBRE

Nossa Senhora da Psiquiatria, rogai por nós.

Nossa Senhora das Indústrias da Saúde Mental, rogai por nós.

Nossa Senhora da Ansiedade, rogai por nós.

Nossa Senhora do Estresse Pós-Traumático, rogai por nós.

Nossa Senhora do Estresse Pré-Traumático, rogai por nós.

Nossa Senhora do Estresse Infantil, rogai por nós.

Nossa Senhora da Depressão, rogai por nós.

Nossa Senhora do Isolamento Social, rogai por nós.

Nossa Senhora da Insônia, rogai por nós.

Nossa Senhora da Irritabilidade, rogai por nós.

Nossa Senhora da Psicose, rogai por nós.

Nossa Senhora do Ataque de Pânico, rogai por nós.

Nossa Senhora da Sudorese Noturna, rogai por nós.

Nossa Senhora do Medo, rogai por nós.

Nossa Senhora do Tremor Atípico, rogai por nós.

Nossa Senhora da Alucinação Auditiva, rogai por nós.

Nossa Senhora da Disforia de Gênero, rogai por nós.

Nossa Senhora do Autismo, rogai por nós.

Nossa Senhora da Demência, rogai por nós.

Nossa Senhora da Anorexia, rogai por nós.

Nossa Senhora da Bulimia, rogai por nós.

Nossa Senhora da Apatia, rogai por nós.

Nossa Senhora da Tristeza, rogai por nós.

Nossa Senhora das Fobias, rogai por nós.

Nossa Senhora da Adição, rogai por nós.

Nossa Senhora da Bipolaridade, rogai por nós.

Nossa Senhora da Esquizofrenia, rogai por nós.

Nossa Senhora do Transtorno de Personalidade, rogai por nós.

Dysphoria mundi

Nossa Senhora da Dependência Afetiva e Sexual, rogai por nós.

Nossa Senhora da Paranoia, rogai por nós.

Nossa Senhora do Narcisismo, rogai por nós.

Nossa Senhora da Introversão, rogai por nós.

Nossa Senhora da Síndrome de Tourette, rogai por nós.

Nossa Senhora do Transtorno de Oposição Desafiante, rogai por nós.

Nossa Senhora do Transtorno Obsessivo-Compulsivo, rogai por nós.

Nossa Senhora dos Pesadelos, rogai por nós.

Nossa Senhora das Autolesões, rogai por nós.

Nossa Senhora do Delírio, rogai por nós.

Nossa Senhora do Transtorno do Déficit de Atenção, rogai por nós.

Nossa Senhora da Hiperatividade, rogai por nós.

Nossa Senhora do Burnout, rogai por nós.

Nossa Senhora do Suicídio, rogai por nós.

Vós que nos diagnosticais e que forjais nossa identidade, tende piedade de nós.

The city is out of joint

DENTRO, FORA. Cheio, vazio. Seguro, tóxico. Masculino, feminino. Branco, negro. Humano, animal. Nacional, estrangeiro. Cultura, natureza. Público, privado. Orgânico, mecânico. Centro, periferia. Aqui, ali. Analógico, digital. Vivo, morto. A cidade se fecha sobre si mesma. As prioridades da construção arquitetônica mudam. Em fins de janeiro de 2020, a prefeitura de Wuhan anuncia a construção de um hospital em seis dias. Não se trata de um hospital de emergência, feito com barracas de campanha, mas de um hospital de tijolo e cimento. Poucos meses depois, na Europa e nos Estados Unidos, generaliza-se a instalação de hospitais de campanha, ao mesmo tempo que as instalações sociais de entretenimento (sobretudo desportivas) são requisitadas e transformadas em zonas hospitalares improvisadas.

O que ocorre é uma redistribuição das funções das arquiteturas públicas e privadas. Os centros polidesportivos, vazios de corpos atléticos, enchem-se de leitos para doentes. As quadras de basquete, com o piso azul e vermelho brilhantes, lembram a exposição TH.2058, que a artista Dominique Gonzalez-Foerster instalou na Tate Modern, em Londres, em 2008. Um quadriculado de camas brancas, idênticas, austeras e desoladas, pequenas camas separadas entre si por menos de dois metros, camas como ilhotas simetricamente alinhadas,

Dysphoria mundi

nas quais os doentes jazem à espera de que outros corpos sem rosto e sem pele venham lhes ministrar um medicamento farmacológico de cujo efeito nada se sabe e nada se saberá seguramente até que o doente morra ou sobreviva. Junto a cada cama, uma cadeira, sempre vazia. Junto a cada cadeira, uma sacola de lixo, onde são colocados todos os pertences do doente. Mais tarde, em Nova York como em Honduras, também veremos os corpos dos mortos sendo colocados em sacos de lixo. O saco plástico, epítome da sociedade do consumo e da destruição ecológica durante o Antropoceno, transforma-se em nossa única e última pele. Wuhan está em toda parte.

Pela primeira vez desde a Segunda Guerra Mundial, as cidades da Europa e dos Estados Unidos tornam-se ameaçadoras. Fechadas, as cidades deixam de ser cidades e transformam-se em domicílios de internação preventiva, residências de contenção viral e hospitais de cura. A gestão da pandemia permite fazer uma radiografia da arquitetura das relações petrossexorraciais de uma cidade. Se do ponto de vista da biologia epidemiológica o vírus não deveria fazer diferença entre gêneros, classes e raças, a divisão social do trabalho, o acesso aos recursos mínimos de saúde e a distribuição das tecnologias de telecomunicação segmentam a imunidade e estabelecem as diferenças entre aqueles que morrem e aqueles que irão viver. O que aprendemos com Wuhan é que o vírus não ataca nosso corpo individual, mas a cidade inteira, e, portanto, em termos de nosologia urbana, é sobre a doença da cidade que deveríamos refletir. É a cidade como organismo tecnovivo segmentado em termos de classe, raça, sexo e sexualidade que é atacada pelo vírus. É a cidade capitalista que está doente. *Dysphoria mundi*.

É por isso que o campo parece mais seguro, à medida que a cidade vai se tornando perigosa. Durante o primeiro confinamento, alguns desafiam as ordens do governo e pegam seus carros para tentar chegar às residências secundárias, e muitos conseguem fugir nos primeiros dias. Mais tarde, quando despontou a primavera, outros tentaram cruzar a fronteira espanhola rumo a suas casas na Costa Brava. Mas a Catalunha é uma das áreas mais afetadas da Europa, e, enquanto os que tentam fugir dizem "vou para outra terra", o vírus responde com Kaváfis:

Não descobrirás outras terras, nem outros mares.
A cidade irá atrás de ti, vagarás pelas mesmas ruas.
Nos mesmos bairros ficarás velho, e entre as mesmas
paredes teus cabelos hão de encanecer.
Sempre chegarás a esta cidade. Para outra terra — não tenhas
[esperança —
não há barco, não há caminhos.
Assim como arruinaste a tua vida
neste canto perdido, assim
a destruíste em toda a terra.[102]

Os confinados também tentam fugir, mas não descobrirão outra terra, nem outro mar. O vírus irá com eles. A destruição petrossexorracial que eles mesmos criaram irá com eles. A vida que arruinaram aqui, eles a destruíram em toda a Terra. Wuhan está em toda parte.

Outros, os menos afortunados, deslocam-se em busca de trabalho aonde ninguém mais quer ir. Mas, a cada vez que alguém se desloca, o vírus viaja junto. Como em toda pan-

Dysphoria mundi

demia provocada pelas formas industrializadas de vida, os povos indígenas, embora supostamente mais distantes dos centros urbanos virais, são os mais vulneráveis à infecção por patógenos quando comparados a grupos não indígenas em todo o mundo e ao longo da história. Os primeiros colonizadores do continente americano levaram com eles de início a varíola e depois o sarampo. Na Amazônia brasileira, os povos indígenas morrem de covid num ritmo de 9,1%, quase o dobro dos 5,2% do restante da população brasileira. Em maio de 2021, a nação navajo superou Nova York com a taxa de infecção mais alta dos Estados Unidos. O território dos nativos norte-americanos, que cobre partes de Arizona, Novo México e Utah, é descrito como um "deserto alimentar", onde as minorias étnicas lutam contra a desnutrição e a falta de cuidados médicos durante a pandemia.

Assim também, ao contrário do que poderíamos imaginar, algumas das regiões mais afetadas da Rússia encontram-se no Ártico. Em 29 de abril de 2020, o porto de Dudinka, no estuário do rio Ienissei, no círculo polar ártico russo, impõe as primeiras medidas preventivas contra a chegada do novo coronavírus. Mas o vírus viaja com os trabalhadores que emigram de toda a Rússia e da antiga União Soviética para trabalhar nos projetos industriais e extrativos do polo. A densidade populacional em Dudinka é mais baixa que a do deserto do Arizona, mas mesmo assim o fechamento das escolas e dos comércios não alimentares foi decretado. A cidade grande mais próxima é Norilsk, maior produtora de paládio e níquel do mundo. Ninguém se lembra de Norilsk ou de Dudinka. Ninguém exceto os sobreviventes do gulag stalinista, que fundaram as cidades do longínquo ártico russo no início dos anos 1940 e agora são os avós centenários que assistem à chegada do vírus. Um pouco mais distante da cidade, no branco profundo do ártico, encontram-se os indígenas dolgans, nenets, nganasans e evenkos, que ainda vivem do comércio da carne e da pele das renas e de um escasso turismo. No final de 2020, o vírus já estava instalado entre os povos indígenas do norte de Norilsk e Dudinka, e a área apresentava a maior taxa de infecção por coronavírus per capita da Federação Russa. Wuhan está em toda parte.

Assim que o primeiro confinamento é suspenso, os que tinham saído da cidade são convocados: "Voltem, voltem, tratem de voltar depressa".

Para onde?

Voltem, voltem a seus postos, que ninguém lhes tire a cadeira que deixaram vazia nas instituições, nos escritórios, oficinas, empresas, matadouros, museus, teatros. E se um duende maléfico deixasse a cadeira intacta, mas levasse as instituições, os escritórios, as oficinas, as empresas, os matadouros, os museus, os teatros? Para onde vocês voltariam? Não importa, o caso é voltar. Encontrar suas cadeiras, sentar em suas cadeiras, ocupar seus postos. Cadeiras e mais cadeiras alinhadas e ocupadíssimas, a um metro e meio de distância umas das outras, flutuando no meio do nada. Voltem, voltem, tratem de voltar depressa. Que os mercadores tirem das estantes as novas e desnecessárias mercadorias de outono agora já, no dia 20 de agosto: imaginem se o corona volta e carrega as vendas. A carência é preparada, organizada na produção social. Voltem o quanto antes e peguem sua carta de demissão. Corram para seu brilhante posto de desempregado, corram para pedir empréstimo e aumentar suas dívidas.

Dysphoria mundi

Voltem, voltem rapidamente de suas férias a menos de cem quilômetros de casa, corram para seus postos com a máscara pendurada no pulso como se fosse uma pulseira viral. Vocês que queriam ter ido para uma ilha deserta no meio do mar, bem longe, um lugar de onde não se vê Lampedusa nem Calais, mas tiveram que ficar na Normandia. E agora a Normandia parece estar mais longe de Paris que nunca. Voltem às suas cidades, voltem à sua contaminação e ao seu barulho antes que seus pulmões e ouvidos se acostumem com a sinfonia do campo. Tentem voltar aos labirintos do metrô, às horas infinitas de reunião, tanto faz se forem presenciais ou virtuais, aos concursos públicos, às filas do seguro-desemprego, à televida. Voltem com as narinas bem abertas para que uma figura humana escondida dentro de um macacão hospitalar enfie nelas uma haste e, depois de esfregar a fronteira de seu cérebro, informe, se tiverem sorte, que estão negativos e vivos. Voltem, voltem rapidamente, não deixem de voltar incessantemente às suas vidas de antes.

Voltem para sua violência policial bem dosada: aqui se mata na fronteira, se afunda balsa e se rejeita quem chega sem sapatos; aqui se espanca, se enfia o joelho no peito, se prende os negros nos subúrbios; mas, no centro de Paris, se protege os brancos do vírus. Previdência social imunizada. Democracia neoliberal autoritária. Voltem à sua tradição fascista. Voltem à monarquia. Que volte o Führer. Que voltem também Putin, Trump, Bolsonaro, Erdoğan, Duda, Orbán, Macron e Lukashenko. E, já que chegamos aqui, que voltem também Sarkozy e até Cecilia, desculpem, quero dizer Carla, com seu violão, sua voz doce de menina secretamente estuprada.

Voltem, voltem unicamente para perceber que aquilo para que estão voltando com tanto afinco deixou de ter sentido. Vocês não podem voltar à vida normal porque isso que chamam de vida normal deixa de existir durante a mudança de paradigma. Já não podem voltar porque, ainda que pareçam iguais, as coisas já não são as mesmas. Porque, embora pareça que são pronunciadas do mesmo modo, as palavras mudaram de significado. E o problema é que ninguém sabe qual será este novo significado. É um algoritmo que vai decidir? Será anunciado pelo Instagram? Ou será objeto de um decreto judicial? Voltem com suas malas carregadas de palavras e de coisas, mas sem os significados. Que suas crianças, pequenos corpos quase imunes, voltem às escolas nas quais nada do que vão aprender servirá para salvá-las da bacanal ecocida dos adultos.

Não, não vale a pena correr. Já não se pode mais voltar. Porque voltar agora seria como dar meia-volta e ir para o outro lado por uma ponte epistemológica que acabou de cair. O mundo (esse amontoado de signos construídos nos quais acreditamos como se fossem reais) que estava lá atrás já não está mais. As linhas que separam os signos sensíveis e inteligíveis moveram-se. Já não se pode voltar. A deriva do imigrante para lugar nenhum é um modelo político melhor que o do neurótico cidadão europeu ou norte-americano que pretende simplesmente voltar para casa. O terror e o desejo que animam o exílio estão mais próximos da mutação necessária para enfrentar o beco sem saída em que nos metemos coletivamente. Praticamos uma nova imigração para parte alguma, na qual não há nem bom pastor nem Estado-nação que nos receba. É hora de ir ainda mais longe e não de voltar,

Dysphoria mundi

de subir as montanhas deixando os deuses do capitalismo nas cidades, ir sem pai, sem mãe, sem natureza, só com os vivos e os mortos. Acaso papai, mamãe, a instituição ou o Estado-nação, a indústria petroquímica e farmacêutica, os gigantes da informática seriam capazes de nos dar algo melhor?

Impossível.

Já não se pode voltar. Wuhan está em toda parte.

The narrator is out of joint

DENTRO, FORA. Cheio, vazio. Seguro, tóxico. Masculino, feminino. Branco, negro. Humano, animal. Nacional, estrangeiro. Cultura, natureza. Público, privado. Orgânico, mecânico. Centro, periferia. Aqui, ali. Analógico, digital. Vivo, morto. Alguns acreditam que estivemos confinados, mas na verdade fomos submetidos a um regime de vigilância e reeducação de classe, de gênero, sexual e racial. O confinamento é um gulag ciberpop, através do qual as sociedades neoliberais esperam não somente vencer o vírus, mas sobretudo o irrefreável processo de despatriarcalização e decolonização em que estamos embarcados. Incitação ao trabalho; fechamento na família heterossexual; redução estrita das formas de socialização; limitação de toda atividade pública coletiva, seja política, poética, cultural, teatral, associativa ou reivindicativa; controle de todos os movimentos de cada corpo no espaço público; restrição dos cruzamentos de fronteira; incremento da violência policial; aumento da violência sexual intrafamiliar... Na França, o ministro da Educação do governo Macron, Jean-Michel Blanquer, lançou uma campanha contra o que a direita nacionalista decidiu chamar de "islamoesquerdismo" e afirmou publicamente que o pensamento de Jacques Derrida é um "vírus" que ameaça "desconstruir todos os valores centrais da civilização ocidental". Vivemos numa colô-

Dysphoria mundi

nia sanitário-penitenciária na qual, enquanto somos forçados ao teletrabalho e incitados ao teleconsumo, temos que ouvir diariamente a leitura dos dez mandamentos do capitalismo petrossexorracial para que não esqueçamos nem o que somos nem o que não podemos ser.

Enquanto os mais frágeis morrem, mal se ouvem as vozes dos movimentos transfeministas e antirracistas, abafadas pela doutrina sanitária e pelas linguagens médico-legais. A crise da covid não está funcionando apenas como "ensaio geral"[103] da crise climática global, como afirmou Bruno Latour, mas como uma destruição organizada dos processos de sublevação em marcha. A gestão política da pandemia amplifica todas as formas de opressão racial, sexual e de gênero. O funcionamento das tecnologias necrobiopolíticas entrelaçadas é, agora, mais evidente que nunca. Nos Estados Unidos, a deriva autoritária do governo, a falta de um sistema de saúde pública, o aumento das divisões de classe, o racismo institucional, a homofobia e a transfobia, a exclusão e espoliação das pessoas consideradas incapacitadas ou doentes crônicas, dos velhos, dos sem-teto e dos imigrantes alcançam níveis sem precedentes durante esse período.

Estas são as técnicas de governo vigentes:

- Confinamento higienista intermitente;
- Digitalização obrigatória;
- Controle imunológico;
- Racismo de Estado;
- Machismo, homofobia e transfobia institucionais, inclusive, e especialmente, as instituições familiares, religiosas, educativas e culturais;

- Militarização da repressão;
- Criminalização de toda forma de dissidência.

Dentro do meu corpo, as coisas não vão muito melhor. Minha cabeça dói, e as pernas e as costas também. Sinto a pele arder e, ao mesmo tempo, frio dentro dos ossos, como se alguém primeiro me congelasse e depois me colocasse no micro-ondas. O inverno da covid instalou-se dentro do meu corpo e não vai embora. Minha percepção do mundo nublou--se. Desde o microenfarto no olho esquerdo fico, às vezes, com a visão turva, como se tivesse um véu diante da íris ou olhasse o mundo através da janela cinza de Virginia Woolf, no número 52 de Tavistock Square. Não consigo entender completamente se as nuvens estão fora ou dentro do meu olho. Talvez simplesmente não seja mais capaz de distinguir entre a meteorologia exterior e o clima interior. As sequelas da covid começam a aparecer: estou fisicamente esgotado, com as articulações inflamadas, perdi a acuidade visual e auditiva e sobretudo distanciei-me da realidade sensorial.

Mas o sintoma mais persistente é aquilo que chamo (por oposição à conexão digital) de "desconexão": a qualquer momento do dia, uma mão invisível me desliga da vida e caio abatido. A desconexão induz uma forma de alienação generalizada: um desajuste não só em relação aos tempos de produção e da vida social, mas também a meu corpo e ao universo sensorial que o cercava. Num nível estritamente somático, a doença opera de duas formas. A primeira, caracterizada pela hipossensibilidade — sentir menos cheiro, saborear menos, ver menos, ser proibido de tocar... —, supõe um bloqueio dos sistemas sensoriais dominantes no corpo da modernidade.

Dysphoria mundi

Todos os órgãos da sensibilidade estão mudando. Era isso que estava acontecendo quando perdi o sentido do gosto e do olfato e, depois, quando perdi subitamente a visão por 24 horas. A língua está mudando. O nariz está mudando. O olho está mudando. Ou, para ser mais preciso, as conexões cerebrais e as estruturas da consciência, que regulavam a visão, o paladar e o tato, estão sendo reorganizadas.

O que está sendo reconfigurado, para usar as palavras de Jonathan Crary, são as relações entre o sujeito (observador) e os modos de representação. Se o observador moderno era efeito da pressão disciplinar que os poderes institucionais e discursivos exerceram sobre o campo visual, sobre a visão e o olhar, o novo sujeito sensorial da era cibernética seria o efeito da implantação de um novo conjunto de espaços pré-fabricados e acessíveis a seu sistema nervoso.[104] Assim como, numa certa altura do século XIX, o sujeito moderno passou da perspectiva pictórica e da câmara escura para os espaços analógicos da fotografia, do cinema e depois da televisão, o novo sujeito ciberssensorial está aprendendo a viver no espaço digital, um domínio abstrato desconectado dos olhos e da pele humana orgânica e construído unicamente através de algoritmos, dados matemáticos e sinais eletrônicos.

A segunda modificação implica, portanto, uma digitalização forçada das relações sociais (tanto de reprodução quanto de produção, ou, dito de outro modo, as que concernem ao afeto e à sexualidade e as que demandam trabalho e consumo, sendo estes dois âmbitos indistinguíveis no neoliberalismo). O desajuste em relação à máquina industrial produtiva amplia em mim uma felicidade que já conheço, a de sair do regime da diferença sexual e de suas demandas reprodutivas.

Mas esta suposta liberação não vem sozinha. A mutação dos órgãos da sensibilidade moderna e a nova conexão com o dispositivo cibernético inscrevem-se agora em meu corpo na forma de um vazio, como uma suspeita de *devir fantasma*. A pele analógica está sendo arrancada e substituída por uma película capaz de interagir sem contato através da tela. Estamos assistindo ao vivo à inserção da pele eletrônica ou sem contato sobre nossos corpos. Um par de anos de confinamentos sucessivos, distanciamento social e teletrabalho bastaram para dar início a esta mutação do corpo e da subjetividade.

O confinamento serve como um processo de pedagogia coletiva cujo objetivo é fabricar uma dobra digital dentro do espaço físico. Quando o enxerto da realidade virtual se fizer carne em nós, as portas vão se abrir e poderemos sair. Mas já não seremos os mesmos. Teremos perdido a pele analógica: teremos uma nova pele digital. Habitaremos para sempre, como anfíbios, entre o mundo físico e o mundo virtual. Esta não é a primeira vez na história em que se realiza um enxerto desse tipo na subjetividade coletiva humana. O primeiro enxerto de uma dobra virtual (o primeiro vírus, diria Burroughs) foi realizado (ou melhor, inoculado) com a invenção do alfabeto e da escrita. Depois, em sucessivos abalos históricos, foram inventadas as dobras virtuais da religião, do teatro, do livro, da fotografia, do cinema... Todos os espaços que Foucault chamou "heterotópicos" são ampliações técnicas da consciência. Uma heterotopia é a inscrição no espaço de uma determinada tecnologia da consciência, a instalação num espaço físico de outro espaço virtual. Foucault + Deleuze + Guattari + McLuhan + Kittler + Sloterdijk + Haraway + Latour + Hayles + Hui. Agora, a dobra digital ameaça engolir

Dysphoria mundi 325

todas as outras. A subjetividade moderna, dobra das dobras, talvez já não seja suficiente para resistir a esta torsão. A própria noção de emancipação, enquanto processo de liberação das sujeições do poder iniciado por uma consciência, parece vacilar. Será preciso inventar outro modo de existência para a *somateca digital*.

O corpo moderno foi construído e disciplinado através da aprendizagem de um esquema anatômico cronoespacial específico, uma regulação do tempo e do movimento no espaço, uma organização cívica — ou seja, normativamente nacional — genderizada, sexualizada e racializada da sensibilidade, do gosto, do olfato, do tato, da visão e da propriocepção. Crucial neste processo de fabricação do corpo petrossexorracial foi a invenção do casal heterossexual branco como máquina reprodutiva do capitalismo industrial, uma engrenagem que, bem longe do que poderíamos imaginar, não incluía somente carne segmentada, os assim chamados "corpos de sexos distintos" com seus órgãos ditos "sexuais", mas também arquiteturas domésticas, móveis, instituições médicas, leis matrimoniais, repertórios gestuais, modas de vestuário, certidões de nascimento, nomes... — tudo isso era parte da máquina branda binária e heterossexual que hoje, aqui e agora, começou a desajustar-se. A conexão do corpo, em geral codificado como masculino, ao dispositivo técnico energético (seja ele fuzil, máquina a vapor, máquina têxtil, linha de montagem, linha do matadouro, automóvel) ou ao corpo reprodutivo feminino fazia parte da construção de um entorno inteiramente padronizado, consumível e altamente tóxico que agora também começa a degringolar.

A impossível dedicatória

Durante o confinamento, entre a desordem do tempo e a reorganização das tarefas cotidianas propiciada pela paralisação generalizada, adotei um novo hábito. Todo dia, às 20h30, depois de ir à varanda aplaudir ou gritar, respondo a uma ligação por videoconferência de meus pais. Eles estão numa cidade do norte de Castela e eu num bairro de Paris. Antes do coronavírus, falava com eles uma vez a cada dois meses, nas ocasiões importantes, festas, aniversários. Mas, agora, a ligação diária transformou-se numa bomba de oxigênio. É o que diz minha mãe, que sempre teve talento para o melodrama, assim que a tela se ilumina: "Ver você é como sair e respirar". Meu pai tem noventa anos, é um homem dinâmico que antes do confinamento caminhava oito quilômetros por dia. É também um homem frio; um menino abandonado pelo próprio pai, que cresceu sem afeto, pensando que o trabalho era a única razão de viver. Apesar da proibição de saída para os idosos, meu pai sai todo dia para comprar pão a duzentos metros de casa, de luvas e máscara. "Ninguém pode negar isso a ele", diz minha mãe. E acrescenta, quando meu pai se afasta: "Talvez a gente nunca mais volte a passear juntos pela rua. Talvez esta seja sua última primavera. Ele tem que poder sair".

Minha mãe fala comigo ora no masculino, ora no feminino, mas me chama sempre de Paul. Gosto quando meu pai pergunta: "Quem é?". E minha mãe responde: "É o nosso Paul". Todo dia, meu pai examina meu rosto como se inspecionasse numa tela as mudanças produzidas pela transição de gênero. Mas como se buscasse também o seu rosto no meu.

Dysphoria mundi

"Você está cada vez mais parecido com seu pai", diz minha mãe. A transição sublinhou a semelhança de nossos corpos e de nossos rostos, como se trouxesse à tona um fenótipo que o estrogênio mantinha escondido. Embora eu não diga nada, essa semelhança é tão inquietante ou tão comovedora para mim quanto é para ele.

Outro dia meu pai me perguntou: "Por que você não deixa crescer a barba no rosto todo?". "Porque ela não cresce de maneira uniforme", expliquei. E acrescentei: "Só comecei a tomar testosterona aos 34 anos, e os pelos não crescem quando os poros da pele já estão fechados". "Caramba! É muito esforço para pouco resultado", respondeu meu pai. "Vamos parar com isso! Não se meta com a barba dele, que ele não se mete com a sua!", admoestou minha mãe. Quando conto que estou corrigindo as provas de um novo livro, minha mãe pergunta, com um interesse que revela seu desejo, a quem o dedicarei. "A Judith Butler", digo. "E quem é esta senhora?", pergunta ela. Explico que não é uma senhora, mas uma pessoa que não se identifica com nenhum gênero, nem masculino, nem feminino, e que a Califórnia lhe concedeu o certificado de pessoa de gênero não binário, assim como me permitiram, em 2017, a mudança legal de sexo. Acrescento que se trata de ume filosofe que me ensinou que mesmo nós que fomos considerades desviades e degenerades podemos fazer filosofia. "Mas se não é um homem nem uma mulher, então é o quê?", pergunta meu pai. "É livre", respondo. "Caramba! É muito esforço para pouco resultado." E nós três rimos. Antes de desligar, meu pai chega bem perto da tela e manda um beijo. Não sei como reagir a seu inesperado gesto afetivo. "Esperamos você amanhã", diz minha mãe, "para nossa saída diária."

Depois do último encontro com eles, ao ouvir o pedido insinuado por minha mãe e ao vê-los tão frágeis e repentinamente tão carinhosos, penso que algum dia poderei dedicar-lhes um livro, talvez este. Percebo então que, para que possam desfrutar da dedicatória sem se sentirem ofendidos, eu teria que ser capaz de escrever um livro que não incluísse as palavras *homossexual* nem *homossexualidade*, nem *transexual* e *transexualidade*, nem *sexo*, nem *sexualidade*, nem *estupro*, nem *trabalho sexual*, nem *prostituição*, nem *aborto*, nem *penetração*, nem *dildo*, nem *ânus*, nem *ereção*, nem *pênis*, nem *pica*, nem *vagina*, nem *vulva*, nem *clitóris*, nem *tetas*, nem *mamilos*, nem *foder*, nem *trepar*, nem *chupar*, nem *ejacular*, nem *aids*, nem *orgasmo*, nem *felação*, nem *sodomia*, nem *masturbação*, nem *perversão*, nem *bicha*, nem *lésbica*, nem *lesbianismo*, nem *sapatão*, nem *fancha*, nem *afetado*, nem *gay*, nem *marimacho*, nem *caminhoneira*, nem *puta*, nem *piranha*, nem *mastectomia*, nem *faloplastia*, nem *transtorno mental*, nem *disforia de gênero*, nem *psicose*, nem *esquizofrenia*, nem *depressão*, nem *pornografia*, nem *farmacopornográfico*, nem *baseado*, nem *adição*, nem *droga*, nem *drogadição*, nem *alcoolismo*, nem *marijuana*, nem *heroína*, nem *cocaína*, nem *metadona*, nem *morfina*, nem *crack*, nem *vapor*, nem *suicídio*, nem *prisão*, nem *criminoso*... O exercício da escrita em si mesmo, penso, seria heroico. O livro poderia ser uma longa perífrase barthesiana, uma boa distração para os tempos de confinamento.

Sem pele

Minha pele dói. Sinto a fisgada, um ardor como o que senti, lembro bem, anos atrás, quando ainda tinha nome de me-

Dysphoria mundi 329

nina, ao tirar um gesso que usei durante semanas para permitir que as duas pontas do osso quebrado de uma perna se reconectassem. Sinto que a desconexão com as máquinas da modernidade industrial se produz dentro e fora de mim, que um conjunto de hábitos históricos estão sendo, por assim dizer, arrancados ou desativados da somateca viva que eu sou. Trata-se de uma ecdise política. Os zoólogos chamam de "ecdise" o processo de mudança de pele das serpentes. Um procedimento semelhante, mas coletivo, está em marcha. Não é que estejam arrancando nossa pele orgânica para substituí-la por uma inorgânica. Ambas as peles são próteses políticas: a diferença é que a primeira era industrial, nacional e analógica, e a nova será cibernética, planetária e digital.

Em grego, a palavra *ekdysis* significa literalmente "desvestir-se", "tirar a roupa". É verdade que despir a pele política industrial tem algo a ver não só com retirar um gesso, mas também com um striptease, só que por baixo da pele não há nada. No início, talvez apenas dor. E depois a nova pele digital.

Em "Unstitching", um dos contos de *The Doll's Alphabet*, a escritora canadense Camilla Grudova conta a história de Greta, uma mulher que aprende a "descosturar" a própria pele, inclusive o cabelo, descascando-se a si mesma como se fosse uma fruta. É assim que ela descobre que, embaixo da pele humana, seus verdadeiros membros parecem mais com uma formiga. Descascada de sua pele, Greta resolve visitar a vizinha, a quem ensina como descosturar-se também. Elas jogam suas peles femininas no lixo e desfrutam juntas de seus novos corpos sem complexos, comendo uma torta de amêndoas. Mas, quando chega em casa, o marido de Greta fica horrorizado diante da visão do corpo despelado da esposa. Greta vai viver com a vizinha e dedica seu tempo à organização de oficinas coletivas de descostura de corpos.[105]

Todos nós, indivíduos da sociedade tecnocapitalista, estamos sendo despelados, mas, ao contrário das heroínas de Grudova, uma nova pele está sendo costurada imediatamente sobre nossos corpos. Esse processo de ecdise política, que inclui tanto arrancar a pele analógica moderna quanto enxertar a nova pele digital, não produz resultados iguais em todos: os indivíduos da chamada geração Z já "nasceram" com uma pele digital, ou, para usar termos filosóficos mais precisos, a implantação política de sua pele digital começou no nascimento, enquanto os indivíduos que nasceram antes do final da Segunda Guerra Mundial não podem receber o implante, pois são considerados incompatíveis com peles digitais. As mortes maciças causadas pelo vírus em pessoas com mais de 75 anos são também um indício dessa incompatibilidade com a mutação digital da pele.

Durante e depois dos sucessivos confinamentos, a operação de ecdise está em marcha e vai continuar. A questão não é só saber quais serão os seus efeitos normativos, mas como aproveitar esta mudança de pele para dar início a processos de despatriarcalização e decolonização do corpo moderno. Talvez seja possível provocar uma pausa e utilizar, como Greta, a máquina que descostura a pele analógica e costura a digital para outros fins, precipitando, assim, um processo de somatização sensorial dissidente. Aprender a viver, como Greta, sem a pele petrossexorracial.

Labor is out of joint

DENTRO, FORA. Cheio, vazio. Seguro, tóxico. Masculino, feminino. Branco, negro. Humano, animal. Nacional, estrangeiro. Cultura, natureza. Público, privado. Orgânico, mecânico. Centro, periferia. Aqui, ali. Analógico, digital. Vivo, morto. Cada epidemia cria seu próprio lúmpen. A nova economia do vírus sustenta-se sobre três novos tipos de agentes, todes potencialmente feminizades, independentemente de sexo: e-escrave (escrave eletrônique que produz e monta a máquina digital através de um trabalho analógico em cadeia nos grandes centros ciberindustriais de China, Coreia, Paquistão, Índia etc.); *teletrabalhadore* europeie e norte-americane, que transforma o espaço doméstico em fábrica digital; e, por último, em toda parte, *reprodutore da vida*, com frequência ume trabalhadore racializade e feminizade que realiza as tarefas analógicas e somáticas do cuidado, entre as quais a reprodução, a alimentação, o afeto, a sexualidade e a comunicação. As empresas e os governos enviam trabalhadories pobres, imigrantes, legais e ilegais, para respirar o vírus nos hospitais, supermercados, matadouros industriais, serviços de cuidado e entrega em domicílio. Lá, elus são obrigades a trabalhar sem máscara, sem nenhum tipo de proteção, sem gel desinfetante e sem a possibilidade de testes para saber se são sorologicamente positives. Enquanto isso, do outro lado da membrana viral, trabalhadories eletrossemiótiques são instades a trabalhar à distância, em confinamento domiciliar.

Falou-se muito na deslocalização da produção da Europa e da América do Norte para a China e para as economias periféricas da Índia e da Ásia. Mas ainda não sabemos muita coisa sobre o processo de transformação das tecnologias de exploração dos novos trabalhadores globalizados.

Num futuro próximo, dois em cada três trabalhadores realizarão apenas tarefas digitais. Não me refiro aqui à recente invenção de biorrobôs, mas da ancestral capacidade de transformar o corpo e a alma humanos em próteses vivas que suplementam a máquina. Alguns dias atrás, o curador de uma renomada instituição de arte contou-me que, diante de seu atual volume de trabalho, havia contratado os serviços de uma pessoa no Paquistão para organizar e alimentar sua meia dúzia de contas no Instagram: uma dedicada à arte contemporânea, outra à arquitetura japonesa, outra à poesia experimental e duas ou três, pelo visto as mais exigentes, sobre as novas tendências em cosmética de unhas — a cantora Rosalía revelou-se mais produtiva em matéria de unhas que o MoMA em matéria de exposições. "Pago cerca de vinte dólares por mês, o que para mim não é nada, mas para alguém no Paquistão é mais que o salário médio." O curador não conhece nem a idade nem a situação familiar ou social do trabalhador digital que contratou; poderia inclusive não ser uma única pessoa: dirige-se a ele/ela/eles por meio de uma conta de internet e de uma conta bancária. Utilizarei o feminino plural para refletir esta pluralidade subalterna. Essas trabalhadoras digitais anônimas estudam diariamente o arquivo do Instagram do curador, conectam-se a outras

Dysphoria mundi

centenas de contas do Instagram sobre arte contemporânea, arquitetura japonesa, poesia experimental e cosmética de unhas e fornecem um conteúdo relevante para as contas do curador de arte. Através de um buffer que centraliza todas as contas e permite uma análise estatística, um trabalhador digital pode gerenciar cerca de quatrocentas contas simultaneamente. O processo de seleção e edição de material para as diversas contas chama-se "curadoria digital". O curador é, por sua vez, curado. "Não tenho nem tempo de olhá-las", diz ele, "mas o trabalho que eles fazem é estupendo, conseguem muito mais likes do que eu jamais conseguiria."

Um operário digital no Paquistão constrói o rosto imaterial de um célebre curador. Embora a relação que cada um de nós estabelece com sua conta de e-mail, Facebook ou Instagram possa parecer pessoal e subjetiva, cada existência digital é produto de uma invisível cooperação eletrônica. Para usar as palavras de Marx, cada tela faiscante oculta um processo de exploração e extração coletiva de mais-valia digital. Seu rosto no Facebook é uma mercadoria. Sua identidade digital é o trabalho de um curador digital, mesmo que você acredite que esse curador é você mesmo. Pagamos para que nos construam uma máscara digital e ao mesmo tempo tentamos emular as máscaras pelas quais outros pagaram. Nunca somos quem parecemos ser.

Muitos alunos da Universidade de Toronto contam que ganham um dinheiro extra escrevendo comentários na internet para diversas empresas: eles falam das virtudes de biscoitos sem glúten que nunca experimentaram, das vantagens de um novo programa de ioga numa academia em Alberta onde jamais estiveram, destacam a facilidade de montagem de um refletor que nunca montaram ou comentam sobre livros dos quais só leram um resumo de 1800 caracteres fornecido pela editora. "Escrevemos bem e rápido", explica um deles, "que é o que mais se valoriza nesse tipo de trabalho. Numa noite, depois das aulas, posso fazer entre cinquenta e cem comentários. As diretrizes são muito estritas, não só no número de caracteres, mas também no estilo e na avaliação, mas logo se pega o tom." Em cada dez, dois comentários podem ser levemente negativos, mas três terão que ser enfaticamente positivos. Os comentários mais bem pagos são os que alimentam as redes de serviços sexuais. Trata-se de passar por um cliente e elogiar o serviço prestado por uma ou um dos trabalhadores sexuais: qualidade da lap dance, do striptease, higiene, tempo dedicado, envolvimento erótico, satisfação. "Para isso é preciso investir um pouco mais de imaginação, mas, como são comentários curtos, são fáceis de fazer. Na época das campanhas eleitorais, só os comentários políticos são mais bem pagos do que os sexuais, mas é preciso fazer mais de cem por dia para valer a pena." A internet não é uma praça pública, mas um mercado digital.

Por outro lado, a decolagem da economia digital não é possível sem uma massa importante de trabalhadories pauperizades das indústrias microeletrônicas. Em 2013, a socióloga Jenny Chan desafiou a censura empresarial e a vigilância dos empresários chineses e publicou o retrato de Tian Yu, trabalhadora de dezessete anos sobrevivente de uma tentativa de suicídio na cidade-fábrica de Shenzhen, onde fica a Foxconn Hon Hai Precision Industry Company Ltd., empresa de fabricação de componentes eletrônicos digitais. Multinacional taiwanesa especializada na produção de material eletrônico

Dysphoria mundi

para Apple, Google, Microsoft, Sony, Amazon, Kindle, Nokia, HP, Dell etc., a Foxconn é hoje, com mais de 1,5 milhão de trabalhadores, a maior empresa chinesa do setor privado e uma das maiores do mundo.

Situada a leste do estuário do rio das Pérolas, na província de Guangdong, que faz fronteira com Hong Kong ao sul, a cidade de Shenzhen era, no início do século xx, um enorme arrozal — os habitantes locais chamavam de "zhen" o baixio da foz do rio que garantia a fertilidade dos campos de arroz. Shenzhen é hoje uma cidade de 17 milhões de habitantes, e abriga o porto de contêineres com a quarta maior atividade logística no mundo. Além disso, segundo a revista *Forbes*, é a quinta cidade do mundo em número de multimilionários, superando Nova York.[106] Primeira zona da República Popular da China a ser aberta à economia estrangeira, em 1980, Shenzhen não é somente um enclave de alta densidade industrial, mas também a garagem eletrônica oculta de todas as grandes companhias digitais do mundo com base em Silicon Valley. O desenvolvimento da indústria eletrônica em Shenzhen foi tão abrupto e intenso que os trabalhadores passaram diretamente do cultivo de arroz à fabricação de microchips. Sem dúvida, alguns dos componentes do celular que está em seu bolso ou do tablet em que você está lendo este livro foram feitos pelos trabalhadores da Foxconn em Shenzhen.

Sinônimo do êxito das empresas exportadoras chinesas, a Foxconn ganhou as manchetes em 2010 por causa de uma série de suicídios de sues trabalhadories, que farão com que a empresa seja conhecida como "Foxconn Suicide Express" (Foxconn Suicídio Expresso). Jenny Chan relata:

Em 17 de março de 2010, por volta das oito horas da manhã, depois de ter trabalhado apenas 37 dias, Tian Yu atirou-se pela janela do dormitório no quarto andar da residência para trabalhadores da fábrica de Longhua, que faz parte do complexo da Foxconn em Shenzhen. Ela sobreviveu por um milagre, mas com três fraturas na coluna vertebral, quatro no quadril e paralisia dos membros inferiores. Yu nunca tinha trabalhado antes e provavelmente não trabalhará nunca mais.[107]

Como é possível, questiona-se Chan, que uma jovem de dezessete anos tente se suicidar depois de apenas 37 dias de trabalho? O que faz com que es operáries se autodenominem "e-escraves" e que o suicídio tenha virado uma epidemia industrial?

Ao que tudo indica, o modelo de trabalho da Foxconn não difere do taylorismo clássico, porém mais de 1 milhão de trabalhadores, muitas vezes jovens imigrantes das zonas rurais da China e de Taiwan, ficam presos entre duas escalas: a escala macro da empresa e a escala micro da cadeia de produção. Por um lado, a empresa é maior que a maioria das cidades que a rodeiam, de modo que es trabalhadories vivem (encerrades) dentro do universo industrial. A fábrica é dividida em centenas de zonas e oficinas, todas nomeadas com siglas inglesas, de modo que o trabalhador circula incessantemente entre diversos espaços abstratos e construídos, nos quais trabalha, come, dorme, toma banho ou assiste a sessões de treinamento e disciplina. As áreas de alta segurança dentro do recinto são numerosas: ê operárie deve atravessar inúmeras barreiras eletrônicas e sistemas de verificação e detecção pensados para evitar a fuga de informação, mas também para

Dysphoria mundi 337

manter es trabalhadories localizados, sempre e a qualquer momento. O trabalho, não só as doze horas de inserção na linha de produção, como também o chamado "tempo livre", de apenas quatro horas diárias e um único dia completo na semana, transcorre dentro do universo total e carcerário da empresa.

Por outro lado, na escala micro, as cadeias de montagem funcionam 24 horas por dia, sete dias por semana, sob uma luz diáfana e brilhante, sem interrupção possível, de modo que os corpos dos trabalhadores "entram" na máquina como carne cognitivamente viva com a qual a cadeia produtiva se alimenta. Inspirados na técnica japonesa 5S, que automatiza não só o movimento, mas também, e sobretudo, o pensamento de operárie, as oficinas da Foxconn funcionam num esquema corporal de comando denominado 8S, concebido para aumentar a produtividade: "Selecionar, ordenar, limpar, padronizar, continuar ordenando, limpando, padronizando, repetir todo o processo". As tarefas foram simplificadas e mecanizadas ao extremo para que possam ser realizadas do modo mais rápido possível, muitas vezes sem movimento corporal, apenas com as mãos. O que mais se move são os olhos e os dedos. O que jamais deve se mover é o desejo: es operáries são proibidos de comunicar-se entre si, tanto linguisticamente quanto por olhares ou gestos.

O informe de Jenny Chan explica que es trabalhadories devem ficar sentades ou em pé, segundo uma posição padronizada e não modificável. Em toda parte, há cartazes dizendo "Crescimento: teu nome é sofrimento", "Um ambiente de trabalho duro é bom". De tempos em tempos, uma voz pergunta em inglês: *"How are you?"*, e es operáries devem responder em uníssono: *"Good, very good"*. A fábrica, como uma prisão de segurança máxima,[108] está repleta de câmeras de vigilância que monitoram e controlam a progressão da produção e o rendimento de cada trabalhadorie. O trabalho des chamades e-escraves não é diferente da cadeia fordista tradicional pela mecanização do corpo de operárie, mas pela descrição animista da máquina que se converte num organismo para o qual ê operárie deve transferir sua energia vital. Ume des trabalhadories relata assim a experiência:

> As máquinas parecem estranhas criaturas que aspiram as matérias-primas, digerem-nas em seu interior e cospem-nas em forma de produto acabado [...] nós nos transformamos em prolongamentos da máquina, seus apêndices, seus trabalhadores domésticos. Pensei muitas vezes que a máquina era meu senhor e meu dono, e que eu tinha que pentear seus cabelos, como um escravo.[109]

Curiosamente, neste universo automatizado onde são produzidos os componentes de celulares, emblemas da livre comunicação e da liberdade individual nas democracias petrossexorraciais, os telefones são proibidos para es trabalhadories. Ê-escrave passa mais de doze horas por dia construindo telefones celulares sem poder utilizá-los e, encerrade no universo da empresa, usa o resto de suas horas "livres" para conectar-se com seu celular.

Estas cadeias de produção analógica da indústria eletrônica chinesa ou indiana pararam durante os primeiros meses da pandemia de covid? Jamais saberemos. As empresas, espaços de alto risco de contágio pela elevada densidade po-

Dysphoria mundi

pulacional, fecharam suas portas eletrificadas com a mesma facilidade com que os Estados Unidos sonham em fechar suas fronteiras, mas com es trabalhadories dentro. Enquanto isso, do lado de fora, a cadeia digital alcançava a velocidade de cruzeiro.

Sabemos o que aconteceu na Europa. Desde os primeiros dias da crise sanitária, o trabalho obrigatório em condições de exposição ao contágio foi promovido entre as classes mais desfavorecidas. As empresas do norte da Itália negaram-se a fechar inclusive nos momentos mais críticos da crise, em 2020. Em 12 de abril desse mesmo ano, quando as mortes diárias no país chegavam a quase mil, o governo espanhol autorizou a volta ao trabalho de todos os trabalhadores, ordenou que usassem máscaras (que nem o Estado nem as empresas forneceram) e que mantivessem (como?) um metro e meio de distância de qualquer outro trabalhador. Na França, Emmanuel Macron anunciou, com a fleugma imperial que o caracteriza, que seria necessário trabalhar ainda mais para conseguir sair da crise.

No Sul global, as fraturas de classe intensificaram-se. As supostas medidas de prevenção (distanciamento social, limpeza das mãos, desinfecção com álcool em gel e confinamento) são na realidade simples privilégios de classe, como afirmou Jagadish J. Hiremath, diretor da ACE HealthCare em Mumbai, Índia. Os pobres não têm como se proteger, não têm espaço para distanciamento, nem água para lavar as mãos, não podem comprar álcool em gel nem cumprir o confinamento, pois são obrigados a trabalhar ou não têm teto.[110]

Quando Tchernóbil explodiu, a União Soviética enviou ao local da catástrofe 800 mil soldados, em sua maioria homens jovens, das classes mais desfavorecidas, para limpar a radioatividade. Eles foram chamados de "liquidadores", pois supostamente deveriam "liquidar" as consequências do acidente. Os liquidadores e suas famílias foram, como conta Svetlana Aleksiévitch, os primeiros liquidados. Es trabalhadories analógiques e es e-escraves da crise do vírus são os novos liquidados da pandemia. Wuhan está em toda parte.

Society is out of joint

DENTRO, FORA. Cheio, vazio. Seguro, tóxico. Masculino, feminino. Branco, negro. Nacional, estrangeiro. Cultura, natureza. Humano, animal. Público, privado. Orgânico, mecânico. Centro, periferia. Aqui, ali. Analógico, digital. Vivo, morto. Confinada, a sociedade desintegra-se. Os limites entre dentro e fora são redesenhados. De um lado, a reclusão é a sedentarização do corpo, do pensamento e da vida. Depois de semanas de confinamento, o apartamento urbano vira masmorra. Todos querem sair, passear, correr. Qualquer desculpa é boa para botar o pé fora de casa, sempre há um "cachorro" que precisa passear. Na Espanha e na Itália, durante o período mais duro do confinamento, pessoas foram vistas passeando com gatos, porcos, vacas e cabras como se fossem animais de companhia. Dizem que em Nápoles um homem levou para passear sua mulher vestida com um casaco de vison. E que um outro tentou levar uma cacatua para passear, e no fim foi passeado pelo pássaro, tendo que correr atrás dele de galho em galho. Quem sabe é o significado de *companhia* que está mudando.

Dentro. Porta fechada. As superfícies desinfetadas. O apartamento é um bunker, um enclave que protege a vida de um exterior social que se tornou hostil. A sociedade se fragmenta e se internaliza. O espaço doméstico vira colégio, centro de telecomunicações, laboratório, fábrica semiótica, academia, restaurante com três turnos, solário, inferno dos que se odeiam e jaula dourada para os que queriam ficar juntos. Balcões e janelas são os metros mais valorizados de um apartamento: um umbral seguro para uma ilusão de liberdade, uma brecha para a respiração, uma abertura para o sol. O jogo da infância invade a ordem do trabalho adulto. O salão de casa é uma tecnoágora onde se telerreúnem os que podem se ver numa tela sem se tocar. Todos os planos são pornográficos, pouco importa se enquadram o rosto dos teletrabalhadores ou as ereções dos telemasturbadores. A tela dividida abre uma nova temporalidade na qual estão presentes dois ou mais espaços-tempos heterogêneos. O corpo inteiro não cabe na tela. A pele e o tato são analógicos. A imagem e a visão, digitais. Morte ao analógico. Viva o digital.

O lar já não é tão doce: aquele espaço que, durante o capitalismo industrial, foi o lugar da privacidade e do descanso, pelo menos para os corpos marcados como masculinos — para os femininos, era o lugar da reclusão disciplinar e do trabalho reprodutivo e sexual —, transforma-se agora no centro do teletrabalho. A internet dobrou-se sobre si mesma, criando centenas de milhares de bolhas domésticas onde os novos teletrabalhadores digitais ficam encerrados.

Às oito da noite, os encerrados saem às varandas e janelas de suas casas e aplaudem para agradecer aos trabalhadores médicos que estão lutando lá fora — mais contra a austeridade que contra a enfermidade. Por alguns minutos, a cidade transforma-se no teatro de uma performance coletiva. Mas nem toda a sociedade cabe numa varanda. Algumas varandas são palcos de primeira classe, dos quais se assiste à ópera urbana. Outras são cenários onde cantar ou tocar violão. O

Dysphoria mundi 343

gato da vizinha de frente, que nos primeiros dias saía correndo ao ouvir os aplausos, já se acostumou totalmente e agora passeia com tranquilidade pela varandinha em meio a apitos e estrondos.

Em 11 de maio de 2020, dia oficial do primeiro desconfinamento em Paris, os vizinhos foram automaticamente para suas janelas às oito da noite. Mas ninguém aplaudiu. Assim como acabou o confinamento, acabaram também os agradecimentos e os aplausos. Em breve, daqui a meses, quando o confinamento se repetir e se tornar um ritual pandêmico, terão fim os aplausos e os cantos, a música e a solidariedade entre vizinhos. Na vida normal, ninguém agradece nada. Wuhan está em toda parte.

O indivíduo, figura do liberalismo analógico por excelência, descobre sua insuficiência constitutiva. Durante os meses mais agudos da crise da covid, quando o confinamento se impôs, disseram que o contágio e a doença eram o problema fundamental que devíamos enfrentar. Depois, durante o confinamento, começaram a aparecer os efeitos mais complexos e nocivos do isolamento e da solidão.

Em *Origens do totalitarismo*, Hannah Arendt observa que isolamento e solidão não são a mesma coisa:

Posso estar isolado — isto é, numa situação em que não posso agir porque não há ninguém para agir comigo — sem que esteja solitário; e posso estar solitário — isto é, numa situação em que, como pessoa, me sinto completamente abandonado por toda companhia humana — sem estar isolado. O isolamento é aquele impasse no qual os homens se veem quando a esfera política de suas vidas, onde agem em conjunto na realização de um interesse comum, é destruída. E, no entanto, o isolamento, embora destrua o poder e a capacidade de agir, não apenas deixa intactas todas as chamadas atividades produtivas do homem, mas lhes é necessário.[111]

Arendt relembra que o que caracteriza os regimes anti-democráticos é o isolamento em relação à esfera política e a desolação na esfera das relações sociais. Esta é a nossa situação atual: o confinamento não fez mais que intensificar um aspecto da condição neoliberal. O isolamento veio com o confinamento preventivo, com os gestos de barreira e a proibição de todas as práticas de sociabilidade. A desolação nasceu pouco a pouco da falta de conhecimento, do embrutecimento que deriva de seguir ordens políticas cambiantes e aleatórias que não são compreendidas, da substituição de uma possível política do cuidado pela lei marcial, da desconexão de tudo aquilo que dava sentido à vida, do afastamento dos doentes, dos que sofrem ou morrem. Arendt adverte que a única coisa que o regime totalitário preserva são as atividades produtivas do humano. Ele reduz o sujeito político a um corpo-trabalhador do qual pode, apesar de tudo, extrair mais-valia.

> O homem isolado que perdeu o seu lugar no terreno político da ação é também abandonado pelo mundo das coisas, quando já não é reconhecido como *homo faber*, mas tratado como *animal laborans* cujo necessário "metabolismo com a natureza" não é do interesse de ninguém. É aí que o isolamento se torna solidão.[112]

Se Arendt falava da "animalização do trabalhador", deveríamos falar agora não somente da mecanização, mas tam-

Dysphoria mundi 345

bém da *digitalização do trabalhador*. O isolamento e a desolação foram os processos através dos quais se construiu o novo *teleoperário*, a outra cara de e-escrave da produção eletrônica. O problema nunca foi a animalização do trabalhador, mas a mecanização do animal, que se estendeu tanto aos animais humanos quanto aos não humanos. O operário do capitalismo farmacopornográfico (trabalhador digital, cuidador ou produtor, feminizado e racializado) não é um animal, mas uma máquina viva: seu metabolismo orgânico foi biotecnologicamente modificado, e sua ação, a totalidade de sua vida, digitalmente monitorada. Este é o devir ciborgue do trabalhador (animal ou humano) contemporâneo.

Apesar do isolamento e da desolação, a pandemia atuou durante alguns meses como um revulsivo estético, precipitando uma reavaliação nietzschiana de todos os valores: aquilo que o capitalismo petrossexorracial e seus modos de produção degradaram (a respirabilidade do ar, a relação com o outro e a liberdade de movimento, mesmo em suas formas mais incipientes) adquire um valor que o mercado não podia avaliar; os trabalhos de cuidado e reprodução da vida, que haviam sido desvalorizados, feminizados e racializados, apareceram, ainda que por um curto período, como os únicos capazes de assegurar a manutenção da vida social. Depois disseram que a crise da covid tinha amainado. E então o capitalismo virou a página e apertou de novo. Foi assim na China e também na Europa e nos Estados Unidos. Wuhan está em toda parte.

Animality is out of joint

DENTRO, FORA. Cheio, vazio. Seguro, tóxico. Masculino, feminino. Branco, negro. Nacional, estrangeiro. Cultura, natureza. Humano, animal. Público, privado. Orgânico, mecânico. Centro, periferia. Aqui, ali. Analógico, digital. Vivo, morto. O privilégio antropocêntrico declina. O *Homo sapiens* recua para se proteger. Aproveitando a inesperada retirada do grande depredador, o condor baixou da cordilheira dos Andes e pousou num arranha-céu de Santiago do Chile. Os patos caminham pela Place de la Concorde, em Paris. Um grupo de pavões-reais com majestosas caudas azuis e verdes fazem uma *pride parade* galinácea na Puerta del Sol em Madri. Nas pistas da estação de esqui de Sierra Nevada, em Granada, uma manada de cavalos selvagens corre livremente. As gazelas fazem o Tour de France. As gaivotas montam um *occupy* nas ruas de Nova York. Os cervos correm pelas avenidas de Tóquio. Uma família de tucanos nada numa piscina no Rio de Janeiro. Os coiotes desfilam em San Francisco. Os golfinhos brincam na praia da Barceloneta. As abelhas voltam às flores dos balcões. A água da lagoa de Veneza volta a ser transparente. É possível ver as estrelas no céu de Shanghai. Pela primeira vez, o ar que entra pelas janelas traz à cidade os aromas da cevada e do tomilho. Tudo que nos rodeia ainda está vivo e é bonito. A mudança climática é reversível, basta tomar decisões cole-

Dysphoria mundi

tivas imediatas e radicais. Se cinco semanas de paralisação da superprodução humana permitem uma regeneração inédita do meio ambiente, por que não imaginar uma mudança de ritmo da produção e do consumo mundiais? Seríamos capazes de impor a nós mesmos, para salvar a vida na Terra tal como a conhecemos, restrições econômicas e políticas tão radicais como as que foram impostas durante a crise da covid-19?

Não. Recordemos a lição de Burroughs: o poder petrossexorracial não opera em nós como opressão, mas como adição. Desde os primeiros sinais de queda do número de contágios e mortes, foi imposta uma nova aceleração dos processos produtivos, primeiro na China e depois no resto do mundo. Wuhan está em toda parte.

Mas se parecem ser os primeiros a tirar proveito da pandemia, os animais selvagens são na verdade o lugar mesmo no qual a espécie humana *fabrica* o vírus. Das centenas de hipóteses mais ou menos descabeladas que surgiram para explicar a origem do vírus, a única que foi avalizada de forma unânime pelas distintas comunidades científicas foi a da zoonose: um patógeno microcelular transmissível de animais para humanos. Os epidemiologistas vinham alertando desde o final do século passado para o fato de que a produção industrial aviária reunia todas as condições para a produção de uma pandemia global altamente mortífera. Em 2016, Rob Wallace publicou *Pandemia e agronegócio*, livro em que explica como as granjas industriais, que abastecem as cadeias de junk food, transformaram-se em incubadoras onde novos tipos de vírus são cultivados a cada ano.[113] Nestas condições, a indústria agroalimentar é uma roleta-russa para a produção de um vírus ainda mais letal. Em 1997, foram identificadas infecções humanas por diversas cepas de vírus aviários em Hong Kong. Em 2004, a cepa H5N1 causou 651 mortes na China. Em 2013, a cepa H7N9 contagiou centenas de pessoas, também na China. Em 2009, um vírus aviário sofreu mutação e propagou-se na indústria de produção de carne suína, provocando a variante H1N1 da gripe suína, que causou 2 mil mortes.

Nas granjas de suínos, as fêmeas parem e criam os filhotes em recintos metálicos de menos de um metro de altura, nos quais não podem sequer levantar: são emprenhadas, parem, amamentam e começam tudo de novo até morrer. O vírus da gripe suína é considerado hoje um dos mais potencialmente perigosos, em razão da semelhança orgânica entre o porco e o ser humano.[114] Em 2020, a revista *Proceedings of the National Academy of Sciences* alertou para o surgimento, nas granjas industriais chinesas, que podem abrigar mais de 1 milhão de porcos vacinados, do vírus G4EA H1N1, fruto da recombinação de outros vírus e talvez proveniente de cepas aviárias e humanas, uma vez que são os porcos que, em contato com os seres humanos, se contaminam com maior frequência. Ao fim e ao cabo, nós, os humanos, somos os geradores, distribuidores e recombinadores universais de vírus.

Ao mesmo tempo, nunca o número de ensaios clínicos com animais de laboratório aumentou tão exponencialmente como no período da pandemia, seja para a criação de vacinas, seja para a busca de um possível tratamento terapêutico para os afetados pela covid: ratos, furões, hamsters, porcos, alpacas, gatos, cães, assim como primatas.[115] Embora nos últimos anos tenha se aberto um debate ético sobre a possibilidade de limitar ou mesmo eliminar o uso de animais em ensaios clíni-

Dysphoria mundi 349

cos, a pandemia pôs um ponto-final no debate, gerando uma preponderância dos discursos antianimalistas. Os porcos, por exemplo, que possuem um sistema respiratório muito similar ao humano, foram a principal espécie utilizada nos testes dos respiradores artificiais. Sedados e conectados a eles durante horas, os porcos serviram como corpos comparativos para que observássemos as sequelas da assistência respiratória. Como é necessário, segundo os protocolos, examinar os danos aos órgãos vitais através de uma necrópsia, os porcos conectados aos respiradores eram, em seguida, eutanasiados com pentobarbital sódico, o mesmo fármaco usado nas prisões norte-americanas e chinesas para executar os condenados à pena capital. Wuhan está em toda parte.

Pain (and profit) are out of joint

Dentro, fora. Cheio, vazio. Seguro, tóxico. Masculino, feminino. Branco, negro. Nacional, estrangeiro. Cultura, natureza. Humano, animal. Público, privado. Orgânico, mecânico. Centro, periferia. Aqui, ali. Analógico, digital. Vivo, morto. A dor morde a alma e cospe lucro. A crise da covid e a batalha discursiva e política dos antivacina têm como pano de fundo um contexto em que as indústrias farmacêuticas se transformaram, junto com as novas empresas de comunicação digital e as redes sociais, no coração do capitalismo financeiro mundial. "Hoje, nas ruas dos Estados Unidos, é mais provável morrer de overdose que de um acidente de trânsito", declarou o Conselho Nacional de Segurança norte-americano em 2017. E não por ingestão das chamadas drogas ilegais, mas por consumo habitual ou superdosagem de fármacos legais. O número de dependentes de opiáceos (que incluem a morfina, o fentanil, a hidrocodona e a oxicodona, entre outras moléculas) e de psicotrópicos farmacológicos nos Estados Unidos supera o número de consumidores de maconha e cocaína.

A adição farmacológica, a transformação de todos os habitantes (humanos ou não humanos domesticados) do planeta em consumidores da indústria farmacêutica é uma peça decisiva da mutação do capitalismo depois da Segunda Guerra Mundial. Talvez a hegemonia cultural e econômica da indús-

Dysphoria mundi

tria farmacêutica responda à pergunta de Foucault sobre a biopolítica: "Como governar uma sociedade de corpos livres?". Ou, em outras palavras, como criar uma ilusão de liberdade numa sociedade que pretende maximizar a produção, o consumo e o acesso ao prazer? A resposta está na fabricação de uma subjetividade adicta e despolitizada. À medida que, no decorrer do século xx, o horizonte democrático se amplia, um espectro mais extenso da população tem direito ao voto e um número maior de indivíduos tem acesso à leitura, à escrita e às máquinas cibernéticas leves, podendo, portanto, decodificar as técnicas com as quais são governados, torna-se cada vez mais importante realizar uma boa gestão farmacopornográfica das funções psíquicas, sexuais e reprodutivas da população, monitorando suas respostas afetivas e sua capacidade de desejar.

Em 2018, a fotógrafa estadunidense Nan Goldin tornou pública sua adição ao OxyContin, um narcótico de ação prolongada à base de oxicodona, um derivado do ópio ligeiramente mais forte que a morfina comercializado pela Purdue Pharma, que criou uma pandemia de adição e morte por overdose. Nan Goldin não tinha visto a palavra Purdue apenas nas caixas dos comprimidos que quase a levaram à morte. A Purdue Pharma ficou conhecida no mundo da arte por sua presença entre os doadores de numerosos museus e universidades, desde o MoMA até o Louvre, passando por Oxford ou Harvard, o que levou o historiador da arte Thomas Lawton a considerar Arthur Sackler, membro da família proprietária, "um Medici moderno".[116] A arte que você aprecia, o saber que compra… estão salpicados de OxyContin.

Receitado aos doentes para superar uma dor pontual depois de uma cirurgia ou para enfrentar uma dor crônica, o

OxyContin entrou no mercado em 1995 e, desde então, gerou um movimento de 35 milhões de dólares e deixou mais de 200 mil mortos e vários milhares de adictos nos Estados Unidos. Para conseguir dominar o mercado da dor, a Purdue teceu uma rede que ia dos médicos de família aos hospitais, fornecendo incentivos aos que receitavam OxyContin.

Desde os anos 1960, a família Sackler liderou, junto com empresas farmacêuticas como a Roche, uma agressiva campanha de marketing para promover o consumo de Valium e Librium, psicotrópicos que serviram para conter a frustração política da geração de 1968 e também a dos que voltaram do Vietnã e tiveram que se acostumar a viver com os traumas e a memória da guerra. A mutação neoliberal da psicologia, com a passagem das noções de neurose e psicose às noções transversais e quase universalizáveis de disforia e transtorno, foi crucial para o crescimento da indústria farmacêutica de psicotrópicos: já não era necessário ter um diagnóstico psiquiátrico grave para ter acesso à prescrição. A própria vida em condição neoliberal provocava uma disforia e um transtorno constantes, para os quais sempre se podia receitar algo. A adição generalizada e o consumo cotidiano de fármacos é a outra face da *dysphoria mundi*, que é a outra face da dor petrossexorracial. Patrick Radden Keefe revelou em um artigo da *New Yorker* que, desde o início da comercialização do OxyContin, a Purdue Pharma tinha conhecimento dos danos potenciais do uso da molécula:

Sackler promoveu o Valium para uma gama tão ampla de usos que, em 1965, um médico que escrevia na revista *Psychosomatics* se questionou: "Quando não devemos usar este fármaco?". A campanha incitava os médicos a receitarem Valium a pessoas

Dysphoria mundi

sem sintomas psiquiátricos de qualquer tipo [...]. Foi um grande sucesso, em parte porque o medicamento era muito eficaz: "Transformou as pessoas em junkies, mas funcionava".[117]

E o OxyContin era ainda mais viciante que o Valium. Embora já houvesse indícios do alto potencial adictivo e tóxico da molécula desde os primeiros anos de sua comercialização, a Purdue Pharma conseguiu criar um circuito de produção-prescrição-consumo que consistia em estender o domínio farmacológico para além do laboratório: através das doações, ela estava presente nas escolas de medicina, nos comitês médicos e até nas organizações de doentes. Com milhões de consumidores adictos nos Estados Unidos, o OxyContin começou a ser vendido no mercado clandestino, sendo objeto de contrabando, tráfico e consumo numa variedade de formas (em grande quantidade, dissolvido, injetado, em pó ou cheirado etc.). No início do século XXI, o OxyContin deixou de ser um simples fármaco para transformar-se numa cultura. Os opiáceos e ansiolíticos são para a subjetividade cognitiva estressada e afetivamente ansiosa do operário neoliberal do século XXI o que as anfetaminas foram para a subjetividade fordista e bélica do século XX e, antes disso, o açúcar, o tabaco e o ópio para a sociedade colonial do século XIX. Em cada caso, é necessária uma forma específica de produção e de opressão, de distribuição e de consumo. Em cada caso, produz-se um tipo distinto de adição e submissão química.

A partir do final dos anos 1990, as mortes por adição e overdose começaram a vir a público. A Purdue Pharma, porém, continuou se esquivando de responsabilidades: J. David Haddox, assessor médico da empresa, disse que o OxyContin era tão inofensivo ou perigoso quanto poderia ser uma verdura, e que seu uso correto dependia de cada pessoa: "Se eu lhe desse um talo de aipo e você comesse, seria saudável. Mas se eu pusesse no liquidificador e tentasse injetar em você por via intravenosa, não seria nada bom".[118] A Purdue Pharma foi processada pelos usuários em 2007 por "fraude" e pagou uma indenização coletiva de 634 milhões de dólares, o que não impediu, contudo, que os opiáceos continuassem a ser comercializados. Em 2017, o tribunal do condado de Cleveland, em Oklahoma, processou treze fabricantes de opioides, entre os quais Teva Pharmaceuticals, Purdue Pharma e Johnson & Johnson, por sua responsabilidade na venda fraudulenta de opiáceos. O processo foi encerrado com um acordo econômico: a Purdue, por exemplo, aceitou pagar 260 milhões de dólares de indenização a mais de 1 milhão de adictos e afetados. A companhia declarou falência em 2019, mas seus títulos e ações foram transferidos para outras empresas, como a Multipharma, que (perfeição do circuito corrupto) se especializou no tratamento da dependência de opiáceos através da utilização da naloxona, um antagonista de opioide derivado da morfina.

O circuito de produção, consumo e distribuição legal e ilegal de OxyContin e outros opiáceos é paradigmático da economia farmacopornográfica: trata-se de transformar a inadaptação ao capitalismo petrossexorracial em disforia, a disforia em dor, a dor em adição, a adição em capital, o capital em prazer, o prazer em dor, a dor em adição, a adição em disforia... num círculo infinito. Conforme demonstraram Lauren Berlant, Mary Paten e Vanalyne Green, fundadoras, em 2003, do grupo ativista e de pesquisa Feel Tank Chicago

Dysphoria mundi

(no qual *feel tank*, laboratório de sentimento, se opõe a *think tank*, laboratório de ideias), existe uma relação estrutural entre a captura neoliberal dos afetos e a transformação da depressão e da ansiedade em pandemias globais. Como antecipou Hannah Arendt, a negação da esfera pública durante o período neoliberal levaria, segundo as conclusões do Feel Tank, à produção de um conjunto de emoções políticas negativas, entre as quais a tristeza, a apatia, o desapego, o ódio, o descontentamento, o medo, a frieza, a desesperança e a ambivalência.

A epidemia de covid-19, com suas exigências de distanciamento social, reclusão doméstica e trabalho digital, veio incrementar a ruptura do já precário equilíbrio psíquico do sujeito moderno na condição neoliberal. Em fins de 2020, a indústria farmacêutica e as redes sociais surgem como as duas técnicas sociais que comercializam e administram os afetos tristes que o capitalismo produz, estabelecendo assim um feedback econômico-político entre disforia, dor, adição e capitalismo financeiro. Como o governo da subjetividade passou totalmente para mãos privadas (multinacionais farmacêuticas, gigantes tecnológicos da economia digital etc.), os partidos políticos passaram a utilizar os afetos negativos produzidos pelo capitalismo petrossexorracial para construir retóricas do ódio e obter assim o controle das instituições coletivas de governo, prometendo à população junkie uma intensificação (fantasmática) de soberania nacional e uma identidade étnica capaz de protegê-la do medo da alteridade e da dor produzida (paradoxalmente) pela destruição inerente ao funcionamento do capitalismo petrossexorracial. Na democracia da adição, a política reduz-se ao tráfico de afetos tristes e às doses (às vezes overdoses) de ficções de soberania. Nesse sentido, a adição farmacológica converteu-se numa prática econômica e política central das democracias autoritárias e identitárias contemporâneas. Durante e depois da crise da covid, o número de tentativas de suicídio disparou entre os adolescentes, e o consumo de psicotrópicos aumentou de forma significativa, sobretudo entre crianças e adolescentes, mulheres, profissionais da saúde e as classes sociais menos favorecidas.[119] Embora os estudos ainda sejam insuficientes, muitos consideram que uma em cada dez pessoas afetadas pela covid sofrerá de covid persistente, com formas crônicas de dor para as quais a indústria farmacêutica seguirá propondo opiáceos. Wuhan está em toda parte.

ORAÇÃO FÚNEBRE

Nossa Senhora da Farmacodependência, rogai por nós.

Nossa Senhora do Tráfico Legal de Estupefacientes, rogai por nós.

Nossa Senhora do Tráfico Ilegal de Estupefacientes, rogai por nós.

Nossa Senhora da Mercantilização dos Psicofármacos, rogai por nós.

Nossa Senhora dos Estimulantes, rogai por nós.

Nossa Senhora dos Opiáceos, rogai por nós.

Nossa Senhora dos Voláteis Inaláveis, rogai por nós.

Nossa Senhora do Álcool, rogai por nós.

Nossa Senhora do Tabaco, rogai por nós.

Nossa Senhora do Haxixe, rogai por nós.

Nossa Senhora da Maconha, rogai por nós.

Nossa Senhora da Cocaína, rogai por nós.

Nossa Senhora da Heroína, rogai por nós.

Nossa Senhora do MDMA, rogai por nós.

Nossa Senhora do Cristal, rogai por nós.

Nossa Senhora da Quetamina, rogai por nós.

Nossa Senhora do GHB, rogai por nós.

Nossa Senhora do Flunitrazepam, rogai por nós.

Nossa Senhora do MPTP, rogai por nós.

Nossa Senhora dos Canabinoides Sintéticos, rogai por nós.

Nossa Senhora do Special K, rogai por nós.

Nossa Senhora da BZP, rogai por nós.

Nossa Senhora do Molly, rogai por nós.

Nossa Senhora da Nêmesis, rogai por nós.

Nossa Senhora do Legal X, rogai por nós.

Nossa Senhora do CAT, rogai por nós.

Nossa Senhora da Mefedrona, rogai por nós.

Nossa Senhora do Miau-Miau, rogai por nós.

Nossa Senhora dos Anabolizantes, rogai por nós.

Nossa Senhora do Viagra, rogai por nós.

Nossa Senhora da Anfetamina, rogai por nós.

Nossa Senhora dos Barbitúricos, rogai por nós.

Nossa Senhora da Benzodiazepina, rogai por nós.

Nossa Senhora do OxyContin, rogai por nós.

Nossa Senhora da Mirtazapina, rogai por nós.

Nossa Senhora da Nortriptilina, rogai por nós.

Nossa Senhora da Bupropiona, rogai por nós.

Nossa Senhora dos Tricíclicos, rogai por nós.

Nossa Senhora da Nefadona, rogai por nós.

Nossa Senhora da Amoxapina, rogai por nós.

Nossa Senhora da Amitriptilina, rogai por nós.

Nossa Senhora da Trimipramina, rogai por nós.

Nossa Senhora da Protriptilina, rogai por nós.

Nossa Senhora da Imipramina, rogai por nós.

Nossa Senhora da Maprotilina, rogai por nós.

Nossa Senhora da Clomipramina, rogai por nós.

Nossa Senhora da Doxepina, rogai por nós.

Nossa Senhora da Sertralina, rogai por nós.

Nossa Senhora da Fluvoxamina, rogai por nós.

Nossa Senhora da Fluoxetina, rogai por nós.

Nossa Senhora do Citalopram, rogai por nós.

Nossa Senhora da Paroxetina, rogai por nós.

Nossa Senhora da Trazodona, rogai por nós.

Nossa Senhora da Nefazodona, rogai por nós.

Nossa Senhora da Venlafaxina, rogai por nós.

Nossa Senhora da Agomelatina, rogai por nós.

Nossa Senhora da Tianeptina, rogai por nós.

Nossa Senhora da Vortioxetina, rogai por nós.

Dysphoria mundi

Nossa Senhora da Vilazodona, rogai por nós.

Nossa Senhora da Hidroxizina, rogai por nós.

Nossa Senhora do Captodiame, rogai por nós.

Nossa Senhora da Buspirona, rogai por nós.

Nossa Senhora do Flesinoxano, rogai por nós.

Nossa Senhora da Pregabalina, rogai por nós.

Nossa Senhora do Lorazepam, rogai por nós.

Nossa Senhora do Temazepam, rogai por nós.

Nossa Senhora do Alprazolam, rogai por nós.

Vós, que controlais nossa atividade elétrica cortical,
nosso desejo e nossa representação da realidade,
vós que nos tornais dependentes,
vós que fazeis comércio com nossa dor e nossa morte,
tende piedade de nós.

Citizenship is out of joint

DENTRO, FORA. Cheio, vazio. Seguro, tóxico. Masculino, feminino. Branco, negro. Nacional, estrangeiro. Cultura, natureza. Humano, animal. Público, privado. Orgânico, mecânico. Centro, periferia. Aqui, ali. Analógico, digital. Vivo, morto. A máscara e o macacão hospitalar apagam a diferença social entre homens e mulheres, brancos e negros, gordos e magros, bonitos e feios. O vírus universaliza a condição humana corporal, vulnerável e mortal. O macacão hospitalar é a pele técnica pós-racial global; a máscara, o novo rosto branco das massas. Mas sob o macacão e atrás da máscara, as diferenças políticas persistem e aumentam. A violência sexual e racial muda e cresce com o vírus. Isolamento social dos ricos. Contágio obrigatório dos pobres. Os bairros imigrantes e operários morrem. Os filhinhos de papai ganham férias confinadas. Enquanto isso, invariáveis, as mortes de imigrantes não param no Mediterrâneo e nas fronteiras do México ou da Guatemala. Em outras praias menos quentes, os uigures morrem, assim como os sírios e todos os que tentam cruzar o mar partindo do Líbano. Nesse meio-tempo, em 8 de abril de 2020, dois especialistas franceses falam sobre experimentar a futura vacina do coronavírus na África. A medida é imediatamente denunciada como racista e colonialista, mas o plano prossegue.

Dysphoria mundi

Mais tarde, quando a vacina oficial foi criada e aprovada, ninguém mais falou na África: a vacina é ativamente distribuída na Europa e nos Estados Unidos. Os europeus têm duas, três, quatro, até cinco doses por habitante, mas para alguns países não há nenhuma. À precariedade de classe, raça, gênero e sexualidade somam-se agora outros tipos de opressão: os que são cuidados e os que cuidam, os expostos e os protegidos, os predadores e as presas, os imunes e os contagiados. Surgem novas segmentações do humano: fala-se em "portadores"; fala-se em "supertransmissores", pessoas que, não se sabe se por razões genéticas, sociológicas ou simplesmente circunstanciais, infectam um número grande de pessoas; fala-se em "imunoprivilégio", o privilégio daqueles que estão imunizados. Muito antes do início das campanhas intensas de vacinação, os governos de Israel e da Catalunha foram os primeiros a falar sobre uma carteira de imunidade autorizando os cidadãos vacinados a circular com liberdade. A princípio, a medida é considerada por quase todos os demais Estados e governos um ataque à liberdade individual. Mas não leva muito tempo até que o princípio da imunidade tome o lugar da proteção dos direitos democráticos. Em meados de fevereiro de 2021, Israel impõe a vacinação obrigatória e cria os "passaportes de imunidade". Em maio do mesmo ano, a maioria dos governos do mundo, tanto os supostamente democráticos quanto os flagrantemente autoritários, consideram que se trata do melhor método de controle da expansão do vírus e de aquisição de imunidade pelo grupo "nacional". A China lança um *virus passport program*", digital e obrigatório para toda a população e para todas as formas de viagem. O "passe sanitário", obtido através da vacinação, ou, na falta dele, o "teste negativo de covid" logo se tornam obrigatórios para todos os deslocamentos, inclusive dentro do território europeu, fazendo com que a *diferença sorológica* se sobreponha ou até substitua a diferença nacional. A segmentação entre vacinados e não vacinados (que alguns confundem com imunes e não imunes) universaliza-se, transformando-se em condição de soberania e subalternidade política. Wuhan está em toda parte.

The organism is out of joint

DENTRO, FORA. Cheio, vazio. Seguro, tóxico. Masculino, feminino. Branco, negro. Nacional, estrangeiro. Cultura, natureza. Humano, animal. Público, privado. Orgânico, mecânico. Centro, periferia. Aqui, ali. Analógico, digital. Vivo, morto. As relações entre o organismo e a máquina deixam de ser acidentais e tornam-se constitutivas. A hierarquia moderna entre os dois termos inverteu-se. As possibilidades de sobrevivência de uma população afetada pelo vírus são medidas de acordo com o número de unidades de terapia intensiva disponíveis em seus hospitais. Respirar é poder. A democracia transformou-se em ventilocracia. O doente de covid, variação mutante e hospitalizada do morcego de Wuhan, transforma-se num vampiro tecnificado que chupa sangue através da máquina numa UTI. Uma unidade de terapia intensiva é um centro de tecnificação de todas as funções vitais de um corpo. Do ponto de vista do desenho industrial, uma UTI é uma cama eletrificada e conectada a uma série de máquinas: a mais importante delas assegura, graças à intubação do doente, uma ventilação elétrica, insuflando o oxigênio que os pulmões já não conseguem inalar sozinhos pela boca ou pelo nariz. Outra monitora o ritmo cardíaco, o número de pulsações por minuto, mede a pressão arterial. No total, o doente pode estar conectado a meia dúzia de cabos e tubos.

Nos casos mais graves, o doente precisa ser conectado a uma ECMO, máquina de manutenção da vida através da oxigenação por uma membrana extracorporal. Semelhante a uma máquina de bypass cardiopulmonar, usada em cirurgias a coração aberto, a ECMO suga o sangue do paciente e, depois de oxigená-lo, o devolve ao corpo, permitindo que o coração e os pulmões descansem. Quando o paciente é conectado à ECMO, seu sangue flui através de um tubo até o pulmão artificial, onde recebe oxigênio e elimina dióxido de carbono; em seguida, o sangue é aquecido na temperatura corporal e bombeado de volta para o corpo. Assim, a respiração e a circulação sanguíneas não são apenas mecanizadas, mas externalizadas. O corpo humano é desmontado, seus órgãos tecnificados são distribuídos no espaço físico da unidade de tratamento intensivo. O doente fica sedado a maior parte do tempo. Se não ficasse, veria o próprio sangue sair do corpo, circular na máquina e retornar, para permitir que seu coração continue batendo. Sua pele como envoltório aparentemente estável e o distanciamento em relação à máquina, que continua percebendo como exterior, ocultam os processos técnicos que lhe permitem continuar vivendo. Mas a questão é onde está seu corpo.

Seria ingênuo entender o processo de externalização e tecnificação das funções vitais (tanto no atendimento médico eletrônico quanto na digitalização) que a pandemia acelerou e ampliou como uma *desumanização do corpo humano*. Trata-se antes de um processo de *humanização da máquina*, que é aceita, durante um tempo, como órgão técnico externo, como pulmão ou como sistema circulatório sanguíneo. É, ao contrário, a própria diferença entre o corpo orgânico e a

Dysphoria mundi

máquina que se desmancha. Assim como o vírus não está, em termos biológicos, nem morto nem vivo — é uma cadeia proteica que se "anima" ao entrar em contato com uma célula viva —, nós também já não somos nem puramente orgânicos nem totalmente mecânicos. Parecemos mais com o vírus que com a flor. Nossas possibilidades de vida e de morte procedem do agenciamento crítico com outros seres vivos e com a máquina que nós mesmos criamos. A máquina branda respira conectada à máquina eletrônica: as duas estão ligadas à internet. As máquinas (que respiram por nós, que bombeiam o sangue em nosso lugar, que nos acompanham quando morremos) são nosses filhes.[120] O reverso terrificante desta afirmação também é certo: nosses filhes são máquinas. O que está em jogo agora é nossa capacidade de reconhecer esse vínculo e assumir a responsabilidade por ele. Wuhan está em toda parte.

Death is out of joint

DENTRO, FORA. Cheio, vazio. Seguro, tóxico. Masculino, feminino. Branco, negro. Nacional, estrangeiro. Cultura, natureza. Humano, animal. Público, privado. Orgânico, mecânico. Centro, periferia. Aqui, ali. Analógico, digital. Vivo, morto. Até morrer ficou complicado. Como se tivesse deixado de ser o oposto da vida, a morte também está perdendo a paciência. A taxa de letalidade (probabilidade de um contagiado morrer) é pequena e varia de país para país (0,1% em Singapura, 9,3% no Peru, 8,9% no México, 1,8% nos Estados Unidos, 3% na Itália, 2,8% no Brasil, 4,7% na China ou 1,9% na Espanha), e também segundo a idade, o sexo e as condições econômicas ou de exclusão social. Em pessoas com mais de oitenta anos, a letalidade fica entre 11,6% e 16,4% nos homens e entre 4,6% e 6,5% nas mulheres, com média de 9,77%. Entre os jovens, as cifras são muito mais baixas. Em menores de cinquenta anos, só ocorre uma morte para cada mil pessoas, e, em menores de trinta, uma para cada 10 mil infectados.[121] Esses números, publicados pelo Imperial College da Universidade de Oxford em 29 de outubro de 2020, não pararam de sofrer alterações. O que parece claro depois de dois anos de pandemia é que, diante da inexistência de um tratamento farmacológico, um grande número de pessoas morre, seguirá morrendo ou então conviverá com sequelas crônicas. Quando o sistema pulmo-

Dysphoria mundi

nar ou neuronal do paciente é atacado pelo vírus, se não é possível externalizar as funções respiratórias do corpo, ou se este, apesar de estar ligado a uma ECMO, mostra uma deterioração em seus sinais vitais, o colapso chega em poucos dias ou mesmo horas. No início de dezembro de 2021, cerca de 5,3 milhões de pessoas tinham morrido no mundo todo em consequência da covid-19. Enquanto na Ásia, continente no qual o surto (supostamente) se originou, o número de mortes chegava (supostamente) a cerca de 1 milhão de pessoas, as mortes na Europa superavam essa cifra em mais 400 mil pessoas. Em resumo, foram registradas aproximadamente 1,5 milhão de mortes por coronavírus no Velho Continente. Não se trata, contudo, do continente com maior número de óbitos por covid-19. A cifra contabilizada nos Estados Unidos superava nessa data 2,3 milhões de mortes.

Não há deuses, sejam judeus, cristãos, muçulmanos, monoteístas ou politeístas, que protejam do contágio. O pastor evangélico Landon Spradlin nega o vírus assim como outros evangélicos negam a homossexualidade ou a transidentidade ou a mudança climática. Em 13 de março de 2020, diante de uma assembleia de fiéis em New Orleans, Spradlin disse que o vírus era propaganda chinesa para prejudicar a campanha presidencial de Donald Trump. Alguns dias depois, ele foi infectado pelo SARS-COV-2. Depois de oito dias na UTI de uma clínica na Carolina do Sul, morreu. Os únicos gurus que sobrevivem ao vírus são os instrutores de academia, os entusiastas da higiene digital da vida confinada e da submissão alegre: alguns propõem uma maratona no corredor, outros a instalação de uma academia na sala, dedicar-se à meditação na cozinha ou fazer ioga no quarto e jogar Tetris dentro do armário. Mas os que mais trabalham são os músculos do indicador e do polegar diante da tela.

Durante os momentos mais intensos da pandemia, nas grandes metrópoles, mas também em cidades menores, centenas de mortos esperavam por um enterro como antes os vivos esperavam por um avião. Os enterros transformaram-se em atos sanitários de destruição do vírus. Os doentes morrem sozinhos (ou, melhor dizendo, com seus celulares) e seus cadáveres desaparecem (mas seus números de telefone e sua conta no Facebook não). Quantos mortos há realmente? Nós, os outros, entre o mundo analógico e o mundo digital: estamos vivos ou mortos?

As instituições disciplinares (lares de idosos, prisões, casas para pessoas com deficiência...) congelam seus mortos e suas cifras. Em 8 de abril de 2020, o estado de Nova York abriu uma grande vala comum na ilha de Hart, ao leste do Bronx, que recebe uma média de 25 cadáveres por dia. Desde o século XIX, são enterrados no cemitério de Hart, administrado pelo Departamento Penitenciário do estado, os nova-iorquinos que morrem sem que ninguém os reclame. Antes da pandemia, iam para lá os cadáveres de presos, pessoas em situação de rua e vítimas de assassinato que ninguém reconhecia e cujos casos não eram investigados. A terra da pequena ilha de 53 hectares é habitada pelas mais de 1 milhão de pessoas enterradas ali. Nos primeiros meses da crise, no estado de Nova York, entre as centenas de mortos por covid-19 a cada dia, 25 não são reclamados por ninguém. Sem família ou amigos, essas pessoas chegam sozinhas ao hospital, morrem sozinhas e esperam congeladas que alguém as reclame. E, se não aparece ninguém, acabam na vala comum da ilha

Dysphoria mundi

de Hart. Antes eram os presos do estado de Nova York que cumpriam as tarefas de enterro e manutenção. Agora, alguns desses presos fazem parte dos 25 cadáveres que é preciso enterrar todo dia. O governo contratou coveiros capazes de dar conta de um trabalho que só faz aumentar. Foram abertas duas novas e imensas valas na ilha, tão longas quanto os dois edifícios abandonados que ficam em frente a elas.

Os cadáveres chegam envoltos em bolsas de plástico brancas e são colocados em modestos e idênticos caixões de madeira de pinho. Sobre cada caixão, o nome do defunto é a única coisa que poderia permitir um eventual reconhecimento se alguém, algum dia, aparecesse para reclamar o corpo. Em se tratando da metrópole mais importante daquela que, até agora, era a nação mais poderosa do mundo, as fotografias das valas comuns da ilha de Hart publicadas no *New York Times* são inacreditáveis: meia dúzia de corpos vestidos com macacões hospitalares colocam dezenas de caixões idênticos, um ao lado do outro, nas imensas fossas de terra cinzenta. Estamos acostumados a ver imagens como esta vindas de Tchernóbil, de Srebrenica, da cidade de Kigali, em Ruanda, do Sahel, em Burkina Faso, ou mesmo, mais tarde, de Mariupol ou de Bucha, na Ucrânia, mas não de Nova York. Na primavera de 2020, o império simbólico de Nova York foi enterrado, assim como seus mortos anônimos, nas fossas da ilha de Hart. Wuhan está em toda parte.

Em meados de abril de 2020 já morreram mais de 15 mil pessoas em Nova York, quatro vezes mais que nos ataques de 11 de setembro de 2001. No final do verão, serão quase 150 mil. Os serviços funerários da cidade entraram em colapso e alugam caminhões frigoríficos simplesmente para poder armazenar os corpos enquanto liberam horários para incinerá-los ou enterrá-los. Os motoristas murmuram, com mais horror que morbidez, que agora, quando um caminhão frigorífico se abre, ninguém mais sabe se vai encontrar carne animal ou humana. Mas os caminhões frigoríficos são escassos e caros. Em 29 de abril de 2020, a polícia de Nova York encontra uma centena de cadáveres em decomposição dentro de dois caminhões de mudança da locadora de veículos U-Haul estacionados na frente da funerária de Andrew T. Cleckley, no Brooklyn. Os vizinhos (certamente os que não tinham perdido o olfato) alertaram a polícia sobre um mau cheiro que se espalhava por toda a rua. O dono da funerária alegou que sua câmara frigorífica estava saturada e que, portanto, fora forçado a armazenar os cadáveres em meia dúzia de caminhões estacionados num raio de menos de um quilômetro da funerária. E, quando não havia mais caminhões frigoríficos disponíveis, tivera que recorrer aos caminhões de mudança. Os caminhões da U-Haul são a versão fuleira e dessacralizada das barcaças que cruzavam o Hades para levar as almas ao outro mundo. Em grego, os caminhões de mudança são chamados de *metaphoricos* porque operam o transporte de uma coisa para outro lugar, *meta-phoros*. Agora, o que se transporta na cidade é a morte. Os caminhões da morte são a metáfora. A grande maçã está apodrecendo. Meses depois as mesmas imagens se repetem na Bolívia, na Índia. E onde não há imagens da morte é simplesmente porque os governos conseguem escondê-las. Wuhan está em toda parte.

Birth is out of joint

DENTRO, FORA. Cheio, vazio. Seguro, tóxico. Masculino, feminino. Branco, negro. Nacional, estrangeiro. Cultura, natureza. Humano, animal. Público, privado. Orgânico, mecânico. Centro, periferia. Aqui, ali. Analógico, digital. Vivo, morto. O vírus não rouba só a morte como relação social dos que estão morrendo, rouba também o nascimento dos que chegam à vida. Na maioria dos casos, ele não se transmite da mãe ao feto através da placenta durante a gravidez,[122] mas o parto, em compensação, é um momento de alto risco de transmissão. No hospital do Brooklyn, grávidas e infectadas com o coronavírus são colocadas sob vigilância e dão à luz por indução e em condições sanitárias preventivas. O parto acontece como se fosse uma operação cirúrgica: o corpo é separado em dois por um biombo verde que impede que as projeções da respiração materna atinjam o feto. De um lado do biombo, a cabeça consciente mas intubada da mãe (ou do pai trans ou não binário, se for o caso) é a de alguém que parece estar à beira da morte. Do outro lado do biombo, as pernas, mais próximas da vida, parecem parir sozinhas. A máquina branda conectada vai parir uma máquina branda conectada. A mãe (ou o pai trans ou não binário) não vê a cena, não sabe se está parindo ou morrendo. Samuel Beckett, em *Esperando Godot*: "Dão à luz do útero para o túmulo, o dia brilha por um instante, volta a escurecer".[123] Imediatamente depois do nascimento, o bebê é separado da mãe (ou pai trans ou não binário) e colocado num quarto esterilizado que às vezes não fica sequer no mesmo andar do hospital, às vezes nem sequer no mesmo edifício. Os serviços hospitalares especializados em partos de pessoas com covid instalaram câmeras e computadores que permitem que a mãe (ou o pai trans ou não binário), às vezes ainda ligada a um respirador, veja o recém-nascido numa tela. A covid propiciou a primeira geração de bebês cujo contato com os progenitores é unicamente telemático. São os filhos do vírus e da internet. Algumas das mães entrevistadas descreveram assim a experiência: "Não tenho a sensação de ter dado à luz, não me parece real, o vírus me privou da felicidade de ver e abraçar meu filho. Gosto de vê-lo na tela, mas ele não parece real". Por sua vez, o bebê, cujos olhos ainda não estão formados, é incapaz de enxergar numa tela bidimensional. Um corpo, para o bebê, é necessariamente uma pele, uma radiação quente, uma voz. Mas, na tela, a mãe (ou o pai trans ou não binário) não tem pele, não emite calor. No Skype, a mãe (ou o pai trans ou não binário) não existe para o bebê. Os filhos da covid nascem órfãos até aprenderem a olhar sua verdadeira e única mãe: a tela. Wuhan está em toda parte.

The elders are out of joint

No INÍCIO DE 2022, o jornalista investigativo Victor Castanet revelou os abusos, maus-tratos e as condições de vida inumanas dentro dos lares e clínicas para idosos do grupo Orpea, líder mundial no setor (um gigante com mais de mil estabelecimentos), e denunciou a transformação da vulnerabilidade das pessoas mais velhas em negócio.[124] Durante a pandemia, os lares de idosos, com taxas de morte que superam as de qualquer outro espaço social, aparecem pela primeira vez tal como são: instituições de encarceramento daqueles corpos que deixaram de ser produtivos e reprodutivos. Nosso senso de responsabilidade e de compaixão desmantelou-se. Encerrados e afastados de nós, nem totalmente vivos nem completamente mortos, nossos velhos apodrecem em prisões pagas.

Existe um bosque no Japão chamado Aokigahara, situado a noroeste do monte Fuji, que é conhecido como *jukai*, o "mar de árvores". Uma vegetação espessa cresce sobre uma longa língua de lava que cobriu a região durante uma erupção do monte Fuji no ano de 864, há mais de mil anos. O "mar de árvores" transformou-se num lugar sinistramente famoso, objeto de inúmeras ficções literárias e cinematográficas, por causa das lendas segundo as quais o monte está tomado pelos fantasmas e demônios das pessoas que morreram abandonadas ali. No Japão feudal do século XIX, quando a fome e as epidemias açoitavam a população, as famílias mais pobres abandonavam as crianças, os doentes e os velhos que não podiam alimentar, deixando-os sozinhos, sem comida ou abrigo num bosque espesso e labiríntico como um mar de árvores. Esta prática é conhecida como *ubasute* (em japonês, "abandono de anciã"), pois as mães e avós eram mais abandonadas que os pais, talvez por serem mais longevas, talvez por serem mais dispensáveis, depois de terem *ultrapassado* a idade da reprodução. Não há acordo entre os historiadores acerca da veracidade destas lendas. Talvez o *ubasute* não seja só uma prática ancestral do Japão, mas algo ainda pior: talvez seja uma estrutura antropológica que fala da incapacidade de certas culturas de animais humanos de enfrentar a doença, a velhice e a dor, de cuidar e acompanhar até a morte aqueles que já não podem contribuir para a produção econômica ou sexual. O *ubasute* designaria então a tecnologia de poder que permite que uma sociedade sacrifique os mais fracos, os improdutivos, sem deixar visível o sacrifício, mas afastando-o da esfera pública para ocultá-lo. Observando a sociedade feudal japonesa e suas fortes segmentações de classe, de gênero e sexuais, e estendendo-as a outras sociedades hierárquicas, poderíamos dizer que o *ubasute* é a estratégia de uma sociedade patriarcal que se recusa a enfrentar a vulnerabilidade e a morte da mãe. E, como diz Laure Adler: "Somos sempre a velha ou o velho de alguém. Melhor se preparar".[125]

Enquanto observo a chegada da segunda onda da covid, penso que estamos colocando em prática um *ubasute* global. Esta poderia ser a nossa lenda:

Durante meses, os filhos falaram da segunda onda como se fosse um fenômeno natural, como se fosse mais uma explosão

Dysphoria mundi

vulcânica que nada nem ninguém poderia evitar. Alguns, os mais supersticiosos, disseram que era preciso voltar à nova normalidade e que, se agissem como se nada tivesse acontecido, nada aconteceria. Fizeram todo o possível para esquecer que estavam doentes e que alguns deles, os mais frágeis, morreriam.

E, como não fizeram nada para evitá-la, um dia a segunda onda chegou. E o filho resolveu levar a mãe, que estava contaminada, até o alto do monte e abandoná-la ali, para morrer longe da vista de todos. Botou uma máscara e um macacão de segurança para evitar tocá-la e carregou-a no ombro. O dia estava claro, as folhas das árvores brilhavam sob os raios do sol, e o filho achou que a distância para ir e voltar parecia curta e que sua força, se não era infinita, pelo menos era suficiente para chegar ao topo. De repente, na metade do caminho, quando o peso de sua velha mãe começou a se fazer sentir em forma de dor no ombro, uma nuvem estacionou bem em cima do bosque, cobrindo de sombras a trilha por onde eles subiam. Em poucos minutos, as árvores ao redor assumiram formas desconhecidas, que o filho achou mais próximas do reino mecânico que do vegetal. Na pressa de subir e abandonar a mãe, ele acelerou o passo sem prestar atenção nas pedras do caminho, nos liquens deslizantes, nos galhos de árvore cheios de espinhos.

O filho era o capitalismo financeiro autoritário, mas era também o herdeiro das intermináveis promessas de progresso e consumo do pós-guerra. Aquele que transformou o grandiloquente discurso colonial do século xix numa montagem pop de slogans publicitários. Aquele que soube cortar, moer e moldar o império capitalista colonial e transformá-lo numa mercadoria digital.

A mãe era uma sobrevivente da Segunda Guerra Mundial, da heterossexualidade obrigatória, da exclusão e do controle social e político das mulheres na sociedade patriarcal, do estupro, do duplo dever de estar heterossexualmente disponível e de não ser uma puta, de reproduzir-se e de controlar sua reprodução. Algumas mães fizeram a revolução feminista nos anos 1960, mas a maioria conformou-se com as pequenas vantagens trazidas pela pílula anticoncepcional e pela permissão de trabalhar e consumir por si mesmas.

E ei-la agora no ombro do filho, o capitalismo financeiro, subindo o monte onde as velhas são abandonadas para morrer.

"Por que está fazendo isso?", perguntou a mãe. "Porque foi o que você me ensinou", respondeu o filho. "Foi você que me ensinou a separar, a conquistar, a ganhar, a calar." E, tendo dito isto, deixou-a no cume, junto a uma árvore. Começou a descer tão rápido quanto podia, mas a noite caiu, a bateria do celular acabou e, como não tinha prestado atenção no caminho, logo se perdeu. Alguns disseram que chegou vários dias depois à cidade, com a pele retalhada de arranhões e tendo perdido a memória. Outros disseram que nunca mais voltou.

Mourning is out of joint

DENTRO, FORA. Cheio, vazio. Seguro, tóxico. Masculino, feminino. Branco, negro. Nacional, estrangeiro. Cultura, natureza. Humano, animal. Público, privado. Orgânico, mecânico. Centro, periferia. Aqui, ali. Analógico, digital. Vivo, morto. O luto torna-se impossível. Não verás morrerem os teus mortos. As pessoas caem doentes, entram no hospital e lá se tornam invisíveis. Não morrem. Simplesmente desaparecem. Os mortos por covid não passam pelo estado de cadáver; como o vírus, convertem-se imediatamente em fantasmas. O mesmo acontece com os imigrantes que morrem cruzando o Mediterrâneo ou com as mulheres que desaparecem nas estradas do México.

Quando os mortos voltarão para nos ver, para serem vistos? O que reclamarão?

Reproduction is out of joint

DENTRO, FORA. Cheio, vazio. Seguro, tóxico. Masculino, feminino. Branco, negro. Nacional, estrangeiro. Cultura, natureza. Humano, animal. Público, privado. Orgânico, mecânico. Centro, periferia. Aqui, ali. Analógico, digital. Vivo, morto. Quando se trata de apontar as modalidades de um presente revolucionário, é preciso assinalar não somente os processos de subjetivação política, de invenção de novas práticas e novas linguagens, mas também as estratégias contrarrevolucionárias implementadas pelas instituições tecnopatriarcais e neocoloniais para evitar que transformações sociais e políticas profundas ocorram. Em meio à nova desordem epistêmica, o útero volta a ser o órgão do controle político por excelência, mas também o da dissidência reprodutiva.

Depois de um mês de confinamento, o Fundo de População das Nações Unidas (UNFPA) alerta que 47 milhões de mulheres em todo o mundo poderiam perder o acesso à contracepção farmacológica por causa do confinamento. A dra. Natalia Kanem declara:

> Estes novos dados mostram o impacto catastrófico que a covid-19 poderá ter em breve nas mulheres e meninas de todo o mundo. A pandemia está exacerbando as desigualdades, e

Dysphoria mundi 379

milhões de mulheres e meninas correm hoje o risco de perder a capacidade de planejar suas famílias e proteger o corpo e a saúde.[126]

Esta dificuldade de acesso, segundo o estudo, é maior nos segmentos de população com menos recursos econômicos. Muitas mulheres não podem consultar o ginecologista ou solicitar um aborto no decorrer dessas semanas de confinamento. A primeira causa da falta de acesso à contracepção é o fechamento dos serviços de planejamento familiar. Por que fecharam? Por que não fecham os matadouros, mas fecham os serviços de planejamento familiar? A segunda é a desestruturação, em todo o mundo, das cadeias de produção e abastecimento de pílulas anticoncepcionais, pílulas do dia seguinte, pílulas abortivas e também preservativos. O estudo do UNFPA prevê que a dificuldade de acesso aos serviços de planejamento familiar e a interrupção da administração regular de pílulas anticoncepcionais devem se estender por seis meses em virtude do confinamento, e que acarretará 7 milhões de gestações não desejadas no mundo: cerca 1 milhão para cada mês suplementar de confinamento. Serão os filhos da covid.

O Fundo de População das Nações Unidas, que não é exatamente um organismo feminista radical, alerta desde o final de abril para o aumento dos casos de violência machista no âmbito doméstico. Cada mês de confinamento supõe, segundo a agência, um aumento de 1 milhão de casos de violência em escala global. A covid-19 é também uma epidemia de feminicídios. No México, as mulheres assassinadas ou desaparecidas depois do primeiro confinamento contam-se aos milhares. Ao mesmo tempo, a interrupção dos programas de prevenção da violência sexual e de gênero contra as meninas no período da pandemia leva a um aumento sem precedentes das agressões sexuais e rituais (mutilações do clitóris, casamentos infantis) no âmbito doméstico. A previsão é de que 1 milhão de meninas sejam casadas à força durante o confinamento.

A cartografia da revolução que estava começando era também, e forçosamente, o inventário das balas do inimigo nos corpos minoritários. Nos meses mais agudos da pandemia, a Europa assistiu a uma contrarreforma petrossexorracial, que teve sequência nos Estados Unidos com a anulação da lei de proteção do direito ao aborto conhecida como Roe versus Wade.

Na Polônia, o partido nacionalista ultraconservador no poder, o Lei e Justiça (PiS), está utilizando as medidas de controle social e fechamento de fronteiras impostas pela pandemia para implementar modificações estruturais na Constituição, a fim de restringir os direitos das mulheres e das minorias sexuais e de gênero. Agnieszka Żuk aponta que

a Câmara Baixa do Parlamento polonês decidiu recolocar na pauta dos dias 15 e 16 de abril de 2020 quatro projetos de lei explosivos: retirada do direito ao aborto em caso de malformações fetais graves e irreversíveis; proibição da educação sexual nas escolas, com o projeto conhecido como "Basta de pedofilia", que pretende erradicar a homossexualidade e a transexualidade; proibição de solicitar a restituição dos bens judeus; e autorização para a presença de crianças nas caçadas.[127]

Dysphoria mundi

Esta combinação de misoginia, racismo, homofobia, transfobia, antissemitismo, antiecologia, defesa de ideais nacional-católicos e teatralização hiperbólica das práticas masculinistas como a caça não constitui apenas um exemplo paradigmático dos programas de reforma petrossexorracial, tanto na Europa, quanto na América, mas permite também, como um negativo fotográfico, desenhar o horizonte revolucionário antirracista, transfeminista e ecologista contra o qual eles se levantam.

No dia 22 de outubro de 2020, o Tribunal Constitucional da Polônia declarou ilegais os abortos realizados por malformação fetal (justificativa de 90% das intervenções no país), tornando praticamente impossível o aborto legal em solo polonês. Esta restrição era a última volta do parafuso numa das legislações mais restritivas da Europa: até então a Polônia só permitia o aborto em casos de estupro, incesto, risco de vida para a mãe ou malformação irreversível do feto. Em 14 de abril de 2020, a comissária de Direitos Humanos do Conselho da Europa, Dunja Mijatovic, pressionou os parlamentares para que rejeitassem o projeto de lei que seria aprovado mais tarde pelo Tribunal Constitucional com o apoio dos deputados do PiS, do Kukz'iz e do PSL, aos quais se uniu a extrema direita de Korwin-Mikke.[128]

Algumas horas depois, nesse mesmo dia 22 de outubro de 2020, em meio à bruma midiática gerada pela questão sanitária e doze dias antes das eleições gerais nos Estados Unidos, os governos de Brasil, Egito, Estados Unidos, Hungria, Indonésia e Uganda copatrocinaram uma cerimônia multinacional transmitida de Washington D.C. com o objetivo de assinar, com outros 26 países, a Declaração do Consenso de

Genebra.*[129] Apresentada como nada mais nada menos que uma emenda ou "uma correção restritiva da Declaração dos Direitos Humanos", a Declaração do Consenso de Genebra reforçava a coalizão dos países signatários para alcançar, segundo eles, quatro objetivos: "Melhorar a saúde das mulheres, preservar a vida humana, reforçar a família como unidade fundacional da sociedade e proteger a soberania da nação no contexto da política global". Durante a cerimônia, Alex Azar, representante da Casa Branca, já preparando uma possível mudança na Constituição estadunidense, falou da "vontade de cada país e da coalizão de manter sua soberania nacional no tocante às leis relacionadas ao aborto", sublinhando que "não existe direito internacional ao aborto" e que "os Estados não têm obrigação de financiá-lo ou facilitá-lo". Katalin Novak, ministra húngara da Família (que em maio de 2022 acabaria sendo presidente do país), disse que era prioritário "proteger o direito da mulher de ser mãe".

Mas quem protege o direito de um corpo designado do gênero feminino no nascimento de ser lésbica, de ser trabalhadora sexual se assim o decidir, ou de ser mãe puta ou mãe lésbica; o direito de não se identificar como mulher, de ser trans, de ser pai ou mãe trans; o direito de definir-se como pessoa de gênero não binário; o direito universal e inalienável de desidentificar-se?

Seria ingênuo considerar a Declaração do Consenso de Genebra uma simples fanfarronada, um ato de propaganda

---

* Em 28 jan. 2021, o presidente Joe Biden retirou a assinatura dos Estados Unidos da Declaração do Consenso de Genebra e, em 17 jan. 2023, o presidente Luís Inácio Lula da Silva retirou a do Brasil. (N. E.)

Dysphoria mundi

midiática ou um ritual intimidatório de ficção política. Ela é todas essas coisas, mas é algo mais, uma vez que se apoia numa cascata de reformas legais já em curso em diversos tribunais constitucionais de vários países, entre os quais Polônia e Hungria, mas também Brasil e Uganda. De fato, poucos dias após a cerimônia, a Declaração foi respaldada pela nomeação para a Suprema Corte dos Estados Unidos da juíza Amy Coney Barrett, abertamente antiabortista. Em 2021, Coney Barrett lidera a aceitação por parte da Suprema Corte de um recurso contra o veto do estado do Mississippi à interrupção da gravidez depois de quinze semanas de gestação, o que significa colocar em questão a doutrina legal na qual se apoiava historicamente o direito ao aborto nos Estados Unidos. Dando sequência à vontade política expressa na Declaração de Genebra, em junho de 2022 a Suprema Corte dos Estados Unidos revoga a sentença histórica de 1973, o que permitirá que mais de uma dezena de estados partidários da proibição da interrupção da gravidez suspendam as garantias de liberdade sexual e reprodutiva conquistadas durante as lutas feministas do século passado.

Espaços vitais

No contexto das chamadas democracias ocidentais — deixando de lado por ora a inadequação atual do termo em relação tanto às práticas democráticas quanto à hoje obsoleta segmentação do mundo entre Oriente e Ocidente —, o Consenso de Genebra é mais um signo da passagem do neoliberalismo como teoria econômica e prática social do final do século passado para uma nova forma de tecno-"liberalismo autoritário", para usar a conhecida fórmula com que o jurista e filósofo Hermann Heller descreveu a deriva do Estado alemão a partir de 1932.[130] Curiosa e estranhamente, o texto que mais se assemelha à Declaração do Consenso de Genebra é a declaração feita por Hitler em 5 de novembro de 1937 sobre a necessidade de defender o "espaço vital" (*Lebensraum*) da nação alemã, ao tomar a decisão de anexar a Áustria, a Tchecoslováquia e a Polônia. Hoje, ambas as declarações ressoam também nos apelos de Putin à restauração do espaço da Rússia histórica, com a anexação da Ucrânia.

Em termos legais, a Declaração do Consenso de Genebra é uma afirmação da expansão da soberania estatal acima da Declaração Internacional dos Direitos Humanos. Em termos políticos, é uma ata de anexação dos úteros como territórios sobre os quais o Estado-nação afirma ter plena soberania, como "espaços vitais" nos quais se implementa uma estratégia de ocupação. Seria um erro pensar que a noção de território nacional e a proteção e a extensão das fronteiras concernem unicamente ao território geográfico e não ao corpo. O que caracteriza a definição da soberania estatal, tanto patriarcal quanto capitalista, é precisamente sua vontade de transpor a pele, de reivindicar a interioridade do corpo e de certos órgãos como seu "espaço vital".

Onde começa a soberania sexual e reprodutiva dos corpos e termina a soberania do Estado? Se a reprodução da vida humana é tão importante no seio das nações signatárias, por que não existe uma legislação semelhante que regule a ereção e a ejaculação masculinas e o fluxo de esperma? O que um Estado-nação capitalista faz com os recém-nascidos afetados por doenças graves ou incuráveis que ele obriga a nascer?

Dysphoria mundi

A Declaração assinada por 32 países é um ataque diplomático contra os corpos que os Estados signatários denominam condescendentemente "mulheres". Estes corpos não são considerados sujeitos políticos de pleno direito dentro dos limites de seus respectivos Estados nacionais, mas como "espaços vitais" para a expansão da soberania sexual e nacional. A Declaração nega a soberania de certos corpos sobre a gestão sexual e reprodutiva de um de seus órgãos — o útero como espaço reprodutivo, mas há que incluir também a vulva, a vagina, o clitóris como espaço de produção de prazer — em benefício de uma ideia de saúde e desenvolvimento da família heterossexual que sobrepõe a definição patriarcal da "vida", entendida como reprodução do corpo nacional, à vida material e concreta de cada um dos corpos dotados de um útero potencialmente gestante. Como a declaração de "defesa do espaço vital" da nação alemã em 1937 conduziu à Segunda Guerra Mundial apenas dois anos depois, a declaração em "defesa da saúde das mulheres e da vida" dos 32 países signatários é, então, uma declaração de guerra dos Estados tecnopatriarcais unidos contra os úteros livres do planeta.

A Declaração do Consenso de Genebra permite elaborar uma definição atualizada de patriarcado: trata-se do regime político que declara os corpos femininos, infantis, homossexuais, trans e não binários como territórios sexuais da soberania nacional, enquanto os corpos, os órgãos reprodutivos e os fluidos masculinos e heterossexuais têm plena soberania, sem que o Estado possa legislar sobre seu uso privado ou público ou sobre sua circulação. A construção da diferença sexual é coercitiva para ambos os polos do binário, mas fortemente assimétrica: no regime patriarcal, o corpo masculino deve operar como um instrumento militar de ocupação e expansão, enquanto o feminino é representado como um território a ser anexado, uma colônia a ser ocupada.

Isso poderia ser expresso com a seguinte equação sexopolítica:

$$\text{boceta aberta} \times \text{jato de esperma} = \text{soberania nacional}$$

Fábrica, corpo, somateca

A Declaração do Consenso de Genebra é mais uma prova de que a batalha mais importante na economia mundial hoje não diz respeito unicamente à apropriação dos meios de produção, como ocorreu na Revolução Industrial, mas sobretudo à apropriação dos *meios de reprodução da vida*. O corpo vivo é, no século XXI, o que a fábrica foi no século XIX: o lugar central da luta política. E não é que ele tenha simplesmente tomado o lugar da fábrica; trata-se de entender de uma vez por todas *que o corpo vivo é a fábrica*. O corpo humano, a somateca, não é um simples objeto anatômico nem um organismo natural, mas um espaço político histórica e coletivamente construído que não pode, em hipótese alguma, ser tratado como um objeto e menos ainda como propriedade privada do Estado ou das corporações. A somateca pode ser brutalmente objetificada e negada, como ocorreu nos campos de concentração; pode ser expropriada e instrumentalizada, como ocorreu nos regimes de escravatura, mas não pode jamais ser totalmente reduzida a objeto ou propriedade.

Dysphoria mundi 387

O corpo proletário e racializado e o corpo com útero reprodutor foram as máquinas vivas mais importantes do capitalismo colonial a partir do final do século XVI: as centenas de milhares de corpos africanos utilizados como máquinas vivas nas plantações de algodão, nos campos de tabaco e nas minas; os corpos indígenas fungíveis que, embora não tenham sido escravizados, foram tratados como mãos serventes, pernas portadoras, costas carregadoras até a morte, mas também como corpos sexualizados, como orifícios penetráveis; os corpos proletários, que foram enxertados no processo de produção como máquinas humanas que deviam mover-se no ritmo da grande máquina.

Mas, de todas as máquinas vivas, nenhuma foi tão explorada de modo ao mesmo tempo tão condescendente e sacralizado, tão asquerosamente festivo, quanto o corpo com útero reprodutivo. A medicina moderna petrossexorracial definia o útero como um órgão pertencente ao aparato reprodutivo feminino. Mas essa definição é tautológica: a noção de mulher se justifica através do útero e vice-versa, num círculo infinito.[131] Diante do discurso dominante da epistemologia da diferença sexual, era preciso olhar o útero não como um órgão natural, mas como um território político, como um "espaço vital" de conquista, cujo controle era disputado pelas diversas comunidades sociais.

Tentativa de definição de um território. Útero: bolsa muscular interior altamente vascularizada e pendurada no abdome de alguns corpos, que possui uma insólita capacidade de transformação: com apenas alguns centímetros, pode ampliar-se a ponto de abrigar um processo de geração, chegando a pesar quase uma dezena de quilos. Câmara política de alta intensidade, o útero não é, porém, um espaço fechado: se fosse, não seria reprodutivo. O acesso a esse "espaço vital" inclui na maioria dos casos a vulva, uma região situada no períneo, que compreende o monte pubiano, os pequenos e os grandes lábios, o clitóris, o vestíbulo, as glândulas vestibulares e um tubo fibromuscular que conduz do exterior da vulva ao interior do útero.

Estratégias de conquista e defesa desse território: a transformação do útero em espaço reprodutivo não é espontânea. É sempre necessário que ocorra um processo intencional de inseminação com esperma, de modo que não é possível estabelecer uma equivalência entre mulher e útero. Historicamente, a categoria "mulher" é o efeito da redução de um corpo a seu potencial reprodutivo. Mas esta noção de mulher oculta o processo de exploração sexual e gestacional produzido pela segmentação do humano em masculinidade e feminidade como polos complementares da reprodução heterossexual.

Seria possível distinguir a noção de *corpo com útero potencialmente reprodutivo* daquela de *mulher* a fim de reconhecer os estatutos dos corpos femininos que não possuem útero ou resolveram não fazer uso reprodutivo deste órgão. Nem todas as mulheres têm útero, nem todos os úteros são utilizados para funções reprodutivas. Pretender definir "as mulheres" unicamente por suas funções reprodutivas seria tão redutor quanto definir a existência do corpo racializado em referência apenas à economia de plantation ou a existência do operário unicamente em relação à produção e ao lucro que seu trabalho produziu um dia para as classes da burguesia industrial e hoje para as da nova tecnoburguesia cibernética

Dysphoria mundi

ou financeira. É preciso definir o simbionte da revolução em relação a sua transformação política e não a seu processo de opressão. É preciso desidentificar-se da categoria naturalizada e hegemônica de mulher e das relações (reprodutivas, sexuais, sociais, econômicas etc.) normativas que ligam o útero à reprodução heterossexual para reivindicar nossa condição de corpos vivos.

Atlas do tecnopatriarcado

A Declaração do Consenso de Genebra permite que desenhemos o mapa do novo bloco tecnopatriarcal que está sendo construído em escala planetária. Sob a oposição dos blocos da guerra fria reativada pela invasão russa da Ucrânia, uma nova guerra quente está dividindo o mundo em dois novos blocos: o império tecnopatriarcal diante dos países nos quais ainda é possível negociar a redistribuição da soberania gestacional. Eis aqui os 34 Estados signatários da Declaração do Consenso de Genebra: Arábia Saudita, Bahrein, Belarus, Benim, Brasil (copatrocinador do evento), Burkina Faso, Camarões, Djibouti, Egito (copatrocinador), Emirados Árabes Unidos, Estados Unidos da América (copatrocinadores), Eswatini, Gâmbia, Geórgia, Haiti, Hungria (copatrocinadora), Indonésia (copatrocinadora), Iraque, Quênia, Kuwait, Líbia, Nauru, Níger, Omã, Paquistão, Paraguai, Polônia, República do Congo, República Democrática do Congo, Senegal, Sudão, Sudão do Sul, Uganda (copatrocinadora) e Zâmbia.

Qual é o denominador comum que tornou possível este consenso? O que fazia o ministro de Trump sentado na mesma mesa que seus homólogos do Paquistão ou da Líbia? O que fazia a católica Polônia assinar um tratado político-sexual com o Estado muçulmano da Indonésia? Como explicar que Estados que defendem a supremacia branca tenham assinado uma declaração com quinze Estados africanos?

É interessante observar que não são as oposições capitalismo-comunismo, cristianismo-islã ou judaísmo-islã que definem os blocos da guerra quente, dividindo o mundo em termos de políticas reprodutivas. Ao contrário, os Estados teológico-políticos — de confissão tanto católica quanto muçulmana —, que se enfrentam em outros âmbitos, encontram na expropriação do trabalho reprodutivo das mulheres, na misoginia, na homofobia e na transfobia um terreno de entendimento, que permite que se reúnam numa cerimônia conjunta, com suas bandeiras e seus ministros, e assinem uma única e mesma convenção. É preciso somar aos Estados signatários, se quisermos completar o atlas tecnopatriarcal, a Rússia e a China, que, embora não participem das dinâmicas geopolíticas lideradas pelos Estados Unidos, constam entre os governos com as mais estritas legislações sexorraciais. Diante dos úteros livres, diante das lésbicas, das mulheres sexualmente soberanas, das operárias sexuais, das pessoas trans, não binárias ou das bichas, a relevância política da distinção entre Ocidente cristão e islã, entre capitalismo e comunismo, entre Norte e Sul, e inclusive entre Estados Unidos e China esmorece. Diante da potência sexual e reprodutiva dos órgãos e buracos, as divisões e alianças reorganizam-se: de um lado os patriarcas, do outro os corpos subalternos deste mundo, as cavidades sexuais, as bocas potencialmente chupadoras, os ânus potencialmente penetráveis, os úteros po-

Dysphoria mundi

tencialmente reprodutivos, mas talvez voluntariamente não gestantes.

Examino aqui a demografia somatopolítica dos países signatários da Declaração do Consenso de Genebra. Cada um deles tem uma média de 15 milhões de habitantes dotados de um útero potencialmente reprodutivo, à exceção de Brasil e Estados Unidos, países altamente populosos que, juntos, somam cerca de 270 milhões de corpos com útero. No total (sem incluir a China), a Declaração afeta cerca de 825 milhões de corpos políticos. A Organização Mundial da Saúde, que definiu o direito ao aborto como um "direito garantido em acordos internacionais",[132] informa que a cada ano morrem entre 47 mil e 55 mil mulheres no mundo todo devido a abortos inseguros, e mais de 5 milhões sofrem lesões graves, com sequelas como esterilidade ou doenças crônicas. Essas cifras poderiam aumentar drasticamente com as novas restrições à liberdade reprodutiva que a Declaração preconiza e que as leis da Polônia e da Hungria aplicam. Além disso, como assinala a feminista polonesa Ewa Majewska, o aborto sempre tem uma dimensão de classe: as mulheres que morrem na Polônia são as que não podem pagar uma viagem ao exterior para abortar. A guerra quente contra o útero é também uma guerra contra as classes trabalhadoras pobres.[133] Nesse sentido, a Declaração do Consenso de Genebra contra a soberania do útero é uma das medidas necropolíticas mais extensas e importantes, mais brutais e mortíferas, mais geradoras de desigualdade, não só de gênero e sexual, mas também de classe, deste início de século.

Contra o ato de anexação dos úteros que a nova jurisdição polonesa propõe e que o Consenso de Genebra exalta e preconiza, centenas de milhares de manifestantes tomaram as ruas de mais de trinta cidades e povoados poloneses num festival de protestos. Os corpos confinados e negados pela lei tornaram-se visíveis e enfrentaram, quase nus, uma polícia que partiu contra eles, sem hesitação, com cassetetes e gás lacrimogêneo.

Numa ação organizada em frente ao Museu Nacional de Varsóvia, um grupo de artistas e ativistas apropriou-se, como os ativistas do Black Lives Matter em outras partes do mundo, de um monumento público emblemático da cultura petrossexorracial como espaço de ressignificação crítica. Durante a performance, os artistas usaram o espelho d'água onde se encontra a escultura de João Paulo II, criada pelo artista católico Jerzy Kalina em "desagravo" à imagem do papa apresentada por Maurizio Cattelan na Bienal de Veneza de 1999. Se na escultura de Cattelan o papa aparece derrubado por um meteorito sobre um tapete vermelho, na escultura *Fonte envenenada*, de Kalina, comemorativa do centenário de nascimento do papa e instalada em Varsóvia em setembro de 2020, João Paulo II está no meio de um espelho d'água tinto de vermelho, transformado num Super-Homem que, segurando o meteorito acima da cabeça, ameaça jogá-lo nos que questionam seu poder. Para Kalina, "João Paulo II não era um velho impotente derrubado por um meteorito, mas um titã dotado de força sobre-humana". Como parte das ações de protesto contra o expansionismo do governo polonês sobre os corpos com útero, as ativistas transformaram o espelho d'água ensanguentado de Jerzy Kalina num útero sobre o qual João Paulo II tentava impor violentamente o seu poder, enquanto elas nadavam desafiando sua autoridade. PiS Off (combinação do nome do partido no poder, PiS, com a expressão inglesa *piss off*, "cai fora") era o slogan

Dysphoria mundi

que acompanhava a performance e um dos mais citados nas manifestações polonesas, junto com *wypierdalać!* ("dá o fora daqui!"). Uma interessante variação dos ataques antirracistas aos monumentos da história colonial, a transformação do espelho d'água de Kalina em útero público gigante apontava uma estratégia alternativa à derrubada: o questionamento, através da performance, dos fins semiótico-políticos de um monumento. Ocupando este útero público, as ativistas mostraram tanto ao Estado quanto à Igreja que seus corpos tinham deixado de ser espaços vitais acessíveis à colonização.

Declaração de Varsóvia dos úteros livres

Diante da violenta declaração do bloco tecnopatriarcal, considero urgente, seguindo as propostas dos coletivos poloneses, implementar algumas estratégias de resistência:

1. Unir-se por todos os meios, físicos e cibernéticos, e o mais rapidamente possível, às manifestações e ações revolucionárias na Polônia (mas também na Rússia ou nos Estados Unidos), país em que os grupos dissidentes constituem a frente de resistência mais ativa na Europa.

2. É aconselhável que todos os corpos com útero dos 32 países signatários deixem o mais rapidamente possível de fazer sexo heterossexual com penetração e ejaculação sem camisinha dentro de suas fronteiras: qualquer tipo de acidente gestacional durante uma trepada levaria a um conflito de soberania e, portanto, a uma situação de guerra entre o dito Estado e o corpo das pessoas com útero que terminaria com a rendição, quando não a morte, da dita portadora.

3. Preconizamos, diante da heterossexualidade normativa, a prática do sexo homossexual, da masturbação, da ecossexualidade, do fetichismo com ejaculação fora da vagina, o uso de brinquedos sexuais e a orgia não heterossexual.

4. Aconselhamos a todas as associações e indivíduos que habitam o bloco onde a prática do aborto ainda é legal que enviem o mais rápido possível pílulas do dia seguinte e pílulas abortivas para os diversos coletivos que se encontram no bloco tecnopatriarcal. O envio pode ser feito através dos serviços privados de correio ou de drones, que podem cruzar as fronteiras carregados de pílulas abortivas.

5. Se as medidas promulgadas pela Declaração do Consenso de Genebra conseguirem prosperar politicamente, aconselha-se a todas as pessoas com útero potencialmente reprodutivo que peçam asilo político nos países não signatários do Consenso de Genebra. Como existe um total de 195 países no planeta Terra, as pessoas com útero potencialmente reprodutivo poderiam pedir asilo em 163 países. A eventual aceitação dos pedidos pelos países não signatários da Declaração do Consenso de Genebra suporia o deslocamento de 825 milhões de corpos, ou seja, a migração humana mais importante conhecida na história e comparável apenas àquela que será provocada pelas mudanças climáticas.

Esse deslocamento ficaria conhecido como a Migração dos Úteros.

As migrantes elaborariam um documento denominado Declaração de Varsóvia, em homenagem à resistência das ativistas polonesas, que começaria com as seguintes palavras:

Dysphoria mundi

Nenhum Estado, nenhum patriarca, nenhum chefe, nenhum juiz, nenhum marido, nenhum padre, nenhum médico, nenhuma matriarca, nenhuma chefa, nenhuma juíza, nenhuma mãe, nenhuma médica pode obrigar ninguém a gestar outro corpo dentro do próprio corpo. Ninguém pode obrigar ninguém a abrir as pernas ou qualquer outro orifício, seja para introduzir jatos de esperma ou para parir os filhos da nação. Feche a fábrica. Quebre o vaso. Tampe a panela. *PISS OFF!!!*

A questão que se coloca agora é se o antagonismo político produzido por esta divisão reprodutiva do mundo pode ser abordado em termos de diplomacia, como sugere Bruno Latour,[134] ou se a despossessão e a violência a que estão submetidos certos corpos impedem um enfoque diplomático da luta. Analisando as teses dos negacionistas e os juízos posteriores ao Holocausto, Jean-François Lyotard elaborou a noção de *différend* para dar conta da dificuldade ou mesmo da impossibilidade de afirmar a existência do tribunal como espaço neutro, fora da história, por assim dizer, no qual se pode fazer justiça.[135] Assim, na atual investida do regime patriarcal contra os corpos sexualizados, a diplomacia não é evidente, exige a criação de um espaço, a invenção de um conjunto de jogos de linguagem capazes de restringir o uso da violência. Se, como sustenta Isabelle Stengers, a diplomacia é necessária justamente onde as partes implicadas estão em guerra, então as políticas sexuais e reprodutivas deveriam ser enclaves da diplomacia.[136] Paradoxalmente, embora vivam sob o mesmo teto e até durmam na mesma cama, os agentes do patriarcado e os corpos reprodutivos e sexualizados não se sentam facilmente na mesma mesa de negociação, pois esta mesa já é, como o espaço doméstico e a cama, um lugar de violência, no qual o corpo sexualizado é objetivado como presa.

De um ponto de vista filosófico, é estratégico não estabelecer uma oposição entre as lógicas da resistência política e a diplomacia. Para fazer da diplomacia uma forma de ação política potencial diante da divisão reprodutiva do mundo, será preciso entendê-la como uma estratégia epistemológica: os diplomatas não seriam os que se sentam à mesa com os representantes do patriarcado, mas aqueles que, através de suas práticas de memória, luta, sobrevivência e resistência, inventam outra epistemologia do corpo vivo, que desloca a própria mesa da epistemologia binária e heteropatriarcal. Stengers cita um slogan dos ativistas ambientalistas, "Somos a natureza que se defende", como prova de uma nova epistemologia da interdependência, na qual a "natureza" deixou de ser uma mera externalidade.[137] Nossos corpos vivos são a prova da existência de um outro regime epistêmico não binário e não patriarcal. Os novos ativistas diplomáticos são mensageiros epistêmicos. Somente dentro deste novo parlamento é que os corpos poderiam deixar de ser o que eram, que as posições de predador e presa poderiam ser reorganizadas e o uso das técnicas de violência poderia ser transformado.[138]

History is out of joint

Dentro, fora. Cheio, vazio. Seguro, tóxico. Masculino, feminino. Branco, negro. Nacional, estrangeiro. Cultura, natureza. Humano, animal. Público, privado. Orgânico, mecânico. Centro, periferia. Aqui, ali. Analógico, digital. Vivo, morto. Caem as estátuas dos colonizadores. O outono do patriarca chegou. O capitalismo colonial esquenta como os polos e seus heróis caem, como velhos blocos de gelo que desmoronam no mar do aquecimento global. "Onde estão seus monumentos, suas batalhas, seus mártires?", pergunta Derek Walcott. "Onde está a sua memória tribal? Nesta abóbada gris, senhores. O mar. O mar os guardou. O mar é História."[139]

Jean-Baptiste Colbert, ministro de Luís XIV, secretário de Estado da Marinha francesa, promotor do mercantilismo colonial e iniciador do Código Negro,[140] amanhece com a toga institucional coberta de tinta vermelha e com a inscrição "Negrofobia de Estado" no pedestal que o sustenta; em Baltimore, a escultura de Francis Scott Key, proprietário de escravos e autor da letra do hino nacional dos Estados Unidos, terá o mesmo destino; o comerciante de escravos Edward Colston, de Bristol, acaba afundado no rio Avon; em La Paz, na Bolívia, a cabeça da estátua de Cristóvão Colombo é pintada de preto e tem o nariz quebrado, como se tivesse saído de uma luta de boxe pós-colonial; em Madri, outra escultura do "conquistador" é coberta primeiro de água e depois de tinta vermelha; em Barcelona, os manifestantes pedem pura e simplesmente sua derrubada; em Bruxelas, Leopoldo II da Bélgica é derrubado do cavalo; em Palma de Mallorca, a estátua de frei Junípero Serra — que com uma das mãos segura um crucifixo e com a outra o corpo quase nu de um menino indígena — amanhece com a cabeça coberta por uma bolsa de plástico azul e a palavra racista escrita sobre seu nome; no Central Park, em Nova York, antecipando a queda, a escultura de J. Marion Sim, fundador da ginecologia que utilizava escravas em seus experimentos de vivissecção, é cuidadosamente envolta em arreios e retirada por uma grua depois que 26 mil assinaturas de protesto foram entregues às autoridades municipais...

Os crentes na iconofilia nacional e republicana, tanto de direita quanto de esquerda, põem a boca no mundo. Falam de "vandalismo" e "terrorismo cultural". Clamam pela polícia para proteger as estátuas. Que a mesma polícia que espanca e mutila nas ruas os corpos dos imigrantes, de pessoas racializadas, sexualizadas, os corpos operários que protestam, venha agora para proteger os corpos de pedra e metal dos colonizadores; talvez esta seja a função última de toda polícia: proteger as estátuas do poder. Em sua primeira declaração solene, em 14 de junho de 2020, Emmanuel Macron adverte que a França "não derrubará nenhuma estátua". Parece ter esquecido a primeira lei da gravidade democrática. Todas as estátuas construídas com o sangue alheio cedo ou tarde caem. Todas as estátuas do poder são feitas para serem derrubadas. Existe uma supremacia oculta — mas determinante

Dysphoria mundi   399

— do gesto iconoclasta sobre qualquer decreto escultórico governamental. Como recorda W. G. Sebald ao analisar a relação entre arquitetura e fascismo na obra de Albert Speer, os monumentos que inscrevem o poder no espaço da cidade contêm em seu próprio estilo violento e grandiloquente a semente paradoxal de sua destruição.[141]

E quanto maiores as estátuas, melhores serão os escombros.

Mas por que tanto alvoroço por alguns quilos de pedra e metal? O que cai quando cai uma estátua? O que é uma estátua quando está situada num espaço reconhecido como público? E o que indica sua queda ou derrubada?

As estátuas que os ativistas decoloniais estão atacando não são "a memória" ou "a história"; são simplesmente a representação escultórica e monumentalizada de um corpo humano, às vezes acompanhado de corpos animais, sobretudo cavalos, e por vezes bois, cães, ursos, gansos, gatos e até elefantes ou camelos. Como corpos monumentalizados, as estátuas que nos rodeiam encarnam uma espécie de necrobiopolítica esculpida: é necessário reconhecer a força performática do ato de dar forma a um corpo (e não a outro), de representá-lo vitorioso ou vencido, armado ou desarmado, a cavalo ou a pé, vestido ou nu, num simples busto ou de corpo inteiro, e inscrevê-lo no espaço físico da cidade através de materiais como pedra ou metal, que desafiam a erosão e a mudança. "Obras de escultura lavrada para imitar o natural", com o objetivo de "celebrar e engrandecer" as "ações" de alguém, as estátuas são fantasmas do passado que retornam petrificados para infundir adoração ou respeito, reverência ou medo, exaltação ou obediência. As estátuas são, como assinalou Arianne Shahvisi, "atos de fala" esculpidos em pedra e metal,[142] ex-votos coletivos em escala superdimensionada, próteses da memória histórica que recordam as vidas "que importam",[143] que fixam no espaço os corpos que merecem ser "estatuificados".

O corpo na cidade petrossexorracial

O que as manifestações contra a violência policial racista e os ataques e derrubadas de estátuas dos últimos meses questionam é a ficção burguesa do "espaço público" como espaço neutro e igualitário. As ruas não são nossas, nunca foram. Os corpos que importam, os que foram "estatuificados", tampouco são os nossos. Nas sociedades patriarcais e de herança colonial, o espaço público não existe. Por um lado, trata-se, como bem analisou David Harvey, de um espaço altamente hierarquizado e comercializado;[144] por outro, como aponta a urbanista Itziar González Virós, a rua não é um espaço público, mas administrativo, regulado por fortes restrições urbanísticas, estatais e policiais. O que foi chamado até agora de "espaço público" é na verdade um espaço segmentado por linhas divisórias de classe, raça, sexo, sexualidade e deficiência, no qual somente o corpo branco, masculino, heterossexual, válido e nacional pode circular como sujeito político de pleno direito. Os corpos imigrantes, racializados, femininos ou afeminados, não heterossexuais, não binários, trans, os corpos com diversidade funcional, os "corpos abjetos" são submetidos constantemente a diversas formas de restrição, violência, exclusão, vigilância, guetização e morte. Estas formas de governo inscrevem-se no espaço de maneiras muito

Dysphoria mundi

diversas, através de divisões arquitetônicas, de barreiras urbanísticas, de limitações institucionais, de controles administrativos, militares, policiais ou políticos. Mas talvez a mais *soft* e estetizada (e não menos brutal) de todas estas técnicas de governo seja a fabricação de uma sinalização monumental que inscreve no espaço urbano uma narrativa cultural dominante através da reprodução escultórica de certos corpos e não de outros. "A soberania funciona como um signo", diz Michel Foucault, "uma marca oca no metal, na pedra ou na cera."[145]

O poder das estátuas deriva precisamente do fato de serem representações de corpos humanos, figuras que se parecem (ou não) conosco, com as quais podemos nos comparar (ou não), por mais estranhas que sejam em sua escala ou atitude. Qualquer um de nós poderia ser uma estátua. Mas, para tanto, é preciso que nossos corpos "importem". Cada estátua é sempre, em seu processo de produção, um híbrido político, uma ficção que oculta sua historicidade. As virgens de Caravaggio tinham a cara das prostitutas que o pintor podia pagar como modelos, assim como os corpos das estátuas modernas dos colonizadores tiveram certamente como modelo os corpos das classes trabalhadoras, sobretudo dos trabalhadores pobres e das trabalhadoras sexuais, ainda que os rostos fossem copiados dos personagens históricos que deviam representar.[146] Os corpos abjetos foram literalmente modelados, copiados mas ao mesmo tempo apagados para servir de suporte aos rostos políticos que importavam.

Por isso, todas as estátuas são mentiras, pois só representam um aspecto do corpo (o rosto) que exaltam. Mais ainda, as estátuas não encarnam o corpo físico que dizem representar, mas o corpo político normativo, os valores de virilidade, pureza racial, riqueza, poder e vitória do discurso petros-sexorracial que as encomenda e instala. Nenhuma estátua mostra Colbert batendo uma punheta e olhando um mapa da África, nem frei Junípero trepando com um indígena, nem Edward Colston sendo chupado por uma escravizada negra.

Todas as estátuas são mentiras. Todas as estátuas são feitas para serem um dia derrubadas.

Na cidade moderna patriarcal e de herança colonial, as estátuas, como corpos normativos monumentalizados, funcionam como signos compartilhados de uma estética da dominação, que geram identificação ou distanciamento, coesão ou exclusão social. As esculturas "públicas" não representam o povo, mas o constroem: designam um corpo puro, nacional, determinam um ideal de cidadania colonial e sexual. Habitamos coletivamente uma paisagem icônica altamente saturada de signos do poder que, avalizados por narrativas históricas e épicas, acabam sendo estetizados e naturalizados até que não sejamos mais capazes de perceber sua violência cognitiva. Vem daí que alguns considerem a estátua de Colombo, por exemplo, não somente bela (?!), mas também "própria" da paisagem de Barcelona. Contudo, um transeunte catalão e um imigrante não veem a estátua de Colombo da mesma maneira, uma pessoa racializada e uma branca não são interpeladas da mesma forma por uma escultura de frei Junípero, alguém a quem foi designado o gênero feminino não vê da mesma forma que alguém que foi educado como homem as numerosas estátuas femininas nuas nos parques e jardins, enquanto a maioria dos corpos varonis porta sabres e escopetas.

Em outras palavras, a exaltação pública dos valores da supremacia branca, masculina, heterossexual e binária através

Dysphoria mundi

das estátuas eclesiásticas, militares, governamentais etc. faz da cidade moderna um parque de diversões petrossexorracial, onde as estátuas funcionam como avatares que servem para construir narrativas de dominação, pertencimento e reconhecimento ou de submissão, exclusão e invisibilização. Por isso, todas as estátuas devem cair.

Modalidades de queda de uma estátua

As estátuas caem de três modos, segundo as forças que as desestabilizam: por *decrepitude*, por *retirada* (de cima) e por *derrubada* (de baixo). No primeiro caso, as estátuas tornam-se objetos sem significado: são esquecidas, erodidas pelo tempo até ficarem desfiguradas, convertem-se em pedra sem rosto, desgastam-se e não são restauradas; mesmo a placa com seu nome acaba se apagando e sobre ela cresce o musgo ou até uma trepadeira. Mais tarde, desconhecidas e anônimas, são retiradas silenciosamente para dar lugar a um edifício ou estacionamento e simplesmente abandonadas ou fundidas para fabricar parafusos.

No segundo caso, são retiradas pomposamente por cima, por uma grua e com decreto governamental, num gesto grandiloquente que marca uma mudança de regime no espaço da cidade. Os processos de dessovietização do Leste implicaram centenas de derrubadas de estátuas por cima. Muitas vezes, durante este procedimento, ocorre o que poderíamos chamar de "troca-relâmpago": os monumentos comunistas são derrubados pela manhã, como na Ucrânia em 2015, e substituídos à tarde pelos heróis do novo regime. Esse processo de retirada e troca é mais produtivo quando, em vez da simples substituição de figuras ou emblemas, é possível manter os símbolos do passado, fazendo ao mesmo tempo uma releitura crítica, como em Odessa, na Ucrânia, quando o artista Alexander Milov customizou a escultura de Lênin, transformando-a em Darth Vader, líder do lado sombrio da Força, e ainda escreveu em sua placa: "Ao pai da nação, de seus filhos e enteados agradecidos".

O terceiro tipo é o mais imprevisível, porém mais interessante politicamente. São gestos coletivos que, mediante o uso de cordas, martelos, picaretas, pás, bolsas, papéis, tintas, flores e outras técnicas manuais, transformam, desfiguram, desmontam ou desmembram algumas partes da escultura ou a derrubam ilegalmente e a partir de baixo. A Revolução Francesa, a campanha anticlerical e anarquista espanhola do início do século xx e a atual derrubada de estátuas coloniais da década de 1920 são alguns dos exemplos desta terceira e mais dramática forma de "cair".

Despetrificar a gramática urbana

Como anunciaram Gilles Deleuze e Félix Guattari:

> Estamos na idade dos objetos parciais, dos tijolos e dos restos. Já não acreditamos nesses falsos fragmentos que, como os pedaços da estátua antiga, esperam ser completados e reagrupados para compor uma unidade que é também a unidade de origem. Já não acreditamos numa totalidade original nem numa totalidade de destinação. Já não acreditamos mais no cinza de uma insossa

Dysphoria mundi

dialética evolutiva, que pretende pacificar os pedaços arredondando suas arestas.[147]

Os ataques atuais às estátuas, que se somam aos milhares de grafites e tags feministas, queer, trans e antirracistas que foram progressivamente cobrindo as cidades, são parte, para usar a linguagem de Umberto Eco, de uma "guerrilha semiológica": os discursos dominantes sobre os privilégios raciais, sexuais e de gênero são questionados por outros meios além da argumentação e da agitação. O que está sendo atacado agora são os signos materiais da gramática cultural e sua inscrição no espaço da cidade. Trata-se de romper a falsa coerência da trama semiótica da razão petrossexorracial para abrir os discursos fechados ("a unidade de origem" de que falam Deleuze e Guattari, o relato histórico nacional ou civilizatório) e devolver à praça pública, recolocar em circulação os significados que foram reificados, literalmente "petrificados", extraí-los da sacralização do poder para que possam ser repensados coletivamente. Quando cai uma estátua, abre-se um espaço possível de ressignificação na densa e saturada paisagem de signos do poder. Por isso, todas as estátuas devem cair.

Existe uma analogia tectônica entre a derrubada das estátuas que serviram até agora como emblemas culturais de uma civilização e o necessário desmonte da infraestrutura petrossexorracial da modernidade capitalista. Assim como se falou da "restituição" das obras roubadas durante a colonização a seus países de origem, começamos agora um processo, tão necessário quanto o anterior, que poderíamos chamar de "destituição" dos símbolos públicos que, na Europa, monumentalizam e comemoram a razão colonial. Se, no primeiro caso, tratava-se do deslocamento físico dos objetos roubados da Europa para as ex-colônias, no segundo trata-se de implementar, em solo europeu, práticas de ressignificação cognitiva da história. Ao contrário do que opinam os "universalistas" pró-brancos (permitam-me a escandalosa e evidente contradição: não me refiro aqui unicamente à cor da pele, mas à proteção de uma cultura dominante), o anacronismo dos que derrubam estátuas não pode ser "um pecado contra a inteligibilidade da história", porque a história é, por definição, anacrônica. As esculturas de Colbert ou de Colombo foram desde sempre anacrônicas, ou, para usar a bela expressão do artista Robert Smithson, sempre foram "ruínas invertidas", "rastros de um futuro abandonado"[148] — Colombo, por exemplo, foi instalado em Barcelona pela primeira vez em 1888 (e não em 1492) e Colbert em 1830 (e não em 1650).

Os processos de subjetivação antipatriarcal e anticolonial passam por essas práticas de "destituição" e "restituição" de signos e relatos. A pergunta não é se as estátuas devem cair ou não, mas saber se os poderes públicos e as elites culturais querem participar do "devir sujeito político" daqueles que até agora eram unicamente subalternos ou se ainda preferem nos manter como vítimas caladas, corpos dóceis, objetos silenciosos do poder, enquanto preservam a integridade de seus privilégios petrificados.

Esse processo de ressignificação material do espaço urbano gera, não vamos negar, situações momentaneamente caóticas, suscetíveis de questionar as regras do jogo. Uma revolução não é unicamente a substituição de modos de governo, mas sobretudo um colapso dos modos de representação, um

Dysphoria mundi

abalo no universo semiótico, uma reordenação de corpos e vozes, uma redistribuição de espaços e gestos. É importante que esses momentos de intervenção, de crítica e de derrubada não sejam criminalizados, mas saudados como gestos de subjetivação política daqueles que até agora haviam sido objeto das técnicas de governo patriarcais e coloniais. Pois o que caracteriza uma sociedade, não direi democrática, mas em vias de democratização, é sua capacidade de entender a releitura crítica de sua própria história como fonte de criatividade e de emancipação coletiva, e não a sua urgência em homogeneizar as vozes e deter os gestos de ressignificação dissidente por meio de argumentos de autoridade.

Por um Monumento à Necropolítica Colonial Moderna

Quando as estátuas são derrubadas, é como se uma mão coletiva entrasse no relógio da história e começasse a mover rapidamente os ponteiros. E nesse momento os ponteiros estão dançando freneticamente.

A pergunta não é se as estátuas devem ou não cair. Sinto muito pelos iconófilos nacionalistas, mas as estátuas patriarcais e coloniais caíram, estão caindo ou cairão. A questão é decidir o que fazer com os escombros de Colbert ou Colombo, de Napoleão ou Josefina, de Francis Scott Key ou Jefferson Davis.

Na maioria dos casos, as ações oficiais sobre os símbolos manchados, ressignificados, desfigurados ou derrubados resumem-se a limpá-los, restaurá-los e protegê-los do acesso público. Em Baltimore, depois de ter sido coberta de inscrições antirracistas, a escultura de Francis Scott Key foi impecavelmente limpa e protegida dos possíveis ataques de seus críticos por uma cerca.

Em outros casos, o monumento ressignificado transforma-se em objeto de uma negociação entre os assim chamados "preservacionistas" e os "retiracionistas".[149] Assim, por exemplo, a escultura de Edward Colston, que foi abatida e jogada no porto perto de Pero's Bridge, em Bristol, durante os protestos do coletivo Black Lives Matter em 7 de junho de 2020, foi cuidadosamente resgatada alguns meses depois para ser exposta num museu local, o M Shed. Agora, Colston é exposto caído sobre uma estrutura de madeira, de barriga para cima, como um ferido de uma batalha semiótica pós-colonial, exibindo seus grafites anticolonialistas vermelhos e azuis brilhantes sobre o metal como se fossem uma obra de arte. A exposição inclui uma enquete entre os visitantes perguntando sobre a pertinência de exibir a escultura de Colston no espaço público ou no museu. Evitando tomar o partido dos que apostam em manter os monumentos como único modo de preservar a história, ou dos que reivindicam a retirada desses "pedestais pejorativos"[150] como forma de evitar a violência semiótica que produzem nas vítimas do racismo sistêmico, o museu apresenta-se como um terreno neutro ou neutralizante no qual o discurso dominante e o contradiscurso se tocam e às vezes até se sobrepõem.

Esta museificação da crítica (ou do "vandalismo político", como diriam os "preservacionistas") poderia ser uma das estratégias institucionais mais interessantes não fosse pela tendência inevitável a ressituar o monumento derrubado junto com outros fragmentos da história (às vezes símbolos

Dysphoria mundi

incontestes de um relato hegemônico) num conjunto que se apresenta erroneamente como passado, morto ou inofensivamente inerte.

Seria possível imaginar outras estratégias de ressignificação, como substituir a estátua de Colombo no final das Ramblas de Barcelona pela escultura *Not Dressed for Conquering / Haute Couture 04 Transport*, de Ines Doujak — que conheço e admiro por razões pessoais evidentes —, na qual alguns pensam ver uma representação do ex-rei da Espanha Juan Carlos I numa cópula com a ativista anticolonial boliviana Domitila Barrios e o lobo do fascismo. Mas isto talvez tenha um apelo demasiado turístico e Barcelona não precisa só de decolonização, mas também de desturistização. Melhor seria despedir Colombo e não o substituir, mas deixar o espaço vazio como um convite ao debate público e à crítica mais que à comemoração. Deixar o horizonte despojado para que a rua mais universal de Barcelona se abra de verdade para o Mediterrâneo em sinal de hospitalidade e não de conquista.

Porque é preciso ter com a iconoclastia tanto cuidado quanto se tem com as dietas rápidas: retiram-se três estátuas hoje para colocar uma dúzia amanhã. Precisamos de uma iconoclastia lenta e profunda, que não seja um simples preâmbulo a uma substituição de figuras. Teríamos que desmontar todas as estátuas monumentais comemorativas da modernidade petrossexorracial, absolutamente todas, as políticas, as militares e as eclesiásticas, que são a maioria, os comerciantes de escravos, os médicos e os governantes, os solenes estupradores e os eminentes genocidas; mas também as figuras científicas, que participaram desta empresa como elaboradores das linguagens e das representações do poder, e criar com todas elas, de Colbert a Colombo, de São Martinho de Porres a frei Junípero Serra, de Leopoldo II a Edward Colston, de Jefferson Davis a J. Marion Sims — isto para consolo dos iconófilos, que se inquietam com o destino de seus ídolos —, o Monumento à Necropolítica Colonial Moderna. Para a ocasião, descobriremos também as esculturas escondidas, as dezenas de Francos e Mussolinis guardados nos museus da "memória histórica".

E que os pedestais e museus fiquem vazios. Que neles não se instale nada. É preciso dar lugar para a utopia, para os corpos vivos que chegam diariamente. É preciso menos metal e mais voz, menos pedra e mais carne.

Que todas, absolutamente todas as estátuas desmontadas sejam colocadas num mesmo lugar, no chão, de pé, cara a cara, ombro a ombro, mas a um metro e meio umas das outras, como se tivessem que guardar entre si uma distância semelhante àquela que preserva da contaminação virótica — a violência, o terror, o ódio contaminam mais que o vírus —, de tal maneira que os visitantes, as visitantes, es visitantes deste silencioso Mausoléu do Terror Histórico Moderno possam passar entre elas, tocá-las, conhecê-las, olhá-las nos olhos e talvez, algum dia, perdoá-las.

Das estátuas decapitadas, pois que já se contam às dezenas as cabeças caídas (o que não é novidade: em Fort-de-France, na Martinica, por exemplo, a estátua sem cabeça da imperatriz Josefina continua exposta desde que foi decapitada, em 1991, por ativistas que denunciavam sua participação no restabelecimento da escravatura por Napoleão, seis anos depois de abolida); destas estátuas decapitadas poderiam ser recuperados os membros faltantes, para que sejam

Dysphoria mundi

colocados junto às outras de corpo inteiro. Assim, ficaria evidente que, tal como acontece com a memória no trabalho do inconsciente, um fragmento pode ser mais poderoso que um corpo completo, uma ausência mais significativa que uma presença.

Poderíamos abrir um debate acerca de qual seria o melhor lugar para colocar este reciclado e gigantesco Monumento à Necropolítica Colonial Moderna. Poderíamos instalá-lo na Plaza Mayor de Burgos, a dois passos da Casa do Cordón, onde se diz que Colombo assinou o acordo com os reis católicos para empreender a viagem transatlântica; ou entre as Ramblas e a orla marítima de Barcelona; no porto de Liverpool ou na Place de la Concorde em Paris, ou diante da Bolsa Marítima de Bordeaux, ou nos jardins do Palácio Real de Bruxelas... Lugares não faltam, mas nenhum deles seria grande o suficiente para acolher todas as estátuas caídas e derrubadas, todos os fragmentos mutilados. É por isso que elas deveriam ser colocadas nas fronteiras atuais da Europa e dos Estados Unidos, tal como definidas por seus respectivos governos. Essa Muralha Perfurada da Infâmia substituiria as barreiras e fossos, os muros e alambrados, as polícias de fronteira e alfândegas. Todas essas estátuas, colocadas a um metro e meio de distância umas das outras, às vezes até mais, ficariam ali, indicando que o território hoje definido como Europa ou Estados Unidos é resultado de suas práticas e discursos. E ali estariam, como a última fronteira do espanto, recordando-nos de onde viemos, até o dia em que caíssem arrastadas pelo vento, empurradas pelos passantes (que já não podiam ser chamados de imigrantes), ou se desfizessem sob a força da chuva.

Entretanto, enquanto as estátuas derrubadas e realocadas derretem, que os pedestais vazios de todas as cidades sejam usados como palanques performativos que possam ser ocupados por outros corpos vivos. Não sofremos de esquecimento da história normativa, mas de um apagamento sistemático da história da opressão e da resistência. Não precisamos de mais estátuas. Não vamos pedir mais mármore ou metal para ocupar os pedestais. Vamos subir neles para falar e contar nossa história de sobrevivência e de liberação.

ORAÇÃO FÚNEBRE

Nossa Senhora do Espólio Colonial, rogai por nós.

Nossa Senhora do Patrimônio Nacional Roubado, rogai por nós.

Nossa Senhora do Saque Militar, rogai por nós.

Nossa Senhora das Antiguidades Egípcias do Museu do Louvre,
rogai por nós.

Nossa Senhora da Arte do Islã no Louvre, rogai por nós.

Nossa Senhora das Antiguidades Gregas, Etruscas e Romanas
do Museu Britânico, rogai por nós.

Nossa Senhora do Friso Roubado do Partenon, rogai por nós.

Nossa Senhora dos Arquivos das Índias, rogai por nós.

Nossa Senhora das 20 Mil Antiguidades da África, Ásia e Oceania
do Fórum Humboldt, rogai por nós.

Nossa Senhora da Coleção Colonial da Família Hohenzollern,
rogai por nós.

Nossa Senhora das Coleções de Máscaras e Esculturas Rituais do
Museu do Quai Branly, rogai por nós.

Nossa Senhora dos Restos Humanos que Nutrem os Museus de
História Natural, rogai por nós.

Nossa Senhora da Coleção Gurlitt Constituída por Obras de Arte
Espoliadas aos Judeus durante a Segunda Guerra Mundial,
rogai por nós.

Vós que saqueais, roubais e matais para mostrar o objeto do
crime como a mais bela de vossas propriedades,
tende piedade de nós.

Freedom is out of joint

DENTRO, FORA. Cheio, vazio. Seguro, tóxico. Masculino, feminino. Branco, negro. Nacional, estrangeiro. Cultura, natureza. Humano, animal. Público, privado. Orgânico, mecânico. Centro, periferia. Aqui, ali. Analógico, digital. Vivo, morto. Só três semanas depois de o vírus começar a assolar a cidade de Nova York é que as gigantes da informática, Apple e Google, deixaram seus antagonismos de lado e firmaram um acordo para implementar um aplicativo de rastreamento viral destinado aos usuários de celular. Aquilo que durante alguns meses parecia uma distopia de ficção científica acabou se impondo como "novo normal", e, em junho de 2021, a maioria dos Estados concordou em implementar um passe sanitário e, em seguida, um passaporte imunológico digital apresentado sob a forma de um simples código QR no celular. Se, como pretendem os vários governos do Norte e do Sul, o uso do aplicativo de rastreamento viral e do passaporte imunológico se globalizar, será inaugurada uma era na qual a potência técnica dos meios maciços de vigilância vai derrubar qualquer compreensão pré-covid-19 do que se entendia por direito à "vida privada" nos regimes do capitalismo petrossexorracial desde o século XIX.

Temos então dois modos de existência: a existência analógica, na qual ainda é possível aplicar as noções modernas

Dysphoria mundi

de privacidade e publicidade, e a existência digital, na qual estas oposições tradicionais deixaram de ter sentido. Os Estados que legalizarem o uso desses aplicativos entrarão numa forma de totalitarismo digital e farão isso por razões de saúde pública e de segurança nacional. A gestão da covid-19 terá propiciado assim a passagem das democracias capitalistas neoliberais (sistemas que não asseguravam nem liberdade nem igualdade, mas trabalhavam discursivamente com essas duas utopias) para formas diversas de biovigilância e controle digital nas quais as novas utopias são a segurança e a imunidade. A arquitetura digital da internet e as diversas interfaces e aplicativos, tanto governamentais quanto corporativos, substituem o papel de vigilância e normalização que era desempenhado, do século XIX até o início do século XX, pela arquitetura disciplinar física. A consequência do confinamento doméstico para os setores privilegiados da população, do trabalho obrigatório em condições de exposição ao contágio para as classes mais desfavorecidas e da digitalização do controle para todos seria a decomposição das sociedades analógicas "democráticas" hierarquizadas petrossexorracialmente e a emergência de uma nova forma de digitalocracia mundial.

Talvez essa assimetria entre o analógico e o digital e esse enfraquecimento da privacidade, um dos termos centrais do liberalismo, explique por que durante o confinamento ocorreu também um deslocamento dos usos da palavra *liberdade*.[151] Assistimos ao surgimento de uma nova forma de neoliberalismo imunitário, na qual o direito de não se submeter a restrições de mobilidade e não usar máscara ou, em outras palavras, o direito de contaminar o outro, se afirma diante das medidas de proteção dos mais vulneráveis como defesa da "liberdade individual". A prefeita de Madri, do PP, partido da direita nacional-católica, por exemplo, pretende fazer da capital do Estado espanhol a "cidade da liberdade" em plena crise sanitária, opondo-se à imposição das restrições profiláticas em vigor em outras cidades da península e na Europa. Esta noção de liberdade ganha espaço entre os partidos populistas de extrema direita, desde os Estados Unidos de Trump até o Brasil de Bolsonaro.

Em 15 de abril de 2020, apenas três semanas após o início do confinamento no estado de Michigan, o American Patriot Rally organizou uma manifestação com caminhões, carros e motos para defender o direito dos cidadãos americanos à "liberdade". Na época, o estado de Michigan já era um dos mais afetados pela pandemia, com 4 mil mortes, e o resto do país já superava 65 mil mortes e 1 milhão de contágios. Em 1º de maio de 2020, um grupo de pessoas armadas invadiu o Capitólio de Michigan para protestar contra a extensão do confinamento por mais 28 dias. A foto do grupo na porta do gabinete da governadora do estado em Lansing, difundida primeiro pelas redes sociais e publicada em seguida em todos os jornais do mundo, mostra seis corpos humanos com armas de alto calibre, escopetas e metralhadoras. Eles vestem jeans ou calças militares e coletes à prova de balas; quatro usam viseiras; um, o mais alto, de roupa quase totalmente cáqui, usa óculos escuros que lhe conferem um ar tarantinesco.

Este filme poderia se chamar *Bastardos da liberdade*. Todos os seus personagens têm o nariz e a boca cobertos. Poderíamos pensar que usam máscaras para se proteger do contágio, mas trata-se de bandanas de camuflagem para preservar

Dysphoria mundi

seu anonimato. Se eles vieram lutar contra o vírus, vão fazer isso à bala. Mas não foi para isso que eles vieram; eles vieram para protestar contra as medidas profiláticas impostas em todo o território de Michigan pela governadora democrata, Gretchen Whitmer. Não sabemos se são homens ou mulheres (ou nenhum dos dois), mas podemos afirmar que são todos brancos. Em Michigan, dizem eles, o porte de armas é legal, contanto que elas estejam visíveis. O que eles se esqueceram de dizer é que só é legal portar armas no espaço público quando se é branco. Um homem racializado armado seria imediatamente abatido pela polícia. A presença desse grupo armado num edifício público do governo, no caso o Capitólio de Michigan, não foi considerada um problema pela oposição republicana, mas uma expressão adequada da insatisfação popular gerada pelas "medidas de restrição de liberdade" impostas pela democrata Whitmer. O presidente da Câmara, o republicano Lee Chatfield, usou a expressão "desenfreada e antidemocrática" não para qualificar a entrada do grupo armado no Capitólio, mas a proposta da governadora democrata de manter o confinamento da população de Michigan preventivamente por mais quatro semanas. Meses depois, veremos que esta pequena mas hiperbólica exposição de meios numa instituição supostamente democrática prenunciava um ataque mais importante no futuro. A defesa da liberdade individual convertia-se no emblema da revolta neofascista.

O sociólogo afro-americano Orlando Patterson recorda que a noção moderna de liberdade (tanto econômica quanto político-legal) emerge nas sociedades coloniais europeias e depois americanas para distinguir os privilégios coloniais daqueles que podem possuir (e, portanto, comprar e vender) escravizados, daqueles que podem ser vendidos e comprados como escravos, mas também das mulheres e dos estrangeiros, que não gozavam do privilégio legal de possuí-los.[152] O fundamento legal e político da linguagem moderna não é a liberdade, mas as formas de escravismo que oculta. A noção moderna de liberdade é uma prerrogativa do proprietário (uma ficção soberana de "imunidade" não só colonial, mas também masculina). Somente ele, num sentido estrito, tanto econômico quanto legal, podia ser livre. As mulheres, os escravizados, os indígenas e os animais eram, nesta definição petrossexorracial da soberania, bens móveis suscetíveis de constituir propriedade privada de alguém. Herdeira desses discursos patriarcais e coloniais, a noção de liberdade utilizada nos discursos da direita (seja neoliberal, seja autoritária) é um privilégio petrossexorracial do corpo branco, masculino e heterossexual e dos cidadãos com passaporte europeu ou norte-americano. Por isso, os movimentos antagonistas — anticoloniais, feministas, operários etc. — vão se construir como críticas da liberdade (do colonialista, do *pater familias* ou do patrão burguês) entendida como privilégio e implementar processos coletivos de emancipação destinados a limitar a "liberdade" (o privilégio) do sujeito colonial, patriarcal e burguês de escravizar e possuir.

A abordagem das retóricas da liberdade da extrema direita e dos que lutam pela democracia radical baseia-se, no primeiro caso, na liberdade entendida como privilégio social e político, como um direito natural de certos corpos (certas classes sociais, certo sexo, certo gênero, certa raça, certa sexualidade, certo corpo válido), enquanto, no segundo, a liberdade é resultado de uma prática política e coletiva de

Dysphoria mundi

libertação de distintas formas de opressão. A primeira retórica corresponde à noção político-legal romana de *liberos*, aquele que nasce livre, da qual deriva a noção de povo (*Leute*, em alemão); o povo, nesta concepção, não equivale à totalidade da população, mas nomeia unicamente os privilegiados que nasceram livres. A estes opõem-se os libertos, que nasceram escravizados e aspiram a comprar ou ganhar sua liberdade. Trata-se, portanto, de duas formas radicalmente opostas de liberdade: a primeira é a do privilégio e do poder; a segunda, a da invenção de um conjunto de práticas de libertação das técnicas de sujeição que nos oprimem.

Democracy is out of joint

DENTRO, FORA. Cheio, vazio. Seguro, tóxico. Masculino, feminino. Branco, negro. Nacional, estrangeiro. Cultura, natureza. Humano, animal. Público, privado. Orgânico, mecânico. Centro, periferia. Aqui, ali. Analógico, digital. Vivo, morto. A democracia não funciona. Os parlamentos ficaram vazios (e de que estavam cheios antes?) e os políticos tornaram-se obsoletos. Sabiam, mas não fizeram nada? Não sabiam nada e tomaram decisões arbitrárias, baseadas unicamente na proteção de seus direitos de classe? No primeiro caso, seriam culpados de negligência; no segundo, de corrupção e malversação. Essa dissociação entre conhecimento e ação é o que caracteriza o crime ético no Antropoceno: a catástrofe, como a que aconteceu na explosão de Beirute, não é uma surpresa, mas a consequência de um plano político-criminal minuciosamente elaborado, de uma combinação fatal de negligência, abuso de poder e fraude.

Quase três anos depois do começo da pandemia, ainda não sabemos exatamente qual foi a gestão política em Wuhan. Quantas pessoas realmente morreram durante a fase intensa de expansão do vírus? Jing Xie, pesquisadora da Universidade de Fudan em Shanghai e corresponsável pelo centro de pesquisas EHESS-Ens, em Paris, aponta que o confinamento imposto em Wuhan, com o fechamento total de uma cidade que

Dysphoria mundi

não tinha equipamentos hospitalares suficientes para cuidar de todos os seus pacientes,

> pode ser qualificado sem exagero de sacrifício humano. Também se pode falar nesse caso de discriminação, como fazem muitos. Mas está claro que a divisão se transforma em unidade graças a um discurso de partilha e reconhecimento que absorve amplamente o conflito: aplaude-se a cidade fechada como se aplaude o mártir. Por outro lado, as más condições dos cuidadores e das profissões humildes, mas indispensáveis, que na França são denunciadas em termos de desigualdade e injustiça, podem ser concebidas e, portanto, vividas na China em termos positivos e unificadores de sacrifício.

Nos contextos autoritários, mas também nas democracias em crise, a gestão da pandemia permitiu a extensão e o aprofundamento de medidas de vigilância, controle e repressão da população, num processo que poderíamos chamar de "golpe de Estado sanitário". Na China, o estado de exceção gerado pela pandemia acelerou as condições de imposição do totalitarismo digital do partido e legitimou os "sacrifícios" exigidos por este regime de poder. Na Hungria, como assinalou Mike Davis, a covid legitimou a concessão a Viktor Orbán do poder de legislar por decreto sem limite de tempo e de silenciar a imprensa de oposição.[153] Na Polônia, a pandemia acelerou a deterioração das instituições democráticas e justificou a imposição de mudanças constitucionais de corte patriarcal e antissemita. No resto da Europa, no Brasil ou nos Estados Unidos, apesar das diferenças entre Trump, Bolsonaro e Macron, por exemplo, a gestão da pandemia legitimou a introdução de medidas autoritárias no interior do funcionamento "democrático" e a implementação de tecnologias estatais de vigilância. Poderíamos chamar de "síndrome de Boris Johnson" (uma pandemia tão disseminada entre os políticos quanto a covid) a estúpida arrogância com que os políticos neoliberais ou claramente ditatoriais condenaram suas populações ao contágio maciço ou impuseram medidas antidemocráticas de vacinação ou de rastreio de imunidade. No início, o primeiro-ministro britânico mostrou-se completamente cético em relação às medidas de prevenção à disseminação do vírus e tomou uma série de decisões arbitrárias, que incluíam o objetivo de alcançar a imunidade de grupo sem confinamento nem testagem da população, a fim de preservar a economia nacional. Só quando ele próprio caiu gravemente doente, em 27 de março de 2020, mudou de opinião e passou a aplicar uma das políticas de confinamento mais estritas da Europa. Ao mesmo tempo, organizava festas secretas em pleno confinamento. Foram necessários mais de dois anos, várias festas e muitos escândalos para que Boris Johnson fosse afastado do governo por seu próprio partido e substituído por Liz Truss, que não titubeou em afirmar, em seu primeiro discurso público, que era preciso proibir que as crianças trans frequentassem as escolas. Nunca nos representaram. Nem nos representam.

Seus corpos nunca foram os nossos. Acaso havia em seus parlamentos imigrantes, crianças, transexuais, trabalhadores sexuais, exilados, afro-europeus, pessoas com transtorno mental, junkies, avós, pessoas com deficiência, desajuizados, animais, bosques ou rios? O privilégio social, político, econômico, sexual e racial é uma forma de depredação: o corpo soberano alimenta-se da vida dos corpos feminizados, trabalhadores e

Dysphoria mundi

racializados. Agora é o vírus que reorganiza a cadeia trófica. A insuficiência respiratória é uma insuficiência política. O aquecimento climático, um aquecimento financeiro. A sétima extinção é a extinção da democracia. Wuhan está em toda parte.

Nós, os húngaros do oeste

Durante o blecaute dos movimentos sociais induzido pela gestão da pandemia, produziram-se em solo europeu algumas das mutações mais sofisticadas e brutais do neoliberalismo autoritário contemporâneo. Sob a aparência de medidas de prevenção sanitária, o confinamento é um processo de desabituação e de incubação no qual, como no estado larvar de alguns artrópodes, tem lugar uma metamorfose epistêmico-política: a transição da cultura analógica para a digital, talvez a mudança mais importante dos últimos cinco séculos, mas também, se tivermos sorte, a passagem para um paradigma pós-petrossexorracial ou, ao contrário, para a reatualização tecnificada de formas arcaicas de governo necropolítico. Polônia e Hungria são dois laboratórios europeus em escala real onde essa involução está sendo posta à prova, onde se hibridam as técnicas ancestrais de violência com as novas tecnologias de vigilância e modificação técnica da estrutura do ser vivo.

Enquanto milhares de pessoas se manifestam há meses nas ruas de Varsóvia e Cracóvia, acossadas por bandos neofascistas armados, nem o Parlamento europeu nem qualquer dos governos dos diversos países da Europa parecem considerar o que está ocorrendo a poucos quilômetros de nós como um problema ao qual se deveria dar tanta, senão mais importância que ao chamado "perigo terrorista". Por trás do silêncio e das restrições impostas pelo estado de crise sanitária, trava-se uma feroz guerra sexual e racial. O período da pandemia é o reino sonhado pelos novos ditadores democráticos: as declarações de estado de exceção política, que autorizam manobras legais rápidas e sem a necessidade de acordo parlamentar, a monopolização da comunicação com os discursos sobre prevenção e contágio, assim como as restrições de uso do espaço público, com a proscrição dos encontros e manifestações de rua, propiciam o contexto ideal para a implementação de reformas autoritárias em condições aparentemente democráticas.

Apenas alguns dias após a assinatura da Declaração do Consenso de Genebra, em 11 de novembro de 2020, o presidente da Hungria, Viktor Orbán, e sua ministra da Justiça, Judit Varga, apresentaram um projeto de emenda para inscrever na Constituição húngara a obrigatoriedade da determinação do sexo no momento do nascimento e a impossibilidade de qualquer modificação posterior. "Queremos que a Constituição reconheça também", declarou a ministra da Justiça, "que a mãe é uma mulher e que o pai é um homem." Este projeto visava, portanto, inscrever na Constituição uma lei aprovada pelo mesmo Parlamento em maio de 2020, que estabelecia que o registro civil deveria corresponder ao "sexo ao nascer, determinado pelos cromossomos", e eliminava a possibilidade de que pudesse ser eventualmente modificado, lançando na ilegalidade todos os processos de transição de gênero. Tratava-se, portanto, de um golpe político para tentar retirar a lei de maio de 2020 do âmbito legislativo e alçá-la ao âmbito constitucional, tornando-a inamovível e deixando-a fora do debate social.

Dysphoria mundi 425

O projeto de emenda à Constituição húngara é a tentativa mais clara de implementar um tríplice processo de legalização das desigualdades e das formas de violência do heteropatriarcado por via constitucional. Ele inclui: 1) o reconhecimento da diferença sexual binária como única forma de encarnação corporal capaz de obter reconhecimento civil e legal, negando o gênero como autodeterminação; 2) a naturalização da família heterossexual binária como única instituição na qual a reprodução é reconhecida como legal, embora, paradoxalmente, a necessidade de inscrever na Constituição que a mãe deve ser uma mulher e o pai um homem revele que existem outras formas de filiação e, portanto, que maternidade/feminilidade e paternidade/masculinidade não são relações biológicas, mas político-legais; 3) a criminalização das práticas trans, não binárias, queer e de reprodução homoparental e transparental. Essa emenda redefine a cidadania sexual num marco teológico-político cristão. Como acontece amiúde com as propostas tecnopatriarcais contemporâneas, o texto tem como objetivo a "proteção da infância e o direito da criança", imaginada sempre como de gênero binário e heterossexual, "a um entorno amoroso e seguro", e afirma que se trata de "proteger o desenvolvimento sadio da criança das ameaças das novas tendências ideológicas do mundo ocidental" e de "promover a educação conforme os valores fundados na identidade constitucional da Hungria e na cultura cristã".

Os projetos da Polônia, da Hungria e a Declaração do Consenso de Genebra, da qual os dois países são signatários, têm em comum o não reconhecimento do corpo com útero potencialmente reprodutivo como sujeito político e legal de pleno direito; a negação dos corpos intersexuais — aqueles aos quais não é possível atribuir o sexo feminino ou masculino na ocasião do nascimento — e não binários; e a negação da existência de formas de relação sexual, social, reprodutiva e de parentesco que vão além da família heterossexual. Todas essas reformas incluem também novas estratégias governamentais necropolíticas xenófobas, racistas, antissemitas e/ou islamofóbicas, fortes restrições à travessia de fronteiras e definições neonacionalistas do território estatal.

Como é possível que não haja reações políticas intraeuropeias significativas diante das violentas reformas legais e constitucionais que estão ocorrendo na Polônia e na Hungria? Em vez de pensar nesses países como espaços políticos periféricos, com posições minoritárias na Europa, é preciso entendê-los como laboratórios contrarrevolucionários onde é testada a possibilidade de implementar mutações neofascistas *dentro* das instituições democráticas. Em vez de afirmar de maneira absurda que Polônia e Hungria *não são Europa*, é preciso reconhecer urgentemente que a mutação europeia neopatriarcal e neorracista, que começou com as políticas de fronteira de Lesbos e de Calais, prossegue ativamente nos parlamentos desses dois países. E indica a possibilidade de um futuro terrível. Nós somos os húngaros do oeste. E os wuhanitas são, talvez, os húngaros do leste.

Golpe-macho no Império

Não sabemos nada de democracia. Conhecemos a submissão, a violência, a opressão, o rapto, o desaparecimento, a extorsão, a despossessão, o estupro, a exclusão, o controle, a

Dysphoria mundi

ocultação, a mentira, o silêncio, mas não a democracia. Talvez não possamos nem sequer sonhá-la ou imaginá-la. Só agora começamos a intuir como seria viver de outro modo, mas nossa memória comum não é uma memória da democracia, mas de sua ausência.

Minha infância está, primeiro, cheia de imagens da ditadura, da dificuldade de levar a termo uma transição democrática; depois, de instituições e rituais de partidos, reis e chefes das Forças Armadas que em nada se parecem com a democracia.

Basta uma única imagem do ataque ao Capitólio em Washington, em 6 de janeiro de 2021, para desatar uma cascata de recordações em minha mente. Os comentaristas norte-americanos evitam a expressão "tentativa de golpe de Estado" para qualificar o que está acontecendo, mas minha memória corporal infantil, que trabalha com o mais sofisticado e visceral dos algoritmos de reconhecimento de imagens, já deu seu veredicto.

Em 23 de fevereiro de 1981, um grupo de guardas civis armados, liderados pelo tenente-coronel Tejero, invadiu o Palácio de las Cortes de Madri durante a votação para a investidura do candidato da União de Centro Democrático, Leopoldo Calvo-Sotelo: os deputados e o governo foram sequestrados e ameaçados com armas. O golpe (os gritos, os disparos, o silêncio) foi transmitido ao vivo pelo rádio durante toda a noite, e somente dois dias depois, quando já havia sido desativado, é que as imagens da tentativa fracassada foram transmitidas pela Televisión Española. Eu tinha dez anos: entendi o que era um Parlamento ao ver os deputados estendidos no chão ou escondidos sob as cadeiras do hemiciclo, enquanto o corpo de Tejero, de uniforme verde-garrafa e tricórnio negro brilhante, erguia o braço com uma arma e disparava para o teto. Um golpe de Estado é um *happening* necrokitsch, uma performance política de terror: o êxito da operação de comunicação consiste em construir uma imagem pública de onipotência, um ritual midiático que teatraliza a tomada do poder sobre as instituições democráticas. Por meio da violência, o golpe desloca o ritual do voto ou da tomada da palavra parlamentar e desenha outra imagem do poder, que se condensa no corpo (eufórico, vertical, armado) dos golpistas. Um golpe de Estado não é só a tomada violenta das instituições parlamentares e dos órgãos de governo, mas também uma performance da masculinidade, um show patriarcal. Na manhã seguinte ao ataque, enquanto os deputados permaneciam sequestrados no Palácio de las Cortes, os golpistas deixaram sair as quatro deputadas (entre 336 deputados) que estavam na sala. Para os invasores, o poder (democrático ou militar) era coisa de homens: as mulheres não só podiam, mas deviam abandonar o recinto. Em seguida, durante dias, tudo o que vimos na televisão foi a imagem do rei, como uma proteção de tela ou um biombo.

E foi assim que cresci sem ter a menor ideia do que era e do que podia ser a democracia, mas sabendo o que era um ditador e um golpe de Estado, o que podia ser um parlamento aterrorizado e um soberano.

Como não sei nada de democracia, não me interessa falar do ataque ao Capitólio como um ataque à democracia estadunidense. O sistema político norte-americano, baseado no extermínio dos povos indígenas, na escravatura e no racismo, na opressão das classes trabalhadoras, das mulheres,

Dysphoria mundi

dos doentes, dos homossexuais, dos corpos não binários, dos estrangeiros, não pode de modo algum ser considerado um modelo democrático. O que me interessa é aquilo que o estilo hiperbólico de Trump, de seus seguidores e dos novos golpistas nos ensina acerca da revolução em curso e da mudança de paradigma que estamos atravessando. O que me interessa é o novo corpo fascista que os invasores puseram em cena, e sua relação com as tecnologias cibernéticas.

É possível ler o que ocorreu no Capitólio — o ataque, a cessação de poder, a cerimônia de investidura de Joe Biden — não só como um eco do passado, nos termos de uma reativação da memória da guerra civil colonial nos Estados Unidos, mas também como antecipação do futuro, um episódio numa guerra somatopolítica e digital em curso. Em primeiro lugar, trata-se de uma batalha pela construção e definição de um novo soberano numa sociedade em processo de total digitalização. O que está acontecendo não é só o retorno traumático de um fantasma histórico colonial, é também a resposta direta aos processos de emancipação transfeministas e antirracistas em curso. Trata-se, portanto, não só do retorno de uma figura da história, mas também de um novo projeto de reforma e construção do futuro tecnopetrossexorracial.

Para a escritora afro-americana Carol Anderson, o que aconteceu no Capitólio não deve ser entendido como um evento excepcional, mas como o último episódio da estratégia de "raiva branca" que atravessa toda a história da não democrática democracia dos Estados Unidos:

Desde 1865 e da aprovação da 13ª Emenda, sempre que os afro--americanos avançaram para a plena participação em nossa democracia, a reação dos brancos alimentou um retrocesso deliberado e implacável de suas conquistas. O final da Guerra Civil e a Reconstrução foram recebidos com os Códigos Negros e Jim Crow; a decisão da Suprema Corte em 1954, no caso Brown versus Junta de Educação, foi acolhida com o fechamento de escolas públicas em todo o Sul, enquanto os dólares dos contribuintes financiavam escolas particulares brancas segregadas; a Lei dos Direitos Civis de 1964 e a Lei do Direito ao Voto de 1965 desencadearam uma resposta codificada mas poderosa, a chamada Estratégia do Sul e a Guerra contra as Drogas, que privou milhões de afro-americanos do direito ao voto enquanto levava os presidentes Nixon e Reagan à Casa Branca, e depois a eleição do primeiro presidente negro dos Estados Unidos deu lugar à expressão de uma raiva branca que foi tão implacável quanto brutal.[154]

O ataque ao Capitólio é, seguindo o argumento de Carol Anderson, a resposta das tradições racistas da história colonial estadunidense ao levante pacífico liderado pelos movimentos Black Lives Matter e Black Trans Lives Matter nos últimos meses, assim como a raiva branca de Trump foi, a partir de 2017, uma resposta ao mandato de Barack Obama.

A estética (fake) do negacionismo

Esta dimensão reativa é claramente visível na semiologia visual utilizada pelos seguidores de Trump durante o ataque. A estética neofascista dos invasores negacionistas combina ruínas da história colonial, referências sobrevivencialistas,

Dysphoria mundi

ritos apocalíticos e os novos acessórios tribais do capitalismo cibernético: telefonia móvel, conexão com a internet e redes sociais aos quais são aplicadas as técnicas de *cut-up* eletrônico preconizadas por William S. Burroughs. Mas talvez o mais notável seja que o novo fascismo reproduz toda a gama de significantes e de estilos de vestuário do fascismo histórico, misturados com símbolos que respondem diretamente aos movimentos afro-americanos, feministas, indigenistas e queer sob a forma de uma grande colagem performativa, combinando diversos elementos provenientes de épocas e culturas diametralmente opostas. O ataque ao Capitólio é um caleidoscópio de gorros vermelhos e jaquetas de couro, camisas de lenhador, tatuagens nórdicas, roupas militares estilo "Tempestade no Deserto", com a inscrição *Oath Keepers* no peito, dispendiosas parcas e botas de caminhada North Face, capacetes coloridos para bicicleta e coletes paramilitares à prova de balas. Na simbologia animal, dominam as imagens de lobos e sobretudo da águia, emblema americano. Cromaticamente, prevalecem o vermelho, o azul e o branco, das bandeiras estadunidense e confederada, sobre um fundo geral de estampas de camuflagem. Os Proud Boys, com sua barba e corte de cabelo hipster, destronaram os históricos skinheads. Trata-se de uma multidão majoritariamente masculina (qualquer que seja o sexo), mas na qual não faltam figuras femininas defensoras do naturalismo de gênero e da heterossexualidade normativa. Entre as numerosas bandeiras, destaca-se uma que representa a ideologia binária heterossexual, inventada diretamente em resposta à bandeira trans: duas linhas, uma rosa e outra azul, com os signos masculino e feminino enganchados. Definitivamente, esta não é uma massa populista das classes operárias ou pauperizadas, mas um bloco estruturado de ativistas racistas, antifeministas, antiqueer e antitrans de classe média privilegiada. O jornalista Brian Michael Jenkins, da RAND Corporation, um *think tank* de análise estratégica a serviço do Exército norte-americano, não hesita em fazer referência à revolução feminista e sexual de 1969, e, ao comentar as imagens do ataque, decreta: "Isso é o Woodstock da direita raivosa".

Estamos longe das estéticas "da lei e da ordem" dos anos 1950 e dos estilos de inspiração eclesiástica e inquisicionista da Ku Klux Klan. A estética dos invasores do Capitólio do século XXI é uma fusão de signos proveniente de fontes antagônicas, que não se poderia de modo algum qualificar como "puros": de um lado, os significantes heteróclitos dos relatos vikings e nórdicos misturados com a quinquilharia do fascismo histórico do século XX, principalmente europeu, aos quais se acrescentam, e talvez esta seja a surpresa, estratégias performáticas tipicamente feministas, afro-americanas ou indígenas que, diante da opacidade habitual do corpo fascista militar ou burocrático, põem o corpo nu diretamente em cena.

O teórico inglês Dick Hebdige nos ensinou a compreender o "estilo" como a inscrição estética no corpo das tensões políticas entre grupos dominantes e grupos subalternos: certos objetos são alçados à condição de ícones e empregados como um manifesto ou uma blasfêmia, até se transformarem em signos públicos de uma identidade proscrita.[155] A dificuldade para qualificar o estilo fake-fascista especificamente trumpista (e suas emulações francesas zemmourianas ou espanholistas do Vox) ocorre porque os neossupremacistas brancos são representantes de uma subcultura proscrita

Dysphoria mundi

que é, ao mesmo tempo, dominante. Embora a política de corpo do fascismo (virilismo, exaltação do corpo nacional, propaganda do estupro, ideologia racial, desejo de exterminação dos judeus, xenofobia, islamofobia, misoginia, ódio aos homossexuais e aos trans etc.) possa parecer proscrita na cultura dominante contemporânea, as formas institucionalizadas de racismo, de antissemitismo, de islamofobia, de xenofobia, de misoginia, de transfobia e de homofobia são partilhadas de modo transversal pelos grupos neofascistas e pela cultura dominante. Não se trata, portanto, de grupos que reivindicam um pensamento minoritário, mas de coletivos que revelam os fundamentos petrossexorraciais das democracias ocidentais e que, diante da presente mudança de paradigma, lutam por sua reinscrição midiática e institucional nas novas formas de governo.

O corpo que condensa com maior força performática todos estes significantes é o de Jake Angeli, ator e líder do movimento conspiracionista QAnon. Angeli chega ao coração do Capitólio com um megafone e uma lança na qual pendurou uma bandeira dos Estados Unidos, vestindo luvas pretas e misteriosas calças de pijama marrom sem cinto, que parecem destinadas a cair a qualquer momento. Embora Angeli pretenda fazer alarde de uma estudada performance da masculinidade supremacista heterobranca, sua teatralização da ação corporal parece antes uma caricatura macho-fake das Femen, de artistas antirracistas ou de indigenistas como Guillermo Goméz Peña ou nosso querido e lamentavelmente falecido Beau Dick. Talvez um xamã-fake da extrema direita digital tenha que ser exatamente isso: o Xamã Q substituiu as flores no cabelo das Femen e as máscaras cerimoniais de Beau Dick pelos chifres e peles mais próximos dos coletivos pró-caça. Como as Femen, Angeli expõe o torso nu: os slogans feministas foram substituídos por tatuagens de símbolos oriundos do paganismo pop nórdico pré-cristão e das tradições do fascismo europeu: uma *yggdrasil*, árvore da vida nas tradições nórdicas, um martelo de Thor e um *valknut*, um monte de triângulos enredados, símbolo do pai de Thor, outro deus nórdico. São símbolos de poder destruidor, mas também de fecundidade viril nas tradições indo-europeias pagãs. O único signo "autenticamente" estadunidense é a pintura nacional-tribal da bandeira no rosto. A pele (branca, masculina, tatuada, pintada) é a mensagem.

Talvez por causa dessas referências contraditórias, as contas das redes sociais pró-Trump, como a da porta-voz Sarah Palin, a do advogado Lin Wood (agora vetado no Twitter por incitação à violência) ou a de Mat Gaez, representante da extrema direita da Flórida, apressaram-se a dizer que Jake Angeli era a prova de que a "manifestação" (era assim que chamavam o golpe) do Capitólio havia sido infiltrada por ativistas antifascistas. Declarações contra as quais Angeli reagiu imediatamente: "Sou um soldado digital e do QAnon. Meu nome é Jake, já marchei com a polícia e lutei contra o Black Lives Matter e a Antifa em Phoenix".

A performance de Angeli, sem dúvida a imagem mais fotografada e difundida do ataque ao Capitólio, revelou as políticas do corpo dos neofascismos petrossexorraciais. Os supremacistas brancos invejam o feminismo e as tradições negras e indígenas americanas. Antes, quando falávamos de feminismo, dizíamos "o privado é político". Agora é necessário entender que esse slogan feminista também é crucial para

Dysphoria mundi

os movimentos antitransicionistas: o corpo branco masculino heterossexual também é "violentamente" político e vai lutar para manter seus status de soberania.

Num contexto semioticamente saturado, as máscaras acentuaram a teatralidade dos últimos acontecimentos, funcionando como uma espécie de acessório de identificação que permite reconhecer os bandos enfrentados. O desmascaramento dos invasores trumpistas não é só uma tomada de posição em relação às normas em vigor de prevenção ao contágio viral, mas denota uma política do corpo e do gênero, uma concepção da comunidade e da imunidade, e, em última instância, funciona como uma afirmação de autonomia e virilidade, qualquer que seja o gênero do desmascarado. As armas de fogo e não as máscaras são as técnicas de proteção da imunidade no neofascismo: é preciso proteger-se do outro feminino, homossexual, trans, judeu, muçulmano ou não branco (aquele corpo estrangeiro que é visto como uma ameaça à pureza da comunidade heterobranca), não do vírus.

A rejeição da máscara pela quase totalidade dos seguidores de Trump e dos que invadiram o Capitólio é mais uma mostra da relação entre corpo e soberania nas políticas petrossexorraciais. "A máscara representa a submissão", disse um seguidor de Trump à jornalista Brie Anna Frank alguns meses atrás. "Usar a máscara significa colocar uma mordaça, mostrar fraqueza, sobretudo para os homens." A soberania do corpo heterobranco define-se pelo uso sem restrições da boca, da mão, do pênis e das próteses da masculinidade: as armas de fogo e as tecnologias cibernéticas. Os neopatriarcalistas e neocolonialistas não podem cobrir sua pele branca e não podem, tampouco, negociar nem chegar a acordos consensuais acerca da emissão e circulação de seus fluxos corporais (saliva, sêmen) e subjetivos (a palavra). Aqui, mais uma vez, a pele é a mensagem.

Assim como nem Trump nem seus seguidores podem aceitar a derrota nas eleições, tampouco os neofascistas fake podem aceitar um não como resposta a um avanço sexual, ou usar camisinha ou máscara, visto que qualquer uma destas restrições suporia uma redução de sua soberania branca e masculina e uma queda no que para eles é a lama da feminilidade, da infância, da homossexualidade, dos povos semitas e das "raças" inferiores.

Judith Butler analisou esta incapacidade de Trump e de seus seguidores de aceitar a cessão do poder a Biden como um sintoma da rejeição masculinista a fazer o luto, não simplesmente da derrota nas eleições de 2021, mas, de um modo mais geral, do fim da supremacia branca nos Estados Unidos.[156] Em *Männerphantasien*, o historiador Klaus Theweleit explicou que foram os perdedores das guerras nacionalistas alemãs do início do século xx, incapazes de fazer o luto da derrota, que formaram o núcleo das forças não somente militares, mas civis, que levaram Hitler ao poder e integraram depois as cúpulas da ss e da sa, pondo em marcha o extermínio industrial de judeus, ciganos, homossexuais, pessoas com transtorno mental, pessoas com deficiência e comunistas. Essa mesma incapacidade de aceitar a derrota (ao mesmo tempo epistêmica e política, colonial e patriarcal) pode ser o germe do futuro fascismo americano.[157]

Dysphoria mundi

O golpe digital

Se existe algo que caracteriza as estéticas adotadas nos últimos anos pelas direitas neonacionalistas (talvez para estar à altura do desafio epistêmico) é a hipérbole. Não basta defender algo, é preciso amplificá-lo, exagerá-lo e dotá-lo de qualidades extraordinárias a fim de suscitar a adesão do receptor. De um ponto de vista filosófico, a vantagem desse estilo corporal e discursivo hiperbólico que caracterizou as intervenções de Trump e seus seguidores é que ele evidencia a mutação das tecnologias de governo de um regime disciplinar petrossexorracial capitalista para novas formas de controle cibernético e farmacopornográfico, inclusive quando se trata de dar um golpe de Estado (ou de detê-lo).

Em termos do uso performático do corpo no espaço público e de sua difusão através das tecnologias da informação, o ataque ao Capitólio foi um *happening* tecnopatriarcal-colonial concebido para produzir imagens postáveis nas redes sociais. Diante dos golpes de Estado tradicionais, realizados diretamente pelos aparatos repressivos do Estado ou outras instâncias de governo (polícia, Forças Armadas, parte do Executivo etc.) e retransmitidos por órgãos de comunicação relativamente centralizados (rádio ou televisão), o ataque ao Capitólio foi a primeira tentativa de golpe de Estado da geração internet. Por um lado, quem deu o golpe não foram os generais das Forças Armadas, mas "soldados digitais" (como se define o próprio Angeli): youtubers e influencers com milhões de seguidores. Por outro, o objetivo não era tanto a tomada do governo, mas a fabricação de uma imagem, de um meme, de um vídeo para o TikTok sobre uma proeza fracassada filmada na vertical (invadir o Capitólio entendido como lançar no ar a massa de uma pizza e ver como se espatifa no chão) que pudesse ser digitalmente partilhado sem passar pelas restrições dos meios de comunicação dominantes. O golpe poderia ter sido uma série de vídeos de ações incríveis de um grupo de usuários da internet no cenário monumental do Capitólio, que vão se reproduzindo em espiral, como se fossem vídeos de gatos fazendo ginástica ativados por um algoritmo.

Esta dimensão selfie do golpe de Estado explica por que os invasores do Capitólio não dão um passo sequer sem se filmar com o celular. Tudo é teatralmente rústico, mas ao mesmo tempo visual e semioticamente efetivo. Do lado de fora, os invasores instalam um precário patíbulo de madeira com uma corda de enforcamento como um cenário "photo op" para fazer fotos com o Capitólio ao fundo. Uma vez dentro do edifício do Congresso, o ativista de extrema direita pró-armas Richard Barnett senta-se no escritório de Nancy Pelosi e faz uma selfie com as pernas cruzadas em cima da mesa. Diante da consciência performática de alguns dos participantes, chama atenção a inexperiência de outros: alguns passeiam pelos corredores e salas do Capitólio filmando-se com a divertida expressão de quem aproveita uma visita furtiva ao interior do Congresso para bombar os likes de seu Instagram, esquecidos, talvez, de que estão filmando e divulgando aquelas que mais tarde seriam as provas e evidências de seus futuros julgamentos. Outros, vestidos com gorros azuis e vermelhos de ar infantil, fotografam-se carregando púlpitos parlamentares de cinquenta quilos como suvenir do golpe, como se o Parlamento fosse a Disneylândia e eles tivessem ganho um gigantesco boneco democrático. Enquanto

Dysphoria mundi

isso, Tim Gionet, ativista neonazi, garante a transmissão ao vivo do Capitólio durante 27 minutos. Se todo o mandato de Trump consistiu na produção de *fake news*, o golpe que marcou seu final foi também um *fake coup*, isto é, um golpe de teatro fabricado única e exclusivamente para ser divulgado nas redes sociais e na internet — sem prejuízo da eficácia política ou das repercussões posteriores.

Intuitment

A mudança de paradigma em curso manifesta-se não apenas pelo choque entre o regime de verdade petrossexorracial e os novos saberes desautorizados, feministas, antirracistas, queer, trans, não binários e ecologistas, mas também pela mudança dos procedimentos sociais através dos quais a verdade é fabricada e divulgada. A ruptura epistêmica caracteriza-se pela afirmação do mercado, da internet, das redes sociais (ou seja, tanto um usuário qualquer de internet quanto as corporações mais sofisticadas do capitalismo cibernético contemporâneo) e da inteligência artificial como os novos aparatos de verificação do regime de verdade em que estamos entrando: aqueles que estabelecem, hoje, a diferença entre o verdadeiro e o falso. E fazem isso da maneira ao mesmo tempo mais rizomática e horizontal, mais espontânea e caótica, no marco cibernético mais hierárquico, vigiado e controlado que existe, determinado pelos algoritmos que regem os aplicativos nas plataformas móveis (Facebook, Twitter, Instagram, TikTok, mas também Telegram, Parler, MeWe etc.), e tudo isso em benefício do grande capital.

Talvez o melhor exemplo do protagonismo desses dispositivos digitais na transição entre diferentes regimes de verdade seja a utilização das redes sociais durante o mandato de Trump, assim como na organização e transmissão do ataque ao Capitólio durante o período de resistência à cessação do poder e quando da investidura de Biden.

O Twitter não é simplesmente um meio de comunicação, mas um aparato de verificação capaz de "fabricar a verdade" e uma poderosa tecnologia de governo. Por isso, o autêntico impeachment de Trump foi seu *"intuitment"*:[158] a redução da *potestas* do presidente através do cancelamento do acesso às contas de Facebook, Twitter e Google em 8 de janeiro de 2021. Num regime de verdade no qual as redes sociais erigiram-se em técnicas de fabricação de saber, a destituição só pode ser digital. Assim como se fala de forças paramilitares para designar as milícias que se arrogam o uso da violência, poderíamos falar de "forças paragovernamentais digitais" para designar o controle e a restrição da *potestas* efetuada pelas redes sociais. Assim que a conta de Trump no Twitter foi bloqueada, sua *potestas* ficou completamente limitada. A presidente do "antigo" Parlamento dos Estados Unidos, Nancy Pelosi, advertiu que, se o impeachment não fosse possível, seria necessário impedir Trump não só de usar o Twitter, mas de ter acesso ao botão nuclear. Assim, ficaram patentes as duas técnicas fundamentais de governo (e as duas formas de *potestas*) do presidente norte-americano: a digital e a militar, a cibernética e a necropolítica. Em 2022, quando Elon Musk começou a falar na compra do Twitter, a primeira coisa que evocou foi o direito de devolver a Trump o uso de sua conta.

Dysphoria mundi

A revolução (e a contrarrevolução) em curso, quer se trate da difusão de imagens de violência policial e de declarações do Me Too, Me Too Gay ou Me Too Incest, quer se trate de teorias conspiracionistas ou do ataque ao Capitólio, confronta duas tecnologias de governo: de um lado a câmera de vídeo do celular, do outro a polícia nacional; de um lado Facebook e Instagram, do outro o Parlamento e os procedimentos "democráticos" de voto, representação e contagem proporcional; de um lado o Twitter, do outro os tribunais. De um lado a internet, do outro as instituições disciplinares tradicionais. Não é que uma seja mais verdadeira que a outra: são duas tecnologias sociais e políticas complexas com suas formas específicas de enunciação, subjetivação e verificação. No momento, são tecnologias antagônicas, mas seria possível afirmar, sem cair na ficção científica, que, no futuro, as duas serão chamadas a hibridar-se até produzirem um parlamento digital. Em breve, um Estado-nação será uma rede social; e um Parlamento, um aplicativo partilhado por um conjunto de "usuários" considerados (ou não) "cidadãos" e "soldados digitais". É no seio dessa transição que se joga a revolução transfeminista, antirracista e ecológica contemporânea, mas também o projeto de reforma petrossexorracial.

Ária pós-democrática (notas sobre a cerimônia de investidura do presidente norte-americano, 20 de janeiro de 2021)

Cinquenta e nove vezes
Alterada
Pelas restrições imputadas à covid e pelas medidas de
Segurança que se impuseram depois do Golpe

A inauguração presidencial
Dos Estados
U
N
I
D
O
S
Foi uma das mais chatas
(E aterrorizantes)
(E climaticamente frias)
Óperas políticas dos últimos anos
Talvez a última cerimônia de
Posse
Pós-democrática do século viral.

O ataque não é riso
O riso não é pranto
O Twitter é bom
Mas nem tanto

Nostálgico exotismo
(Digital)
Expiação puritana
(Fake)
Abnegação comunicativa
(NFT)
Condensação do metafísico e do militar
Tardia manifestação não de poder,
Mas de pós-

Dysphoria mundi

Poder
E de otimismo
Tentativa de imunização youtubeana
Depois da insurreição
Cibermitológica do Capitólio

É uma terça-feira de janeiro do segundo ano do vírus

Não há desfile pela avenida da Constituição porque
A avenida e a Constituição estão tomadas pelo Exército

Não há baile de posse
O centro de convenções
Foi transformado em hospital de campanha

O Serviço Nacional de Parques dos Estados Unidos negou cinco
demandas de autorização baseadas na Primeira Emenda para
contramanifestações durante a posse presidencial, apresentadas
pela coalizão anti-Imperialista Answer (*Act Now to Stop War and
End Racism* — Aja agora para parar a guerra e acabar com o
racismo) e por dois grupos pró-Trump

Meia dúzia de bandeiras norte-americanas
Mascaram
A fachada do edifício de
Benjamin Henry Latrobe
Uma torta de creme em grande escala
Um palácio de porcelana
Com figurinhas feitas de três quartos de miolo de pão
E um quarto de cocaína

A última cerimônia democrática tem algo de
De olhos bem fechados
Como se tivesse sido encenada por
Kubrick numa versão
(Infelizmente)
Menos
Pornô

O ataque não é riso
O riso não é pranto
O Facebook é bom
Mas nem tanto

O rigor na partilha dos papéis de gênero
O bi-
narismo bi-
color estilo
O conto da aia
Alternância de sobretudos negros para os corpos de gênero
[masculino
E vestidos coloridos para os femininos

Desde 1801
Uma horrível marcha de banda militar se sobrepõe ao vento

As câmeras fazem um esforço para enfocar o palanque
De onde vão discursar os participantes
Mascarados
Primeiro plano obrigatório
Porque se o plano se amplia

Dysphoria mundi

Torna visível o
Obsceno

A ausência total de público
A esplanada do National Mall
Fechada
As grades
Máscaras de metal
E 25 mil militares

Entre o Capitólio e o Monolito
Plantaram
Ecologia nacionalista
Duzentas mil bandeiras dos Estados Unidos
Máscaras sem rosto
Que ondulam
Anônima e mecanicamente
Representando os que
Nem podem
Nem querem
Nem têm direito
De vir

O campo recorda as esplanadas de
Cruzes
Sem nome
Dos cemitérios militares
Ou uma instalação
Branca, vermelha e azul do artista conceitual Daniel Buren

A máscara generizada
Preta ou azul para os homens
Combinando com a cor da roupa para as mulheres
É moda
Os militares usam máscaras de camuflagem
Véu de guerra
Que cobre quase completamente a cabeça
George Bush usa máscara azul-marinho com uma bandeirinha
[do extermínio
Bill Clinton destoa
Como sempre
Com uma máscara negra com estrelas
Há também os que usam várias máscaras
Estrambótico suplemento de imunidade
Numa celebração onde a maioria das cadeiras está vazia
E onde o maior risco é morrer de vergonha, de hipocrisia
E de frio

Para os participantes
Irmãos fratricidas
As cadeiras são escassas e precárias
Os cidadãos já não estão, e os que estão
Sobre o gramado
Estão separados
Por faixas negras como quem faz fila para pegar um voo

A nação americana
Fascinação antes do naufrágio
Senta-se sozinha em todas as cadeiras
Vazias

Dysphoria mundi

Os participantes civis da cerimônia não estão
Ou estão
(Mortos)

Todas as variedades de fascismo ondulam como as bandeirinhas

E há um cemitério de razões históricas
Para se borrar de medo

Nesse dia
O Capitólio tem algo de
Peplum neoliberal em tempo de
Covid
Decorado
Desinfetado
Com gel de Antifa
A democracia já é só um gênero cinematográfico de aventuras
[históricas
Cenário militarizado do *The Voice*
Instituições de tradição oral
Saber artesanal do mal
O político se confunde com o cantor
Playback requentado
Três quartos de álcool
E um quarto de petróleo
Sem figurantes
Sem reconhecimento e sem ovações
Mas a indústria da guerra não falta ao encontro

Recordemos que este mesmo edifício foi um dos
Alvos

Dos atentados de 11 de Setembro
O voo 93 da United Airlines
Graças à revolta de seus infelizes passageiros
Estatelou-se
No último instante por obra da CIA
Num campo da Pensilvânia

O Capitólio
É maldito
Mas menos maldito que o resto do mundo

O ataque não é riso
O riso não é pranto
O Instagram é bom
Mas nem tanto

A produção da cerimônia tem um problema de localização

O cenário é o mesmo da superprodução *Ataque ao Capitólio* de
[apenas alguns dias atrás

Na retina do espectador, produziu-se uma conexão pavloviana entre a arquitetura neoclássica do Capitólio e o golpe. E agora, como filmar uma tomada de poder presidencial nesse mesmo cenário? Impossível não pensar nas centenas de pessoas pulando as cercas, as mesmas cercas agora protegidas por brigadas militares. Impossível não pensar na polícia dando marcha a ré e não ver os seguidores de Trump caminhando pelos mesmos corredores onde agora caminham, cercados por agentes de segurança, Biden e Harris e seus respectivos pares heterossexuais

Dysphoria mundi

O mesmo carpete azul e vermelho
(Tudo isso poderia ser a apresentação da coleção de inverno
[da Balenciaga)
As mesmas cortinas azuis

Os mesmos pisos perigosamente lustrosos sobre os quais
[a simpatizante de
Trump Ashli Babbit
Última dança
Morreu alvejada pela polícia

Os participantes da cerimônia de posse também se
Lembram dessas imagens
É possível ver seu medo
No sigilo de seus passos
No silêncio e no cuidado com que avançam sem jamais sair da fila

O edifício recorda tudo
O céu de um cinza verdoso cor de dólar
O vento soprando eternamente sobre a grama
Inclinando as árvores até fazê-las cair
O medo fantasmagórico dos corredores
O instinto de morte
Os quadros coloniais como testemunhas
Cujo dever é esquecer

Essa torta de creme
Esse palácio de porcelana
Nunca voltaremos a ver do mesmo modo esse lugar que
A senadora Amy Klobuchar insiste em chamar de

Templo da
De
Mo
Cra
Ci
A

O narrador da cerimônia é uma
Voz masculina
Tecnopatriarcal
Criada por inteligência artificial que lê
Vibrando nos graves
Os nomes e cargos do novo
Presidente e de seu governo

Como seria a mesma cerimônia narrada pela voz de uma
[anciã
(ainda que fosse criada por inteligência artificial)
Ou pela voz de uma mulher trans
(ainda que fosse criada por inteligência artificial)?

Nunca uma posse deu tanto medo

Nem mesmo a de Trump
O conteúdo ausente é mais perigoso que o presente exaltado

É a primeira vez desde 1877 que o atual presidente não se
[apresenta para transmitir o cargo a seu sucessor

Dysphoria mundi

Uma horrível marcha de banda militar sobrepõe-se ao vento

Joe Biden
Invisível empresário aposentado que toma as rédeas de uma
Fábrica de morte
Falida
Colecionador de porcelana de Estado
(O que é mais arriscado hoje,
Uma presidência do governo
Ou um lar de idosos?)
Manca levemente agarrado à mão de uma mulher loura
                                          [vestida de
Verde-turquesa pálido

O frio invernal de Washington transforma o ar num finíssimo
                                          [chuvisco de neve
A geada é ainda mais palpável porque os raros participantes
Exalam vapor silenciosamente e
Como pinguins pandêmicos proibidos de se aproximar
Espantalhos paralisados aos quais a máscara confere um
                                          [estatuto de
Cidadania sanitária

A democracia
Uma pele ruim
É uma casa de leilões
Sem compradores
Uma câmara do tesouro
Saqueada

Dobram os tambores e soam as trombetas
Às vezes, se o telespectador fechar os olhos, pode pensar que
    [está ouvindo a transmissão da cerimônia da inauguração de
        [uma igreja de um povoado perdido em Nebraska

Todos que falam mencionam Deus
Como o vírus
Deus não ocupa lugar
Não se vê
Nem se ouve
A não ser que Deus seja o exército
Falam das gerações de americanos que deram a vida pela pátria
O mito principal
Repete-se a palhaçada religioso-patriarcal

Em seguida falam de "resiliência"
A palavra da moda para dizer:
Aguente o que lhe coube viver
Cometa sua dose de opressão sem querer mudar o sistema
Não pense na revolução
Feche a boca diante da injustiça
Faça da miséria coletiva uma riqueza pessoal
Se puder transforme sua condição subalterna numa startup

Dizem que Joe Biden vai restaurar "a alma da América"
Talvez seja por isso que a cerimônia dá medo

O que Joe Biden encontraria se pudesse ver a alma da América?
Uma pele humana negra arrancada e bem guardadinha dobrada
                    [dentro de uma Bíblia?

Dysphoria mundi

Michelle Obama usa um cinturão da Mulher Maravilha
Seus cílios são tão longos que se apoiam em sua máscara
Assim como o nariz de Bill Pinóquio Clinton ultrapassa
[levemente a dele

O teatro democrático é uma farmácia
Um homem branco da limpeza
Um faxineiro
Desinfeta o estrado entre dois oradores
E pelo menos uma vez quem limpa não é
Uma mulher
Nem uma latina
Nem uma negra
Porque as mulheres
As latinas
As negras
Desta vez estão na cota do governo

Tem até um jesuíta católico
Um amigo de Biden
Que veio fazer uma
Oração
E é inevitável pensar que vem entoar um mea-culpa pela cumpli-
[cidade da Igreja com os abusos sexuais de centenas de milhões
[de crianças, pela cumplicidade da Igreja com o genocídio que
[permitiu a fundação da nação americana, pela cumplicidade
[da Igreja

Mas não

O cura cristão
Vem para falar de amor
Diz que o amor é patriotismo americano

Dá asco esse tipo de amor

Até Joe Biden, que também foi criança um dia, parece assustado

Repito
Porque nem eu mesmo consigo acreditar
Ao redor do Capitólio
Mostrando o que realmente contém e constrói uma nação
Há centenas de milhares de militares vestidos e armados para
[uma guerra nuclear

O exército transforma-se no marco da democracia
No único POVO
PAN-DEMOS

A imagem é tão frontal que é difícil não pensar que o
Capitólio é um cenário
bi-
dimensional atrás do qual não há nada
Absolutamente nada
Deserto
Caos
Golpes
O Golpe

O ataque não é riso
O riso não é pranto

Dysphoria mundi

O Metaverso é bom
Mas nem tanto

E como não há povo há divas
Alternância do crime com a coluna social

Duas florezinhas vermelhas prendem a trança de Lady Gaga

Ela chega caminhando de braços com um *marine*
Afundada numa desproporcionalmente longa e bojuda saia
[vermelha
Será que Lady Gaga esqueceu que o vermelho é a cor dos
[trumpistas?
Daltonismo político ou arrogância simbólica
Talvez sua suprema pop-tência esteja convencida de que
O vermelho era seu
Antes de ser de Trump
Jaqueta azul-marinho
Luvas negras
O vestido é tão convencional que quase nos sentimos inclinados
[a entendê-lo como uma
Mensagem subliminar

(De rejeição)
(De aceitação)
(De indiferença)
(De depressão)
(De confusão)
(De *drag* do inimigo)

Uma trança loura como

O ouro da reserva americana

Amarrada na cabeça da Lady Gaga por uma fita negra

para que ela mesma possa carregar seu crânio como uma

[bolsinha de mão

Suas tranças, como pênis retorcidos, me lembram as da artista

[turinense Carol Rama

Ao resto da humanidade devem lembrar antes as

Femen ou

Erro de casting

Ivanka num inesperado Cameo

Isso poderia ser um casamento

Lady Gaga engravidada à força pelo *marine*

Cantando uma nostálgica ode à sua vida de moça livre

Talvez por isso ostente um broche de pomba da paz dourado

Enganchado no peito

Que não consegue voar

Isso não pode ser chamado de broche

A pombinha é do tamanho de um pavão real

Todos os hinos nacionais são fúnebres

Mas este na voz de Gaga adquire uma tonalidade

[sadomasoquista

Enquanto Gaga canta

A câmera focaliza as luvas de neve

Puídas

De lã

De Bernie Sanders

Dysphoria mundi

Casaco velho de lona
Máscara descartável

As luvas são matéria para mito digital
E pouco importa quão dourados sejam o microfone
E a pomba de Lady Gaga
Singularidade dos artefatos
Requisito prévio de um luxo
Oitentista
Que destoa em meio ao apocalipse fascista e viral

A canção termina
Os aplausos soam no vácuo, abafados pelas luvas negras do
[governo
Mas são as luvas de neve de Bernie, transformadas em meme,
[que condensam todo o silêncio da cerimônia

Naomi Klein: "Uma lástima para os diretores de arte, estilistas
e diretores de cena. Muito esforço, estilo, estratégia e dinheiro
investidos no planejamento da semiótica da tomada de posse de
Joe Biden [...] num mar de máscaras primorosamente combina-
das, as velhas luvas de lã de Bernie Sanders eclipsaram todo o
resto, transformando-se instantaneamente na mensagem visual
mais discutida, curtida e inesperada da histórica ocasião".

E conclui: *"Qual é o significado, a mitonologia de tudo isso?"*.[159]

No mesmo dia alguém posta no Instagram uma fotomontagem
[em que meu corpo repousa sobre os joelhos de Bernie Sanders
[com suas luvas

Assim, através das luvas, o povo entra na cerimônia vazia

Volta o faxineiro para higienizar o microfone e o palanque
Porque todas as mãos dos que falam
São culpadas
De contaminar a democracia

Antes era preciso proteger o papa com o papamóvel
Agora a totalidade do Capitólio está protegida por uma fronteira
[envidraçada à prova de balas

O Capitólio está em quarentena

Os juramentos convertem-se numa mostra retórica das políticas
[de
Integração e
Normalização das minorias nos Estados Unidos
Entre todas as mulheres
Sonia Sotomayor
Kamala Harris
São tidas como as primeiras
E repetem que não serão as últimas

Todos os políticos chegam sempre em casais heterossexuais
Todas as cantoras chegam sempre acompanhadas por *marines*
Este será o governo da superação da barreira racial
Mas não da barreira sexual e de gênero

J. Lo chega com seu marine toda vestida de branco
Outro casamento

Dysphoria mundi

E arranca com uma baladinha nacionalista
"This land is your land. This land is my land. This land was made
[for you and me"
Só que não, essa terra não era sua, nem foi feita para você e
[para mim.
E respirando uma bocada extra de ar ela ataca rapidamente em
[espanhol
"Una nación bajo Dios, indivisible, con libertad y justicia para todos"

Todas as baladas são mentira
Para todos não, J. Lo
Para todos não

Todo o ato cênico foi ofuscado pelas luvas de Bernie Sanders
Até a chegada de Kamala Harris
Definitivamente a protagonista da tarde

Juro solenemente que apoiarei e defenderei a Constituição dos
Estados Unidos contra todos seus inimigos, estrangeiros e nacionais; que manterei verdadeira fé e lealdade à mesma; que
assumo esta obrigação livremente, sem nenhuma reserva mental ou propósito de evasão, e que cumprirei bem e fielmente os
deveres do cargo que estou assumindo. Que Deus me ajude.

Os melhores planos são os que mostram as tropas vestidas para
[a guerra como único público de seu discurso
Que Deus lhe ajude

A banda do Exército dos Estados Unidos
Débil memória da humanidade

Toca quatro babados e floreios
E 21 tiros de canhão saúdam Biden

O faxineiro retorna para higienizar o palanque

Rufam os tambores e soam as trombetas
Se o telespectador fechar os olhos, pode pensar, às vezes, que
    [está ouvindo a transmissão da festa máxima de Alcalá de la
                                        [Vega, em Cuenca

O colecionador de porcelana de Estado
Aproxima-se do palanque

46º
Presidente dos Estados
U-N-I-D-O-S
Joe Robinette Biden Junior

Os bancos continuam vazios
As metralhadoras carregadas
Como os gatos, as luvas de neve fazem furor na internet

Enquanto as brigadas do Exército americano antes destacadas
                                [para objetivos militares
Mais ou menos
Distantes
Agora estão ali
Mais perto do que jamais estiveram
Bringing war home
Trazendo a guerra para casa

Dysphoria mundi

Isso me lembra um cozido tradicional de Burgos

A *olla podrida*

Da qual Cervantes

Dizia

Pela boca de Sancho

Que quanto mais podres melhor cheiram

Às vezes, se o telespectador fechar os ouvidos, pode pensar que
  [está ouvindo a transmissão do enterro de um presidente do
                            [governo de um país em guerra

Duas dezenas de militares

Não seres humanos

Mas almas vestidas de Império

A cabeça baixa

As viseiras apontando o chão

Uniformes da operação Tempestade no Deserto

Talvez sem corpo

Rezam

Ou se envergonham

Botas de camuflagem manchadas de marcas do mundo

Coletes à prova de balas feitos com as unhas das crianças
                                              [imigrantes

O ataque não é riso

O riso não é pranto

O TikTok é bom

Mas nem tanto

É a voz robótica tecnopatriarcal que pede aos participantes que
[se sentem ou se levantem, o que eles fazem da maneira mais
[ordenada e dócil que se possa imaginar

O futuro presidente
Fóssil para um futuro imediato
Diz

Dia de história e esperança

Dia de democracia

Como quem fala de uma utopia da qual nunca viu nem sombra
[ele diz

Celebramos o triunfo da democracia

O juramento presidencial em si mesmo adquire o tom de uma
[vitória

Mas o que ganharam exatamente?

Todos se felicitam como se achassem que não iam conseguir
[chegar ali
Puta que pariu, como aguentamos bem o golpe
Quase fodemos com tudo
Debaixo das máscaras todos sopram e bufam
(Meio respiram)
(Meio sufocam)
(Meio aliviados)

Dysphoria mundi

(Meio preocupados)
(Meio deprimidos)
E pela primeira vez ouvimos um presidente americano dizer
[que a democracia é

FRÁGIL

Ele diz que num ano a covid levou tantas vidas quanto a
[Segunda Guerra Mundial
E compara o vírus com o maior festival necropolítico da história
[da humanidade
Como se nossa própria violência fosse uma gripe fodida contra
[a qual nada podemos fazer

Ele nomeia os males que nos assombram
Political extremism
White supremacy
Domestic terrorism
Extremismo político
Supremacismo branco
Terrorismo doméstico

Só coisinhas que ele deve conhecer bastante

Ele insiste que é preciso fazer da América o líder mundial que
[foi no passado

Não diz
Make America Great
Exatamente desse modo

Mas de outro modo diz
Make America Great Again

Como num confessionário
Secreto
No qual todo o planeta o escuta
Faz a lista de suas cagadas
Ou de suas glórias
Epifania do óbvio
Guerra Civil americana
Segunda Guerra Mundial
11 de Setembro
Ataque ao Capitólio

Diz que não fracassarão
Que América nunca fracassa
Que América nunca fracassou

Os mortos foram substituídos por figurantes
A América nunca fracassa

O cara tem a palavra fácil
Até um tiquinho de logorreia
Fala sem ler
Desenrola sobre qualquer coisa
Cita Santo Agostinho
Impossível ir mais longe nas referências
Seu discurso transforma-se numa defesa da lógica aristotélica
Segundo este vidente a verdade e a mentira não são o mesmo
Assim como existem luvas e luvas

Dysphoria mundi

Enquanto a câmera focaliza Bill Clinton que

Saindo

Como sempre

Do roteiro estabelecido

Dorme

Como se estivesse acordado

Pondo em dúvida a hipótese agostiniana

Deixando a cabeça cair levemente para a frente

Por um momento sua máscara negra com estrelas brancas

[parece uma focinheira

Biden chama de *uncivil war*

Guerra incivil

Isso que está ocorrendo

Acaso há, houve ou haverá guerras civis que não sejam incivis?

De repente Biden está do lado da verdade e do amor e da ajuda

[mútua

Nada como ter um canalha do outro lado para parecer uma

[boa pessoa

Cita a Bíblia de novo

Não fica claro que versão

Se a romana, a evangélica ou a apócrifa

"America has been tested and we have come out stronger"

A América foi posta à prova e saímos mais fortes

Diz então espargindo um pouquinho de Nietzsche

O que não mata fortalece

Ou será que ele está falando da vacina

E de passagem e com uma sinédoque

Engole o resto do continente americano nos Estados Unidos

Como não canta, ora
Alternância da religião com a copla
"America, America, I gave my best to you"
Entretanto continua arremessando palavras como se não

[pudesse parar
Decência
Dignidade
Luz
Amor
Unidade
Esperança
Fé
Convicção
Justiça

Parecia que ia dizer
Vigilância
Tortura
Máfia
Petróleo
Indústria armamentista
Prisão
Manipulação
Especulação

Golpe

Mas não
Diz

May God Bless America and may God protect our troops

Dysphoria mundi

Que Deus abençoe a América e proteja nossas tropas
Amém

Joe Biden jura sobre uma velha Bíblia enorme que pertence à
[sua família
Com trancas em forma de cruz como um
Dossiê da Wikileaks, e enquanto faz isso
Fecha os olhos porque um tímido sol perfura as nuvens e golpeia
[sua retina
A mulher loura aproxima-se para beijá-lo na boca e ele vira a
[cara

Ligeiramente

Retorna o faxineiro que higieniza o palanque
Parece querer limpar tudo
Inclusive esse juramento
Inclusive esse beijo

Há uma oração pelos que morreram de covid
Garth Brooks
Uma estrela do country tão conhecida fora dos Estados Unidos
Quanto Manolo Escobar fora da península
Chapéu preto e fivela de cinturão de cowboy
Canta "Amazing Grace"
As bandeirinhas cravadas no gramado sussurram os últimos
[versos no vento gelado

Dizem: Transformaremos nossos inimigos em amigos
E é inevitável pensar que o contrário também é certo
Até que seja impossível diferenciar uns dos outros
Grita: Aleluia, glória, aleluia, amém, mas não há aplausos nem

entusiasmos, apenas silêncio e de novo a banda militar, o desfile
[de bandeiras

Transformaremos nossos amigos em inimigos

Um drone voador filma as mil bandeiras
Plantadas no campo do National Mall
A imagem é abstrata
Os mastros metálicos são os corpos
Ossos proverbiais
E os tecidos americanos são as cabeças
Que sacodem as cabeleiras vermelhas, brancas e azuis ao vento

À parte Kamala Harris
Os Obama (e atrás deles a CIA) sã os verdadeiros protagonistas
[da cerimônia

Se os afro-americanos não conseguirem salvar essa cerimônia
A coisa não tem mesmo jeito

Chega
Festividade
Amanda Gorman
Niña de los Peines local
Subindo a colina
O silêncio nem sempre é paz
E é você quem diz
Casaco amarelo
Um diadema vermelho prendendo seu cabelo como um
[estandarte

Dysphoria mundi

Sobre a cabeça
Uma nação que não está quebrada
Que ainda não está pronta
As bandeirinhas a saúdam com suas cabecinhas babacas
E ela lhes dá de beber com suas consoantes oclusivas

Outro cura
Empresário
Reverendo
Pastor
Diretor de marketing
Da Igreja Africana Metodista de Bethel, em Wilmington
Delaware
Silvester Sexy Beaman
De bigode grisalho e óculos escuros
Encarrega-se de benzer toda a zona

Como fazemos tudo tão bem
Sob os olhos de Deus

Um vento, cada vez mais frio, triunfa sobre a horrível música
[militar

Duzentos e quarenta e quatro anos de
Demo
Não
Cracia
Americana já foram suficientes

Translation is out of joint

DENTRO, FORA. Cheio, vazio. Seguro, tóxico. Masculino, feminino. Branco, negro. Nacional, estrangeiro. Cultura, natureza. Humano, animal. Público, privado. Orgânico, mecânico. Centro, periferia. Aqui, ali. Analógico, digital. Vivo, morto. No abismo que começa a separar os termos da velha epistemologia petrossexorracial daqueles da nova gramática transacionista, instala-se o conflito da tradução. Depois da cerimônia de posse de Biden, depois de recolherem as bandeiras e guardarem as cercas que protegiam o Capitólio, parece que o problema é a tradução dos poemas de Amanda Gorman por Marieke Lucas Rijneveld, escritore holandese.

Toda a polêmica começou quando a jornalista e ativista cultural afro-europeia Janice Deul sugeriu que Marieke Lucas Rijneveld não era a pessoa mais apropriada para traduzir Gorman, não só porque não era negra e mulher (Marieke Lucas Rijneveld definiu-se publicamente como pessoa de gênero não binário), mas também porque não praticava o *spoken word* e não tinha conhecimento do inglês em primeira mão. As cadeias de tuítes e posts do Instagram fizeram eco imediato à sua crítica, reduzindo-a à impossibilidade, para alguém branco, de traduzir uma poeta negra. Janice Deul matizou suas declarações, mas já era tarde. Na era da internet, um segundo depois já é tarde demais para retificar. As redes sociais e os meios de comuni-

Dysphoria mundi

cação pediam sangue. Marieke Lucas Rijneveld retirou-se do projeto escrevendo um poema no qual convidava a estabelecer alianças entre as diversas lutas políticas.

Diante da opinião segundo a qual tais debates só alimentam uma infrutífera tensão identitária (embora o façam), e em que pese a violência que recai injustamente sobre o tradutor (é absurdo matar o mensageiro, sobretudo se o mensageiro é ume autore não binárie cuja obra é, em si mesma, um ato de resistência política), quero apostar no caráter potencialmente produtivo (e não destrutivo) dessas polêmicas, desde que as retiremos da dialética essencialismo/universalismo, ampliando-as como uma oportunidade de despatriarcalizar e decolonizar as indústrias culturais.

Antes de poder responder à pergunta sobre quem pode traduzir ou não um texto, é preciso reconhecer que a pergunta é, em si mesma, pertinente. Trata-se de pôr em evidência a dimensão ao mesmo tempo artística e política de algumas das práticas invisibilizadas e degradadas da indústria cultural. A tradução e a revisão de textos são para a indústria da edição o que a gestação é para a economia da reprodução heteropatriarcal: o autor (e o editor) é o pai do texto; o tradutor é simplesmente uma mãe substituta que, levando-o palavra por palavra de uma língua a outra, tem a responsabilidade de iluminá-lo de novo. Como as mães, o tradutor limpa, cuida e arruma, mas quem põe seu nome na capa e leva a grana é o editor, metapai de todos os livros, e o autor, mas só de rebote. Visibilizar e reconhecer o trabalho dos gestadores-tradutores é uma tarefa urgente.

Em segundo lugar, a tradução é sempre um processo político. Nada permite entender melhor as políticas culturais de uma nação que suas práticas de tradução.

Pensemos por exemplo na resistência que houve na França, entre 1980 e 2015, à tradução de textos do feminismo negro, da teoria queer ou da teoria pós-colonial. Tivemos que esperar a explosão digital do Me Too e do Black Lives Matter no mundo todo para que estes textos fossem considerados potencialmente rentáveis. Então, de repente, todas as editoras inauguraram coleções feministas, queer e antirracistas, e a pergunta, pertinente, é quem pode traduzir tais textos. O problema de traduzir bell hooks, Jack Halberstam ou Saidiya Hartman não é uma questão de identidade ou, em todo caso, de ontologia: não se trata de que o autor e o tradutor devam compartilhar uma "natureza" comum, porque o sexo, o gênero e a raça não são naturezas, mas construções políticas. A cor da pele não é um evento epidérmico, uma verdade natural, nem uma ontologia da pigmentação celular, mas uma genealogia política da despossessão, da opressão, mas também da luta pela soberania e pela sobrevivência. A tradução da obra de Kafka por alguém que não tivesse nenhum conhecimento do iídiche — embora Kafka escrevesse em alemão — suscitaria o mesmo problema. As catastróficas traduções de alguns dos textos capitais da teoria queer derivaram do desconhecimento das práticas culturais gay/lésbicas aos quais os livros faziam referência e da falta de bons tradutores, não importa de que sexo e gênero fossem.

Não é a identidade que deve ser sagradamente preservada quando se traduz Gorman ou qualquer outro autor procedente das tradições somatopolíticas minoritárias, mas sim a experiência literária como superação da designação normativa a uma identidade. Por isso, a questão da representação política nas práticas artísticas (de tradução, de adaptação etc.) não pode ser resolvida de uma vez por todas por uma equação

Dysphoria mundi 473

essencialista que busque a equivalência entre autor e tradutor em termos de identidade. Não existe uma homogeneidade da experiência ou do pensamento sexual, racial ou de gênero que garanta a fidelidade da tradução.

Por outro lado, a questão de quem pode traduzir não pode ser totalmente evitada por meio do pressuposto que neutraliza e despolitiza o texto, privilegiando, com a desculpa de universalidade, suas leituras hegemônicas e normativas. A polêmica em torno de Gorman mostra uma vez mais que os editores, funcionando como meros mercadores no capitalismo cultural, são representantes da hegemonia política e desconhecem as lutas que animam os textos que publicam. Muito se disse sobre como Toni Morrison e James Baldwin foram bem traduzidos para o francês por autores brancos — e não tenho nenhuma dúvida a esse respeito. Mas não foi dado nenhum exemplo de um eminente autor branco traduzido por uma mulher negra. Para poder superar as políticas de identidade é necessário, paradoxalmente, introduzir vozes racializadas, de gênero e sexualmente dissidentes dentro da indústria editorial. Não quero que meus livros sejam traduzidos por pessoas não binárias. Mas quero que existam excelentes tradutoras e tradutores não brancas e não binárias que possam traduzir e retraduzir Dante e Proust, Virginia Woolf e Octavia Butler, Kathy Acker e Horacio Castellanos Moya.

No fim das contas, deixando de lado a improdutiva dialética essencialismo-universalismo, podemos ver o que está acontecendo com algum otimismo: as obras de Amanda Gorman e Marieke Lucas Rijneveld são elas próprias representativas da mudança de paradigma em curso, e estão sendo publicadas, traduzidas e lidas. É isso que fará com que as coisas finalmente mudem.

Inoculation is out of joint

DENTRO, FORA. Cheio, vazio. Seguro, tóxico. Masculino, feminino. Branco, negro. Nacional, estrangeiro. Cultura, natureza. Humano, animal. Público, privado. Orgânico, mecânico. Centro, periferia. Aqui, ali. Analógico, digital. Vivo, morto. Em meio à improvisação política, à especulação farmacológica, à malversação administrativa, ao caos comunicativo, a vacina não aparece como solução, mas como o enésimo problema. Enquanto não havia vacina, dominavam a linguagem militar de confrontação com o vírus (estamos em guerra) e o imperativo da proteção por confinamento (fique em casa e teletrabalhe). Quando a vacina se tornou disponível (em alguns países e para algumas pessoas), começaram a circular narrativas sobre a invulnerabilidade imunológica e sobre a rejeição à inoculação, considerada como envenenamento. A escritora norte-americana Eula Biss analisou os relatos históricos e sociais que construímos para falar dos processos de imunização. Um desses relatos fundamentais é o mito de Aquiles. Tétis tenta proteger o filho Aquiles de uma profecia de morte banhando-o nas benéficas águas do rio Estige, mas, ao segurá-lo pelo pezinho, impede, sem perceber, que a água banhe seu calcanhar, fazendo com que essa parte do corpo seja seu ponto fraco. O que a história do calcanhar de Aquiles revela, sugere Biss, é que "a imunidade é um mito e nenhum mortal pode ser totalmente invunerável".[160]

Dysphoria mundi

Os que se negam a tomar a vacina defendem muitas vezes a invulnerabilidade mítica de seu próprio sistema imunológico, sem calcanhar de Aquiles, ou afirmam, defendendo a ideia de um corpo natural bunker, que a vacina pode introduzir em seus corpos sãos elementos tóxicos (timerosal, alumínio, mercúrio, formaldeído etc.) ou princípios genéricos virais — como se o corpo socializado do capitalismo petrossexorracial não estivesse exposto desde o começo a uma inumerável quantidade de substâncias contaminantes. Alguns são impelidos por um espírito anarquista, pela vontade de resistir às arrogantes e quase sempre inexplicáveis medidas governamentais. É difícil não os imitar. Outros estão, eles mesmos, viralizados pelas linguagens da extrema direita e do sobrevivencialismo pop. Outros ainda, estudiosos e conhecedores do funcionamento de seus corpos, preferem uma homeostase do tipo *do it yourself*, sem introjeções farmacológicas industriais. Reclamam, portanto, o direito de não se vacinar. E têm esse direito. Da mesma forma que os 1,216 bilhão de africanos, a maioria sem acesso a vacinas, teriam direito a se vacinar se assim desejassem. Da mesma forma que os quase 500 milhões de habitantes da América Latina, a maioria dos quais sem acesso a vacinas no momento, também teriam direito a se vacinar se assim desejassem.

O que deve ser questionado é a relação entre capitalismo e farmacologia nos procedimentos de fabricação da vacina, o índice de toxicidade de boa parte dos compostos farmacológicos, a propriedade das patentes e a distribuição das vacinas. Nos próximos anos, a fabricação de proteínas em escala atômica, a utilização de fungos (como a penicilina em sua época) como possível tratamento preventivo ou antiviral, ou como reforço do sistema imunológico, o reconhecimento dos chamados anticorpos monoclonais, a aplicação da inteligência artificial na identificação da doença e a individualização do tratamento poderiam mudar por completo o tratamento preventivo dos vírus.

Os que rejeitam a vacina muitas vezes estão defendendo seu direito individual de não serem inoculados com uma substância estranha a seu organismo. Paradoxalmente, a vacina não visa à proteção da imunidade do corpo individual, mas da imunidade coletiva de uma comunidade. É a concepção liberal do corpo individual, como propriedade privada que acaba na pele, que a pandemia põe em questão. Nenhuma vacina poderia produzir imunidade total num indivíduo, exceto quando uma sociedade inteira se vacina, com a condição de que esta vacina seja efetiva. As teorias da imunidade de grupo afirmam hoje que uma pessoa não vacinada está mais protegida numa sociedade de pessoas vacinadas que uma pessoa vacinada numa sociedade de pessoas não vacinadas. "A pessoa não vacinada", afirma Eula Biss, "é protegida pelos corpos que a rodeiam, corpos através dos quais o vírus não circula. [...] Não é a pele que nos protege, mas o que há além dela."[161] O que nos protege não está dentro de nós, mas ao nosso redor. Não é nossa própria imunidade que nos protege, mas a imunidade da sociedade que nos acolhe. O problema das sociedades neoliberais ao enfrentar um vírus letal é que elas não têm uma representação positiva da imunidade comunitária que não derive dos ideais nacionalistas ou das retóricas da guerra. Entre a crise da covid e a invasão da Ucrânia, a Europa gastou mais em vacinas e armamentos que em qualquer outra medida de proteção social; enquanto

Dysphoria mundi 477

isso, os sistemas culturais, sanitários e escolares não param de sofrer cortes estruturais.

Revisando as mudanças na história recente da virologia, o antropólogo britânico David Napier identificou dois modelos conceituais opostos que servem para pensar a relação do sistema imunológico com o vírus: a guerra e a cooperação. A primeira domina as teorias epidemiológicas iniciais, surgidas no começo do século xx e marcadas pela experiência da Primeira Guerra Mundial. Nelas, a relação com o vírus é definida por meio da linguagem da luta: o vírus é o inimigo, o estrangeiro diante do qual o corpo deve "se isolar" ou combater como um "soldado". Essas visões baseiam-se, segundo Napier, numa espécie de *xenofobia político-imunológica*. O erro que elas escondem é pensar que o vírus é um agente externo intrinsecamente nocivo que deve ser destruído. Embora essa ideia seja aceita com demasiada frequência, o vírus como entidade não é absolutamente agressivo, sublinha Napier, muito pelo contrário: "É totalmente inerte e incapaz de vida ou reprodução. [...] Os vírus não são mais que pedaços de informação que ganham vida ao entrar em contato com nosso corpo".[162] A transferência viral, insiste Napier, nem sempre é má; ao contrário, em muitas ocasiões é essencial para incrementar nossos processos de adaptação e nossa criatividade biológica.

Muito antes da aparição da covid-19, a imunologista Polly Matzinger já anunciava a substituição desse modelo bélico e xenofóbico por um modelo imunológico comunicativo. Para Matzinger, a estabilidade do sistema imunológico não opõe o idêntico (*self, same*) ao outro (*non-self, other*), nem o próprio ao estranho ou estrangeiro, mas o que ela chama de amigável (*friendly*) ao perigoso (*dangerous*).[163] Para Matzinger, é

478   *Dysphoria mundi*

preciso parar de considerar o sistema imunológico segundo
as categorias xenófobas que fundam as sociedades humanas
no capitalismo colonial: ele não é afetado negativamente por
tudo que é estrangeiro ou estranho, mas só por aquilo que vê
como um perigo. Ao contrário do modelo xenofóbico, a nova
linguagem da virologia tende a pensar o sistema imunológico
como um sofisticado aparato de transferência e comunicação. Segundo esta teoria semiobiológica, mais próxima de
Burroughs e Derrida que da virologia de 1919, o vírus é um
fragmento de escrita, uma mensagem que se introduz num
texto vivo (somateca). Napier afirma:

> Quando seu corpo entra em contato com o vírus, as células
> que ele cria como resultado da informação que recebe são célu-
> las contagiosas: você pode transmitir esta informação a outras
> pessoas pelo modo como vive, onde vive e o que faz, ou seja,
> por suas ações sociais e pelas atividades que geram seus valores
> sociais. Mas o vírus em si não invade ninguém, nem no passado,
> nem agora, nem nunca.

Imunizar-se não é, segundo esta segunda teoria, "isolar-
-se", mas antes aprender a comunicar-se com o vírus, ou seja,
a *escrever com ele*, gerar os anticorpos que permitam estabelecer uma relação de comunicação e não de morte com o vírus.
Napier aponta que a imunologia nos apresenta, portanto, duas
teorias sociais e políticas: a primeira corresponde ao liberalismo individualista, ao nacionalismo racial e à política da
guerra. A segunda tem a ver com a cooperação libertária e
com a diplomacia. Embora a segunda esteja mais generalizada hoje no âmbito bioquímico, a primeira, veiculadora de

Dysphoria mundi

um modelo bélico e racista, ainda é a mais utilizada pelos governos, pelos meios de comunicação e pela indústria farmacêutica. Wuhan está em toda parte.

Cooperação ou guerra. Mutação ou submissão. Tudo isso pode ser uma má notícia ou uma grande oportunidade. É justamente porque nossos corpos são os enclaves do necro-biopoder e nossos apartamentos as novas células de biovigilância que se torna mais urgente que nunca inventar novas estratégias de emancipação cognitiva e resistência coletiva e pôr em marcha novos processos antagonistas.

ORAÇÃO FÚNEBRE

Nossa Senhora do Negócio do Fármaco, rogai por nós.

Nossa Senhora da Especulação Farmacológica, rogai por nós.

Nossa Senhora da Vacinação Obrigatória, rogai por nós.

Nossa Senhora da Proteção da População, rogai por nós.

Nossa Senhora do Estado de Urgência Sanitária, rogai por nós.

Nossa Senhora do Confinamento, rogai por nós.

Nossa Senhora do Certificado Autorresponsável de Deslocamento, rogai por nós.

Nossa Senhora do Certificado Digital de Vacinação, rogai por nós.

Nossa Senhora das Patentes, rogai por nós.

Nossa Senhora da Experimentação Animal, rogai por nós.

Nossa Senhora da Técnica do RNA Mensageiro, rogai por nós.

Nossa Senhora das Tesouras Genéticas CRISPR/Cas9, rogai por nós.

Nossa Senhora da Pfizer, rogai por nós.

Nossa Senhora da BioNTech, rogai por nós.

Nossa Senhora da Moderna, rogai por nós.

Nossa Senhora da Merck & Co, rogai por nós.

Nossa Senhora da GlaxoSmithKlein, rogai por nós.

Nossa Senhora da Sanofi, rogai por nós.

Nossa Senhora da Novavax, rogai por nós.

Nossa Senhora da Bavarian Nordic, rogai por nós.

Nossa Senhora da CSL, rogai por nós.

Nossa Senhora da CVS Health, rogai por nós.

Nossa Senhora da United Health Group, rogai por nós.

Nossa Senhora da Inovio Pharmaceuticals, rogai por nós.

Nossa Senhora da Purdue Pharma, rogai por nós.

Nossa Senhora da Mundipharma, rogai por nós.

Dysphoria mundi

Nossa Senhora da Mitsubishi Tanabe Pharma Corporation,
rogai por nós.

Nossa Senhora da Emergent BioSolutions, rogai por nós.

Nossa Senhora da Sinopharm, rogai por nós.

Nossa Senhora dos Efeitos Secundários, rogai por nós.

Nossa Senhora da Primeira Dose, rogai por nós.

Nossa Senhora da Segunda Dose, rogai por nós.

Nossa Senhora da Terceira Dose, rogai por nós.

Nossa Senhora da Quarta Dose, rogai por nós.

Nossa Senhora da 11ª Dose, rogai por nós.

Nossa Senhora do Apartheid das Vacinas, rogai por nós.

Nossa Senhora dos Antivacina, rogai por nós.

Nossa Senhora da Doutrina Sanitária, rogai por nós.

Vós que traficais com nosso sistema imunológico,
tende piedade de nós.

God is out of joint

DENTRO, FORA. Cheio, vazio. Seguro, tóxico. Masculino, feminino. Branco, negro. Nacional, estrangeiro. Cultura, natureza. Humano, animal. Público, privado. Orgânico, mecânico. Centro, periferia. Aqui, ali. Analógico, digital. Vivo, morto. No patriarcado colonial, o silêncio foi, durante muitos anos, a mais eficaz das técnicas de controle e domínio. Mas agora esse regime de poder, captura cognitiva e exploração sexual que se chama Igreja católica começa a desmoronar. A publicação de um informe da Ciase (Comissão Independente sobre Abusos Sexuais na Igreja Católica) sobre centenas de milhares de crimes sexuais cometidos pela Igreja na França desde 1950 produz o efeito de uma bomba. E não estão mudando apenas os enunciados: os corpos antes silenciados convertem-se agora em sujeitos da enunciação. Ao contrário do que ocorreu, por exemplo, com os que foram assassinados nos centros de educação para crianças indígenas no Canadá ou na Austrália, as crianças abusadas recordam e falam.

A especificidade desta guerra epistêmica é que são os mais frágeis que estão na luta, e a travam apenas com a voz. Suas únicas armas são ao mesmo tempo suas feridas: sua memória, seus afetos, seus corpos. Nunca houve uma guerra semelhante. Esta é a lição da revolução epistêmica em que estamos mergulhados: um regime de poder hierárquico, abusivo e vio-

Dysphoria mundi

lento desmorona quando aqueles que estão na base da pirâmide, que são considerados simples matérias-primas sexuais ou econômicas, inventam uma nova linguagem para nomear o que aconteceu, para narrar seus processos de destruição, mas também de sobrevivência. Essa guerra será ganha pela sofisticação dos afetos e das palavras, que são como os novos drones de uma batalha política. Já não se diz autoridade, respeito, submissão, ordem natural, desejo divino. Agora se diz pedofilia, estupro, abuso sexual, violência sistêmica, violência patriarcal. Estas palavras usadas para definir o funcionamento histórico da Igreja católica não são uma blasfêmia, são uma REVOLUÇÃO.

O informe da Ciase desmonta também os argumentos falaciosos brandidos há anos pelos defensores e representantes da Manif Pour Tous.* O que ameaça a integridade da infância não é a homossexualidade, nem a identidade trans, nem o casamento homossexual, mas a Igreja e a família heterossexual patriarcal. Esses são os enclaves que produzem, até agora com toda impunidade, mais violência sexual. Os padres estupram, os papas estupram, os bispos estupram, os abades estupram... e não fazem isso porque são pervertidos, mas porque o regime de poder patriarcal que subjaz à Igreja e à família heterossexual lhes confere o direito e o poder de fazê-lo. Os estupros e abusos sexuais não são cometidos com o espírito, mas com o corpo sexual, com as picas, os testículos, as bocas e as mãos luxuriosas dos padres. A Igreja fez do corpo sexual

---

* Manif Pour Tous é uma associação de grupos políticos franceses contrários ao casamento entre pessoas do mesmo sexo e à adoção por casais homossexuais. (N. T.)

ao mesmo tempo o mal supremo e o objeto último do desejo. Que significado pode ter exigir de meninos e meninas de sete anos que se confessem sobre masturbação diante de um padre, senão fazer da sexualidade objeto de todos os processos de vigilância, mas também de transgressão? E não estou falando aqui como um estranho: faço isso com a memória de uma criança que cresceu e foi educade no magma asqueroso do sistema depredador e extrativo da Igreja católica. Se, como mostra o informe da Ciase, a violência sexual é uma prática sistêmica da instituição eclesiástica, então não basta pedir perdão, nem é suficiente pagar (inclusive econômica ou legalmente) pelos crimes cometidos. Essa tradição cristã que é louvada pela extrema direita como fundamento da Europa ariana é na verdade uma tradição de masculinismo, racismo e abuso sexual de crianças e mulheres. Se a criminalidade sexual não é um acidente, mas a própria arquitetura de poder da instituição eclesiástica, então é necessário demandar um procedimento de DESTITUIÇÃO da Igreja. Isso não é blasfêmia, é REVOLUÇÃO.

Mas não vamos cantar vitória, a batalha está só começando. Ainda há muito caminho pela frente. Chama a atenção que, embora os resultados do informe da Ciase tenham sido divulgados, todas as emissoras de TV e rádio convidem os representantes da Igreja da França para falar, com plena autoridade e pleno direito, perante e até mesmo contra as vítimas. É como se os sobreviventes da máfia siciliana fossem obrigados a se sentar diante do capo Mariano Agate e ouvi-lo dizer: "É uma vergonha, sim… falaremos de pagamento mais tarde, é preciso discutir o assunto com a direção da Cosa Nostra". A violência sexual é um crime civil, não um segredo

Dysphoria mundi 485

que a hierarquia eclesiástica pode avaliar internamente, ou uma questão teológica que precisa ser mais bem discutida. Os meios de comunicação ainda estão sob a influência do poder eclesiástico. O Estado é cúmplice destes crimes. E dizer isso não é blasfêmia. É REVOLUÇÃO.

O processo de emancipação corporal e cognitiva pelo qual lutamos pressupõe o aprofundamento da separação entre Igreja e Estado que começou com a Revolução Francesa e levou à cessão dos bens eclesiais ao Estado. Mas embora não tenha mais a propriedade dos edifícios, a Igreja conserva a posse moral e o domínio simbólico desses espaços, que deveriam pertencer não só aos cidadãos, mas especialmente às vítimas da violência sexual eclesiástica. Enquanto os arcebispos decidem quanto vale cada estupro e quem vai pagar por eles, proponho que o Estado francês retire da Igreja a titularidade da catedral de Notre-Dame de Paris e transforme o espaço num centro de acolhimento feminista, queer, trans e antirracista e de luta contra a violência sexual, consagrado a Nossa Senhora dos Sobreviventes do Abuso Sexual e do Estupro. E isso não é blasfêmia, é REVOLUÇÃO.

SÚPLICA

Nossa Senhora dos, das e des Sobreviventes da Violência Sexual
da Igreja, rogai por nós.

Nossa Senhora dos, das e des Sobreviventes da Violência
Cognitiva, rogai por nós.

Nossa Senhora dos, das e des Sobreviventes do Patriarcado,
rogai por nós.

Nossa Senhora dos, das e des Sobreviventes do Heterossexualismo
Obrigatório, rogai por nós.

Nossa Senhora dos, das e des Sobreviventes do Machismo,
rogai por nós.

Nossa Senhora dos, das e des Sobreviventes do Binarismo
Sexual Normativo, rogai por nós.

Nossa Senhora dos, das e des Sobreviventes da Normalização
de Gênero, rogai por nós.

Nossa Senhora dos, das e des Sobreviventes da Mutilação
Genital, rogai por nós.

Nossa Senhora dos, das e des Sobreviventes do Incesto,
rogai por nós.

Nossa Senhora dos, das e des Sobreviventes do Abuso Sexual,
rogai por nós.

Nossa Senhora dos, das e des Sobreviventes do Bullying,
rogai por nós.

Nossa Senhora dos, das e des Sobreviventes do Feminicídio,
rogai por nós.

Nossa Senhora dos, das e des Sobreviventes do Intersexualicídio,
rogai por nós.

Nossa Senhora dos, das e des Sobreviventes do Transcídio,
rogai por nós.

Dysphoria mundi

Nossa Senhora dos, das e des Sobreviventes do Racismo
Institucional, rogai por nós.

Nossa Senhora das Putas, rogai por nós.

Nossa Senhora des Trans, rogai por nós.

Nossa Senhora das Bichas, rogai por nós.

Nossa Senhora das Lésbicas, rogai por nós.

Nossa Senhora das Marias-Sapatão, rogai por nós.

Nossa Senhora das Pessoas Não Binárias, rogai por nós.

Nossa Senhora da Autodeterminação Sexual, rogai por nós.

Nossa Senhora dos Pansexuais, rogai por nós.

Nossa Senhora dos Assexuais, rogai por nós.

Nossa Senhora do Poliamor, rogai por nós.

Nossa Senhora das Mães Solteiras, rogai por nós.

Nossa Senhora das Mães Trans, rogai por nós.

Nossa Senhora dos Pais Trans, rogai por nós.

Nossa Senhora des Mães-Pais, rogai por nós.

Nossa Senhora das Mulheres Estéreis, rogai por nós.

Nossa Senhora dos Anticoncepcionais, rogai por nós.

Nossa Senhora do Pós-Pornô, rogai por nós.

Nossa Senhora dos Drag Kings, rogai por nós.

Nossa Senhora das Drag Queens, rogai por nós.

Nossa Senhora do BDSM, rogai por nós.

Nossa Senhora da Camisinha, rogai por nós.

Nossa Senhora do Consentimento, rogai por nós.

Nossa Senhora da Liberação Farmacológica, rogai por nós.

Vós que fostes testemunha de tanta violência e que nunca,
absolutamente nunca dissestes nada, pronunciais-vos,
porra, que já é hora.

The narrator is out of joint

E ASSIM SE PASSOU, às vezes lento, às vezes rápido, fora do tempo de minutos idênticos, às vezes em silêncio e às vezes em alvoroço, um ano de mais de seiscentos dias desde que vimos os wuhanitas pegando o metrô com garrafas de plástico cortadas no meio e colocadas na cabeça como se fossem escafandros. Um ano desde que a ideia de fechar uma cidade começou a parecer normal. Um ano desde que um raio de um quilômetro começou a parecer um espaço digno e suficiente para viver. Um ano desde que caiu doente. Um ano desde que perdeu a visão de um olho. Recuperou a visão, mas a certeza de que aquilo poderia acontecer de novo nunca mais o abandonou. Um ano de dores articulares e enxaquecas. Um ano inteiro cansado. O cansaço convertido na matéria mesma do tempo. Um ano aprendendo a viver com um estranho que era elu mesme. Um ano sem pele. Já um ano desde que escreveu e depois jogou no lixo uma carta de amor. Um ano sem entender absolutamente nada do que lhe acontece. Um ano sem viajar. Um ano sem Veneza, sem Hong Kong, sem Nova York, sem San Francisco, sem Toronto, sem Cidade do México, sem Rio de Janeiro, sem La Paz. Um ano em que pela primeira vez na vida teve medo de morrer. Um ano com a mala fechada e o computador perpetuamente aberto. Um ano em que, pela primeira vez na vida, desejou morrer. Um ano

Dysphoria mundi

com os pés gelados e a cabeça ardendo. Um ano esperando que vacinassem seus pais para poder abraçá-los. Um ano de transfobia. Um ano de insurreição de gênero e sexual. Um ano de violência racista. Um ano de insurreição antirracista. Um ano desde que souberam que queriam se levantar e abandonar quase todas as instituições em que tinham assento até então. Enquanto isso, e como por acaso, um ano de manifestações proibidas. Um ano enviando mensagens da clausura para dizer que os padres abusam sexualmente de seu poder, que os pais abusam sexualmente de seu poder, que os chefes abusam sexualmente de seu poder, que os treinadores esportivos abusam sexualmente de seu poder, que os artistas de renome abusam sexualmente de seu poder. Um ano em que as palavras estupro, pedocriminalidade e incesto transformaram-se em significantes públicos. Um ano sem pele.

Um ano desde que entenderam que um respirador elétrico é igual a uma vida. Um ano ligades: ao computador, à televisão, ao rádio. Ao respirador elétrico. Um ano eletrificades. Um ano digitalizades. Um ano mudando. Um ano sem pele. Um ano em que todos dançaram, como a bolsa, ao ritmo de Gilead Sciences, Altimmune, Amgen, CytoDyn, GlaxoSmith Kline, Sinopharm, BioNTech-Pfizer, Oxford-AstraZeneca, Bharat Biotech International, Heat Biologics, Inovio Pharmaceuticals, Johnson & Johnson, Novavax, Regeneron Pharmaceuticals, Sanofi, Roche, Takeda Pharmaceutical Company, Vaxart e Vir Biotechnology. Um ano de taylorismo sanitário e especulação das indústrias da saúde. Um ano em que deixaram definitivamente para trás o fordismo para entrar no farmacopornocapitalismo. Um ano esperando a vacina. Um ano esperando a segunda dose. Um ano imaginando se haverá uma terceira, uma quarta, uma quinta... Um ano de discussões absurdas entre os antivacina e os pró-vacina. Um ano biotecnológico e marciano. Um ano em que uns não saíram de casa e outros viajaram para a estação espacial internacional, em órbita a quatrocentos quilômetros da Terra. Um ano suportando o autoritarismo político-sanitário de Xi Jinping, Putin, Bolsonaro, Mario Draghi, Macron... Um ano de promessas e de ameaças. Um ano de astronavegação e conspiranoia, de colapsologia e astrologia. Um ano sem pele.

Um ano em que não precisou se preocupar com a feiura, pois sempre podia se esconder atrás de uma máscara. Um ano sem beijar ninguém de improviso, numa festa. Um ano sem cheirar ninguém de perto. Um ano sem deitar com ninguém que não conhecesse previamente. Um ano sem que ninguém lhe sorrisse na rua. Um ano sem concertos, sem conferências, sem exposições, sem teatro. Um ano sem esperar nada de novo dos dias que passam. Um ano sem pele. Um ano sem ouvir bater a meia-noite no meio da rua depois de ter caminhado horas a fio. Um ano prendendo a respiração. Um ano em que a metade da população perdeu coletivamente a cabeça. Um ano de Xanax. Um ano de Valium. Um ano de Lexomil. Um ano de Likozam. Um ano de Tranxene. Um ano de Veratran. Um ano de Victan. Um ano de Lisanxia. Um ano de Nordaz. Um ano de Noctamide. Um ano de Mogadon. Um ano de Stilnox. Um ano de Imovane. Um ano de Nuctalon. Um ano de Havlane. Um ano de Rivotril. Um ano de Buccolam. Um ano de Anafranil. Um ano de Deroxat. Um ano de Prozac. Um ano de Zoloft. Um ano de Cymbalta. Um ano em que os uigures morreram em massa e não exatamente por causa do vírus. Um ano em que se esperava que chegasse o *mundo de depois*,

Dysphoria mundi

mas em que houve a volta do capitalismo de sempre. Um ano de obsolescência do futuro. Um breve lapso de tempo durante o qual deixaram de ouvir a todo momento e em todo lugar que a imigração era o problema fundamental da Europa. Um ano sem pele.

Logo as cifras — sempre as cifras, somente as cifras — dos contágios e mortes melhoraram, e pouco a pouco todos voltaram à vida de sempre, à incitação à superprodução e ao superconsumo de sempre, à destruição ecológica, ao racismo de sempre, à xenofobia de sempre, ao nacionalismo de que tinham sentido tanta falta naquele ano. Mas já não tinham mais a pele de sempre. Já tinham sofrido mutação.

Sex is out of joint

ASSIM QUE RELAXARAM as restrições de deslocamento e achei que estava suficientemente forte para fazer uma viagem, saí de Paris e fui para a Córsega. Viajei de trem e barco por dois dias, quase sem bagagem, com a máscara e o bendito certificado de vacinação. Quando finalmente desembarquei em L'Île-Rousse era meio-dia; o sol ardia sobre os barcos do porto e destruía a poesia que reinava naquele mesmo lugar às primeiras horas da manhã, quando o céu estava tão limpo e fresco como uma toalha recém-posta na mesa do novo dia. Embora tenha visitado aquele lugar durante anos, tudo agora me parecia distinto. O que tinha mudado era a capacidade do meu corpo de captar a beleza. Apesar do entusiasmo que as viagens sempre despertam em mim, uma pequena tristeza, atenuada pelo murmúrio do mar, ia tomando conta do meu peito. O sentimento de estar doente, de ter envelhecido de maneira brutal, de ter perdido a vitalidade que caracterizava a juventude e que até agora me parecia uma condição inquestionável. O vírus e sua gestão política hackearam meu sistema nervoso, ativando uma relação diferente entre as sensações externas e minhas reações motoras. Eu trazia a guerra dentro de mim. Notei que com a percepção da realidade ocorria o mesmo que tinha ocorrido com a relação com Alison. Eu não era capaz de ver o presente. Continuava vendo unicamente

Dysphoria mundi

a marca gravada pelo passado em meu sistema perceptivo. Como seria o presente se eu fosse capaz de vê-lo? E vê-lo significaria imediatamente modificá-lo, entrar numa relação transformadora com ele.

Graças a amigos, eu tinha alugado uma pequena cabana de pastor num olival a menos de trezentos metros da praia de Ghjunchitu. A cabana, pois não dava para dizer que fosse realmente uma casa, carecia de qualquer comodidade moderna, mas fazia de seu habitante o receptor de uma ópera sensorial inigualável. Construída sobre uma rocha, era um espaço de não mais de doze metros quadrados, conectado à rede elétrica e sob o qual haviam instalado um fogão a gás e água corrente. Em seu único cômodo havia um colchão, uma mesinha de cabeceira e uma cadeira. Na rocha que lhe servia de base, crescia um velho e retorcido zimbro que fazia as vezes de alpendre e protegia a casa do sol. Junto a ele havia uma ducha. Ao redor, a paisagem de arbustos baixos, composta de medronhos, aroeiras-da-praia, tomilho, alecrim, esteva, lavanda, clematite, urze, murta e funcho, constituía a fragrante escola de que eu precisava para ir recuperando a memória olfativa. Ao cair da noite, sentado sob uma grandiosa abóboda nunca totalmente escura no pequeno alpendre que filtrava os últimos raios de sol do dia, tive a impressão de desaparecer sob a majestade do universo, com seu espetáculo de estrelas, luzes e alegorias. Quanto mais caía a noite, mais denso e penetrante se tornava o som dos insetos, pássaros e pequenos animais que viviam no matagal ao redor. Tudo estava vivo.

Desde o amanhecer, eu me entregava por horas a fio às ondas, tentando afugentar a força traumática e repetitiva da memória da dor. Caminhava descalço pelo mato espinhento da casa até a água do mar para submeter-me ao embate das ondas, ao choque da espuma na pele, à tração da maré puxando da areia, desestabilizando minhas pernas e atirando-me no presente. Depois, quando tomava a ducha fora de casa, ao pé do zimbro, com a água de um reservatório, via o mesmo mar que pouco antes me embalava faiscando, como que salpicado de purpurina, a luz dourada pixelando as ondas em diminutas estrelas resplandecentes, em estalidos elétricos. A sensação visual era descontínua. Os olhos não podiam olhar sem piscar. A imagem sempre cambiante rompia em cores e formas que cintilavam em meu cérebro, produzindo uma sensação efervescente e estranhamente feliz.

Quando chovia, a paisagem ficava ainda mais bela, como se a modalidade de impressão da fotografia do mundo tivesse passado do brilho ao fosco. O som da chuva era meditativo. Era cômico ver os banhistas seminus correndo com as toalhas na cabeça pelo deque de madeira que ia da praia às casas, como formigas transportando folhas cortadas para a guarida.

Foi durante esses dias que comecei a compreender de outro modo tudo o que lia e, ao mesmo tempo, a ler exatamente aquilo de que precisava para seguir compreendendo. Freud, Sándor Ferenczi, Helene Deutsch, Melanie Klein, Nancy Chodorow, Luce Irigaray, mas sobretudo Deleuze e Guattari. *O anti-Édipo* era luminoso, mas seus autores não deixavam de ser dois senhores heterossexuais, mais ou menos casados com mulheres que consideravam seres mais ou menos estranhos, dois senhores que nunca estavam presentes em seus próprios livros — mais Deleuze que Guattari —, tentando devir outras coisas, mas agarrando-se à sua condição masculina naturali-

Dysphoria mundi

zada. Havia algo em tudo aquilo que, de repente, me parecia arqueológico. A perfeita descrição de outro mundo. As tecnologias heteropatriarcais estavam obsoletas. Poderia uma nova tecnologia do amor ser a resposta coletiva ao capitalismo mundial integrado?

Sem outra conexão com a internet senão a que meu celular conseguia captar, nem sempre com êxito, a cabana de Ghjunchitu estava protegida da intrusão constante das chamadas de vídeo. Lá, sem precisar de desculpas, eu podia evitar a exigência de estar constantemente presente para tele-entrevistas e telerreuniões. Precisava deixar de ser visto, deixar de olhar. Precisava reaprender a ouvir, a cheirar. Pouco a pouco, quando já estava naquela cabana há semanas, sozinho com o som do mar, com os barulhos do bosque de arbustos, comecei a me sentir realmente em casa.

Um dia, quase de madrugada, caminhei mais de três horas a pé, da cabana até o povoado mais próximo, ansiando por um café de verdade e querendo ver o peixe fresco chegar ao mercado. Uma vez lá, conectei meu celular e pude ver as fotos de Nova York inundada, de uma manifestação de mulheres afegãs dispersada a tiros, dos incêndios persistentes na Grécia. Li a manchete "Kamala chama soldados de volta para casa" junto a uma caricatura da vice-presidente estadunidense representada como uma flautista de Hamelin seguida por milhares de soldados como se fossem ratazanas saídas dos oleodutos do Afeganistão. As tropas do Império desertavam das fronteiras do leste. O mundo estava mudando, mas não era fácil prever para onde se dirigia esta mudança.

E foi nesse café que vi Sygma pela primeira vez: ela tinha arregaçado as mangas da camiseta, e, ao pegar e apoiar no ombro uma caixa de verduras, seus braços tatuados pareceram ao mesmo tempo graciosos e finamente musculosos. Com uma das mãos, ela afastou do rosto o cabelo longo e castanho, que caiu em cascata sobre a caixa de verduras, fazendo com que sua figura ganhasse uma qualidade felliniana. Encarei-a levantando os olhos da leitura, e, como se respondesse a uma pergunta que eu não tinha feito, ela me disse em italiano, ainda com o rosto coberto pela máscara: "Fala italiano?". Não precisei dizer nada além da palavra *no* para que ela dissesse, sempre em italiano, como um detetive de sotaques: "Você é espanhol! Podemos falar, você em espanhol, eu em italiano, que vamos entender tudo". E acrescentou: "Como se chama?".

"Paul", disse eu.

"Sygma", disse ela.

"Como a letra do alfabeto grego?"

"Sim", respondeu ela, fechando ao mesmo tempo os olhos e avançando os lábios como se pronunciasse um silencioso u.

Só quando ela tirou a máscara foi que percebi, vendo a sombra da barba em seu queixo, que se tratava de uma garota trans. A máscara, disse ela, era uma bênção para as trans: podiam sair de casa sem maquiagem e sem medo de serem insultadas. Comentei que o mesmo acontecia com os trans feios, ao que ela respondeu: *"Se você é feio, eu sou homem"*. Talvez tivéssemos o mesmo senso de humor. Dois dias depois fizemos amor pela primeira vez.

Enquanto Sygma pintava as unhas dos meus pés, depois de termos passado a manhã trepando, pensei que aquela era a trepada mais honesta e ao mesmo tempo mais experimental que eu já tinha dado na vida. Nossos corpos, feitos das

Dysphoria mundi 497

lascas, da decomposição e da colagem de pedaços dos corpos normativos do antigo regime sexual, não se pareciam nem um pouco com aquilo que a sexologia define como anatomia binária. Tínhamos aplicado a metodologia do *cut-up* ao sexo. Nós nos sampleamos mutuamente, nos loopeamos e então nos remontamos. Deixamos Burroughs e nos unimos a Genesis P-Orridge. Nenhum de nós procurou reproduzir com o outro ou através do outro a coreografia heterossexual ou lésbica ou gay da sexualidade. Essas merdas de taxonomias não nos importavam nem um pouco, pois sabíamos que não teríamos acesso a elas. Tínhamos nos distanciado dessas estéticas que agora nos pareciam tão estranhas e kitsch quanto um casaco de astracã. Trepar sampleando é um processo experimental porque os resultados potenciais não estão dados de antemão: afastando-nos das práticas e prazeres consensuais, produzimos novos afetos aleatórios, liberados das limitações patriarcais. Os dois concordávamos que, depois de termos iniciado nossos processos de transição, não tínhamos mudado apenas de gênero, mas modificado radicalmente nossas posições sexuais. Embora o discurso da psicologia e da psiquiatria preconizasse que uma transição de gênero conduzia à produção de uma identidade heterossexual estável, nós dois sabíamos por experiência própria que essa suposta heterossexualidade era apenas uma ilusão normativa. Quando nos convertemos em trans, deixamos de ser homossexuais sem nos transformarmos em heterossexuais, muito pelo contrário. Uma transição de gênero não é um passo da feminilidade para a masculinidade (ou vice-versa) num eixo estável, mas um deslocamento de eixo. Algo como, nas palavras de Sygma, aquilo que os físicos quânticos especulam que seja a passagem através de um buraco negro: a saída para outro espaço-tempo. Os físicos chamam a borda de um buraco negro de "horizonte de eventos". Uma transição é um pouco isso, tocar a borda política e sensorial do "horizonte do sistema sexo-gênero". Ser trans não constituía para Sygma uma identidade. Aquilo que os meios de comunicação começavam a objetivar como "transidentidade" não lhe interessava. Não lhe interessava a detecção precoce da transidentidade, nem seu tratamento otimizado visando uma normalização mais eficaz. Surpreendeu-me a facilidade com que Sygma utilizava a gramática queer e trans, como se tivesse crescido lendo Judith Butler e Gayle Rubin. Na verdade, foi o que aconteceu. Sygma nasceu na periferia de Roma há 32 anos e estudou jornalismo, física e informática antes de começar, três anos atrás, uma transição de gênero.

O deslocamento do eixo homem/mulher/heterossexual/homossexual supunha a invenção de outro desejo, de outra forma de trepar. A revolução sexual, de gênero e antirracista em que estávamos mergulhades não implicava unicamente a crítica das linguagens petrossexorraciais. Estávamos inventando uma nova corporalidade e, com ela, novas linguagens para nomear outro modo de amar. A ativista e escritora Bini Adamczak fala, por exemplo, em "circlusão" para conferir agência à atividade oposta à penetração: sugar, encerrar um órgão (pênis, dedo, língua, mamilo, dildo, pé etc.) numa membrana anal, vaginal ou oral.[164] Não se tratava mais de saber quem penetra e quem ejacula, mas de circluir ou deixar-se circluir. Eu circluo, tu circluis, el circlui, ela circlui, ele circlui, eles circluem. Nós circluímos.

Deitado com a cabeça entre seus seios, senti oscilar na memória todas as formas que meu corpo tinha assumido du-

Dysphoria mundi 499

rante a minha vida, femininas, masculinas e outras... Disse a mim mesmo que tudo aquilo não tinha sido nem bom nem mau, mas, a bem dizer, insuficiente. Nossos corpos nus juntos, ao mesmo tempo falidos e gloriosos, formam o museu dos sobreviventes do regime heteropatriarcal da modernidade. Sygma chamou essa forma de trepar expandida e desidentificada de "passar o teste de Turing": uma transa sem homens e sem mulheres, sem órgãos que se atribuem uma posição de dominação penetrante, orgasmática ou reprodutiva, uma cooperação de corpos em *circlusão* onde a *potentia gaudendi* flui sem objetivo produtivo nem reprodutivo. Já não éramos nem ativos, nem passivos, nem genitais, nem orais, nem penetrantes, nem penetrados. Nem o contrário. Nem o oposto, nem o complementar.

6. Mutação intencional e rebelião somatopolítica

Não é fácil dizer como e quando começou a revolução, se foi com a primeira hashtag do Me Too ou quando uma centena de trabalhadoras sexuais ocuparam a igreja de Saint-Nizier, em Lyon, em 1975, ou quando a feminista negra Sojourner Truth se levantou na convenção de mulheres brancas de Akron, em 1851, e gritou um contundente "E eu não sou uma mulher?", defendendo pela primeira vez na história a liberdade e o direito ao voto das mulheres racializadas. Poderia ter sido um pouco antes ou um pouco depois, tudo depende do ponto de vista, se é uma perspectiva individual ou cósmica, se é nacional ou planetária, e se a pessoa se sente ou não parte integrante de uma história de resistência que a precedeu e vai continuá-la. Não é fácil dizer exatamente como começa um processo coletivo de emancipação, mas é possível sentir a vibração que ele produz nos corpos que atravessa. Tampouco é possível resumi-lo numa única narrativa. O próprio dos movimentos ecológicos, transfeministas e antirracistas é a multiplicação de vozes, a diversidade de estratégias, a heteroglossia, a pluralidade de linguagens.

E com toda esta energia de resistência e luta acumulada na Europa, em meio ao mais velho e rançoso império petrossexorracial, e talvez em muitos outros lugares do mundo, nós estávamos, apenas quarenta dias antes da chegada do vírus, prestes a dar início a um novo ciclo revolucionário transfeminista decolonial. Há apenas um par de décadas, os gurus da esquerda radical da *Tiqqun* prognosticaram que "a jovenzinha" seria a figura central da domesticação consumista do capitalismo neoliberal: ao mesmo tempo a cidadã modelo e o corpo que melhor encarnava a nova fisionomia do capitalismo neoliberal.[1] A *Tiqqun* também incluía entre "as garotas" (sem perceber que estava caindo — imagina, é impossível! — em formas de homofobia e racismo) a bicha consumista e o jovem racializado e proletário dos subúrbios. Imaginavam "a jovem" como produto de uma correlação entre alto índice de opressão e forma extremada de submissão complacente, o que produziria inevitavelmente uma diminuta consciência política. Nossos amigos da *Tiqqun* não perceberam que elas, elus, as garotas, as bichas, os/as trans e a garotada racializada da periferia haveriam de liderar a próxima revolução.

Um dia, quando nem os gurus da esquerda nem os pais nem os patrões estiverem esperando, as meninas estupradas começarão a tirar os estupradores do armário do abuso sexual. Lá dentro, em igualdade de condições, encontram-se arcebispos e pais de família, professores e diretores de empresas, médicos e treinadores esportivos, cineastas e fotógrafos. Ao mesmo tempo, os corpos que foram objeto de violência racial, de gênero e sexual sublevam-se por todo lado: os movimentos trans, lésbicos, intersexuais, antirracistas, de defesa dos direitos das pessoas com diversidade cognitiva ou funcional, de trabalhadoras racializadas em situação de precariedade, de trabalhadoras sexuais, de crianças adotadas… O movimento que estava surgindo assumia a forma de uma greve geral de minorias subjugadas: uma greve biopolítica total. A subcomandante King

Mutação intencional e rebelião somatopolítica 505

Kong, denunciando a cumplicidade das reformas neoliberais de Macron com as políticas de opressão de gênero, sexuais e raciais das instituições do Estado, convocou uma estratégia de deserção: "A partir de agora, nos levantamos e vamos".

E nós nos levantamos e fomos, aos milhares, à passeata do *"chocho* de março".* Nosso levante tomou as ruas e as noites e Paris transformou-se num sabá de tecnobruxas empoderadas perseguidas pela polícia. Nunca uma passeata foi tão bela: as avós e as netas, as bichas e as héteras dissidentes, as lésbicas e as trans, as afro-europeias e os pálidos, as cadeiras de rodas e as mãos que falam, as sapatas e os trans, as imigrantes e as proletárias. Não se tratava unicamente de saber se podíamos ou não ver os filminhos de Polanski, estávamos falando de fazer a revolução.

Sim, ainda que fora dos movimentos ninguém tenha sabido de nada, estivemos à beira de um levante transfeminista decolonial: reunimos os comandos e, como dizem os zapatistas, conseguimos "administrar nossa raiva". Mas isso foi antes da covid, antes de sermos forçades a nos trancar dentro de casa, antes de nossos corpos serem objetivados como organismos suscetíveis de transmissão e contágio, de nossas estratégias de luta serem descoletivizadas e nossas vozes, fragmentadas.

Se o capitalismo petrossexorracial mundial tivesse podido organizar uma estratégia transversal, de Hong Kong a Barcelona, passando por Varsóvia, para dissolver os movimentos dissidentes, não encontraria fórmula melhor que a do vírus, com o confinamento, os gestos de barreira e a

---

* Jogo de palavras entre *chocho* (boceta) e *ocho* (oito), referindo-se à passeata de 8 de março, Dia Internacional da Mulher. (N. T.)

nova rastreabilidade digital dos telecidadãos. A doutrina de choque anunciada por Naomi Klein, com suas etapas de instrumentalização da catástrofe "natural", de decreto de estado de exceção, de transformação da crise em modo de governo, de resgate dos bancos e das multinacionais (agora as farmacêuticas), desdobrou-se pouco a pouco diante de nossos olhos. Suas hipóteses estavam certas, mas afirmá-las sem mencionar a possibilidade de uma resistência estratégica, sem considerar o impacto que a crise da covid-19 poderia ter sobre a consciência individual e coletiva implicava também naturalizar a opressão, aceitá-la como certa, assinar para o capitalismo neoliberal um cheque em branco para o apocalipse.

O que podemos aprender com a gestão neoliberal da covid, quando examinada de uma perspectiva transfeminista decolonial? É justamente em momentos como esses que é necessário, para usar as palavras da feminista Françoise Vergès, ativar o pensamento utópico como energia antagonista e como força de rebelião, como sonho emancipador e gesto de ruptura. A gestão da crise da covid-19 gerou não apenas um estado de exceção político ou uma regulação sanitária do corpo social, mas também o que poderíamos chamar, seguindo Félix Guattari e Suely Rolnik, de estado de exceção micropolítico, de crise da infraestrutura da consciência, da percepção, do sentido e da significação do mundo.

Metafísicas canibais no capitalismo farmacopornográfico

Todas as culturas, em diferentes momentos da história, inventaram processos de quarentena, de jejum, de ruptura dos

Mutação intencional e rebelião somatopolítica 507

ritmos alimentícios, sexuais e produtivos da vida, que funcionam como técnicas de modificação da subjetividade ao ativar um processo de abalo da percepção e do sentido que, em última instância, gera uma "metamorfose", um devir-outro. Algumas linguagens do xamanismo ameríndio chamam este processo de "parar o mundo". E isso foi literalmente o que ocorreu durante a crise da covid-19. O mundo capitalista global parou.

O sociólogo alemão Hartmut Rosa, que analisou a relação estrutural entre aceleração e capitalismo, qualificou a crise da covid-19 como a experiência coletiva mais importante do último século, uma vez que mostrou que podemos, através de um conjunto de decisões políticas coordenadas, frear a aceleração capitalista.[2] E o impacto dessa desaceleração brusca não é somente econômico: produz também outras formas de subjetivação.

Se observarmos, com o antropólogo brasileiro Eduardo Viveiros de Castro, os diversos rituais xamânicos de várias sociedades ameríndias para "parar o mundo", veremos que a maioria deles tem ao menos três etapas: na primeira, o sujeito se confronta com sua condição finita e mortal; na segunda, vê sua posição dentro da cadeia trófica e percebe os vínculos energéticos que unem tudo que vive e dos quais ele mesmo faz parte; e, na terceira e última, antes da metamorfose, ele modifica radicalmente o seu desejo, o que, em última instância, lhe permitirá devir-outro.[3] Não se trata de comparar o *desajuste* (que a linguagem psiquiátrica poderia chamar de disforia) provocado pela gestão mundial da crise da covid com uma experiência religiosa, dado que ele não emanava de nenhum saber teológico ou transcendente. Bem ao contrário, é possível entender as mudanças sociais e políticas geradas pela gestão da pandemia como uma espécie de gigantesco ritual tecnoxamânico para "parar o mundo", capaz de introduzir modificações significativas em nossas tecnologias da consciência. As três etapas do xamanismo tupi poderiam ter funcionado em escala global como antessala de uma metamorfose política da consciência para uma mudança de paradigma planetário.

Primeira etapa: A finitude do sujeito planetário

Como observou a feminista boliviana María Galindo, o que torna esta pandemia específica não é o alto grau de mortalidade, mas o fato de ameaçar os corpos soberanos do Norte capitalista globalizado: os homens brancos europeus e norte-americanos de mais de cinquenta anos.[4] Quando a aids abalou o mundo nos anos 1980, nenhum político moveu um dedo institucional, pois para eles os que estavam morrendo (homossexuais, toxicômanos, pessoas racializadas, trabalhadores sexuais, trans etc.) estavam melhor mortos do que vivos. Nenhuma medida de prevenção ou de cura foi aplicada, apenas medidas estritas de estigmatização, exclusão e morte. O mesmo ocorre hoje quando o ebola, a tuberculose, a dengue ou a aids espalham a morte pelos países do Sul global com sistemas de saúde inexistentes ou fragilizados pelas políticas neocoloniais do extrativismo, da dívida e da austeridade. Nos momentos mais agudos da pandemia, pela primeira vez desde a descoberta da penicilina, as sociedades opulentas do Norte e dos antigos impérios coloniais europeus confrontaram-se

Mutação intencional e rebelião somatopolítica 509

com a morte generalizada. Apesar de capturar 90% da riqueza mundial, o corpo soberano do capitalismo petrossexorracial do Norte também era vulnerável e mortal. Diante do vírus, nem os ativos financeiros nem as reservas de capital poderiam salvá-lo. A crise da covid representou uma crise da soberania desse corpo masculino, branco e heterossexual no capitalismo petrossexorracial, crise que se estendeu a todos aqueles que, de outras posições corporais ou de identificação, compartilhamos de um modo ou de outro dos privilégios soberanos do Norte. As filas de cadáveres em sacos plásticos e as fossas comuns na ilha de Hart no estado de Nova York, as incinerações sem ritual funerário ou luto colocaram brutalmente o corpo soberano das sociedades capitalistas e petrossexorraciais do Norte na situação em que estiveram e continuam a estar os corpos dos refugiados, dos imigrantes, das classes pauperizadas, feminizadas e racializadas do Sul colonizado global. Este é o primeiro ensinamento: só será possível transversalizar a luta quando transversalizarmos também as experiências de despossessão, opressão e morte geradas pelo capitalismo petrossexorracial.

Segunda etapa: Ver a cadeia trófica

Nos rituais de "metamorfose" xamânica, através do uso de plantas psicotrópicas e de outras técnicas corporais (jejuns, danças, escarificação, tatuagens, modificações da aparência corporal, repetições da linguagem), o iniciado tem primeiro que tomar consciência de sua posição dentro da cadeia de produção, reprodução e consumo de energia da vida. Isso é o que os antropólogos denominaram "ver a cadeira trófica". O iniciado entende, por exemplo, que extrai vida e energia dos vegetais ou animais (ou humanos, no caso das culturas antropofágicas) que mata para comer e para outros fins. Em algumas sociedades tupis, a tomada de consciência passa por entender a diferença entre "matar para comer" e "matar para acumular poder". Para mudar, é preciso que a pulsão de acumulação de poder que se apoderou do desejo do sujeito seja percebida pouco a pouco como uma pulsão de acumulação de morte, como um veneno cuja reserva ameaçava o equilíbrio da vida.

A crise da covid, com a ampliação das formas de opressão e o evidenciamento das disfuncionalidades institucionais das democracias neoliberais, expôs a cadeia trófica do capitalismo petrossexorracial. A trajetória de expansão do vírus e os efeitos exponenciais que ele teve sobre a economia mundial permitiram que "víssemos" a conexão entre desmatamento e contaminação viral, entre a indústria agroalimentar e a indústria farmacêutica, entre a exploração e a despossessão da massa de trabalhadores pobres do Sul global e a exploração dos corpos racializados no Norte, entre as políticas de transporte e as economias do petróleo, entre o teletrabalho e a pornografia digital. Wuhan é uma das oficinas centrais da indústria automobilística global; China, Índia e Paquistão são a oficina têxtil do mundo, e o sul do continente americano e a África continuam sendo o principal centro de extração dos metais raros e das matérias-primas necessárias para a fabricação da mais alta tecnologia mundial.

Como disse Eduardo Galeano, desde a expansão imperial da Europa até os nossos dias "tudo sempre se transformou

Mutação intencional e rebelião somatopolítica 511

em capital europeu e, mais tarde, norte-americano. [...] Tudo, a terra, seus frutos e suas profundezas ricas em minerais, os homens e sua capacidade de trabalho e de consumo, os recursos naturais e os recursos humanos".[5] Mas o que é específico da crise da covid e da crise ecológica que já começou é que o metabolismo colonial e neocolonial está se invertendo. A cartografia do império está mudando de forma. Até agora, a extração dos metais preciosos e das matérias-primas era realizada nas colônias e nos países do Sul global e enriquecia os cofres da Europa e da América do Norte. A alquimia colonial e neocolonial fazia com que a Europa e a América do Norte extraíssem ouro e alimentos do Sul e do Oriente, e lá deixassem apenas escória e veneno. Agora, os fluxos do capitalismo estão saturados: o lixo chega às praias do Norte e o vírus está em nossos pratos. O veneno colonial está voltando ao centro do velho império pelas veias do capitalismo. A covid viajou tão rápido quanto o capital financeiro, tão rápido quanto os agentes comerciais do passado, tão rápido quanto as mercadorias baratas que consumimos diariamente, e se fez corpo e capital nos colonizadores da velha Europa e depois do gigante americano. Essa mudança do sentido da circulação da morte indica que a China já não é parte dos subúrbios econômicos do mundo, mas o novo coração do capitalismo tecnodigital.

A crise também expôs o funcionamento antropofágico do capitalismo petrossexorracial. A modernidade colonial segmentou os corpos vivos em espécies, classes, raças, sexo, sexualidades, deficiências, nacionalidades, e instalou uma economia mundial onde alguns são colocados numa posição naturalizada de predadores e outros na de presas. A violência sexual, racial e de classe muda com o vírus. As instituições democráticas supostamente destinadas a proteger os mais vulneráveis (crianças, doentes, pessoas mais velhas, pessoas com diversidade funcional ou psíquica) revelam sua cumplicidade com as estruturas do capitalismo petrossexorracial e comportam-se como o Estado sempre fez nos contextos totalitários ou coloniais: abandonando, extorquindo, oprimindo, mentindo, administrando castigo e morte. As instituições fragilizadas pela privatização neoliberal mudam, fagocitando-se mutuamente: a guerra de que falam os governos é aquela que as instituições neoliberais declararam contra seus cidadãos. Os hospitais viram trincheiras; as casas, jaulas de violência doméstica; os lares de idosos, necrotérios; os centros desportivos, centros de retenção de indigentes; as prisões, paredões de fuzilamento viral.

A crise da covid e sua capacidade de exibir a estrutura intrinsecamente conectada de todas as formas de opressão permitem desenhar os contornos de um novo sujeito da revolução planetária, em que as formas de opressão raciais, sexuais, de classe ou ligadas à deficiência não se opõem, mas se entrelaçam e se ampliam. Nos últimos dois séculos, houve centenas de lutas, mas todas fragmentadas. Vistas em retrospecto, as políticas de emancipação têm como característica o fato de se estruturarem segundo a lógica da identidade. Os principais movimentos de expansão do horizonte democrático organizaram-se em torno de posições binárias que acabaram renaturalizando os sujeitos políticos da luta e criando exclusão; o feminismo para as mulheres heterossexuais e brancas, para não dizer homofóbicas, transfóbicas e racistas; as políticas LGBT para os homossexuais, sobretudo brancos e de classe média, e apenas em menor medida para lésbicas, trans e bissexuais; as políticas antirracistas para os racializados e para os corpos do lúmpen. Por outro lado, até agora, essas

Mutação intencional e rebelião somatopolítica 513

lutas estruturaram-se em torno das tensões modernas entre reconhecimento e justiça, liberdade e igualdade, natureza e cultura. Vimos crescer o antagonismo entre as políticas de classe e de gênero, e a liberação feminista foi instrumentalizada para legitimar políticas racistas e anti-imigração.

Numa tentativa de superar as redutivas oposições tradicionais entre movimento operário e feminismo, entre decolonização e ecologia, vozes tão distintas quanto as de Silvia Federici, Françoise Vergès e Donna Haraway nos convidam a imaginar a classe operária contemporânea como um conjunto muito extenso de corpos mineralizados, vegetalizados, animalizados, feminizados e racializados que realizam o desvalorizado trabalho da reprodução sexual e social da tecnovida no planeta Terra. Esta perspectiva transecofeminista e decolonial implica também a mudança da representação do sujeito político e de sua soberania. A revolução que vem não é uma negociação de cotas de representação e de graus de opressão. A interseccionalidade não pode ser simplesmente uma soma de identidades subalternas. Trata-se de um projeto de emancipação pós-identitário. A revolução que vem situa a emancipação do corpo vivo vulnerável no centro do processo de produção e reprodução social e econômico.

Ao naturalizar a esfera da reprodução social e sexual, as filosofias políticas tanto do marxismo quanto do liberalismo centraram-se no controle dos meios de produção. Só as linguagens políticas do fascismo fizeram da violenta captura dos meios de reprodução da vida (da definição da masculinidade e da feminidade, da família, da "pureza da raça") o centro de sua ação política. Enfrentamos hoje, da Rússia de Putin ao Brasil de Bolsonaro, passando pela Polônia de Andrzej

Duda e pela Turquia de Erdoğan, a expansão de formas de totalitarismo neonacionalista e tecnopatriarcal. Teremos que enfrentar também, e brutalmente, a submissão farmacológica preventiva, o rastreamento telefônico, a expansão mundial de formas de tecnototalitarismo e de vigilância biodigital.

Diante dessas duas formas de totalitarismo, os produtivismos do regime petrossexorracial, tanto neoliberais quanto socialistas, não poderão atuar como verdadeiras forças antagônicas, pois compartilham o mesmo ideal de produtividade e crescimento econômico e postulam o mesmo corpo soberano: um sujeito branco, binário e heterossexual. Uns querem dar marcha a ré. Outros querem acelerar. Nenhum dos dois quer mudar. Este pode ser o ensinamento mais importante deste ritual tecnoxamânico que "parou o mundo". Só uma nova aliança de lutas transfeministas, anticoloniais e ecológicas será capaz de fazer frente ao mesmo tempo à privatização das instituições, à economia da dívida, à financeirização do valor no neoliberalismo e aos discursos do totalitarismo neonacionalista, tecnopatriarcal e neocolonial. A revolução somatopolítica transversal é a única capaz de um verdadeiro antagonismo.

Terceira etapa: Mutação da função desejante

Esta terceira etapa dos rituais xamânicos é a que permitia se construir como outro, ativando um processo de metamorfose que podia implicar uma mudança de nome, um deslocamento institucional, um exílio, uma deriva... O último ensinamento da crise da covid como ritual global tecnoxamânico é que somente uma modificação radical do desejo pode pôr em mar-

Mutação intencional e rebelião somatopolítica

cha a transição epistemológica e social capaz de desalojar o regime capitalista petrossexorracial. Angela Davis dizia que, durante os anos da segregação racial nos Estados Unidos, o mais difícil era ser capaz de imaginar que as coisas podiam ser diferentes. O problema fundamental que enfrentamos é que o regime capitalista petrossexorracial capturou a função desejante, colocando-a a serviço da produção de significados transcendentes; Deus, a nação, o nome do pai, o capital, o eu, o sujeito, a identidade, o código.

É necessário começar um processo de autonomização da função desejante.

No final do século xix, a função desejante (confundida com demasiada frequência com a sexualidade) foi arrancada pela psicologia e pela psiquiatria do domínio da lei e da religião, o que fez com que as variações sexuais e de gênero, mas também as de *caráter*, fossem construídas como doenças e não mais como crimes ou pecados. Hoje, os processos de emancipação feminista, queer, trans, de pessoas com deficiência e antirracistas começaram a retirar a sexualidade, o gênero, a deficiência e a raça das mãos da psicologia, da psiquiatria, da medicina e da antropologia petrossexorraciais. Deste modo, as variações de gênero, sexuais, corporais e raciais começaram a ser construídas não mais como crimes ou pecados, nem como doenças ou desvios, tampouco como diferenças antropológicas ou graus de humanização, mas como formas de oposição política à norma heteropatriarcal, capacitista e supremacista branca. Mas esse processo estava acontecendo ao mesmo tempo que outra apropriação ocorria: a função desejante em seu conjunto e as modulações corporais, de gênero, sexuais e raciais inventadas pela modernidade estavam sendo absorvidas pelo mercado digital. O vírus gerou uma nova taxonomia médico-político-digital geral na qual todos os corpos são tratados como potencialmente doentes, receptores universais de vacinas e tratamentos farmacológicos padronizados, e no qual o confinamento e o rastreamento digital da saúde foram decretados por lei. *Dysphoria mundi*.

É necessário arrancar o aparelho somático (a somateca, que inclui o que antes denominávamos corpo e psique, não como fatos naturais, mas como construções históricas, junto com suas extensões culturais e tecnológicas) e a função desejante do aprisionamento tecnomercantil. A complexidade da batalha que essas lutas emergentes devem travar deriva da necessidade de lutar ao mesmo tempo contra a religião e contra a ciência, contra a psicanálise e contra a farmacologia, contra a narração histórica hegemônica e contra o negacionismo fascista, contra o masculinismo e contra o feminismo naturalista.

E o desejo (e seu potencial metamórfico e revolucionário), fabricado a serviço da produção de capital e da reprodução heterossexual e racial, entrou em crise com a "parada do mundo" que a gestão do vírus produziu. Nos anos 1970, Mafalda, outra menina invocada, popularizou o slogan "Parem o mundo que eu quero descer!". Agora sabemos que é possível fazê-lo. E a pergunta é: queremos realmente descer?

Abrir as pílulas: Rebelião na era farmacopornográfica

Ao contrário do que se poderia imaginar, nossa saúde não virá da imposição de fronteiras ou da separação, da guerra

Mutação intencional e rebelião somatopolítica

ou da medicalização, mas de uma nova compreensão da comunidade, de um novo equilíbrio com os outros seres vivos do planeta. Precisamos de um parlamento planetário dos corpos, um parlamento não definido em termos de política de identidade nem de nacionalidade, um parlamento de corpos vivos (e, portanto, não totalmente imunes) que habitam o planeta Terra. A cura e a recuperação não podem ser um simples gesto imunológico negativo de retirada do social, de fechamento da comunidade. A cura e o cuidado só podem surgir de um processo de transformação política. Seguir com a vida, nos mantermos vivos como planeta diante do vírus, mas também diante de tudo que pode acontecer, significa estabelecer formas estruturais de cooperação planetária. Assim como o vírus muda, nós também precisamos mudar se quisermos resistir à submissão.

É necessário passar de uma mutação forçada a uma mutação intencional. Precisamos nos reapropriar criticamente das técnicas necrobiopolíticas e de seus dispositivos farmacopornográficos. Em primeiro lugar, é imperativo mudar a relação dos nossos corpos com as máquinas de biovigilância e biocontrole: elas não são simples dispositivos de comunicação. Temos que aprender coletivamente a alterá-los. Mas também precisamos nos desintoxicar: deixar de desejar segundo os imperativos do capitalismo petrossexorracial. Os governos apelam ao enclausuramento e ao teletrabalho; nós sabemos que visam à descoletivização e ao telecontrole. As indústrias farmacológicas impõem o consumo generalizado de vacinas como único modo de fazer frente à epidemia, mas não temos acesso nem às formas de produção e distribuição das vacinas nem à nacionalização de patentes. Vamos usar o tempo e a força do enclausuramento para estudar as tradições de luta e resistência que nos ajudaram a sobreviver até agora. Vamos virar a câmera dos celulares, pré-programar a internet. Vamos organizar um grande blecaute diante dos satélites que nos vigiam e imaginar juntos a revolução por vir. Wuhan está em toda parte.

Em vez de produzir distopias paranoicas de desempoderamento ou controle total, a dimensão necrobiopolítica das pandemias deveria nos ajudar a entender que, justamente porque são entidades social e politicamente construídas, podemos atuar sobre elas. As lutas que emergiram durante a crise da aids proporcionam um modelo interessante de agenciamento crítico. Os primeiros anos de experimentação e tratamento farmacológico do HIV foram um laboratório extraordinário de invenção de novas estratégias de luta e resistência política. A partir de meados dos anos 1980, vários coletivos, como ACT UP, Aides, Gran Fury, Fierce Pussy, Lesbian Avenger ou The Sisters of Perpetual Indulgence desafiaram a gestão governamental e começaram a intervir ativamente nos discursos e nas práticas médicas e midiáticas acerca da pandemia. Talvez um dos exemplos mais claros de luta performática seja a mudança de termos da equação AIDS = MORTE, que parecia determinar toda a comunicação sobre a pandemia na década de 1980, para SILÊNCIO = MORTE, SABER = PODER, sublinhando assim que é a falta de informação e de um contradiscurso antagônico ao das instituições governamentais, médicas e farmacológicas que acaba matando, enquanto o conhecimento produz empoderamento e amplia as possibilidades de viver. Mas o conhecimento não é apenas teórico. O conhecimento é uma prática coletiva.

Mutação intencional e rebelião somatopolítica 519

O ACT UP e os diversos coletivos de luta contra a aids foram pioneiros na invenção daquilo que chamamos hoje de "participação dos consumidores" e de "engajamento comunitário" contra a indústria farmacêutica, mas também da gestão estatal da pandemia. A politização dos doentes que participaram dos testes de azidotimidina (AZT) — a primeira molécula para tratamento do HIV comercializada nos Estados Unidos — levou à invenção de um conjunto de ações de guerrilha semiótico-farmacológicas denominadas "ativismo de tratamento" (*action treatment*), que poderiam servir de guia para nossa ação não só diante da gestão governamental e farmacológica da pandemia de covid, mas também da expansão do capitalismo cibernético. O denominador comum desses distintos grupos e estratégias é que todos romperam com os modelos médicos, caritativos e de autoajuda que até então dominavam os movimentos sociais de doentes. Suas estratégias de ação têm origem nos coletivos de luta contra a Guerra do Vietnã, nos movimentos antissistema, feministas, de libertação sexual, mas também na antipsiquiatria e nos processos de politização das pessoas com diversidade funcional no Movimento pela Vida Independente. Um desses precedentes foi a associação de doentes psiquiátricos SPK (Coletivo de Pacientes Socialistas), fundada por Wolfgang Huber com os pacientes da Policlínica da Universidade de Heidelberg, na Alemanha: tratava-se, diziam eles, de tomar consciência de que os "doentes" constituíam uma classe política dentro do capitalismo industrial e de denunciar o sistema de reclusão psiquiátrica e a cumplicidade da indústria farmacêutica com os padrões de produção e normalidade da sociedade neoliberal.[6]

Já não podemos aprender nada com os sãos. Somente os

doentes e os sobreviventes, somente aqueles que superaram uma adição ou que vivem com o vírus podem nos ensinar algo. O AZT foi desenvolvido na década de 1960 por um pesquisador estadunidense para o tratamento do câncer. Tratava-se de um composto molecular destinado a penetrar no DNA das células cancerosas para interferir em sua replicação e deter o processo, mas que se mostrou não só ineficaz, como potencialmente danoso. Apesar disso, a empresa farmacêutica Burroughs Wellcome não hesitou em iniciar, duas décadas depois, um teste clínico maciço com uma versão do AZT original chamada "Composto S", numa tentativa de conseguir comercializá-lo como tratamento possível para o HIV. O problema para colocar o suposto medicamento no mercado era como superar os estritos processos de avaliação da Food and Drug Administration (FDA), a agência de vigilância sanitária norte-americana, que podiam durar mais de dez anos. Mas em 1985, diante do anúncio da Burroughs Wellcome de que havia uma esperança para os milhões de doentes de aids que, naquele momento, estavam condenados a uma morte quase certa, a FDA acelerou seus processos de avaliação e concordou que o AZT fosse administrado experimentalmente a um grupo de pacientes selecionados.

Os protocolos farmacêuticos dos ensaios clínicos randomizados controlados (RCTS) exigiam a criação de um grupo de controle com placebo ou duplo-cego: um grupo receberia, sem saber, comprimidos de AZT, enquanto o outro, também sem saber, receberia placebos à base de açúcar durante seis meses — se tivessem a sorte de sobreviver todo esse tempo. Os participantes dos ensaios clínicos colocaram em prática dois processos quase simultâneos de crítica aos procedimentos

Mutação intencional e rebelião somatopolítica 521

científicos-técnicos e à sua cumplicidade com o mercado. Em primeiro lugar, questionaram a dimensão ética do uso de placebos num contexto em que os doentes estariam condenados à morte. Diante da suposta "moralidade" dos testes duplo-cego, os doentes tomaram conta do processo de pesquisa e resolveram *abrir as pílulas* prescritas nos vários testes para verificar, eles próprios, se eram placebo ou molécula ativa. Os que encontravam pílulas com moléculas ativas reduziam suas doses pela metade para dividi-las com os que tinham recebido placebo. Esses coletivos deram início a uma reviravolta performática e epistemológica sem precedentes: críticos dos ensaios clínicos, os ativistas reivindicavam o dever ético de dar acesso ao AZT, revelando outro modo de produzir conhecimento científico e de representar e construir o corpo soropositivo em comunidade. Ao mesmo tempo, as práticas artísticas e literárias converteram-se em espaços de articulação, da prevenção, do saber especializado, das práticas seguras e de risco, do luto ou do prazer.[7] Eles criaram assim novas linhas de ação que seriam reativadas mais tarde pelos movimentos intersexuais, de pessoas com diversidade funcional, trans e não binários. E que hoje poderíamos utilizar coletivamente diante da gestão farmacopornográfica da covid.

Depois da aprovação do AZT, em 1987, surgiu uma segunda via para o antagonismo: ativistas e funcionários da saúde pública expuseram sua preocupação com o preço do medicamento. Com um custo de 8 mil a 10 mil dólares por ano para cada paciente, o AZT transformava-se no medicamento mais caro de toda a história da farmacologia. O ACT UP acusou publicamente a Burroughs Wellcome de explorar uma população de pacientes já vulneráveis e de fazer da morte um comércio. Em janeiro de 1989, os ativistas do grupo solicitaram um encontro com os dirigentes da Burroughs Wellcome e, sem obter resposta, ocuparam pacificamente os escritórios centrais da companhia na Carolina do Norte, de onde foram desalojados pela polícia. Em 14 de setembro de 1989, os ativistas entraram na Bolsa de Nova York vestidos de "homens de negócios" a fim de protestar contra a vertiginosa subida das ações da Burroughs Wellcome graças à comercialização do AZT, e lançaram uma campanha nacional de boicote a outros produtos da empresa, como os populares antigripais Sudafed e Actifed. Travou-se assim uma batalha pelo acesso aos fármacos, que continua até hoje, com a liberação das patentes (*"Medication for all nations"*, *"Medications without borders"*)[8] e a fabricação de moléculas ativas na África, na China e na Índia.

Os ativistas do regime farmacopornográfico já não são heróis de guerra, nem corpos privilegiados nascidos livres, nem corpos viris e invulneráveis que lutam contra um inimigo representado em termos de identidade, mas grupos de doentes informados, corpos mortais e vulneráveis, disfóricos de tudo, adictos de tudo, conectados às próteses comunicativas que os subjetivam e oprimem; não são corpos imunes e fechados, são ânus, bocas, vaginas, peles... estão abertos e atravessados por diversas linhas de opressão que não podem ser reduzidas exclusivamente a uma identidade, que coletivizam seu conhecimento e decidem desindividualizar-se, desidentificar-se e escapar de seu papel de cobaias anônimas para tomar decisões que os vinculam coletivamente aos outros. Esse é o primeiro ensinamento da crise da aids que poderíamos estender à condição farmacopornográfica contemporânea: abrir as pílulas supõe atrever-se a decodificar e intervir nas

Mutação intencional e rebelião somatopolítica 523

tecnologias necrobiopolíticas que nos constituem. Trata-se de rejeitar a dupla posição neoliberal de indivíduo e consumidor para reconhecer a posição de "simbionte relacional", de produtor e destruidor (quando produzes, destróis; quando consomes, destróis). Abrir e decodificar as tecnologias que nos constituem serve tanto para a química quanto para o código. Trata-se de participar de uma multiplicidade de práticas dissidentes (experimentação, reparação, cuidado) que estão inventando outra epistemologia a partir da qual produzir o social. Eis algumas das estratégias que já estão em ação:

- *Desidentificação*: rejeição das normas de produção de identidade segundo as taxonomias petrossexorraciais. Dar prioridade à invenção de práticas de liberdade mais que à produção de identidade.
- *Desnormalização*: questionar a definição normativa da doença. Explicitar os processos de construção cultural e política da vulnerabilidade e da saúde. Entender que "sua normalidade" e "sua saúde" têm um custo e produzem a doença e a vulnerabilidade de outros.
- *Emancipação cognitiva*: criar redes de produção de conhecimento e de representações alternativas às produzidas pelos discursos médicos, farmacêuticos, psicanalíticos, psicológicos, governamentais e midiáticos.
- *P.A.I.N.* (Prescription Addiction Intervention Now): consumo (toda forma de consumo, não unicamente o de estupefacientes) é adição. Não consuma passivamente. A comunicação é adição. Não comunique passivamente. Intervenha. Atue. Agora.[9]
- *Coletivização da somateca*: criar, fora do controle estatal e/

ou corporativo, redes de intercâmbio de cuidados e afetos, mas também de gestos, de saberes corporais, de técnicas de sobrevivência, de células, de fluidos etc., necessários para a produção e reprodução de formas de vida descarbonizadas, despatriarcalizadas e decolonizadas. Essas redes incluem práticas de cura e de restituição diante da violência petrossexorracial.

- *Desmercantilização das relações sociais*: inventar práticas de produção de valor que não estejam semiotizadas pela economia, o mercado ou mesmo a troca.
- *Destituição de práticas institucionalizadas de violência*: a inscrição da diferença de gênero nos documentos de identidade no nascimento é uma forma de discriminação legal e deve ser abolida. As instituições de origem patriarcal e colonial (como o casamento, a prisão, a instituição psiquiátrica e o mercado financeiro) devem ser radicalmente transformadas ou abolidas.
- *Restituição do expropriado, reparação do destruído*: assim como as práticas que produzem violência devem ser destituídas, aquilo que foi expropriado violentamente deve ser restituído para que possa ter início um processo de reconstrução dos mundos dissidentes.
- *Ação por deserção*: retirar-se das cadeias de reprodução social e política da violência.
- *Secessão*: fomentar a ruptura do que foi normativamente reunido de acordo com a lógica binária ou com as categorias normativas da epistemologia petrossexorracial (homem e mulher, animal e humano, heterossexual e homossexual etc.) e que fundamenta a maior parte das instituições das

Mutação intencional e rebelião somatopolítica

democracias ocidentais (casamento, família, fazenda etc.). A secessão pode operar através da destituição ou da fuga.

- *Criação de supercordas*: como é necessário romper as unidades identitárias formadas normativamente, é pertinente unir também o que foi separado. As associações de séries heterogêneas mostram-se, portanto, potencialmente revolucionárias. A criação de supercordas une o distante e o dissonante, associa, por exemplo, os praticantes de bodybuilding e os movimentos de luta pela vida independente, os aposentados e as adolescentes, os jovens imigrantes e exilados e os times de futebol, os coletores de trufas e as associações de defesa dos cães, os teletrabalhadores e as linhas diretas de escuta e apoio, as trabalhadoras sexuais e a clínica antipsiquiátrica, os frequentadores do Narcóticos Anônimos e a implementação de uma rede cooperativa planetária.

- *Hibridação antidisciplinar*: como a taxonomia capitalista petrossexorracial funciona por segmentação de valores, corpos e poderes, é pertinente hibridar o que foi separado para provocar mutações intencionais. Isso vale para as artes (literatura, cinema, música, vídeo, performance, teatro etc.), a filosofia, as ciências, mas também para as práticas institucionais. Por um lado, o cinema deve tornar-se filosofia; a filosofia, poesia; a poesia, teatro; um teatro deve ser laboratório; um laboratório, uma orquestra; uma startup, um centro de mobilização social etc., numa transformação de formas e funções que escape à economia capitalista.

- *Politização da relação com as próteses energéticas de subjetivação* (cibertecnologias e inteligência artificial, algoritmos etc.), do celular ao mais distante satélite ao qual ele está conectado.

- *Autobiohackeamento*: nada vai acontecer sem uma mudança de sua própria estrutura cognitiva e de sua relação com as próteses de subjetivação técnica. Nada acontecerá se você não mudar o modo como usa aquilo que considera, erroneamente, seu próprio corpo: seu corpo não lhe pertence mais que seu celular, o que você deve buscar para se emancipar não é propriedade e privacidade, mas uma transformação do seu uso e da conectividade crítica.

Utilize sua disforia como plataforma revolucionária.

Se é certo que as transformações necessárias são estruturais (mudanças nos modos de produção, na agricultura, no uso de energias fósseis, na construção dos tecidos urbanos, nas políticas de reprodução, de gênero, sexuais e raciais, nas políticas migratórias) e, em última instância, exigem uma *mudança de paradigma*, nenhuma dessas modificações poderá ocorrer sem a atuação de práticas concretas de transformação micropolítica. Não existe mudança abstrata. Não há futuro. A revolução é sempre um processo. Agora. Aqui. Está acontecendo. Revolução ou morte. Já começou. Wuhan está em toda parte.

7. Carta aes noves ativistes: Posfácio

Amigues minhes, estou cheie de alegria. Não porque as coisas estejam bem, como podem imaginar. Não há um único espaço social no qual os signos de avanço das tecnologias da morte já não se façam sentir como ameaça iminente a tudo que vive. Destruímos mais o ecossistema nos últimos dois séculos que em 2 milhões de anos, durante toda a história do Holoceno. O que até agora chamamos de neoliberalismo deve ser redefinido como necro-humanismo: a especialização das tecnologias de governo capitalistas petrossexorraciais na transformação da vida, toda a vida, em capital morto, trabalho reprodutivo e prazer morto. Temos feito da biosfera e de tudo o que nela habita uma fonte de energia que tentamos extrair e acumular. Arrancamos da terra cada um de seus órgãos e extraímos todos os seus fluidos. Racialização e sexualização hierárquica da espécie humana, exploração mineral, derrubada de florestas, destruição do ecossistema marinho, industrialização da reprodução animal e humana, desenvolvimento das indústrias da guerra... E, como se não bastasse, ainda gostamos de viver assim: somos adictos do consumo de capital morto e extraímos prazer desse processo de fabricação da morte.

Não há, portanto, motivos para otimismo, questionariam vocês de imediato. Mas o otimismo não é um sentimento psicológico de esperança, nem a convicção tranquila que nasce do desconhecimento do estado de destruição do mundo. O otimismo é uma metodologia. Temos a capacidade coletiva de tomar consciência do que está ocorrendo e, pela primeira vez na história, compartilhar essa experiência em escala planetária: intercambiar tecnologias sociais, conhecimentos, preceitos, afetos e fazer com que práticas e saberes que até agora eram subalternos possam ser compartilhados transversalmente. Tomar consciência supõe, como ensina Judith Butler, deixar de sentir-nos exteriores: entender que somos parte do problema que queremos resolver, que "estamos implicados nas relações de poder às quais nos opomos".[1] Portanto, aceitar que não há mudança possível sem uma mutação de nossos próprios processos de subjetivação política. De nossos modos de produção, de consumo, de reprodução, de nomeação, de relação, de nossas maneiras de representar, de desejar, de amar. Tomar consciência é perceber que nosso próprio corpo vivo e desejante é a única tecnologia social capaz de realizar a mudança. Somos as rachaduras nos gelos polares, a Amazônia desmatada. Somos o fogo que grassa nos campos da Califórnia e da Galícia. Somos o deserto que avança em Madagascar. Somos o buraco na camada de ozônio.

Por isso, mesmo estremecendo no meio do desastre, sou invadide pelo mais radiante dos otimismos, porque ainda que alguns digam que é tarde demais, o deslocamento, a fuga e a secessão diante das formas dominantes do capitalismo mundial já começaram. O desejo e o prazer estão mudando, e com eles a nossa capacidade de sair da adição capitalista e petrossexorracial.

Carta aes noves ativistes: Posfácio 531

Vi vocês saindo às centenas do metrô da Place Clichy, chegando de todas as ruas, do norte e do sul, das *banlieus* e do centro de Paris, caminhando sozinhes, em grupos, de bike, de patinete ou a pé, e reunindo-se nos parques como bandos de pássaros que voam e pousam em uníssono. Vi vocês avançando sem medo até o tribunal judiciário para gritar juntes, em mil línguas, o nome de Adama Troré. Ouvi vocês gritando, do outro lado do Atlântico, o nome de George Floyd, Jamal Sutherland, Patrick Warren, Kevin Desir, Erik Mejia, Randy Miller. Vi vocês escrevendo nos muros os nomes de Patsy Andrea Delgado, Alexa Luciano Ruiz, Serena Angelique Velásquez, Layla Peláez, Yampi Méndez Arocho, Penélope Díaz Ramírez, Michelle Michellyn Ramos Vargas, Selena Reyes Hernandez, Valera, Ebeng Mayor. Vi vocês descendo às ruas em Valparaíso, ocupando a praça Taksim em Istambul, no Cerro da Bolívia, em Los Angeles e em San Francisco, na Puerta del Sol em Madri e em frente à Escola Normal de Ayotzinapa.

Vocês começaram um levante mundial contra o uso da violência e da morte como forma de governo da Terra. Atreveram-se a deserotizar a opressão e a violência sexual. Estão desracializando a pele. A história da violência para no olhar de vocês. Uma revolução começa assim, com uma sacudida no tempo que faz com que a repetição obstinada da opressão se detenha para que seja possível começar um novo agora. Tudo tem que mudar. Ao caminhar entre vocês, tenho a certeza de que se está forjando uma nova aliança somatopolítica, que pode concretizar a transição para um novo regime. "A História não fez mais que começar."[2]

Eu caminhei com vocês.

O sujeito aparente da revolução que está ocorrendo confunde-se às vezes com as mulheres, ou as pessoas trans, ou as pessoas racializadas, ou os imigrantes, mas o espaço político que a luta aponta está mais além dessas identidades inventadas pela taxonomia petrossexorracial da modernidade. Vocês foram sexualizades, racializades, binarizades, criminalizades, e quem não se sentir parte desse lúmpen somatopolítico não tem mais que explicar por que, não tem mais que dizer se há alguma outra coisa que queira reivindicar, e pode, então, juntar-se a vocês. Vocês já não são uma classe social, nem um gênero ou um sexo preciso, não são exatamente proletários, nem apenas exatamente mulheres, nem simplesmente homossexuais, negras ou trans. Não procuram resolver os antagonismos através de uma relação dialética. Vocês são uma secessão criativa. Sua tarefa política será articular essas diferenças heterogêneas sem totalizá-las ou unificá-las falsamente sob uma suposta identidade ou uma ideologia. A de ser um bando de intensidade apaixonada através da qual se filtra o desejo de mudar tudo. Sair dos significantes despóticos da identidade. Não é mais Nietzsche: todos os nomes da história são o seu nome. É Gloria Anzaldúa: a história ainda não conhece seus nomes.

Outras vezes, quando falei dessa aliança possível, fui taxado de ingênuo, de utópico. Mas o movimento já não é mais uma simples manifestação por uma reforma jurídica; é um programa de transformação radical. Vocês não vieram pedir igualdade perante a lei ou paridade de salários. Seguindo o movimento liderado por Angela Davis nos Estados Unidos, reivindicam a destituição da polícia e das instituições punitivas do Estado. Vocês não vieram para apoiar uma economia

Carta aes noves ativistes: Posfácio 533

verde, vieram pedir a destituição total do sistema de produção capitalista. A revolução ecológica, transfeminista e antirracista que estava germinando antes do vírus talvez seja frágil, mas é imparável. Vocês estão aqui, ao meu redor.

Por isso não tenho medo do que pode acontecer.

Vocês são jovens, quase crianças, e atrevem-se a encarar os policiais que os cercam. Será que eles não se envergonham, vestidos para a guerra diante de vocês, uma multidão de garotes desarmades, quase sem roupa? Refiro-me a vocês em gênero não binário, mas não é porque não existem entre vocês corpos aos quais tenha sido designado o gênero masculino ou feminino ou que não se identifiquem como não binários. Faço isso para restituir a vocês a não binaridade que merecem. A que lhes é devida e foi roubada. E para sublinhar que é o corpo vivo em rebelião contra a epistemologia petrossexorracial que se levanta agora contra o passado.

Durante anos, dirigi-me a vocês primeiro como lésbica, depois como trans, como corpo de gênero não binário, como imigrante, como estrangeiro... Agora quero falar-lhes como seres vivos, não como organismo objeto do discurso biológico ou médico, nem como força de reprodução ou de produção, mas como potência desejante, como corpo sensível que excede as taxonomias binárias da modernidade. Dirijo-me a vocês como tudo que vocês são, situados na densa rede de poderes econômicos, raciais, sexuais, corporais. Com sua própria história de opressão e de sobrevivência.

Dizem, como escreveu June Jordan, que vocês têm a idade equivocada, a pele equivocada, o sexo equivocado, o cabelo equivocado, o véu equivocado, o gênero equivocado, o desejo equivocado, o sonho equivocado, os papéis equivocados, os sapatos equivocados, o biquíni equivocado, os sobrenomes equivocados, os rostos equivocados, os interesses equivocados, as relações equivocadas, a memória equivocada, os gestos equivocados, as intenções equivocadas, as imagens equivocadas, as leituras equivocadas, que estão em solo equivocado, no continente equivocado, que falam a língua equivocada, comem a comida equivocada, amam de maneira equivocada. Mas vocês não estão equivocados, seu nome não está equivocado.[3]

Eu vi vocês e agora sei que são mais radicais e mais espertes, mais beles e mais híbrides do que nós jamais fomos ou até do que jamais imaginamos que poderíamos ser. Digo beles, mas não se trata dos padrões de beleza heteronormativos e coloniais do fascismo ariano com os quais crescemos; o corpo branco, magro, o cabelo louro, os olhos claros. Simétrico, sorridente, válido. Não, vocês estão inventando a própria beleza ao reivindicar outras vidas e outros corpos, outros desejos e outras palavras. É a beleza do corpo gordo, da cadeira de rodas, do cabelo afro, do corpo doente, do músculo feminino e das curvas masculinas, da voz rouca ou suave, mas sobretudo a beleza da inteligência e da memória, do cuidado e da ternura que vocês têm unes por es outres. É surpreendente que sejam capazes de tanta ternura no meio dessa guerra. Se esta afeição é possível, então talvez seja possível fazer esta revolução.

Os ideais políticos patriarcocoloniais nos fariam imaginar a figura do revolucionário como um corpo atlético, um corpo viril, vigoroso e autoritário que luta com determinação, mas a revolução de vocês começou nas camas, nos hospitais e nos cemitérios, nas discotecas e nos subúrbios, nas florestas quei-

Carta aes noves ativistes: Posfácio 535

madas e nas bacias dos rios contaminados, nas balsas e nos campos de refugiados. A artista coreano-americana doente crônica Johanna Hedva[4] e o ativista transdeficiente francês Zig Blanquer[5] ensinaram a desconfiar dessa idealização do corpo do militante moderno como parte de uma ideologia "capacitista" que evita a finitude e exclui a diferença corporal. Não será com o corpo heroico da modernidade, mas com o corpo ferido pela violência petrossexorracial e pela destruição ecológica que faremos a próxima revolução.

Eu vi vocês e só posso cumprimentar sua coragem, a precisão de suas palavras, sua generosidade, a inteligência com que se distanciaram do ideal neoliberal de sucesso e juntaram-se à rede dos monstros e dos micélios, à cooperação fúngica, vegetal, animal e mineral. Vocês não são vítimas. São sobreviventes. Sobreviveram ao abuso, ao estupro, ao desejo dos pais colonizadores de acabar com es filhes, mas o mais importante é que pela primeira vez vocês encontraram as palavras para nomear essa dor e, com essas palavras, com uma dor não bruta, mas transformada, com uma dor não mais nomeada com categorias patologizantes, mas com suas próprias palavras, vocês descobriram também uma nova força, um novo desejo que já não se pode reduzir às profecias patriarcais de Freud nem à luta de classe do comunismo de partido.

E, vendo vocês, desejo afastar-me da geração que foi a minha para juntar-me à sua.

Quero aproximar-me de vocês e deixar o mundo que conheci, porque se estamos como estamos é por nossos erros. Falo da minha geração e da geração de meus pais. Fomos nós e os pais de vocês que preferimos esquecer que nosso livre mercado repousava sobre a escravidão e a opressão, que nossas democracias assentam sobre os crimes da colonização e do genocídio. Preferimos esquecer que vencemos o nazismo lançando duas bombas atômicas. Que nossa riqueza foi construída à base de exploração, espólio e destruição. Preferimos banalizar a tortura e institucionalizar a violência, afirmar a diferença entre o nacional e o estrangeiro, para garantir nossos privilégios econômicos e raciais. Aceitamos que a família monogâmica era a melhor (e quase única) instituição afetiva e de filiação normal e lutamos para alcançá-la. Acreditamos que nossa liberdade chegaria quando tivéssemos acesso como consumidores ao mercado, como cidadãos à nação e como esposos e pais à família.

Até a esquerda dizia que era preciso fazer primeiro a revolução de classe e que as lutas sexuais e raciais viriam depois; mas o que veio depois, rápido e rasteiro, não foi a revolução de classe, mas a privatização de tudo, e com ela o neoliberalismo. E foi também a esquerda quem avaliou que as lutas feministas, homossexuais e trans não eram suficientemente viris e patrióticas e preferiu qualificar a "questão racial" como "perigo comunitarista". A minha geração preferiu passar dias e noites lutando pelo direito ao casamento gay e não pela aquisição de um direito de cidadania igual e justo para todos os corpos vivos do planeta, fossem de onde fossem, viessem de onde viessem.

Vocês não participaram disso: chegaram num mundo que já tinha tomado decisões normalizadoras, racistas e destruidoras, que já havia assinado o contrato com o diabo financeiro. Nossa adição primeiro ao consumo e à comunicação — que não passa de uma outra forma de consumo, agora semiótico — e nosso desejo de sermos representados e aceitos

Carta aes noves ativistes: Posfácio   537

pela maioria foram inculcados em vocês desde o berço. Amamentamos vocês com petróleo e em seguida com plástico e com o fluxo constante da internet, injetando em suas veias a heroína eletrônica. Agora cabe a vocês assumir a única tarefa possível se quiserem sobreviver: desintoxicar-se. Mudar de corpo e de regime cognitivo, desejar de outro modo, romper o código, amar aquilo que ensinamos vocês a odiar.

Até agora, vocês foram ensinados a ter vergonha de sua inadequação e disforia. Mas sua história de opressão é a sua riqueza, é preciso estudá-la e conhecê-la, fazer dela um arquivo coletivo para a mudança e a sobrevivência. A disforia é sua resistência à norma, nela reside a potência de transformar o presente. Somente o saber que brota desse trauma e dessa violência, dessa vergonha e dessa dor, dessa inadequação e dessa anormalidade pode nos salvar.

Sua herança revolucionária não vem de seus pais genéticos, mas de uma transmissão subterrânea e lateral de afetos e saberes, um contrabando cultural e bastardo que desafia os clãs, os genes, as fronteiras e os nomes. Olho para vocês falando calmamente a uma multidão e sei que são es filhes de Soujourner Truth, as marrons que escaparam do escravismo e que têm a sabedoria dessa fuga, conhecem o caminho. Vocês são es filhes de Emma Goldman e de Voltairine de Cleyre, preferem sem nenhuma dúvida a cooperação ao sucesso individual. São es filhes que Malcolm X e Martin Luther King teriam tido se tivessem se amado carnalmente. Vocês tornaram possível a convergência da desobediência civil e da afirmação do orgulho da cultura negra. São es filhes que Fanon teria tido com Foucault se o professor francês não tivesse ficado no armário e não tivesse exotizado os corpos racializados, e se o militante argelino não tivesse sido tão machão e homofóbico. Talvez por isso mesmo vocês consigam ir muito mais longe do que eles jamais pensaram e inventem outro movimento e outro mundo. Vocês são as *supercordas*. São es filhes que James Baldwin, Jean Genet e Binyavanga Wainaina tiveram por recombinação cultural, e é a imaginação que os guia para além da memória. Por isso, vocês já não têm mais que ocultar que foram estuprades, já não têm mais que pedir desculpas por seu lesbianismo, por seu excesso de desejo sexual, porque vocês sabem que esse desejo é também o que alimenta a transformação por vir.

Sinto, ao vê-los caminhando até o tribunal, tomando as praças, enchendo os muros de grafites, que devo abandonar minha geração e juntar-me à de vocês.

Não lhes posso dar muitos conselhos úteis para um tempo de mutação como o seu. Não são vocês que precisam de meus conselhos. Sou eu quem precisa dos conselhos de vocês. Só posso lhes dizer — visto que sou um mutante e toda a felicidade que conheci veio pela mão desta condição — que abracem intensamente a mutação em lugar de pensar na reforma das instituições existentes. Já perdemos muito tempo nos integrando à cultura capitalista e heteropatriarcal dominante, lidando com suas linguagens, negociando pequenas margens de manobra. Perdemos tempo demais com as políticas identitárias e com o feminismo conservador.

O feminismo já não é apenas insuficiente, mas, convertido em ideologia da diferença sexual naturalista, tornou-se um freio para os projetos de transformação radical. A feminista chicana Chela Sandoval tinha razão ao recordar que a heterossexualidade eurocêntrica dominante na sociedade

Carta aes noves ativistes: Posfácio   539

patriarcal estava determinada a sê-lo também nas lutas feministas. Sem um projeto transversal antirracista, de crítica ao binarismo e anticapitalista, a extensão pop do feminismo eurocêntrico e cristão gera, como efeito colateral, a exclusão das "meninas más" do feminismo: as mulheres trans, as trabalhadoras sexuais, as lésbicas, as imigrantes, as muçulmanas, mas também as pessoas não binárias, os homens trans, os intersexuais, as bichas proletárias e racializadas... Fazer a revolução feminista não significa simplesmente alcançar uma massa crítica na qual todas as mulheres (racializadas, lésbicas, com deficiência, trabalhadoras sexuais, imigrantes, operárias, trans) aceitam como próprias as demandas de liberdade e de igualdade das mulheres brancas cristãs de classe média na sociedade heterossexual. Não somente não é necessário que a enunciação seja homogênea para fazer a revolução como, ao contrário, só a heterogeneidade da enunciação pode afastar nosso processo revolucionário do perigo do totalitarismo, da repressão da dissidência e da purificação do sujeito do feminismo. O levante de vocês não é das mulheres que lutam para quebrar o teto de vidro dos âmbitos corporativos e acadêmicos, nem daquelas que desejam a incrementação da vigilância e da força punitiva do Estado patriarcal para proteger as vítimas da violência patriarcal. A de vocês é uma revolução de todos os corpos vivos que foram considerados abjetos pela modernidade petrossexorracial.

A dimensão da destruição capitalista e petrossexorracial da vida exige mudar a compreensão do político, aprofundar os níveis da luta para superar as linguagens identitárias segmentadas que até agora diferenciam e até opõem as lutas anticapitalistas, ecológicas, antirracistas e antipatriarcais, imaginar o conjunto de processos de mutação (linguística, cognitiva, libidinal, energética, institucional, relacional etc.) necessários para reorganizar a transição para um novo regime epistêmico, o que implica transformar a taxonomia hierárquica dos corpos vivos e o acesso diferencial à energia. Essa revolução *transicionista* é também aquela na qual a aliança das lutas antirracistas, ecológicas e transfeministas permitirá a definição de um novo marco de inteligibilidade para os corpos vivos.

Tenham pressa e façam vocês mesmes. Não esperem nada das instituições: elas estão mortas, ou melhor, são órgãos vampiros do próprio dispositivo petrossexorracial contra o qual precisamos lutar. Não esperem nada da família enquanto família. Não é como pais ou filhos, como mães ou irmãos que vocês poderão cuidar uns dos outros, porque essas relações já são mediadas por redes de poder, propriedade, exploração e herança. É daqueles com os quais vocês não sabem como se relacionar, daqueles que escapam dos protocolos institucionais normativos que pode vir a transformação. Aprendam com tudo que não é humano e com suas formas de extrair e distribuir energia. Isso não quer dizer que devam abandonar seus pais e irmãos, mas que é preciso estabelecer com eles a mesma relação que se estabelece com as árvores, os fungos, os pássaros, as abelhas e vice-versa, pois só assim poderemos inventar um novo vínculo. Tratem seus pais e irmãos como árvores e abelhas, e as abelhas e árvores como se fossem seus pais e irmãos.

Não percam tempo organizando julgamentos eletrônicos dos e das representantes do antigo regime petrossexorracial. A transfobia das feministas não merece nenhum gasto de energia mutante. Concentrem-se antes em desenhar a mutação, reparar o que foi destruído e inventar novas práticas e novas formas de

Carta aes noves ativistes: Posfácio 541

relação, enquanto as TERFS do Capitaloceno quebram a cabeça para saber se vocês são homens ou mulheres, se sangram ou não pelo orifício genital. Vocês não são nada do que eles e elas de todo tipo se esforçam para nomear. Vocês são o ânus e a vagina universais. E nada disso precisa ser provado ou defendido. Simplesmente é. Por isso, amigues mies, estou cheie de alegria.

Não estou dizendo que é fácil. Sei de onde vocês vêm, pois não esqueci de onde venho. Sei que a vida não nos tratou nada bem. A bem dizer, fez questão de impedir nossos passos e cortar nossas asas. Não pretendo afirmar inocentemente que não há nos parlamentos representantes que são considerados democráticos, embora desejem e preparem nossa morte. Por ódio, desconhecimento ou estupidez. Penso em vocês que crescem como crianças e adolescentes não binários em famílias católicas, judias ou muçulmanas, conheço a vergonha, conheço o medo que sentem. Penso em vocês, menines afeminades que vivem em lugares onde o alarde da conquista heterossexual, a força e a violência são obrigatórias para aqueles corpos que foram marcados como masculinos desde o nascimento. Em vocês que querem ser chamados por outros nomes por seus pais, professores e pelo sistema de saúde médico. Em vocês que esperam meses para ter acesso legal aos hormônios ou anos para obter uma mudança de identidade de gênero administrativa. Em vocês que tentam defender os rios e as matas confrontando-se com a indiferença, quando não com o desprezo dos mais velhos. Em vocês que compram pílulas do dia seguinte pela internet sem saber se o que estão tomando é realmente um abortivo ou uma dose de veneno. Penso também naqueles que não estão nas manifestações. E me pergunto: onde estão vocês? Em que centro de internação, em que clínica, em que trincheira, em que solidão, em que enclausuramento? Que silêncio guardam em seu peito, que palavras não podem dizer?

Penso em vocês, ferides como estão, quase quebrades. E escolho vocês como meus únicos ancestrais, ao mesmo tempo herança e legado, como minha única genealogia e como meu único futuro. Seu destino não pode ser mais nebuloso do que o meu parecia ser quando eu era criança. E se eu consegui sair dali e me desbinarizar, se consegui sobreviver a essa violência e viver uma vida diferente daquela que havia sido traçada para mim, então posso dizer que os sonhos de vocês também são possíveis. Nunca é tarde para acolher o otimismo revolucionário da infância. Quando tinha 84 anos, Günther Anders escreveu:

> Ouvi no rádio que um certo estadista alemão qualificou como infantis as centenas de milhares de pessoas que se manifestavam pela paz. Talvez seja um sinal de infantilismo de minha parte considerar que esta afirmação demonstra que seu autor ultrapassou a idade de qualquer paixão pelo bem, e que é, portanto, um "adulto", no sentido mais triste do termo. Em qualquer caso, continuei sendo criança por toda a minha vida, ou melhor, não continuei sendo criança de propósito. Segui sendo um infantil crônico. Como criança de oitenta anos, entrego este livro a meus muitos amigos que já são suficientemente *maduros* para *juntar-se às fileiras das crianças*.[6]

Vocês não estão sozinhos, lembrem-se disso. Existe um panteão de santos e bruxas feministas, queer e trans, e, embora tenha sido amaldiçoado pela cultura em que cresci e negado durante anos por minha família, sempre me senti protegido por eles. Quase não há um dia em que os santos queer

Carta aes noves ativistes: Posfácio

não se manifestem em nossas vidas. Essa catedral de santos malditos é mais forte que a cultura nacional, mais acolhedora que a família biológica, mais protetora que a Igreja, mais hospitaleira que a cidade em que se nasce. É essa genealogia de empestados que lhes ofereço agora como contribuição à sua luta. Estou com vocês. Onde quer que eu esteja, serão bem-vindes. Estenderei a mão e abraçarei vocês. Se quiserem algo que eu tenha aprendido com as tradições da resistência política e da cultura dos dissidentes, eu lhes darei. Essa tradição também é de vocês. E essa cultura também lhes pertence. Eu a preservei para vocês. Se tiverem fome, alimentarei todos vocês. Se tiverem perdido a esperança, lerei Leslie Feinberg para vocês. Se precisarem de coragem, ouviremos as canções de Lydia Lunch. Se estiverem procurando alegria, os levarei para ver Annie Sprinkle e Beth Stephens. Darei a vocês tudo o que sou, porque tudo foi construído para vocês. Meu corpo, meu coração, minha amizade. Meus órgãos vivos e minhas próteses, se precisarem, são seus. Podem vir com suas feridas e suas lembranças, com sua amnésia e sua dificuldade de falar. Vou acolhê-los do mesmo jeito. Não preciso fazer esforço algum. Gosto da disforia e de sua exaltação contra a norma, porque é o que conheço desde a infância. A disforia é má. É nossa miséria. É exigente. É dolorosa. Nos destrói. Nos transforma. Mas é também a nossa verdade. Precisamos aprender a ouvi-la. É nossa riqueza, a disforia. A intuição que nos permite saber o que é preciso mudar. Poderei reconhecê-los por sua disforia. Vocês nunca me incomodarão. Não tenho mais nada que fazer. Portanto, posso, a partir de agora mesmo, seguir vocês para onde quiserem ir. Podem arrastar-me com vocês no turbilhão. Se vierem buscar-me, reconhecerei vocês.

... e aqui estou sentada perguntando-me
Que parte de mim sobreviverá
A todas essas liberações.[7]

AUDRE LORDE,
"Who Said It Was Simple" (1973)

Agradecimentos

Quero agradecer a todos que me animaram a escrever este livro e me ajudaram a melhorá-lo com suas referências, comentários e correções: Olivier Nora, Silvia Sesé, Marc García, Susana Pellicer, Carmen Echevarría, Pauline Perrignon, Camille Decisier, Ethan Nosowsky, Jacques Testard, François Samuelson, Marie Lannurien, Julián Nossa, Michel Feher, David Velasco, Cécile Dumas, Jade Lindgaard, Jean-Max Colard, Mathieu Potte-Bonneville, Chloé Siganos, Margarita Tsoumo, Wojciech Puś, Anne Pauly, Julien Delmaire, Itziar González Virós, Annie Sprinkle e Beth Stephens, María Galindo, Sylvie Sénéchal, Dominique Gonzalez-Foerster, Judith Butler, Tania Salvador, Virginie Despentes e Clara Deshayes. Também quero expressar meu agradecimento ao Centro Pompidou, onde pude ler publicamente as primeiras versões de alguns dos textos que compõem este livro, assim como aos jornais *Libération*, *Médiapart*, *Internazionale* e *El País*, e às revistas *Artforum*, *purple*, *e-flux journal*, *ARCH+*, *Les Inrockuptibles* e *Apartamento*, nos quais publiquei versões iniciais de alguns trechos do livro.

Notas

1. Dysphoria mon amour [pp. 13-35]

1. Enfermeiro diplomado de Estado.
2. Massagista e fisioterapeuta.
3. Emil Kraepelin, *Psychiatrie*, v. 3. Leipzig: Johann Ambrosius Barth, 1923; Eugene Bleuler, *Textbook of Psychiatry*. Nova York: The Macmillan Co., 1924. Bleuler, eugenista como Kraepelin e próximo de Freud, é também o criador dos termos "esquizofrenia" e "autismo".
4. Harry Benjamin, "Transvestism and Transsexualism". *International Journal of Sexology*, v. 7, pp. 12-4, 1953.
5. Ver Norman Fisk, "Gender Dysphoria Syndrome: The Conceptualization that Liberalizes Indications for Total Gender Reorientation and Implies a Broadly Based Multi-Dimensional Rehabilitative Regimen". *The Western Journal of Medicine*, v. 120, n. 5, pp. 386-91, 1974. Ver também D. Laub, "A Rehabilitation for Gender Dysphoria Syndrome by Surgical Sex Change". *Journal of Plastic and Reconstructive Surgery*, abr. 1974; e N. Fisk, P. Gandy e D. Laud (Orgs.), *Proceedings of the Second Interdisciplinary Symposium on Gender Dysphoria Syndrome*. Palo Alto: Stanford University Medical Center, 1973.
6. Hochmann refere-se aqui ao alemão Emil Kraepelin, considerado o fundador da psiquiatria científica moderna e criador da noção de disforia.
7. Jacques Hochmann, *Histoire de la Psychiatrie*. Paris: PUF, 2017, pp. 117-8.
8. Ibid., p. 122.
9. Miguel Morey, "Del pensar como forma de patología superior". Introdução a Gilles Deleuze, *Diferencia y repetición*. Gijón: Júcar, 1988, p. 15.

2. Hipótese revolução [pp. 37-64]

1. Mark Fisher, *Realismo capitalista: ¿No hay alternativa?* Buenos Aires: Caja Negra, 2016.

2. Trata-se com esta noção de transversalizar as obras de Angela Davis, *Mujeres, raza y clase* (Madri: Akal, 2005); Monique Wittig, *El pensamiento heterosexual* (Madri: Egales, 1992); Colete Guillaumin, *Sexe, race et pratique du pouvoir: L'idée de nature* (Paris: Côté-femmes, 1992); Judith Butler, *El género en disputa* (Barcelona: Paidós, 1999); Edward Said, *Orientalismo* (Madri: Debate, 2016); Eric Wiiliams, *Capitalismo y esclavitud* (Madri: Traficantes de Sueños, 2011); C. L. R. James, *Los jacobinos negros: Toussaint L'Ouverture y la revolución de Haiti* (Cidade do México: Fondo de Cultura Económica, 2003); Paul Gilroy, *Atlántico negro: Modernidad y doble conciencia* (Madri: Akal, 2014); Denise Ferreira da Silva, *Toward a Global Idea of Race* (Minneapolis: University of Minnesota Press, 2007); Achille Mbembe, *Crítica de la razón negra* (Barcelona: Futuro Anterior, 2016); Lisa Lowe, *The Intimacies of Four Continents* (Durham: Duke University Press, 2015).

3. Ver Andreas Malm, *Capital fósil*. Madri: Capitán Swing, 2020.

4. Jacques Racière, *La división de lo sensible: Estética y política*. Salamanca: Centro de Arte de Salamanca, 2002.

5. Félix Guattari, *Las tres ecologías*. València: Pre-textos, 1990.

6. Eduardo Viveiros de Castro, *Metafísicas caníbales: Líneas de antropología postestructural*. Madri; Buenos Aires: Katz, 2010.

7. J. G. Ballard, "What I Believe". *Interzone*, n. 8, verão 1984. Poema em prosa publicado originalmente em francês em *Science Fiction*, n. 1, jan. 1984.

8. Tim de Muzio, *Carbon Capitalism: Energy, Social Reproduction and World Order*. Nova York; Londres: Rowman & Littlefield, 2015.

9. Ver David R. Boyd, *Derecho a un medio ambiente limpio, saludable y sostenible: El medio ambiente no tóxico*. Consejo de Derechos Humanos, 2022. Disponível em: <https://www.ohchr.org/es/documents/thematic-reports/ahrc4953-right-clean-healthy-and-sustainable-environment-non-toxic>.

10. Roland Barthes, *Mitologías*. Madri: Siglo XXI, 1980.

11. Cara Daggett, "Petro-Masculinity: Fossil Fuels and Authoritarian Desire". *Millennnium: Journal of International Studies*, v. 47, n. 1, pp. 25-44, jun. 2018.

Notas 551

12. Em inglês, *"stored sunshine"*. Ver Alfred Crosby, *Children of the Sun: A History of Humanity's Unappeasable Appetite for Energy*. Nova York: W. W. Norton, 2006, p. 62.

13. Carol J. Adams, *La política sexual de la carne: Una teoría crítica feminista vegetariana*. Madri: Asociación Cultural Derramando Tinta, 2016.

14. Bruno Latour, *Où atterrir: Comment s'orienter en politique*. Paris: Lá Découverte, 2017, p. 10.

15. Ibid.

16. Ibid., p. 19.

17. Gayatri Spivak, *Crítica de la razón poscolonial: Hacia una historia del presente evanescente*. Madri: Akal, 2010.

18. Walter Mignolo, "The Geopolitics of Knowledge and the Colonial Difference". *The South Atlantic Quarterly*, v. 101, n. 1, pp. 57-96, 2002.

19. Donna Haraway, *Seguir con el problema: Generar parentescos en el Chthuluceno*. Bilbao: Consonni, 2019. [Ed. bras.: *Ficar com o problema: Fazer parentes no Chthuluceno*. Trad. de Ana Luiza Braga e Graziela Marcolin. São Paulo: n-1, 2023.]

20. Ibid.

21. Anna L. Tsing, *La seta del fin del mundo: Sobre la possibilidad de vida en las ruínas capitalistas*. Madri: Capitán Swing, 2021.

22. Ver Richard P. Feymann, *Electrodinámica cuántica: La extraña teoría de la luz y la materia*. Madri: Alianza, 2020.

23. Judith Butler e Nancy Fraser, *¿Reconocimiento o redistribución? Un debate entre marxismo y feminismo*. Madri: Traficantes de Sueños, 2017.

24. Em inglês, *"trans exclusionary radical feminism"*: feminismo radical transexcludente. Dito de outro modo, discursos feministas que se caracterizam por excluir as mulheres trans da categoria de mulher.

3. Heroína eletrônica [pp. 65-76]

1. Ver <www.theguardian.com/world/2017/aug/28/electronic-heroin-china-boot-camps-internet-addicts>.

2. John Giorno, *Great Demon King: A Memoir of Poetry, Sex, Death and Enlightenment*. Nova York: Farrar, Strauss and Giroux, 2020.

3. William S. Burroughs, *La revolución electrónica* (edição digital Trips), p. 15. Ver também *Electronic Revolution* (Bonn: Expanded Media Editions, 1976).

4. Derrida afirmará que a escrita é o vírus que infecta a palavra falada. Jacques Derrida, *De la grammatologie*. Paris: Éditions de Minuit, 1967, p. 442.

5. William S. Burroughs, op. cit., p. 15.

6. *"The soft machine is the human body under constant siege from a vast hungry host of parasites with many names but one nature being hungry and one intention to eat"*. William S. Burroughs, *The Soft Machine*. Paris: Olimpia, 1962, apêndice 4.

7. William S. Burroughs desenvolve sua concepção da adição como modelo para pensar a relação do sujeito contemporâneo com o poder em todos os seus livros, porém mais especificamente em *Almoço nu*, na trilogia *Nova* (da qual faz parte *The Soft Machine*) e em *Junky*. Ver David Schneiderman e Philip Walsh (Orgs.), *Retaking the Universe: William S. Burroughs in the Age of Globalization*. Londres: Pluto Press, 2004.

8. Sobre a dívida, ver David Graeber, *En deuda: Una historia alternativa de la economía*. Barcelona: Ariel, 2014.

9. Elaborei a noção de controle farmacopornográfico em 2004 para pensar, seguindo Foucault, Deleuze e Guattari, as mutações do capitalismo na era da reprodução biotecnológica e cibernética. Ver Paul B. Preciado, *Testo junkie: Sexo, drogas e biopolítica na era farmacopornográfica*. Rio de Janeiro: Zahar, 2023.

10. William S. Burroughs, *La revolución electrónica*, op. cit., p. 26.

11. Ver <www.nytimes.com/2019/07/26/technology/hong-kong-protests-facial-recognition-surveillance.html>.

5. Dysphoria mundi [pp. 85-499]

1. Gunther Anders, *Hiroshima est partout*. Paris: Seuil, 2018, p. 17.

2. Ibid., p. 73.

3. Ibid., p. 69.

4. Ibid.

5. Jacques Derrida, *Espectros de Marx: El estado de la deuda, el trabajo del duelo y la nueva Internacional*. Madri: Trotta, 1998.

6. Günther Anders, *Nosotros, los hijos de Eichmann*. Barcelona: Paidós, 2001.

7. Jean-Pierre Dupuy, prefácio a *Hiroshima est partout*, op. cit., p. 29.

Notas 553

8. Hal Foster, "Seriability, Sociability, Silence". *Artforum*, Nova York, pp. 161-3, dez. 2020.

9. Ver Stefano Harney e Fred Moten, *The Undercommons: Fugitive Planning & Black Study*. Wivenhoe: Minor Compositions, 2013.

10. Rasha Salti, "Libanon: Mein Leben als Kollateralshaden", *Die Zeit*, 21 ago. 2020.

11. Ver Michel Foucault, *Historia de la sexualidad, 1: La voluntad de saber*. Madri: Siglo XXI, 1992; Michel Foucault, *Vigilar y castigar. El nascimiento de la prisón*. Madri: Siglo XXI, 1994.

12. Roberto Esposito, *Immunitas: Protección y negación de la vida*. Buenos Aires: Amorrortu, 2005, p. 9.

13. Roberto Esposito, *Communitas: Origen y destino de la comunidad*. Buenos Aires: Amorrortu, 2003.

14. Emily Martin, *Flexible Bodies, The Role of Immunity in American Culture from the Days of Polio to te Age os Aids*. Boston: Beacon Press, 1994.

15. Sobre a figura do vírus na obra de Derrida, ver Jacques Derrida, "Autoimmunity: Real and Symbolic Suicides: A Dialogue with Jacques Derrida". In: Giovanna Borradori (Org.), *Philosophy in a Time of Terror*. Chicago: University of Chicago Press, 2003, p. 94; Jacques Derrida, "The Rhetoric of Drugs". In: Elisaberth Weber (Org.), *Points: Interviews, 1974-1994*. Stanford: Stanford University Press, 1995; e J. Hillis Miller, "Derrida's Politics of Autoimmunity". *Discourse*, v. 30, n. 1-2, pp. 208-25, primavera/verão 2008.

16. Em 2020, um editor pirata organizou ilegalmente um conjunto de ensaios críticos escritos por vários filósofos (inclusive alguns meus) durante os primeiros meses da pandemia de covid, dando-lhe o título, sem prévio consentimento dos autores, de *Sopa de Wuhan*. A capa, com a imagem de um morcego, contribui, contra o desejo dos autores, para difundir a hipótese de que o vírus havia sido "cozinhado" em Wuhan e estava ligado exclusivamente aos hábitos alimentares chineses.

17. Sobre a noção de biopolítica antes e depois de Foucault, ver Thomas Lemke, *Foucault, Governmentality and Critique* (Nova York: Routledge, 2015) e *Biopolitics: An Advanced Introduction* (Nova York: New York University Press, 2021).

18. Achille Mbembe, "Necropolitics". *Public Culture*, v. 15, n. 1, pp. 11-40, inverno 2003.

19. "Habla Marcos: Entrevista con el sub-comandante Marcos". *Revista Cambio*, 25 mar. 2001.

20. Logo saberemos que se trata de Zhong Nanshan, conhecido mundialmente por seu papel na luta contra o SARS em 2003.

21. Cindy Patton, *Inventing Aids*. Nova York: Routledge, 1990, p. 22. Ver também *Globalizing Aids*. Minneapolis: University of Minnesota Press, 2002.

22. Susan Sontag, *La enfermedad y sus metáforas: El sida y sus metáforas*. Barcelona: Debolsillo, 2015.

23. Michael S. Gottlieb, "Discovering Aids". *Epidemiology*, v. 9, n. 4, pp. 365-7, jul. 1998.

24. As interpretações geopolíticas da pandemia acentuaram a divisão do mundo numa nova guerra fria, na qual a China teria suplantado (ou mantinha sob sua asa) uma União Soviética cada vez mais debilitada, a despeito de seus excessos bélicos.

25. Jan Zita Grover, "AIDS: Keywords". In: Christopher Ricks e Leonard Michaels (Orgs.), *The State of the Language*. Berkeley: University of California Press, 1990, pp. 140-57.

26. Mirko D. Grmek, *Historia del sida*. México: Siglo XXI, 1992.

27. Sobre as mudanças introduzidas pela PrEP na gestão política da aids, ver C. J. Gomolka, "The Queer Aesthetics of la PrEP: Iconography, the Farmacopornography Regime, and (Safe) Sex in the French Neoliberal Marketplace". *Contemporary French Civilization*, v. 46, n. 2, pp. 213-31, 2021.

28. Sobre a transformação das noções de imunidade em tempos de aids, ver Pauline M. H. Mazumdar (Org.), *Immunology 1930-80: Essays in the History of Immunology*. Toronto: Wall and Thompson, 1989.

29. Lembremos que existem condições físicas ou psíquicas que não funcionam com a lógica da identidade, como a insuficiência renal ou a insuficiência coronária, enquanto outras foram construídas historicamente de acordo com esta lógica e inseridas em redes necropolíticas, isto é, redes que produzem exclusão e morte, como a esquizofrenia, a cegueira, a surdez, a paraplegia, a suposta "disforia" etc. É interessante pensar nas condições físicas que estão sendo construídas agora com esta lógica de identidade necropolítica, como a obesidade ou a anorexia-bulimia. Sobre a relação entre política de identidade e aids, ver Steven Epstein, *Impure Science: AIDS, Activism, and the Politics of Knowledge*. Berkeley: University of California, 1996.

Notas 555

30. Sobre a invisibilização das mulheres durante os primeiros anos da epidemia de aids, ver Gilbert Elbaz, "Women, Aids and Activism Fighting Invisibility". *Revue française d'études américaines*, n. 96, pp. 102-13, 2003/2. Disponível em: <www.cairn.info/revue-française-d-etudes-americaines-2003-2-page-102.htm>.

31. Sobre a passagem da invisibilidade da aids na África à transformação do continente no novo laboratório de pesquisa farmacológica mundial, ver Johanna Taylor Crane, *Scrambling for Africa: Aids, Expertise and the Rise of American Global Health Science*. Ithaca: Cornell University Press, 2013.

32. Recordemos que a homossexualidade é retirada do *Manual diagnóstico e estatístico de transtornos mentais* (DSM), da Associação Americana de Psiquiatria, em 1973; é descriminalizada na Espanha em 1979, com a transição democrática, e legalizada na França em 1981, com a chegada dos socialistas ao poder.

33. Paul B. Preciado, *Texto junkie: Sexo, drogas e biopolítica na era farmacopornográfica*, op. cit.

34. É preciso evitar a romantização normativa do "movimento", que poderia levar a um ativismo capacitista: inclusive ali onde o movimento corporal não é possível, onde os músculos não funcionam de acordo com as mesmas convenções sociais do mundo dos capazes, a insurreição, como aponta o ativista Zig Blanquer, pode começar com a resistência a ser movido, a ser institucionalizado ou "estacionado", a ser tratado como um objeto. Blanquer nos convida a pensar o movimento num agenciamento político com as próteses vitais, tais como as cadeiras elétricas ou outros suportes funcionais. Ver Zig Blanquer, "La culture du valide (occidental)". Disponível em: <clhee.org/2016/04/28/la-culture-du-valide-occidental-par-zig-blanquer>; e "L'administration est dans ton corps", entrevista com Zig Blanquer disponível em: <www.jefklak.org/ladministration-est-dans-ton-corps>.

35. Judith Williamson, "Every Virus Tells a Story: The Meanings of HIV and AIDS". In: Eraia Carter e Simon Watney (Orgs.), *Taking Liberties*. Londres: Serpent's Tails, 1989, p. 78.

36. Paul Stamets, *Mycelium Running: How Mushrooms Can Help Save the World*. Berkeley: Ten Speed Press, 2005.

37. Michel Foucault, "Les relations de pouvoir pénètrent les corps". Entrevista a L. Finas. *La Quinzaine Littéraire*, v. 247, n. 1-15, jan. 1977.

38. Ver Ed Rybicki, *A Short Story of the Discovery of Viruses*. Apple iBooks, jun. 2015.

39. *"A virus is a piece of bad news wrapped up in a protein"*, citado em Dorothy Crawford, *Viruses: A Very Short Introduction*. Oxford: Oxford University Press, 2011, p. 28.

40. David Morens, Peter Daszak e Jeffery Taubenberger, "Escaping Pandora's Box: Another Novel Coronavirus". *The New England Journal of Medicine*, v. 328, 2 abr. 2020, citado por Mike Davis, *The Monster Enters: Covid-19, Avian Flu and the Plagues of Capitalism*. Nova York e Londres: OR Books, 2020, p. 3.

41. O coronavírus é definido como vírus com RNA simples de polaridade positiva. Em biologia molecular, diz-se que a polaridade do RNA é positiva quando a sequência viral é idêntica à do RNA mensageiro que pode ser traduzido em proteínas. No caso dos coronavírus, por exemplo, eles podem produzir proteínas diretamente pela tradução do RNA viral, sem ter que passar por uma enzima RNA polimerase dependente.

42. Em francês, a noção *hantologie* é mais precisa, pois é formada pelas palavras *hanté* ("perseguido por fantasmas") e *ontologie* ("ciência do ser"). Jacques Derrida, *Espectros de Marx*, op. cit.

43. Ver o clássico de Edward Holmes, *The Evolution and Emergence of RNA Viruses*. Oxford: Oxford University Press, 209.

44. Alexander R. Galloway e Eugene Thacker, *The Exploit: A Theory of Networks*. Minneapolis: University of Minnesota Press, 2007, p. 87.

45. Donna Haraway, "Cyborg Manifesto". In: *Simians, Cyborgs and Women: The Reinvention of Nature*. Nova York: Routledge, p. 254.

46. Poderíamos dizer que a engenharia genética desenvolvida em laboratório é, na verdade, *inveja do vírus*, uma vez que seu ideal recombinatório buscaria operar transferências horizontais de material genético.

47. Warwick Anderson e Ian R. Mackay, *Intolerant Bodies: A Short History of Autoimmunity*. Baltimore: Johns Hopkins University Press, 2004; Dedre Gentner e Susan Golding-Meadow (Orgs.), *Language in Mind: Advances in the Study of Language and Thought*. Cambridge: MIT, 2003.

48. Frank Macfarlane Burnet, "The Darwinian Approach to Immunology". In: J. Sterzl (Org.), *Molecular and Cellular Basis of Antibody Formation*. Nova York: Academic, 1967, p. 17. Citado por Warwick

Anderson, "Getting Ahead of One's Self. The Common Culture of Immunology and Philosophy". *Isis*, v. 105, n. 3, pp. 606-16, 2014.

49. Mike Davis, *The Monster Enters*, op. cit., p. 3.

50. Raymond Gozzi, "The Computer Virus as Metaphor". *A Review of General Semantics*, v. 47, n. 2, pp. 177-80, verão 1990.

51. A citação do *New York Times* corresponde à edição de 13 de novembro de 1988. Raymond Gozzi, "The Computer Virus as Metaphor", op. cit., p. 178.

52. O criador do primeiro "verme" informático foi Robert Tappan Morris, um estudante de Harvard, filho de um especialista em segurança de software que trabalhava para o governo norte-americano na criação do sistema Unix — justamente o que foi atacado —, o que levou os meios de comunicação a interpretar a invenção do primeiro vírus também em termos edipianos.

53. Sobre a história cultural da internet, ver Jonathan Bourguignon, *Internet année zéro: De la Silicon Valley à la Chine, naissance et mutations du réseau*. Paris: Divergences, 2021.

54. Sobre o sistema imunológico como objeto pós-moderno, ver Donna Haraway, "The Biopolitics of Postmodern Bodies: Constitutions of the Self in Immune System Discourse". In: *Simians, Cyborgs and Women*, op. cit., p. 207.

55. Jeffrey A. Weinstock, "Virus Culture". *Studies in Popular Culture*, v. 20, n. 1, pp. 83-97, out. 1997.

56. Emily Martin, "End of the Body?". *American Ethnologist*, v. 19, n. 1, p. 123, fev. 1992.

57. Susan Stryker documentou o levante das minorias trans nos Estados Unidos desde meados dos anos 1960. Ver Susan Stryker, *Historia de lo trans: Las raíces de la revolución de hoy*. Madri: Continta Me Tienes, 2017.

58. Ver a introdução de Susan Stryker à reedição da biografia de Christine Jorgensen, *A Personal Autobiography* (San Francisco: Cleis Press, 2000).

59. Jan Morris, *Conundrum: From James to Jan: An Extraordinary Personal Narrative of Transsexualism*. Nova York: Harcourt Brace Jovanovich, 1974; Canary Conn, *Canary: The Story of a Transsexual*. Los Angeles: Nash Publishing, 1974; Nancy Hunt, *Mirror Image*. Nova York: Holt, Rinehart and Wiston, 1978; Christine Jorgensen: *A Personal Autobiography*. Nova York: Paul S. Eriksson, 1967; Mario Martino

(com Harriet), *Emergence: A Transsexual Autobiography*. Nova York: Crown Publishers, 1977. À margem das histórias individuais midiatizadas, cumpre assinalar a criação da associação Street Transvestite Action Revolutionaries (STAR) por Sylvia Ribera e Martha P. Johnson em Nova York, em 1970. Na França, é importante destacar o coletivo Gasolines, que surgiu do Front Homosexuel d'Action Révolutionnaire, em 1972, do qual participaram ativistas trans como Hélène Hazera, Paquita Paquin, Marie France e Jenny Bel'Air. Ver Paquita Paquin, *Vingt ans sans dormir: 1968-1983*. Paris: Denoël, 2005.

60. Em *Problemas de gênero*, a partir da análise das performances de drag queens da cultura latina e afro-americana dos *ball rooms* documentadas por Jennie Livingston no filme *Paris is Burning*, Judith Butler faz do corpo travesti o modelo conceitual para analisar a produção performativa da identidade de gênero e o exemplo paradigmático de um conjunto de práticas de subversão da relação normativa entre anatomia sexual e identidade de gênero.

61. Janice Raymond, *The Transsexual Empire: The Making of the She-Male*. Nova York: Teachers College Press, 1994. Em 1988, a teórica da cibercultura Sandy Stone publica *The Empire Strikes Back: A Posttranssexual Manifesto*, a resposta mais contundente e elaborada à transfobia dentro do feminismo. Outros textos-chave do pensamento trans que apareceram imediatamente depois são: Susan Stryker, "My Words to Victor Frankenstein above the Village of Chamounix: Performing Transgender Rage". *GLQ: A Journal of Lesbian and Gay Studies*, v. 1, n. 3, pp. 237-54, 1994; Kate Bornstein, *Gender Outlaw: On Men, Women and the Rest of Us*. Nova York: Routledge, 1994; Leslie Feinberg, *Transgender Liberation: A Movement Whose Time Has Come*. Nova York: World View Forum, 1992.

62. Jean Baudrillard, *La transparencia del mal: Ensayo sobre los fenómenos extremos*. Barcelona: Anagrama, 1991, p. 9.

63. Ibid., pp. 13-4.

64. Zach Blas, "Virus Viral". *Women's Studies Quaterly*, v. 40, n. 1-2, pp. 29-39, primavera/verão 2012.

65. Jussi Parikka, *Digital Contagions: A Media Archaeology of Computer Viruses*. Nova York: Peter Lang, 2007.

66. Alexander Galloway e Eugene Thacker, *The Exploit: A Theory of Networks*. Minneapolis: University of Minnesota Press, 2007.

Notas 559

67. Michel Foucault, "Friendship as a Way of Life". In: *Ethics: Subjectivity and Truth*. Nova York: New Press, 1997.

68. Zach Blas, "Virus, Viral", op. cit., p. 31.

69. Tim Dean, *Unimited Intimacy: Reflections on the Subculture of Barebacking*. Chicago: University of Chicago Press, 2009, pp. 88-9.

70. David Napier, "Rethinking Vulnerability through Covid-19 ". *Anthropology Today*, v. 36, n. 3, jun. 2020. Ver também David Napier, *The Age of Immunology: Conceiving a Future in an Alienating World*. Chicago: Chicago University Press, 2003.

71. Michel Foucault, *Naissance de la biopolitique: Cours au Collège de France (1978-1979)*. Paris: Gallimard/Seuil, p. 5.

72. Gilles Deleuze, "Bergson, 1859-1941". In: *Le Deserte et autres textes: Textes et entretiens (1953-1974)*. Paris: Éditions de Minuit, 2002, p. 32. [Ed. bras.: *A ilha deserta*. Trad. Luiz B. L. Orlandi et al. São Paulo: Iluminuras, 2000.]

73. Ibid., p. 36.

74. Ibid., pp. 38-9.

75. Alain Badiou, *Petit Panthéon portatif*. Paris: La Fabrique, 2008, p. 120. A tarefa da desconstrução (neste sentido nem tão distinta da genealogia foucaultiana), diz Badiou, seria "localizar um ponto de inexistência".

76. Michel Foucault, *Naissance de la biopolitique*, op. cit., p. 21.

77. Georges Didi-Huberman, *La invención de la histeria: Charcot y la iconografía fotográfica de la Salpetrière*. Madri: Cátedra, 2007.

78. Gilles Deleuze, *Foucault*. Barcelona: Paidós, 1987, p. 99. [Ed. bras.: *Foucault*. São Paulo: Brasiliense, 1988, p. 78.]

79. Ibid., pp. 100-1.

80. Arjun Appadurai, *El rechazo de las minorías: Ensayo sobre la geografía de la furia*. Barcelona: Tusquets, 2007, pp. 16-8.

81. Sobre a *Playboy* como laboratório de mutações farmacopornográficas, ver Paul B. Preciado, *Pornotopía. Arquitectura y sexualidad en "Playboy" durante la guerra fría*. Barcelona: Anagrama, 2010.

82. O "capacitismo" (em inglês, *ableism*) é um regime somatopolítico que discrimina os corpos das pessoas com diversidade funcional ou neurológica, estabelecendo uma diferença de natureza entre o corpo normal e o patológico e excluindo os chamados "corpos patológicos" do acesso às tecnologias de governo e de produção de conhecimento. Esta discriminação afeta uma multidão de corpos

"minoritários" com paraplexia, tetraplexia, amputação, surdez, cegueira, mas também obesidade, esquizofrenia, autismo, trissomia, assim como doenças crônicas ou até velhice, o que faz da "deficiência" uma condição ao mesmo tempo invisibilizada, minorizante e potencialmente universal. Ver Elizabeth Barnes, *The Minority Body: A Theory of Disability*. Oxford: Oxford University Press, 2016, p. 5.

83. A partir da Segunda Guerra Mundial, com a expansão das tecnologias cibernéticas e digitais, terá lugar a transformação farmacopornográfica desse olho paterno necropolítico. Ver Paul. B. Preciado, *Pornotopía*. Barcelona: Anagrama, 2014.

84. Angela Y. Davis, *Mujeres, raza y clase*. Madri: Akal, 2022; Maria Puig de la Bellacasa, *Matter of Care: Speculative Ethics in More Than Human Worlds*. Minneapolis: University of Minnesota Press, 2017; Silvia Federici, *Revolución en punto cero: Trabajo doméstico, reproducción y luchas feministas*. Madri: Traficantes de Sueños, 2013.

85. Félix Guattari e Suely Rolnik, *Micropolítica: Cartografías del deseo*. Madri: Traficantes de Sueños, 2006.

86. Günther Anders, *Et si je suis désesperé, que voulez-vous que j'y fasse?* Paris: Allia, 2010, p. 71.

87. Günther Anders, *Hiroshima est partout*, op. cit., p. 37.

88. Svetlana Alexiévich, *Voces de Chernóbil: Crónica del futuro*. Barcelona: Debolsillo, 2015, p. 16. [Ed. bras.: *Vozes de Tchernóbil: A história oral do desastre nuclear*. São Paulo: Companhia das Letras, 2016.]

89. Franco "Bifo" Berardi, *Respirare: Caos y poesia*. Buenos Aires: Prometeo, 2020.

90. Manuel Jabois, "El minuto cero de um mal bicho que cambió nuestras vidas". *El País*, 26 abr. 2020.

91. Friedrich Nietzsche, *Sobre verdad y mentira en sentido extramoral*. Madri: Tecnos, 1996, p. 25. [Ed. bras.: *Sobre verdade e mentira em sentido extramoral*. Trad. de Rubens Torres Filho. São Paulo: Nova Cultural, 1987.]

92. Timothy Snyder, "The American Abyss", *The New York Times Magazine*, 9 jan. 2021.

93. Michel Foucault, *Discours et vérité, précédé de La parrêsia*. Org. de Henri-Paul Fruchaud e Danièle Lorenzini, prólogo de Frédéric Gros. Paris: Vrin, 2016.

94. Donna Haraway, *Crystals, Fabrics and Fields: Metaphors of Organicism*

Notas   561

in Twentieth Century Development Biology. New Haven; Londres: Yale
University Press, 1976.

95. Londa Schiebinger, *Nature's Body: Gender in the Making of Modern
Science*. Nova York: Beacon Press, 1993.

96. Jacques Derrida, *La bestia y el soberano: Seminario (2001-2002)*. Buenos
Aires: Manantial, 2010.

97. Franco "Bifo" Berardi, "What Abyss Are We Talking About". *e-flux*,
13 jan. 2021.

98. Michel Foucault, curso de 7 de janeiro de 1976: *Dits et Écrits*, tomo
III, texto 193.

99. Virginie Despentes, "Rien ne me sépare de la merde qui m'entoure".
Texto lido no Cluster Revolucionário, Centre Pompidou, 6 mar. 2020.

100. Ver Donna Haraway, "Cyborg Manifesto", op. cit., p. 235.

101. VNS Matrix, "Manifesto de la Zorra Mutante". In: Remedios Zafra
e Teresa López Pellisa (Orgs.), *Ciberfeminismo: De VNS Matrix a
Laboria Cuboniks*. Bercelona: Holobionte, 2019, p. 57.

102. Constantino Cafavis, "La ciudad". In: *Poesia completa*. Madri:
Alianza Tres, 1991, p. 55.

103. Bruno Latour, "Is This a Dress Rehearsal?". *Critical Inquiry*, v. 47,
n. 52, inverno 2021.

104. Jonathan Crary, *Las técnicas del observador: Visión y modernidad en
el siglo XIX*. Múrcia: Cendeac, 2008.

105. Camilla Grudova, "Unstitching". In: *The Doll's Alphabet*. Londres:
Fitzcarraldo Editions, 2017, pp. 11-3.

106. John Hyatt, "Beijing Overtakes New York City as City with Most
Billionaires: Forbes 2021 List". *Forbes*, 23 jul. 2021.

107. Jenny Chan, Xu Lizhi e Yang, *La machine est ton seigneur et ton
maître*. Marselha: Éditions Agone, 2015, p. 7.

108. O novo protótipo de cela de segurança máxima partilhado por
Europa, Estados Unidos e China é conhecido como "3×3×6": três
metros por três metros, com seis câmeras de vigilância que per-
mitem monitorar os movimentos do encarcerado. Esta técnica de
cárcere analógico e vigilância digital deu nome ao projeto da artista
Shu Lea Cheang para o pavilhão de Taiwan na Bienal de Veneza.
Ver o catálogo da exposição: *3×3×6, de Shu Lea Cheang*. Org. de Paul
B. Preciado. Taipei, 2019.

109. Jenny Chan, Xu Lizhi e Yang, *La machine est ton seigneur et ton
maître*, op. cit., pp. 2-3.

110. Tuíte de Jagadish J. Hiremath, 23 mar. 2020, citado por Mike Davis, *The Monster Enters*, op. cit., p. 39.

111. Hannah Arendt, *Los orígenes del totalitarismo*. Madri: Taurus, 1998, p. 380. [Ed. bras.: *Origens do totalitarismo: Antissemitismo, imperialismo, totalitarismo*. Trad. de Roberto Raposo. São Paulo: Companhia das Letras, 2013.]

112. Ibid.

113. Rob Wallace, *Grandes granjas, grandes gripes: Agroindústria y enfermedades infecciosas*. Madri: Capitán Swing, 2020. [Ed. bras.: *Pandemia e agronegócio: Doenças infecciosas, capitalismo e ciência*. Trad. de Allan Rodrigo de Campos Silva. São Paulo: Elefante, 2020.]

114. Sobre os processos através dos quais os veterinários, os produtores agroalimentares e os governos "trabalham" conjuntamente para (produzir) ou detectar as diferentes cepas virais, ver Frédéric Keck, *Les sentinelles des pandémies* (Paris: Seuil, 2021).

115. Ver o ensaio "How the Covid-19 Highlights the Necessity of Animal Research", assinado por mais de vinte cientistas e disponível em: <www.cell.com/current-biology/pdf/S0960-9822(20)31184-2.pdf>.

116. Patrick Radden Keefe, "The Family that Built an Empire of Pain". *The New Yorker*, 23 out. 2017.

117. Ibid.

118. Ibid.

119. Ver <itadsistemica.com/adicciones/incremento-consumo-psico-farmacos-en-espana-debido-al-covid19>.

120. "A técnica é nossa filha", afirma Günther Anders em *Nosotros, los hijos de Eichmann* (op. cit., p. 68).

121. Ver <www.imperial.ac.uk/media/imperial-college/medicine/mrc-gida/2020-10-29-COVID19-Report-34.pdf>.

122. Ver <www.nature.com/articles/s41467-020-17436-6>.

123. Samuel Beckett, *Esperando Godot*. Trad. de Fábio de Souza Andrade. São Paulo: Companhia das Letras, 2017, p. 114.

124. Victor Castanet, *Les fossoyeurs*. Paris: Fayard, 2022.

125. Laure Adler, *La voyageuse de nuit*. Paris: Grasset, 2020, p. 15.

126. Marlène Thomas, *Libération*, 30 abr. 2020.

127. Ver Agnieszka Żuk, France Culture, 6 abr. 20202. Disponível em: <www.franceculture.fr/societe/agnieszka-zuk-comment-defendre-ses-droits-alors-quon-est-pris-en-otage-par-le-virus>.

Notas

128. Ver <www.youtube.com/watch?v=uQdLkDvyv2s&feature=emb_title>.

129. *Geneva Consensus Declaration*, assim chamada porque deveria ocorrer em Genebra, antes que a reunião da Assembleia Mundial da Saúde fosse adiada por conta da pandemia de covid.

130. Ver o texto de Hermann Heller em Hermann Heller e Carl Schmitt, *Du libéralisme autoritaire* (Paris: Zones, 2020).

131. Sobre as relações históricas entre útero e feminilidade, ver Barbara Duden, *Disembodying Women: Perspectives on Pregnancy and the Unborn* (Cambridge: Harvard University Press, 1993), e Karen Newman, *Fetal Positions: Individualism, Science, Visuality* (Stanford: Stanford University Press, 1996).

132. Marge Berer, "Making Abortion a Woman's Right Worldwide". *Bulletin of the World Health Organization*, v. 78, n. 5, pp. 580-92, 2000.

133. Ver Ewa Majewska, "Poland is in Revolt Against Its Abortion Ban". *Jacobin*, 27 out. 2020. Disponível em: <jacobinmag.com/2020/10/poland-abortion-law-protest-general-strike-womens-rights>.

134. Ver Bruno Latour, Martin Guinard e Eva Lin, "Coping with Planetary Wars". *e-flux*, n. 114, dez. 2020. Disponível em: <www.e-flux.com/journal/114/366104/coping-with-planetary-wars>.

135. Jean-François Lyotard, *La diferencia*. Barcelona: Gedisa, 2009.

136. Isabelle Stengers, "We Are Divided". *e-flux*, n. 114, dez. 2020. Disponível em: <www.e-flux.com/journal/114/366189/we-are-divided>.

137. Ibid.

138. Agradeço a Ewa Majewska, Wojciech Puś, Adam e Marysia Szymcyk pelas referências e relatos da frente revolucionária da Polônia.

139. Derek Walcott, "The Sea Is History". In: *Selected Poems*. Nova York: Farrar, Straus and Giroux, 2007.

140. O Código Negro foi o estatuto mercantil que regulamentou o comércio de escravos nas ilhas da América francesa entre os séculos XVII e XIX. Colbert pai redigiu a primeira versão, que o filho completou e publicou em 1685.

141. Referindo-se a uma citação de Elias Canetti sobre a arquitetura do fascismo alemão, Sebald diz: "A arquitetura de Speer, apesar da tendência à eternidade e da enormidade, continha em sua disposição a ideia de um estilo arquitetônico que só desenvolve toda a

sua grandeza num estado de destruição". Ver W. G. Sebald, *Campo Santo*. Barcelona: Anagrama, 2010, p. 71.

142. Ariane Shahvisi, "Colonial Monuments as Slurring Speech Acts". *Journal of Philosophy of Education*, v. 55, n. 3, pp. 453-68, jun. 2021.

143. Refiro-me aqui à noção ético-política cunhada pele filosofe Judith Butler em *Corpos que importam*. Butler tenta entender através de que acordos normativos se produz a diferença entre os "corpos que importam" e os "corpos abjetos" que são excluídos do contrato democrático.

144. David Harvey, "The Political Economy of Public Space". In: Setha Low e Neil Smith (Orgs.), *The Politics of Public Space*. Nova York: Routledge, 2005.

145. Michel Foucault, "Les têtes de la politique". In: *Dits et Écrits*, tomo III, texto n. 167, 1976.

146. Sobre os modelos na pintura barroca, ver por exemplo T. P. Olson, "Caravaggio's Coroner: Forensic Medicine in Giulio Mancini's Art Criticism". *Oxford Art Journal*, v. 28, n. 1, pp. 83-98, 2005.

147. Félix Guattari e Gilles Deleuze, *El anti-Edipo*. Barcelona: Paidós, p. 47. [Ed. bras.: *O anti-Édipo*. Trad. de Luiz B. L. Orlandi. São Paulo: Editora 34, 2011.]

148. Ver Robert Smithson, "A Tour of the Monuments of Passaic, Nova Jersey (1967)". In: *Smithson: The Collected Writings*. Org. de Jack Flam. Berkeley: University of California Press, pp. 68-74.

149. Este debate é conhecido no contexto anglo-saxônico como a controvérsia entre *preservationists* e *removalists*. Sobre o debate acerca dos monumentos confederados nos Estados Unidos, ver Timothy J. Barczak e Winston C. Thompson, "Monumental Changes: The Civic Harm Argument for the Removal of Confederate Monuments" (*Journal of Philosophy of Education*, v. 55, n. 3, pp. 439-52, 2021).

150. Assim como Ariane Shahvisi, Ten-Herng Lai vê os monumentos como atos de fala violentos e chama de "pedestal pejorativo" a imposição discursiva de um relato de poder no espaço público através de uma escultura monumentalizada. Ver Ten-Herng Lai, "Political Vandalism as Counter-Speech: A Defense of Defacing and Destroying Tainted Monuments". *European Journal of Philosophy*, v. 28, n. 3, pp. 602-16, 2020.

151. Sobre as mutações nos usos discursivos da "liberdade", ver Maggie Nelson, *On Freedom: Four Songs of Care and Contraint* (Nova York: Gray-Wolf Press, 2021).

Notas 565

152. Ver Orlando Patterson, *La libertad: La libertad en la construcción de la cultura ocidental*. Santiago do Chile: Andrés Bello, 1993.

153. Mike Davis, *The Monster Enters*, op. cit., p. 47.

154. Carol Anderson, *White Rage: The Unspoken Truth of Our Racial Divide*. Nova York: Bloomsbury, 2017.

155. Ver Dick Hebdige, *Subcultura: El significado del estilo*. Barcelona: Paidós, 2004.

156. Judith Butler, "Why Donald Trump Will Never Admit Defeat". *The Guardian*, 20 jan. 2021.

157. Klaus Theweleit, *Male Fantasies, 1: Women, Floods, Bodies, History*. Minneapolis: University of Minnesota Press, 1987; e *Male Fantasies, 2: Male Bodies: Psychoanalyzing the White Terror*. Minneapolis: University of Minnesota Press, 1989.

158. Agradeço a Dominique Gonzalez-Foerster a sugestão deste termo.

159. *"What is the meaning, the mittenology of it all?"*: jogo de palavras resultante da mistura dos termos *mitten* ("mitene", "luva") e *mythology* ("mitologia"). Ver Naomi Klein, "The Meaning of the Mittens: Five Possibilities". *The Intercept*, 21 jan. 2021. Disponível em: <theintercept.com/2021/01/21/inauguration-bernie-sanders-mittens>.

160. Eula Biss, *On Immunity: An Inoculation*. Minneapolis: Graywolf Press, 2014, p. 5.

161. Ibid., p. 20.

162. David Napier, "Rethinking Vulnerability through Covid-19 ", op. cit.

163. Polly Matzinger, "Friendly and Dangerous Signals: Is the Tissue in Control?". *Nature Immunology*, v. 8, n. 1, 2007, pp. 11-3.

164. Bini Adamczak, "Come on. Diskussion über ein neues Wort, das sich aufdräng und unser Sprechen über Sex revolutionieren wird". *Analyse & Kritik*, n. 614, 15 mar. 2016. Disponível em: <https://archiv.akweb.de/ak_s/ak614/04.htm>.

6. Mutação intencional e rebelião somatopolítica [pp. 501-26]

1. Ver Tiqqun, *Primeros materiales para una teoría de la jovencita: Seguido de "Hombres-máquina: modo de empleo"*. Madri: Ediciones Acuarela y Antonio Machado, 2012.

566   *Dysphoria mundi*

2. Ver <www.liberation.fr/debats/2020/04/22/hartmut-rosa-nous-ne-vivons-pas-l-utopie-de-la-deceleration_1786079>. Ver também Hartmut Rosa, *Alienación y aceleración: Hacia una teoría crítica de la temporalidad en la modernidad tardía*. Madri; Buenos Aires: Katz, 2016.

3. Ver Eduardo Viveiros de Castro, *Metafísicas caníbales: Líneas de antropología postestructural*. Madri: Katz, 2010. [Ed. bras.: *Metafísicas canibais: Elementos para uma antropologia pós-estrutural*. São Paulo: Ubu/n-1 Edições, 2015.]

4. María Galindo, "Desobediencia, por tu culpa voy a sobrevivir". Disponível em: <lavoragine.net/desobediencia-por-tu-culpa-voy-a-sobrevivir>.

5. Eduardo Galeano, *Las venas abiertas de América Latina*. México: Siglo XXI, 1971, p. 16.

6. O SPK foi acusado de fabricar explosivos e de utilizar os círculos da associação como cobertura para as atividades terroristas do grupo Baader-Meinhof. Vários de seus membros foram presos e o coletivo foi dissolvido.

7. Sobre a relação entre arte e ativismo em torno da aids, ver Élisabeth Lebovici, *Ce que le sida m'a fait: Art et activisme à la fin di XXème siècle* (Paris: Jrp, 2017); projeto *Anarchivo sida*, da Equipo re (Aimar Arriola, Nancy Garin e Linda Valdés); e *Attention Fragile*, catálogo de exposição, Val-de-Marne, MAC, VAL, 2018.

8. Estas foram algumas das campanhas ativistas: "Medicação para todas as nações", "Medicamentos sem fronteiras".

9. P.A.I.N. é o nome da associação criada pela artista Nan Goldin, dedicada a denunciar os excessos da comercialização de drogas farmacêuticas e a alertar e aconselhar os usuários adictos.

7. Carta aes noves ativistes: Posfácio [pp. 527-43]

1. Judith Butler, *The Psychic Life of Power*. Stanford: Stanford University Press, 1997, p. 17.

2. Derek Walcott, "The Sea is History". In: *Selected Poems*, op. cit.

3. June Jordan, "Poem about My Rights". In: *Directed by Desire: The Collected Poems of June Jordan*. Port Townsend: Copper Canyon Press, 2005.

4. Johanna Hedva, "Sick Woman Theory", 2017.

5. Zig Blanquer, "La culture du valide (occidental)", op. cit.

Notas 567

6. Günther Anders, *Hiroshima est partout*, op. cit., p. 65.
7. "[...] and sit here wondering/ which me will survive/ all these liberations". Audre Lorde, "Who Said It Was Simple". In: *From a Land Where Other People Live*. Reproduzido com a autorização da Charlotte Sheedy Literary Agency.

ESTA OBRA FOI COMPOSTA POR MARI TABOADA EM DANTE PRO E IMPRESSA EM OFSETE PELA GRÁFICA BARTIRA SOBRE PAPEL PÓLEN NATURAL DA SUZANO S.A. PARA A EDITORA SCHWARCZ EM OUTUBRO DE 2023

A marca FSC® é a garantia de que a madeira utilizada na fabricação do papel deste livro provém de florestas que foram gerenciadas de maneira ambientalmente correta, socialmente justa e economicamente viável, além de outras fontes de origem controlada.